REVISTA DE DIREITO MERCANTIL
industrial, econômico e financeiro

144

Publicação do
Instituto Brasileiro de Direito Comercial Comparado
e Biblioteca Tullio Ascarelli
do Departamento de Direito Comercial
da Faculdade de Direito da Universidade de São Paulo

Ano XLV (Nova Série)
outubro-dezembro/2006

MALHEIROS
EDITORES

REVISTA DE DIREITO MERCANTIL

industrial, econômico e financeiro

Nova Série — Ano XLV — n. 144 — outubro-dezembro de 2006

REVISTA DE DIREITO MERCANTIL
publicação trimestral de
MALHEIROS EDITORES LTDA.
Rua Paes de Araújo, 29, conjunto 171
CEP 04531-940
São Paulo, SP - Brasil
Tel. (011) 3078-7205
Fax: (011) 3168-5495

Diretor Responsável: Álvaro Malheiros
Diretora: Suzana Fleury Malheiros

Assinaturas e comercialização:
CATAVENTO DISTRIBUIDORA DE LIVROS S.A.
Rua Conselheiro Ramalho, 928
CEP 01325-000
São Paulo, SP - Brasil
Tel. (011) 3289-0811
Fax: (011) 3251-3756

Supervisão Gráfica: Vânia Lúcia Amato
Composição: *Scripta*

SUMÁRIO

DOUTRINA

A *FATTISPECIE* "EMPRESÁRIO" NO CÓDIGO CIVIL DE 2002 7
– Calixto Salomão Filho

CONSIDERAÇÕES SOBRE AS OFERTAS PÚBLICAS PARA AQUISIÇÃO DE AÇÕES (OPAs) – ESTADO ATUAL DA QUESTÃO 16
– Vera Helena de Mello Franco

ATUALIDADES

A CONVENÇÃO DAS NAÇÕES UNIDAS SOBRE CONTRATOS DE VENDA INTERNACIONAL DE MERCADORIAS E O COMÉRCIO INTERNACIONAL BRASILEIRO 59
– Eduardo Grebler

USO LÍCITO E ILÍCITO DE POSIÇÃO DOMINANTE NO DIREITO ANTITRUSTE BRASILEIRO 73
– Marco Aurélio Gumieri Valério

CONTORNOS JURÍDICOS E MATIZES ECONÔMICAS DOS CONTRATOS DE INTEGRAÇÃO VERTICAL AGROINDUSTRIAIS NO BRASIL 84
– Nunziata Stefania Valenza Paiva

DEVERES LEGAIS E CONDUTA ÉTICA DE MEMBROS DO CONSELHO DE ADMINISTRAÇÃO E DE PROFISSIONAIS 107
– Klaus Hopt (trad. de Erasmo Valladão A. e N. França e Mauro Moisés Kertzer)

AS CÉDULAS DE CRÉDITO BANCÁRIO (CCBs) COMO VALORES MOBILIÁRIOS 120
– Haroldo Malheiros Duclerc Verçosa

A DESMUTUALIZAÇÃO DAS BOLSAS DE VALORES E OS NOVOS DESAFIOS DA REGULAÇÃO DOS MERCADOS DE CAPITAIS 128
– Walfrido Jorge Warde Jr.

RESPONSABILIDADE POR OBRIGAÇÕES E DÍVIDAS DA SOCIEDADE EMPRESÁRIA NA RECUPERAÇÃO EXTRAJUDICIAL, NA RECUPERAÇÃO JUDICIAL E NA FALÊNCIA 138
– Jorge Lobo

DA PRESCRIÇÃO DO CRÉDITO FAZENDÁRIO NA FALÊNCIA DO CONTRIBUINTE 146
– Vinícius Jose Marques Gontijo

A DEFINIÇÃO LEGAL DE "EMPREGADOR" E O CONCEITO DE "EMPRESA" SEGUNDO OS PERFIS DE ASQUINI 152
– Uinie Caminha e Beatriz Rêgo Xavier

MEDIANDO CONFLITOS EM EMPRESAS 165
– Lilia Maia de Morais Sales e Emanuela Cardoso Onofre de Alencar

A UNIFICAÇÃO DO DIREITO PRIVADO E AS RELAÇÕES ENTRE O CÓDIGO DE DEFESA DO CONSUMIDOR E O CÓDIGO CIVIL 175
– Antonia Espíndola Longoni Klee

INTERVENÇÃO E *STEP-IN RIGHTS*: Um Conflito de Poder entre Administração Pública e Agente Financiador nas PPPs Brasileiras 194
– Kleber Luiz Zanchim

O FUNDO GARANTIDOR DAS PARCERIAS PÚBLICO-PRIVADAS 208
– Marcos Barbosa Pinto e Marcos Vinicius Pulino

ATAQUE AOS "PIRATAS" DA FIBRA DE VIDRO – Novo Conceito sobre Propriedade Intelectual 212
– Kris Williamson

DIREITO E ECONOMIA 221
– Rachel Sztajn

ESPAÇO DISCENTE

MICROCRÉDITO: PECULIARIDADES E A DEMOCRATIZAÇÃO DO CRÉDITO NO SISTEMA FINANCEIRO NACIONAL 237
– Emanuelle Urbano Maffioletti

JURISPRUDÊNCIA COMENTADA

VIOLAÇÃO DO DEVER DE INFORMAR NO MERCADO DE CAPITAIS – A MANIPULAÇÃO DE MERCADO E A PRÁTICA DO *INSIDER TRADING* 263
– José Marcelo Martins Proença

PARECERES

CONFLITO DE INTERESSES ENTRE O ADMINISTRADOR E A COMPANHIA – INEXISTÊNCIA DE IMPEDIMENTO DE VOTAR EM DELIBERAÇÃO DO CONSELHO DE ADMINISTRAÇÃO DA CONTROLADA, DO QUAL É MEMBRO, QUE APROVA CONCESSÃO DE MÚTUO À CONTROLADORA, DA QUAL É CHEFE DO DEPARTAMENTO JURÍDICO 275
– Carlos Augusto da Silveira Lobo e Rafael de Moura Rangel Ney

COLABORAM NESTE NÚMERO

ANTONIA ESPÍNDOLA LONGONI KLEE
Mestranda em Direito Privado do Programa de Pós-Graduação em Direito da UFRS – Advogada

BEATRIZ RÊGO XAVIER
Mestre em Direito das Relações Sociais pela PUC/SP – Doutoranda em Direito Constitucional pela UNIFOR – Professora de Direito do Trabalho da UNIFOR – Advogada

CALIXTO SALOMÃO FILHO
Professor Titular de Direito Comercial da Faculdade de Direito da USP

CARLOS AUGUSTO DA SILVEIRA LOBO
Advogado no Rio de Janeiro

ERASMO VALLADÃO A. E N. FRANÇA
Professor Doutor de Direito Comercial da Faculdade de Direito da USP – Advogado em São Paulo

EDUARDO GREBLER
Professor de Direito Internacional Privado da Faculdade de Direito da PUC/MG – Membro brasileiro da Corte Permanente de Arbitragem de Haia

EMANUELA CARDOSO ONOFRE DE ALENCAR
Mestre em Direito pela UNIFOR – Professora do Curso de Direito da Faculdade de Fortaleza/FAFOR – Membro do Instituto Mediação Brasil – Bolsista de Extensão Tecnológica da Fundação Cearense de Apoio ao Desenvolvimento Científico e Tecnológico/FUNCAP

EMANUELLE URBANO MAFFIOLETTI
Mestre e Doutoranda em Direito Comercial da USP – Advogada em São Paulo

HAROLDO MALHEIROS DUCLERC VERÇOSA
Mestre e Doutor em Direito Comercial pela USP – Professor de Direito Comercial da USP – Membro do Centro de Mediação e Arbitragem da Câmara do Comércio Brasil-Canadá – Consultor

JORGE LOBO
Advogado

JOSÉ MARCELO MARTINS PROENÇA
Doutor em Direito Comercial pela USP – Professor das Faculdades de Direito da USP e da FGV – Advogado em São Paulo

KLAUS HOPT
Instituto Max-Planck para o Direito Privado (Hamburgo/Alemanha)

KLEBER LUIZ ZANCHIM
Doutorando em Direito Civil pela Faculdade de Direito da USP – Professor da GV*Law*-FGV/SP – Professor da Fundação Escola de Comércio Álvares Penteado/FECAP

KRIS WILLIAMSON
Membro da OAB/Conselho Seccional do Rio de Janeiro – Membro da Ordem dos Advogados da Inglaterra e País de Gales – Pós-Graduado em Propriedade Intelectual pela FGV/RJ – Bacharel em Direito pela Universidade de Londres/Inglaterra – Bacharel em Sociologia pela Universidade de Leicester/Inglaterra – Membro da Associação Brasileira da Propriedade Intelectual/ABPI, INTA e Instituto dos Agentes de Propriedade Industrial/ITMA (Inglaterra) – Advogado de marcas e direitos autorais

LILIA MAIA DE MORAIS SALES
Doutora em Direito pela UFPE – Coordenadora do Programa de Pós-Graduação em

Direito/Mestrado e Doutorado da UNIFOR – Professora Adjunta da Faculdade de Direito da UFCE – Diretora-Presidente do Instituto Mediação Brasil – Membro no Brasil do Projeto de Pesquisa *Investing Social Capital: Exploring the Multi-Door Courthouse as a Catalyst to Maximize Latin America Dispute Resolution Systems*, da University of. St. Thomas

MARCO AURÉLIO GUMIERI VALÉRIO
Mestre em Direito pela UNESP, *campus* de Franca/SP – Doutorando em Ciências Sociais e Políticas pela UNESP, *campus* de Araraquara – Professor da FEA-USP, *campus* de Ribeirão Preto – Advogado

MARCOS BARBOSA PINTO
Bacharel em Direito pela USP – Mestre em Direito pela Universidade de Yale – Doutorando em Direito pela USP – Diretor da Comissão de Valores Mobiliários

MARCOS VINICIUS PULINO
Bacharel em Direito pela Faculdade de Direito da USP – Membro-Fundador do Instituto Brasileiro do Direito da Energia/IBDE – Membro da Câmara de Mediação e Arbitragem do IBDE – Advogado em São Paulo

MAURO MOISÉS KERTZER

NUNZIATA STEFANIA VALENZA PAIVA
Professora de Direito Civil e Direito Internacional Privado da Escola de Estudos Superiores de Viçosa/MG (ESUV) – Mestre em Direito Civil pela UFMG – Especialista em Direito Agrário Internacional pelo *Instituto di Diritto Agrario Internazionale e Comparato* (Firenze/Itália)

RACHEL SZTAJN
Professora Associada da Faculdade de Direito da USP

RAFAEL DE MOURA RANGEL NEY
Advogado no Rio de Janeiro

UINIE CAMINHA
Doutora em Direito Comercial pela Faculdade de Direito da USP – Professora da UNIFOR e da UFCE – Advogada

VERA HELENA DE MELLO FRANCO
Professora Assistente Doutora da Faculdade de Direito da USP – Advogada em São Paulo

VINÍCIUS JOSE MARQUES GONTIJO
Professor de Direito Comercial

WALFRIDO JORGE WARDE JR.
Doutor em Direito Comercial pela USP – LLM pela *New York University School of Law* – Advogado em São Paulo

Errata à *RDM* 143, p. 5:

JULIANA PITELLI DA GUIA
Pós-Graduanda da USP

Doutrina

A *FATTISPECIE*[1] "EMPRESÁRIO" NO CÓDIGO CIVIL DE 2002

CALIXTO SALOMÃO FILHO

1. Surgimento da fattispecie *"empresário" e desaparecimento da* fattispecie *"comerciante". 2. Função econômico-jurídica da* fattispecie *"empresário". 3. Empresário, organização e atividade. 4. Organização empresarial e institucionalismo. 5. Empresa, organização e registro: 5.1 Função econômica do registro – 5.2 Efeitos do registro de empresário – 5.3 Patrimônio separado. 6. Conclusão:* fattispecie *e disciplina do empresário.*

A primeira e talvez mais importante característica do Código Civil em matéria de direito da empresa é exatamente ter previsto a figura do *empresário*, ao mesmo tempo em que revogava o Título I do Código Comercial ("Dos Comerciantes").

Apesar de impactante, essa mudança tem, como se verá, poucos efeitos sobre a disciplina. Essa é a razão para a escolha do título do presente artigo.

1. O termo italiano *fattispecie*, tão utilizado em nossa doutrina, deriva do Latim *facti species* (imagem do fato). Ausente das fontes justinianéias, é provável que a expressão tenha aparecido na Idade Média. De toda forma, é a melhor representação linguística de um acontecimento ou situação a cuja verificação a norma associa determinada conseqüência jurídica – ou, na nomenclatura moderna, da hipótese legal de incidência. É nesse sentido que o termo italiano, hoje consagrado pela doutrina e em ausência de terminologia própria em Português, será usado ao longo desse artigo. Note-se que aqui a utilização do termo *fattispecie* é no seu sentido próprio acima mencionado, isto é, imagem ou figura do fato prevista na lei, e não suporte fático (*Tatbestand*) existente na realidade. V., para a distinção entre ambos, A. Junqueira de Azevedo, *Negócio Jurídico e Declaração Negocial*, tese não publicada, São Paulo, 1986, p. 13, nota 13, com citações bibliográficas.

1. Surgimento da fattispecie *"empresário" e desaparecimento da* fattispecie *"comerciante"*

Evidentemente, a referida substituição não é e nem poderia ser perfeita. A questão que a partir de agora assombrará a doutrina nacional é exatamente a mesma com a que se defrontou a doutrina italiana com o Código Civil unificado de 1942, no qual o Código Civil brasileiro fortemente se inspirou: como dar sistematicidade ao conceito de "empresa".

A primeira questão que se coloca é se é possível simplesmente substituir na *fattispecie* o conceito de "comerciante" pelo de "empresário", aplicando diretamente a disciplina de direito comercial, que tem no primeiro conceito sua referência principal.

Evidentemente, uma resposta positiva esbarra em problemas de monta. Em primeiro lugar, uma noção de "empresário" centrada, como é, em torno do conceito de "organização" reduz expressivamente o âmbito de aplicação de dispositivos como a Lei Falimentar. Isso porque, enquanto a noção de "comerciante" jamais excluiu a atividade organizada, nem todo comerciante tem necessariamente uma organização empresarial à sua disposição. Daí por que em matéria de direito falimentar já se discutiu a aplicação da Lei Falimentar a atividade "em via de organização".[2]

Mas muito mais importante e grave que isso é o problema decorrente da existência de objetivos diversos por trás de cada conceito. O conceito de "comerciante", por ser formado a partir exclusivamente de características subjetivas (caráter profissional, exercício de atividade econômica) – ao contrário da noção de "empresário", que inclui, ao lado destas, também características objetivas (organização) –, é mais apto a captar situações em que a especificidade da disciplina se justifica exatamente em função exclusivamente dessas características subjetivas especiais.

Parece natural, portanto, que enquanto subsistirem esses estatutos especiais seja necessário falar em atividade do empresário comercial e não-comercial, exatamente como se faz em outros ordenamentos, tenham eles disciplina comercial diferenciada (Direito Alemão),[3] ou não (Direito Italiano).[4] O próprio Código Civil brasileiro dá a entender ser esse seu objetivo, ao assegurar, nos arts. 970 e 971, tratamento diferenciado ao empresário rural e ao pequeno empresário – exatamente aquelas categorias consideradas quase unanimemente pela doutrina como de empresários não-comerciais.[5]

Note-se que afirmar que a substituição é imperfeita não significa que poucas mudanças ocorreram. O que ocorre é que essas mudanças decorrem menos da introdução de uma nova *fattispecie – empresário* – e mais do desaparecimento de outra – *comerciante*.

Como visto, a introdução da primeira, além de implicar poucas conseqüências aplicativas, exige o recurso à segunda, para sua correção sistemática.

Já o desaparecimento da disciplina do comerciante do direito positivo é muito mais preocupante. Implica, em primeiro lugar, o desaparecimento do principal – e talvez único – subsistema hetero-integrado de nosso ordenamento jurídico, ou seja, de uma das poucas disciplinas que reconheciam expressamente no costume uma fonte do Direito. É desnecessário comentar o arejamento para influxos e transformações jurídicas e de costumes trazido por essa regra. A substituição por um sistema auto-integrado como o direito privado, que desde a codificação napoleônica se opõe frontalmente à hetero-integração, exatamente para eliminar o pluralismo de fontes e ordenamentos típicos da Idade Média, não é um processo indolor e nem de todo coerente.

No direito civil a analogia é regra interpretativa que dá coerência lógica ao sistema. Com efeito, se o sistema legal não reconhece outras manifestações do Direito que não ele mesmo, é preciso criar uma regra de fechamento que permita dar resposta mesmo a situações por ele não previstas. E essa regra é a *analogia*.

Parece bastante evidente que, sobretudo em matéria comercial (ou empresarial), a analogia não é boa substituta dos costumes. O sistema econômico transmite suas necessidades de transformação primordialmente através da mudança de

2. Cf. P. G. Jaeger, *La Nozione d'Impresa dal Codice allo Statuto*, Milão, Giuffrè, 1985, pp. 52 e ss.

3. Cf. K. H. Capelle e C. H. Canaris, *Handelsrecht*, 19ª ed., Munique, Beck, 1980, pp. 30 e ss.

4. Cf. P. G. Jaeger, *La Nozione D'impresa dal Codice allo Statuto*, p. 37; e G. Oppo, "Note preliminari sulla comercialità dell'impresa", in *Diritto dell'Impresa – Scritti Giuridici I*, Pádua, CEDAM, 1992, pp. 167 e ss.

5. Cf. K. H. Capelle e C. H. Canaris, *Handelsrecht*, 19ª ed., p. 31, excluindo da caracterização como *kaufmänische Unternehmen* "die sogenannten kleieneren Unternehmen, die freien Berufe, die öffentlichen Unternehmen, die land und forstwirtschaftlichen Betriebe".

costumes em matéria empresarial. Sendo assim, para manter aberto canal de comunicação entre sistema econômico e Direito é fundamental a manutenção dos costumes como fonte do Direito. É desse último que partem as mudanças em matéria empresarial. Domesticá-los a princípios sociais e distributivos é tarefa do Direito, mas do direito público e do empresarial público,[6] e não de uma codificação privatista. Nesta as contribuições da prática e dos costumes empresariais são bem-vindas, como formas de descobrir novas soluções jurídicas. A hetero-integração, e não a auto-integração, é, portanto, elemento fundamental.

É de se esperar que doutrina e jurisprudência mantenham viva a hetero-integração em matéria empresarial, continuando a reconhecer a força interpretativa e construtiva dos costumes no direito da empresa.[7]

2. *Função econômico-jurídica da* **fattispecie** *"empresário"*

Não parece haver dúvida de que a opção por definir a noção de "empresário", adotada pelo Código Civil, não tem como objetivo criar uma nova *fattispecie* "empresário", para a atribuição de subjetividade jurídica a essa nova figura. Para que isso ocorresse seria necessário que, ao lado da criação da *fattispecie*, a ela se relacionasse uma disciplina completa ligada a essa nova característica. Desse modo, assim como os comerciantes em seus atos e contratos tinham uma disciplina especial, o empresário deveria tê-la. À exceção das regras societárias, essa disciplina abrangente não foi criada.

6. Sobre esse conceito v. C. Salomão Filho, "Direito empresarial público", *RDM* 112 (1998).

7. Note-se que as críticas feitas acima não significam que a codificação unificada tenha trazido só conseqüências negativas para o sistema. Exatamente em função da unificação legislativa, certos institutos – típicos do direito comercial –, entre os quais a função social e a boa-fé objetiva, foram generalizados para todo o direito privado.

Na verdade, a função da definição de "empresário" parece ser a de fornecer um novo padrão de raciocínio e de certa distinção de situações jurídicas, isto é, substituir a dicotomia civil-comercial pela dicotomia empresário-não-empresário. Como visto acima, essa substituição não se faz perfeita, sobretudo com relação aos estatutos especiais, não disciplinados pelo Código Civil.

Com relação às matérias disciplinadas pelo Código Civil a definição de "empresário" serve até o momento para diferenciar a sociedade empresária da simples, permitindo a aplicação das respectivas disciplinas.

É, portanto, na vertente societária que se deverá aprofundar a disciplina relativa à empresa.

3. Empresário, organização e atividade

Qualquer tentativa de captação em fórmulas jurídicas do conceito de "empresa" enfrenta sérias dificuldades. A mais séria delas, de que dá conta o Código Civil brasileiro, é, sem dúvida, decorrente do conhecido "polimorfismo" do termo, já destacado por A. Asquini no clássico trabalho *Profili dell'Impresa*. Desse poliformismo decorre a óbvia dificuldade de escolha de critérios para caracterização da *fattispecie*.[8]

8. Esse problema é sentido de forma bastante contundente no ordenamento italiano, em que muito se escreveu, desde o Código Civil de 1942, sobre a sorte dos quatro perfis individuados por A. Asquini. G. Oppo identifica uma ligação entre os vários perfis da qual "emerge già uma realtà giuridica 'totale' quanto la realtà sociale" ("Realtà giuridica globale dell'impresa nell'ordinamento italiano", *Rivista di Dirito Civile* 1976, I, pp. 591-592). P. G. Jaeger sustenta, ao contrário, que os quatro perfis se reduziram a apenas um não por fusão, mas por completo desaparecimento dos demais como "dati normativamente qualificanti" (in *La Nozione d'Impresa dal Codice allo Statuto*, p. 49). É interessante observar, portanto, que ambos os autores consideram que uma *fattispecie* "empresa" é identificável no ordenamento italiano apenas no perfil subjetivo do termo, seja

No Direito Brasileiro a opção foi pela concentração no perfil subjetivo. Para sua definição, no entanto, são utilizados elementos dos perfis funcional e institucional. A compatibilização entre eles está longe de ser tarefa fácil.

Em primeiro lugar, é preciso observar que no Direito Brasileiro a utilização da figura do empresário como *fattispecie* decorre menos de uma história legislativa tendente a reconhecer sua prevalência e mais de um aparente objetivo de afastar por completo a idéia de criação de um ente (a empresa) ao qual pudesse ser reconhecido algum grau de subjetividade jurídica.

Ocorre – e aqui surge o primeiro grave problema de compatibilização – que a utilização do termo "organização" aproxima a *fattispecie* da concepção institucional (corporativa) da empresa. Mas essa, para existir, deve ser atribuída à empresa, e não ao empresário. É aqui que a quadripartição de Asquini, tão repetida quanto despida de eficácia aplicativa, ganha relevância prática. Exatamente ao compreender que *empresário* e *organização* são perfis de uma mesma realidade – a empresa – é que é possível dar coerência ao dispositivo comentado.

A conseqüência de tudo isso é muito relevante: a possibilidade de atribuir à empresa e à sociedade empresária (art. 982) característica institucional terá relevância fundamental para toda a aplicação da disciplina societária.

4. *Organização empresarial e institucionalismo*

Esse ponto – sem dúvida, bastante relevante – merece aprofundamento. Pergunta-se: qual o fundamento para afirmar a necessária vinculação entre organização e teoria institucionalista? O fundamento é tanto histórico quanto sistemático.

Historicamente a evolução do institucionalismo é marcada exatamente pela passagem de uma concepção publicista do interesse social (o institucionalismo clássico de W. Rathenau) para uma concepção organicista, que procura integrar na sociedade feixes de interesses por ela influenciados.[9]

Do ponto de vista sistemático a relação entre ambos torna-se clara. O próprio conceito de "organização", seja ele entendido na vertente econômica coasiana de organização de feixe de contratos[10] ou até mesmo na vertente contratualista de conjunto de regras provenientes de um contrato (teoria do contrato-organização[11]), exige a afirmação da independência da instância organizadora. Sem essa independência não há organização possível. Não é possível regulamentar a influência recíproca entre atos, bens jurídicos e sujeitos de direito

este redutível (P. G. Jaeger, *La Nozione d'Impresa dal Codice allo Statuto*, pp. 49-50) ou não (G. Oppo, "L'impresa come fattispecie", *Rivista di Diritto Civile*, 1982, I, pp. 109-110) à noção de "empresário". É exatamente o que parece ocorrer no Direito Brasileiro, onde o legislador optou por se referir diretamente a empresário, e não a empresa.

9. Cf., a respeito, C. Salomão Filho, *O Novo Direito Societário*, 2ª ed., São Paulo, Malheiros Editores, 2002, pp. 30 e ss.

10. O recurso ao fundamento econômico justifica-se: o raciocínio econômico é, sem dúvida, parte importante de qualquer teoria organizativa da empresa, sobretudo por sua capacidade de lançar luz sobre os efeitos das mudanças sobre as relações econômicas (no caso de Coase o principal interesse da teoria é, sem dúvida, a identificação dos resultados produzidos sobre os custos de transação). Sua utilidade como elemento de análise (e não como determinante de objetivos) é, nesse ponto, indiscutível (v., para uma análise crítica da utilidade e objetivos da chamada análise econômica do Direito, C. Salomão Filho, *O Novo Direito Societário*, 1ª ed., São Paulo, Malheiros Editores, 1998, pp. 28-30).

11. É interessante notar que na elaboração da teoria do contrato-organização criticam-se duramente concepções – como a de T. Ascarelli – que não conseguem desprender-se do tradicional esquema de raciocínio baseado no binômio direito subjetivo/ato (utilizado por essa autor na diferenciação entre contratos de permuta e associação). Ora, negar essa distinção é exatamente afirmar a autonomia da instância organizativa societária (cf. P. Ferro Luzzi, *I Contratti Associativi*, Milão, Giuffrè, 1976, pp. 1.097-1.121).

sem que a essa coordenação se atribua um objetivo específico e distinto dos objetivos próprios dos coordenados. A independência e a autonomia de interesses da organização são, portanto, necessidades lógicas. Ora, independência de interesses só haverá caso seja reconhecido o valor institucional da organização. Daí a relação lógico-sistemática entre os dois termos.

5. Empresa, organização e registro

Se o reconhecimento como entidade independente é fundamental para que a empresa tenha disciplina organizativa coerente, então, é preciso estudar os institutos que permitem esse reconhecimento. O principal deles é, sem dúvida, o registro.

Não há reconhecimento externo sem registro. Isso faz com que o registro e sua disciplina se tornem elemento central para a conformação da *fattispecie* "empresário".

5.1 Função econômica do registro

É bem sabido que a função principal do registro é a publicização do ato. Essa função econômica geral de publicização do ato leva a três conseqüências jurídicas, normalmente identificadas pela doutrina.[12] Em primeiro lugar, exatamente por trazer a público ato que pode produzir efeitos perante terceiros, ele produz duas presunções: da legalidade e da correção formal. Trata-se, ambas, de presunções relativas, não impedindo a contestação da validade da sociedade por vício originário de constituição. Tornam, no entanto, muito mais comum a manutenção dos efeitos de contratos e atos jurídicos concluídos por terceiros, que contrataram de boa-fé com a sociedade em função da existência do registro.

A segunda e a terceira conseqüências são, por assim dizer, espelho uma da outra. De um lado, um ato não-registrado não pode ser oposto a terceiros; e, de outro, uma vez registrado, produz-se verdadeira ficção de conhecimento público, não podendo o terceiro furtar-se a reconhecer e aplicar seu conteúdo, naquilo que a lei estabelecer que lhe seja aplicável.

Evidentemente que esses últimos dois efeitos têm relevância apenas na medida em que à existência de registro a lei vincular alguma disciplina específica. Como se verá abaixo, a não ser em relação à tipificação da sociedade empresária, esse ainda não é o caso tratando-se do registro de empresário.

Vistas de um ponto de vista global, essas várias conseqüências fazem do registro um poderoso instrumento de expansão para a esfera social dos efeitos jurídicos de negócios entre privados. Como tal, o registro traz consigo a premente questão da correta alocação de riscos em relações de massa. A tendência recente – como não poderia deixar de ser – é de crescente tentativa de diferenciação das relações e dos terceiros envolvidos, diferenciando aqueles terceiros capazes de bem avaliar os riscos envolvidos nas negociações com o ente registrado e aqueles que não têm condições para tanto.[13]

Essa tendência – é verdade – faz-se notar com mais força em relação a conseqüências jurídicas não diretamente ligadas ao ato sob registro, como a desconsideração da personalidade jurídica, por exemplo. O fato de esta ser admitida com muito mais freqüência e boa vontade para credo-

12. K. H. Capelle e C. H. Canaris, *Handelsrecht*, 19ª ed., pp. 23 e ss.

13. Cf., em doutrina, P. Buchmann, *Registerpublizität und Gläubigerschutz bei der Einmanngesellschaft*, Frankfurt-Bern, Lang, p. 76, afirmando que é incomum e deve existir uma presunção de que os credores – especialmente os pequenos – sequer verificam os registros antes de negociar com a empresa. Como registra o autor, na Alemanha a diferenciação está inclusive expressa em lei, já que existe uma obrigação só para os bancos de verificar a situação econômica do devedor nos empréstimos de monta (*Gesetz über das Kreditwesen*), obrigação que inclui também, segundo a doutrina, a verificação dos registros.

res não-profissionais deriva da diferente percepção de julgadores e doutrinadores de capacidade de avaliação do risco global da empresa – e não só do ato registrado – por essas diversas categorias de indivíduos.[14] Na medida, no entanto, em que essa avaliação depende da correta mensuração de riscos do ato registrado – e isso ocorre também na desconsideração, que com freqüência tem por fundamento a nulidade da constituição –, essa diferenciação pode e deve se estender para os efeitos diretos do ato registrado.

5.2 Efeitos do registro de empresário

Estabelecida a função econômico-jurídica do registro, a questão doutrinária mais importante é, sem dúvida, aquela relativa aos efeitos do registro. Cumpre, então, indagar, do ponto de vista jurídico, o significado do registro como empresário. À primeira vista, a conclusão aparente é a de que não decorrem conseqüências aplicativas importantes do registro como empresário. Com efeito, nos artigos subseqüentes (*v.g.*, art. 982) as – poucas – conseqüências jurídicas da qualificação como empresário são decorrentes das características estabelecidas no art. 966, e não do registro. Essa conclusão não é, no entanto, totalmente precisa.

Com efeito, da teoria geral das irregularidades em direito societário é possível retirar algumas considerações interessantes sobre os efeitos do registro ou da falta dele.

A primeira constatação importante é que as situações de irregularidade nunca impedem a imposição de obrigações à empresa (no sentido de conjunto de bens e direitos devotados àquela atividade – v., infra, item 5.3) ou ao empresário, mas apenas a oponibilidade de direitos ou declarações a terceiros. Desse modo, é difícil imaginar que qualquer direito ou benefício que venha a ser atribuído ao empresário possa vir a ser usufruído em relação a terceiros que os concedem (exemplo: Fisco) sem o regular registro. A irregularidade impedirá, então, a aquisição de direitos contra terceiros pelo empresário.

A questão, então, é se esta irregularidade é sanável, ou não. No fundo, essa questão implica indagar do efeito da publicidade proporcionado pelo registro. Em relação às características de empresário seria a publicidade proporcionada pelo registro notícia, declaratória ou constitutiva.[15] Se notícia, a inexistência de registro como empresário em nada afeta a atribuição de direitos que decorram dessa qualidade. Sendo declaratória, a chamada prova de conhecimento da natureza de empresário pelo terceiro será suficiente para permitir a atribuição do direito. Desnecessário dizer que esse raciocínio é aplicável exclusivamente nos casos em que a teoria da aparência é que está a impedir a atribuição dos referidos direitos. Ora, demonstrado o conhecimento pelo terceiro, desaparece qualquer óbice ao reconhecimento da existência de direitos decorrentes do registro. Finalmente, se a publicidade do registro fosse constitutiva de direitos, não é necessário provar conhecimento por terceiros da natureza "empresarial" do indivíduo; basta que se prove objetivamente a existência do registro e das características que lhe são típicas.

É importante, aqui, observar que relativamente à publicidade notícia não é correto falar em eficácia do ato. Na aquisição da qualidade de empresário não há negócio

14. Talvez a demonstração mais eloqüente dessa tendência seja a forte diferença de tratamento dada pela jurisprudência entre credores trabalhistas e o Fisco, de um lado, e credores profissionais, de outro. A tendência é claramente de aplicação mais ampla da teoria da desconsideração da personalidade jurídica para o primeiro grupo que para o último (v., nesse sentido, a análise de jurisprudência em C. Salomão Filho, *A Sociedade Unipessoal*, São Paulo, Malheiros Editores, 1995, p. 142, nota 193).

15. Cf., para as várias figuras no Direito Italiano, C. Angelici, *Diritto Commerciale I*, Roma, Laterza, 2002, pp. 45 e ss.

jurídico, ao qual se possam aplicar as clássicas categorias. Há – isso, sim – a concorrência de vários elementos objetivos, que permitem a caracterização de uma determinada natureza. O ato de registro de empresário não se faz, portanto, em relação a um negócio jurídico. Limita-se a reconhecer características especiais a determinada pessoa. Essa conclusão tem importância fundamental no que toca à aplicação do Código do Consumidor às relações com empresários no exercício de sua atividade regular.

Antes de tudo, é preciso deixar claro que a natureza do ato de publicidade decorrente do registro raramente é dada pela norma que o prevê, mas sim pelas regras singulares que aplicam a disciplina àquela específica *fattispecie*. O registro, portanto, poderá ser declaratório para certos fins e constitutivo para outros etc. No caso brasileiro poucas são as regras que estabelecem disciplina específica para o empresário. A primeira delas, o art. 982, é de interpretação mais complexa do que aparenta. A conclusão direta de seu texto, de que a natureza empresarial é reconhecida às sociedades que têm as características previstas no art. 966, não é talvez a mais correta. Isso porque o art. 986 prevê regerem-se pelas regras das sociedades em comum (na verdade, sociedades de fato e irregulares) todas as sociedades que não têm atos constitutivos inscritos no registro próprio. Assim, mesmo as sociedades empresárias só passam a ser regidas pelas regras a elas relativas (sobre sociedade por quotas, em conta de participação etc.) após o registro. Até lá são regidas pelas regras dos arts. 986 a 990. Assim, quanto às sociedades empresárias, não há como negar a característica constitutiva do registro.

Como já exposto, por ser *fattispecie* nova, a figura do empresário não encontra, ainda, muito reconhecimento legislativo, o que torna difícil encontrar disciplina que dependa da existência de características de empresário ou do registro como tal. Talvez a hipótese mais próxima em que se possa raciocinar, *a contrario sensu*, nesses termos é a aplicação do Código do Consumidor. Claramente, não será possível qualificar como destinatário final alguém que adquire produtos para transformá-los exercendo de modo profissional atividade econômica organizada. São, portanto, as características previstas no art. 966, e não o ato formal de registro do art. 967, a produzir as conseqüências jurídicas. Essa constatação, aparentemente óbvia,[16] será relevante para analisar normas futuras que venham a criar especial disciplina para o empresário. Será de sua referência expressa às características objetivas do empresário ou à existência do registro que dependerá o estabelecimento preciso de seus efeitos.

5.3 Patrimônio separado

Poder-se-ia ainda, como conseqüência prática do registro, cogitar da criação de um patrimônio separado constituído pelos bens da empresa, obviamente nos casos em que essa não fosse acompanhada pela constituição de sociedade dotada de personalidade jurídica, hipótese na qual a separação de patrimônios é automática.

No Brasil já há muito tempo se debate a respeito da conveniência, ou não, de se fazer uma exceção ao princípio da responsabilidade integral da pessoa pelos seus débitos.[17] As opiniões favoráveis à

16. A obviedade é apenas aparente. Renomada doutrina nega-se a reconhecer características típicas à chamada *sociedade irregular* (v., nesse sentido, G. B. Ferri, *Manuale di Diritto Commerciale*, 10ª ed. (*a cura di C. Angelici e G. B. Ferri*), Turim, UTET, 1996, p. 357). Essa observação, no entanto, só é sustentável no Direito Italiano em função de particulares dispositivos a reconhecer caráter parcialmente constitutivo ao registro de empresas e sociedades (cf. C. Angelici, *Diritto Commerciale I*, pp. 46 e ss.). No ordenamento brasileiro será sustentável sempre que, como no art. 986, já mencionado, a lei estabelecer regime diferenciado em caso de inexistência de registro.

17. Cf., *contra*: W. Ferreira, *Tratado de Direito Comercial – O Estatuto do Comerciante*, vol. 2, São Paulo, Saraiva, 1960, pp. 261 e ss.; W. Bulgarelli, *A Teoria Jurídica da Empresa*, São Paulo, Ed. RT,

limitação de responsabilidade tenderiam, de início, a defender a limitação de responsabilidade através da forma não-societária. Os poucos projetos legislativos apresentados – nenhum deles aprovado – eram todos nesse sentido.[18]

Considerações de ordem sistemática, de direito positivo, sempre impediram, no entanto, a aceitação da forma não-societária para a organização da atividade do comerciante individual. Isso porque é também tradicional no direito positivo brasileiro a aversão à atribuição de personalidade jurídica (ou algum grau de personificação jurídica) a outros entes de direito privado que não as sociedades, associações e fundações. Essa característica, já manifesta no Código Comercial de 1850 e no Código Civil de 1916, reitera-se no atual Código, em seu art. 44. O velho problema da unidade do patrimônio assume outra face. Admitida a possibilidade teórica de existência de patrimônios especiais não-personificados – tendência, hoje, fortemente dominante na doutrina –, coloca-se o problema de como atribuir a necessária subjetividade ao patrimônio separado. Ainda que fosse possível aproximá-lo da forma societária, a perpetuidade e a transferibilidade não poderiam ser obtidas sem a plena personificação. Tais características são, obviamente, interessantes para o empresário que pretende separar uma parte de seu patrimônio pessoal para a atividade empresarial, segregando reciprocamente seus riscos. Em conseqüência, surge o dilema: personificar o patrimônio, adotando a forma societária, ou mantê-lo na forma não-societária e não-subjetivada, o que diminui enormemente sua utilidade.

Mas o problema não pára aí. Em face dessa aparente divergência entre opiniões sustentadas pela doutrina a respeito da possibilidade de existência de patrimônios separados e a tradicional aversão do legislador de direito privado à atribuição, a estes, de subjetividade jurídica, o legislador processual de 1973 resolveu tomar partido na questão. O art. 591 do CPC contém a regra geral de responsabilidade patrimonial integral do devedor pelos seus débitos, à exceção das previsões legais contrárias. Essas exceções legais expressas são as previstas no art. 649 do mesmo Código. Nelas não se encaixa a hipótese de patrimônio separado para fins de exercício de atividade de empresa. Nenhuma disposição existe quanto aos bens destinados a uma determinada atividade comercial ou empresarial.

O único dispositivo que poderia aproximar-se da hipótese aqui discutida é o inciso I do art. 649 do CPC, que diz serem impenhoráveis os bens inalienáveis e os bens declarados, por ato voluntário, não-sujeitos a execução. Poder-se-ia ter a impressão de que o legislador teria aberto uma brecha para a separação voluntária de patrimônios. Não foi o que ocorreu, no entanto. Em primeiro lugar, o legislador refere-se aos bens absolutamente impenhoráveis. Assim sendo, caso um comerciante pretendesse utilizá-los para a formação de seu "patrimônio separado", qualificando como não sujeitos à execução os bens nele compreendidos, a conseqüência seria, pura e simplesmente, que esses bens não seriam tampouco penhoráveis pelas dívidas comerciais. Ou seja, na prática, o comerciante não teria bens livres para dar em garantia – e, conseqüentemente, não teria crédito.

Mas essa hipótese, além da sua inviabilidade prática, é também sistematicamente inadmissível. Com efeito, tal interpretação seria incompatível com o art. 591 do CPC, segundo o qual as exceções à responsabilidade patrimonial integral decorrem da lei, e não da vontade das partes. Isso porque nesse caso a impenhorabilida-

1985, p. 416; *a favor*: S. M. Machado, *Limitação de Responsabilidade do Comerciante Individual*, São Paulo, 1956; J. M. Othon Sidou, "A atividade negocial no anteprojeto do Código Civil", *RT* 465/11.

18. Cf. W. Ferreira, *Tratado de Direito Comercial – O Estatuto do Comerciante*, vol. 2, p. 261, e J. M. Othon Sidou, "A atividade negocial no anteprojeto do Código Civil", *RT* 465/14, esse último comentando o "Projeto Orlando Gomes".

de estaria sendo claramente utilizada como artifício para obter a limitação de responsabilidade. A conclusão é, portanto, pela inexistência de reconhecimento legislativo do patrimônio separado (como retro definido) no Brasil.

Não é possível, portanto, da possibilidade de registro do empresário concluir pela criação de qualquer forma de separação patrimonial, caso este decida exercitar a atividade empresarial na pessoa física.

Conclui-se, portanto, que em matéria de registro não há disciplina especial para o empresário. A regulamentação do registro contribui, então, exclusivamente para a transparência (publicidade) da *fattispecie* "empresário".

6. Conclusão: **fattispecie** *e disciplina do empresário*

As considerações feitas no presente estudo levam a algumas constatações interessantes.

A mais importante delas – e que justifica a escolha do título – é que no Código Civil o termo "empresário", quando tomado isoladamente,[19] mais que uma disciplina, é uma *fattispecie.*

Ora, como o sentido da última se faz ver pela presença da primeira, é de esperar que em leis especiais a *fattispecie* "empresário" venha a ganhar disciplina concreta e, então, função específica. É curioso, pois isso representará nada mais, nada menos que um retorno ao particularismo do direito comercial (ou, como visto, na versão atual, direito empresarial), caminho absolutamente natural no movimento historicamente pendular das codificações.

Essa contínua movimentação é dada pela tensão constante entre interesses que exigem tratamento diferenciado (ou pela profissionalidade – como era o caso dos comerciantes, e agora empresários, que requer, em muitos casos, que a eles seja dado tratamento jurídico mais rigoroso; ou, ao contrário, pela necessidade de proteção especial de determinados grupos de hipossuficientes, como é o caso da legislação do consumidor) e as forças constantes, historicamente importantes no campo do direito civil, no sentido da generalização e universalização de tratamento jurídico uniforme.[20] É bom sempre lembrar que, em especial em presença das enormes disparidades econômicas geradas pela sociedade moderna, a generalidade de tratamento atribuída pelas normas civis clássicas, ao invés de uma garantia do cidadão, com freqüência revela ser um grave risco e uma importante fonte de aprofundamento dos desequilíbrios sociais e econômicos.

19. Essa restrição é importante, pois talvez a maior eficácia aplicativa do termo esteja no art. 982, quando adjetivado à sociedade (sociedade empresária).

20. A essas duas forças N. Irti, em sua obra clássica (*L'Età della Decodificazione*, 3ª ed., Milão, Giuffrè, 1989, p. 61) deu os nomes, respectivamente, de "institucionalização" e "movimento".

CONSIDERAÇÕES SOBRE AS OFERTAS PÚBLICAS PARA AQUISIÇÃO DE AÇÕES (OPAs) – ESTADO ATUAL DA QUESTÃO

VERA HELENA DE MELLO FRANCO

*1. Antecedentes: 1.1 Significado. Noções preliminares: 1.1.1 O que significa a expressão "oferta pública para aquisição de ações"/OPA? – 1.1.2 Núcleo – 1.2 Origem da disciplina – 1.3 Destino do prêmio. Correntes – 1.4 Evolução. 2. O tratamento no Direito Brasileiro: 2.1 A Lei 6.404/1976 – 2.2 A Resolução BACEN-401/1976 – 2.3 O controle. Qualificação e critérios – 2.4 Correntes. 3. Período intermediário: a Lei 9.457, de 5.5.1997: 3.1 O contexto econômico e político – 3.2 A atuação da CVM. 4. A Lei 10.303/2001: 4.1 Síntese. Situação atual. 5. Regime atual das ofertas públicas no Direito Brasileiro: 5.1 Na Lei 6.404/1976: 5.1.1 Obrigatórias – 5.1.2 Voluntárias (*tender offers *ou* takeover bid*): 5.1.2.1 Amigáveis – 5.1.2.2 Hostis (*hostile takeover*) – 5.1.2.3 Concorrentes (art. 262 da Lei 6.404/1976) – 5.1.2.4 A contra-OPA – 5.2 O procedimento do registro perante a Instrução CVM-361/2002. 6. Classificação. 7. Natureza jurídica. 8. Negociações. 9. O instrumento da oferta. 10. Extensão às companhias fechadas. Soluções contratuais. 11. Breves notícias sobre o tratamento atual das ofertas perante o Direito Comparado.*

1. Antecedentes

O tema não é novo, mas mal não fazem – tendo em vista o número de OPAs em andamento e a meritória atuação da CVM no setor – algumas incursões pelo terreno. Também não é deletério lembrar algumas noções básicas, introdutórias ao tema. Destarte:

1.1 Significado. Noções preliminares

1.1.1 *O que significa a expressão "oferta pública para aquisição de ações"/OPA?*

A OPA nada mais é que a operação em que se revela publicamente aos acionistas de uma companhia aberta a intenção de comprar parte ou todas as ações, por um determinado preço (no mais das vezes superior à cotação atual), com a finalidade de assumir ou reforçar o controle sobre a sociedade alvo da oferta.[1]

1.1.2 *Núcleo*

No cerne da operação tem-se o valor intrínseco do controle, como um bem a ser

1. Exemplo recente desta valoração a mais foi a OPA anunciada no dia 18.1.2008, conforme noticiado pela *Gazeta Mercantil* (ed. 24.1.2008), lançada pela *Imperial Tobacco*, fabricante britânica de cigarros, a um preço de 50 Euros por ação, o que valorizou a companhia-alvo franco-espanhola *Altadis* em *12,6 mil bilhões de Euros*. A par disto, de forma atraente, garantiu-se a igualdade de preço entre todos os acionistas. Isto, ademais de outros fatores, levou o conselho de administração a opinar favoravelmente pela aceitação da oferta, finalmente ultimada em 23.1.2008. Como resultado, a *Tobbaco* passou a ser titular de 93,5% do total das ações da companhia, indicando a intenção da companhia inglesa

valorado em si mesmo, posto que a cessão de controle não se confunde com aquela de ações, ainda que em montante significativo. A primeira traz em seu bojo o poder de determinar o destino da sociedade, dispondo sobre os bens e pessoas que integram a empresa.

Como afirmamos em outro trabalho, "a diferença não é somente quantitativa, mas igualmente qualitativa, quando se o identifica como forma de relação de dominação ou poder de disposição sobre bens alheios".[2]

Isto é, o que se valoriza é a possibilidade real de influir, mediante o exercício do voto, na modelagem das estratégias e decisões que se refletem no resultado social. Mais ainda, o fato de deter esse poder permite que o controlador extraia da sociedade vantagens pessoais, denominadas *private benefits control*. Vale dizer: a obtenção de benefícios extraordinários em decorrência do exercício deste poder, ainda quando o bloco de ações representativos do controle seja inferior a 50% das ações com direito a voto, o que nem sempre pode ser do melhor interesse para a companhia.[3]

E assim ocorre tendo em vista o mecanismo de dissociação entre *poder "vs." risco* e *propriedade da riqueza "vs." seu controle*, característico nas sociedades anônimas e que pode atingir níveis elevados nas companhias abertas com um grande volume de ações dispersas pelo mercado. Cria-se, assim, situação em que o controlador, embora com um investimento significativamente menor, pode dispor de 100% do capital social na ordenação do destino da companhia. Por outro lado, quando esta dispersão é muito elevada, há a possibilidade de um terceiro concentrar em suas mãos, mediante oferta pública, as ações dispersas, assumindo o controle da companhia.

Por tal razão, é justificável que seja avaliado de per si como um valor em si mesmo que ultrapassa aquele correspondente ao do montante acionário que lhe é substrato.

Todavia, impõe-se lembrar que este poder tem sua contrapartida, posto a posição de acionista controlador não ser semelhante àquela dos demais acionistas. Por cuidar-se de um *poder-função* que deve ser exercido no interesse alheio, a lei atribui ao controlador responsabilidade pessoal pelos atos que não se destinarem à satisfação destes interesses – prática qualificada. então. como de *abuso de poder*.

A par disto, a alteração do controle afeta o destino da companhia e, por esta via, igualmente a vida dos não-controladores, o que exige normas de tutela para sua transferência.

1.2 Origem da disciplina

A constatação da existência de um mercado para este poder (aquisição de par-

de provocar a venda forçada das demais ações, cancelando seu registro para atuar no mercado.

2. Vera Helena de Mello Franco e Rachel Sztajn, *Manual de Direito Comercial*, vol. 2 ("Sociedade Anônima – Mercado de Valores Mobiliários"), p. 222.

3. Cf. Lucian Bebchuk e Oliver Hart, "Takeover bids *vs.* proxy fights in contests for corporate control", in *http://ssrn.com/abstract=304386*, nos seguintes termos: "Because control provides private benefits, the fact that a rival is interested in replacing the incumbent does not imply that the rival would manage the company better. Consequently, if shareholders do not observe the quality of rivals, but know that the average quality of potential rivals is worse than the incumbent's, the rational strategy of shareholders will be to vote for the incumbent. Indeed, we show that, even if the quality of a certain rival is known by the most informed shareholders, voting shareholders may well be unable to infer this quality from the market price and thus may vote generally for the incumbent (...)". Na lição de Detlev F. Vagts (*Basic Corporation Law – Materials – Cases –Text*, 3ª ed., Westbury, Nova York, The Foundation Press, Inc., 1989, p. 705), comentando a "onda" de *Tender Offers* ocorridas nos anos 70 do século passado: "The motivation now seems to have been the profit that raiders perceived that they could make because of discrepancies between de market value of securities and the underlying value of the assets they represented (...)".

te substancial das ações) data dos anos 60 do século passado nos Estados Unidos e Inglaterra, embora a ciência da sua existência tenha origem nos anos 30 graças a Berle e Means, quando identificaram a dissociação entre controle e propriedade da riqueza e entre poder de controle e risco.[4]

Atribui-se a Manne a criação da expressão – *market for corporate control* –, denunciando a perspectiva de substituir uma administração ineficiente em companhias abertas, com o intuito de lucrar com isto. Admitia-se, inclusive, a possibilidade de uma tomada hostil (contra a vontade dos atuais controladores) como um meio pelo qual os acionistas dispersos poderiam exercer sua influência sobre a companhia, vendendo suas ações a um terceiro interessado. A presunção, então, era a de que isto levaria a uma gestão mais adequada da companhia-alvo, dada a possibilidade de substituir os administradores menos competentes e empregando de forma mais eficiente seu capital.[5]

Com esta visão, a tomada de controle surgia como uma forma de sanear o mercado, liberando-o das companhias ineficientes e facultando-lhes melhor *performance*.[6]

1.3 Destino do prêmio. Correntes

Paralelamente, as opiniões dos especialistas sobre a disciplina deste mercado eram divergentes, especialmente quanto ao destino do prêmio pago a mais ao controlador (quando fosse o caso), por ocasião da alienação do controle.

Para alguns, fundados no princípio da liberdade de mercado e na presunção de que a intenção do autor da oferta seria a de aprimorar a gestão, o que indiretamente elevaria o valor das ações, beneficiando acionistas e companhia (Manne, Posner; Fischel e Easterbrook),[7] o valor pago a mais pertenceria integralmente ao controlador.

A tese foi rejeitada, sob o argumento de que nem sempre a intenção do proponente seria aprimorar a gestão, com benefícios para os minoritários. Sugeriu-se, então, de forma intermediária, que o prêmio fosse apropriado pelo controlador, desde que a oferta fosse precedida de ampla divulgação e comprovada a boa-fé do controlador (Coffee, Jenings e Marsh).[8] Tal entendimento levava à análise de cada caso, de molde a afastar a possibilidade de prejuízos aos minoritários.

Como decorrência desta posição, a divulgação ampla (*full and fair disclosure*) das condições essenciais do negócio, mediante ofertas públicas, seria impositiva, impondo-se, ademais, a regulação do procedimento da oferta.

Outros negavam a possibilidade de que o valor referente ao bloco de controle

4. Richard A. Epstein, *Controlling Company Takeovers: by Regulation or by Contract*, New Zealand Business Roundtable, 1999, disponível em *http://.nzbr.org.nz/documents/publicaions/publcations-199/controlling_company_takeover-pdf.*, p. 5.

5. Cf. Mike Burkart e Fausto Panunzi, "Takeovers", in European Corporate Governance Institute, *EGGI Working Paper Series in Finance Working Paper N. 118/2006*, p. 3, segundo os quais: "The academic literature on the market for corporate control and the term itself originate from Manne (1965). In this market shareholders can sell, possibly against the will of the incumbent management, the control (rights) over the firm to an outsider. Given that the share price reflects (expected) firm performance, an outsider who is better able to run the firm finds it profitable to acquire control in order to subsequently employ the firm's assets more profitably".

6. Idem, p. 6: "As described above, one takeover motive is to improve target firm performance by altering the strategies of the incumbent managers and possibly replacing them. Such disciplinary takeovers occur when the firms' internal governance mechanisms fail to prevent managers from pursuing their own goals. This problem is particularly pertinent for cash-rich firms that enable managers to undertake unprofitable but power-enhancing investments (Jensen, 1986).6 Consequently, firms undertaking poor investments and, more generally, poorly performing firms are more likely to be the target of a (hostile) takeover bid".

7. Cf. Auts. cits., *Oferta Pública de Aquisição de Ações por Alienação de Controle Acionário*, p. 13.

8. Idem, p. 14.

fosse apropriado exclusivamente pelo controlador. O entendimento aqui era o de que todo negócio de cessão de controle encerraria um prejuízo para os minoritários.

Paralelamente, em arrimo desta posição, aventou-se a idéia de que o controle, como ativo social (*corporate asset*), pertenceria à companhia (Berle e Means),[9] circunstância que tornaria ilegal o pagamento exclusivamente ao controlador.

Conseqüência, destarte, seria sua divisão entre os minoritários, pois, independentemente do fato de o controle não fazer parte dos bens incorpóreos da companhia e de as ações integrarem o patrimônio dos acionistas, o certo é que, igualmente, não fazia parte do patrimônio do controlador. Esta e outras teses (Baynes e Andrews), todavia, não vingaram, afastando a imposição da repartição do preço pago pelo controle dentre os minoritários.

De qualquer forma, a proposta (repartição do preço pelos não-controladores), embora rejeitada nos Estados Unidos, posto a OPA, lá, não ser obrigatória, disseminou-se pela Europa e, ao que parece, influenciou a lei acionária brasileira de 1976.

1.4 Evolução

O crescimento das *tenders offers* para aquisição do controle das companhias e a falta de regulamentação adequada trouxeram o temor de que as companhias nacionais fossem "engolidas", vitimizando as pequenas companhias, então objeto favorito destas tomadas de controle.

A constatação, aqui, foi a de que nem sempre estas tomadas de controle eram benéficas para a companhia cujo controle era cedido, e por vezes tampouco para o adquirente do controle – como, aliás, verificou-se na evolução deste mercado.[10]

9. Auts. cits., *The Modern Corporation and Private Property*, p. 244, *apud* Arnoldo Wald, "A oferta pública, a igualdade dos acionistas e o Direito Comparado", *RDM* 43/15 (pp. 15-18).

10. Sobre o ponto, v. Mike Burkart e Fausto Panunzi, "Takeovers", in European Corporate Governance Institute, *EGGI Working Paper Series in Finance Working Paper N. 118/2006*, pp. 5-8, notadamente pp. 7-8:

"Transfers from acquiring firms are one possible explanation for low returns to their shareholders but high returns to target shareholders. Managers of acquiring firms may overestimate their ability to improve the target firm's operation and as a result pay a too high acquisition price (Roll, 1986). Alternatively, takeovers can be a manifestation of the managers' ability to pursue their own interest at the expense of the shareholders. Such acquisitions serve the purpose of empire-building (Marris, 1963, 1964), diversification of the manager's human capital risk (Amihud and Lev, 1981), or simply reflect the availability of excess cash (Jensen, 1986). Empirical studies strongly suggest that managerial self-interest can trigger or even drive takeovers, and that such acquisitions generate low if not negative returns to acquiring shareholders. Previously discussed evidence in support of the notion that takeovers can be a manifestation of agency problems within in the acquiring firm includes the mixed evidence on posttakeover performance, the high degree of overlap between target and bidder firms, and the target firms' poor record of past acquisitions. Other findings also indicate that managerial self-interest matters for takeovers. Bidding firms tend to have large amounts of free cash flow and relatively low leverage, and firms with more excess cash are more likely to make acquisitions with poor returns for their shareholders (Harford, 1999; Lang *et al.*, 1991; Bruner, 1988). Furthermore, bidder returns are higher when managers of the acquiring firm own larger shareholdings (Healy et al., 1997; Lewellen et al., 1985). Thus, managerial motives appear to be an important determinant of takeover activity. The positive combined shareholder returns reject, however, the hypothesis that target shareholders gain purely at the expense of the acquiring firm's shareholders. In an influential paper, Shleifer and Summers (1988) expound the concern that takeovers can be a means to redistribute wealth from target stakeholders to shareholders. They argue that bidders, notably in hostile bids, renege on existing contracts, either explicit or implicit, and expropriate rents from the target stakeholders. Anticipating this breach of contract, target shareholders demand higher prices from the bidders, and thus the post-acquisition transfers show up as (part of) the takeover premia. Potential victims of such redistributions are employees, creditors, consumers, and the tax authorities.

"The empirical evidence on transfers from stakeholders as the primary motivation for take-

Isto, a par da possibilidade de prejudicar, chamou a atenção da *Securities and Exchange Commision*, do que resultou o *Williams Act of 1968*, impondo o dever de informar aos acionistas sobre o conteúdo da oferta e, assim, facultando-lhes a melhor decisão no próprio interesse.[11] A regulação, contudo, ademais de não definir o que se deveria entender por *tender offer*, não a submeteu a maiores entraves, embora tenha criado reclamos pela imposição da sua publicação.[12] Para alguns, inclusive, o prazo sugerido, de 20 dias, para que o lançador publicasse sua oferta facultaria mais tempo para os administradores adotarem táticas defensivas, levando ao seu fracasso.[13]

Mas, na visão da doutrina, o *Williams Act* não impediu nem prejudicou o crescimento das *takeovers*, apenas incentivando táticas mais sofisticadas. Não obstou, por outro lado, a práticas deletérias, tais como as chamadas *bust up acquisitions* – circunstâncias em que, uma vez efetivada a tomada do controle, parte do ativo da companhia era vendida para pagar o débito assumido pelo adquirente quando da realização da operação. Faz parte do elenco a chamada *leveraged buyout* (LBO). Nesta segunda modalidade, a aquisição de todas as ações da companhia era paga com recursos obtidos mediante a emissão de obrigações de segunda categoria (*junk bonds*) para investidores institucionais ou outros, e mediante empréstimos bancários temporários, a serem resgatados e pagos com recursos financeiros (*cash flow*) da própria companhia.[14]

O crescimento deste mercado, estas e outras práticas levaram à adoção de medidas defensivas tanto em nível prático como naquele legislativo. No plano das companhias, Hamilton[15] cita, dentre outras soluções, a procura de ofertantes concorrentes; a aquisição de empresas que poderiam criar um problema perante a legislação antitruste com a concretização da oferta; a adoção de procedimentos para a votação, tornando difícil para o adquirente da maioria dos votos substituir o conselho de administração; a emissão ou proposta de emissão de ações adicionais para pessoas amigas, de molde a dificultar a *takeover* (*lockup*); o aumento dos dividendos ou outras táticas elevando os preços das ações, e com isto tornando os preços da oferta de aquisição pouco atrativos; alterações no estatuto, di-

overs is not convincing. Generally neither blue-collar layoffs nor wage cuts are found to explain more than a small fraction of the takeover premium (Brown and Medoff, 1988; Kaplan, 1989a; Lichtenberg and Siegel, 1989; Rosett, 1993). In hostile takeovers cutbacks, disproportionately targeted at white-collar employees, are more important and account for 11 to 26 percent of the premium on average (Bhagat *et al.*, 1990).14 Bondholders may be hurt by increased leverage in takeovers because of the higher defaultrisk. In addition, the higher levels of debt may itself induce shareholders or managers acting on their behalf to opt for riskier ventures, further increasing the likelihood of a future bankruptcy (Jensen and Meckling, 1976). Studies on leverage buyouts document reductions in corporate bond prices during the announcement period but these losses are very small relative to the shareholder gains (Marais *et al.*, 1989; Warga and Welch, 1993)."

11. Robert W. Hamilton, *The Law of Corporations in a Nutshell*, 4ª ed., p. 369: "The element of surprise was largely eliminated by the *Williams Act* (technically not a separate statute but a series of amendments to the Securities Exchange Act of 1934 that were adopted in 1986 an 1970). Under the Williams Act, any person who makes a cash tender offer for a corporation registered under Section 12 must disclose information as to the source of funds used in the offer, the purpose for which the offer is made, plans the aggressor have if successful, and contracts or understandnings with respect to the target corporation. (...). This Act also requires filing and public disclosure by anyone who acquires more than 5 per cent of the outstanding shares of any class of securities of a section 12 corporation. These requirements eliminated the element of surprise. Similar requirements are also imposed upon (1) issuers making an offer for their own shapes or, (2) issuers in which a change of control is proposed to be made by seriatim resignations of directors".

12. Marc I. Steinberg, *Understanding Securities Law*, 2ª ed., p. 303; e Vagts, *Basic Corporation Law – Materials – Cases –Text*, 3ª ed., p. 707.

13. Marc I. Steinberg, *Understanding Securities Law*, 2ª ed., p. 303.

14. Cf. Robert W. Hamilton, *The Law of Corporations in a Nutshell*, 4ª ed., pp. 370- 373.

15. Idem, pp. 374-377.

ficultando a tomada de controle; comprando do ofertante; comprando as próprias ações no mercado e, com isto, provocando a elevação dos preços; a criação de novas classes de ações, aumentando os direitos dos acionistas caso alguém adquirisse um determinado percentual (*poison pills*), ademais de impor restrições com relação à criação de débitos; ou os chamados *golden parachutes*,[16] circunstâncias em que, por exemplo, se prevê contratualmente uma compensação financeira (*cash*) para os membros da administração perante a eventualidade duma transferência de controle de molde a compensar as futuras perdas de salários.

Na lição, o meio mais efetivo seriam as *poison pills*, distribuídas mediante cláusulas estatutárias de modo a tornar uma *takeover* excessivamente onerosa para o ofertante – circunstâncias em que este se veria compelido a negociar com os administradores ou acionistas, conforme o caso.

Em nível legislativo surgiram diversas leis nos diferentes Estados norte-americanos. Um primeiro movimento da regulação *antitakeover* está representado pelos chamados *Business Take-Over Acts*, estabelecendo um pré-período de notificação para as ofertas; a necessidade do seu registro e seu exame em audiência pública perante o Secretário do Estado, a quem incumbiria a aprovação (se considerada honesta para os acionistas).

A este seguiram-se os chamados *Business Combination Statutes*, restringindo o direito do adquirente do controle (quando acima de um determinado percentual) de realizar uma série de negociações com a companhia-alvo, por um determinado período, sem a permissão do conselho de administração. Esta regulação, todavia, varia de Estado para Estado. Em nível federal o texto básico ainda é o *Williams Act*.[17]

2. O tratamento no Direito Brasileiro

2.1 A Lei 6.404/1976

Nas normas dos seus arts. 254 a 256 (*OPA obrigatória*) e 257 (*OPA voluntária*) introduziu o instituto no Direito Brasileiro, visando à tutela dos minoritários. Na disciplina estabelecida nos arts. 254 (atualmente revogado) a 256 a OPA era obrigatoriamente imposta em conseqüência de um negócio de alienação de controle.

A doutrina definia esta OPA como *oferta pública para aquisição de ações*, conforme disposto na norma do seu § 1º, distinguindo-a daquela disciplinada na norma do art. 257 da Lei 6.404/1976 (OPA voluntária), correspondente às *tender offers* ou *takeover bid* do Direito Norte-Americano. Esta, propriamente denominada *oferta pública para aquisição de controle*, conforme a redação legal do título da Seção VII e do *caput* deste artigo.

Destinatários da oferta obrigatória, na primeira modalidade, eram os minoritários, assim entendidos como os não-controladores. Aqui, porém, somente os acionistas titulares de ações com direito a voto, afastada a possibilidade para os preferenciais. A operação estava submetida a autorização prévia e supervisão da CVM e o tratamento previsto era *igualitário*. Vale dizer, o preço oferecido aos minoritários deveria ser idêntico àquele a ser pago ao controlador. A competência para a regulação, então, era do CMN.[18]

16. Kenneth Small, Jeff Smith e H. Semih Yildirim, "Ownership structure and golden parachutes: evidence of credible commitment or incentive alignment?", p. 3, disponível em *http://www.efmaefm.org/0EFMAMEETINGS/EFMA%20ANNUAL%20MEETINGS/2007-Vienna/Papers/0040.pdf*.

17. Hamilton, *The Law of Corporations in a Nutshell*, 4ª ed., pp. 376-377.

18. Cf. o texto original:

"Art. 254. A alienação do controle da companhia aberta dependerá de prévia autorização da Comissão de Valores Imobiliários.

"§ 1º. A Comissão de Valores Mobiliários deve zelar para que seja assegurado tratamento igualitário aos acionistas minoritários, mediante simultânea oferta pública para aquisição de ações.

Caso a aceitação superasse o máximo previsto na oferta, o preço seria rateado proporcionalmente entre os aceitantes, como então prescrevia o § 2º deste artigo, posteriormente revogado pela Lei 9.457/1997.

Na modalidade *voluntária*, a oferta destinava-se a todos os titulares de ações com direito a voto, tendo em vista um montante determinado, suficiente para assegurar o controle da companhia. Não só ao controlador; não só aos minoritários.

2.2 A Resolução BACEN-401/1976

A *Resolução BACEN-401/1976*,[19] a par de definir a operação conforme a linha-mestra traçada no art. 116 da Lei Acionária, completou e esclareceu a natureza da oferta *obrigatória* (art. 254, § 1º, da Lei 6.404/1976), classificando-a como condição *suspensiva* ou *resolutiva* do negócios de alienação.[20] Além disso, expressamente elegeu como objeto ações com direito de voto, excluindo as preferenciais.

"§ 2º. Se o número de ações ofertadas, incluindo as dos controladores ou majoritários, ultrapassar o máximo previsto na oferta, será obrigatório o rateio, na forma prevista no instrumento da oferta pública.

"§ 3º. Compete ao Conselho Monetário Nacional estabelecer normas a serem observadas na oferta pública relativa à alienação do controle de companhia aberta."

19. "II – Entende-se por alienação do controle de companhia aberta, para efeito do disposto no art. 254 da Lei n. 6.404, de 15 de dezembro de 1976, e desta Resolução, o negócio pelo qual o acionista controlador (art. 116 da Lei n. 6.404), pessoa física ou jurídica, transfere o poder de controle da companhia mediante venda ou permuta do conjunto das ações de sua propriedade que lhe assegura, de modo permanente, a maioria dos votos nas deliberações da assembléia-geral e o poder de eleger a maioria dos administradores da companhia."

20. "I – A alienação do controle de companhia aberta somente poderá ser contratada sob a condição, suspensiva ou resolutiva, de que o adquirente se obrigue a fazer, nos termos desta Resolução, oferta pública de aquisição das ações com direito a voto de propriedade dos demais acionistas da companhia, de modo a lhes assegurar tratamento igualitário ao do acionista controlador."

No mais, cuidando-se de grupo informal de controle, estabeleceu como critério o uso *efetivo* deste poder nas três últimas assembléias-gerais, interpretadas pela doutrina como assembléias-gerais ordinárias, dada sua obrigatoriedade anual.[21]

A eleição do direito de voto, para qualificar as ações, objeto da oferta, e a expressão "permanente", utilizadas nos incisos II e III desta resolução, levaram a indagar o que se deveria entender mediante esta locução para qualificar tal poder, optando a doutrina pelo entendimento de que o prazo de três anos, tal como previsto para os grupos informais, preencheria tal requisito. Vale dizer, deveria ser identificado por pelo menos este período, de molde a impor qualquer direção à política negocial da controlada. A idéia de "permanente" envolve a de certa estabilidade, por, pelo menos, determinado período, considerando que em qualquer assembléia-geral é possível, sempre, identificar uma certa maioria.

Cuidando-se de controle, esta maioria não pode ser eventual e nem transitória.

Objeto de discussão, igualmente, foi determinar se o *uso efetivo* deste poder seria requisito essencial para identificar sua presença.[22]

Sobre o ponto, independentemente de quaisquer teses doutrinárias, o certo é que a CVM, no seu Parecer 058/1978, consagrou os termos da Resolução 401, afirmando a necessidade do exercício efetivo deste poder em consonância com o critério aca-

21. "IV – Na companhia cujo controle é exercido por pessoa, ou grupo de pessoas, que não é titular de ações que asseguram a maioria absoluta dos votos do capital social, considera-se acionista controlador, para os efeitos desta Resolução, a pessoa, ou o grupo de pessoas, vinculadas por acordo de acionistas, ou sob controle comum, que é titular de ações que lhe asseguram a maioria absoluta dos votos dos acionistas presentes nas 3 (três) últimas assembléias-gerais da companhia."

22. Sobre a discussão, consulte-se a Mauro Rodrigues Penteado, "Apontamento sobre a alienação do controle de companhias abertas", *RDM* 76/16 (pp. 15-25).

tado na alínea "b" da norma do art. 116 da Lei 6.404/1976.[23]

2.3 O controle. Qualificação e critérios

Neste ponto vale a pena uma breve incursão à qualificação deste poder, lembrando que as linhas-mestras estão nas normas dos arts. 116 – que cuida do controle direto do ponto de vista da sociedade isolada – e 243, § 2º – que tem por objeto seu tratamento do ponto de vista dos grupos societários –, prevendo inclusive o controle indireto, ambos os artigos da Lei 6.404/1976.

Conforme a lógica da Lei Acionária nacional, o controle é sempre *interna corporis*, vale dizer, ligado ao mecanismo do funcionamento interno da sociedade, o que significa decorrer da titularidade das ações com direito de voto e da possibilidade de eleição dos membros do conselho de administração, tendo em vista os poderes deliberativos deste órgão.

A par disto, nas companhias abertas, tendo em vista a dispersão acionária e o conseqüente absenteísmo,[24] pode ser exercido com um percentual significativamente inferior a 50% (controle majoritário), circunstâncias em que se fala em *controle minoritário*. Não é, porém, uma situação transitória e nem virtual. Com este teor as normas das alíneas "a" e "b" do art. 116 da Lei 6.404/1976 são suficientemente claras. O exercício deste poder deve ser permanente e efetivo.

A redação da norma, aliás, coaduna-se com a doutrina clássica, que já nos primórdios da identificação deste poder afirmava a necessidade de que fosse permanente e efetivo, qualificando-a, inclusive, nos grupos de fato, como presunção suficiente para indicar a presença do controle.[25]

2.4 Correntes

O tratamento da OPA obrigatória, no seu conjunto, todavia, não era pacífico.

Para alguns – assim Lamy Filho e Bulhões Pedreira – o valor pago a mais seria a contrapartida dos *deveres particulares e da responsabilidades* (pessoal e ilimitada) do controlador, devendo ser exclusivo dele.[26]

Já para Comparato, Wald,[27] Carvalhosa[28] e Tavares Guerreiro[29] deveria ser partilhado entre todos aqueles titulares de ações da mesma classe, embora para Comparato[30] a oferta somente fosse adequada quando oferecida aos titulares de ações com direito a voto. Fundamento, aqui, seria o fato de somente se entender as noções de "maioria" e "minoria" quando ligadas ao exercício do direito de voto e conforme prevaleça uma ou outra posição.

23. "*Ementa:* Somente a alienação de controle através de venda ou permuta de ações cujo(s) titular(es) esteja(m) no *efetivo* exercício do controle enseja oferta pública aos minoritários, nos termos da Resolução n. 401/1976."

24. Adolph Berle Jr. e Gardiner Means, *Società per Azioni e Proprietà Privata*, pp. 5 e ss., notadamente pp. 8-12, 49 (dispersão acionária), 50, 58, 67 e 68 e ss.

25. Cf. Léon Dabin, "Les systèmes rigides du type *Konzernrecht* (l'exemple de la proposition de la Société Européene)", in *Les Groupes de Sociétés – Une Politique Législative*, p. 162 (pp. 147-191). Este também era o entendimento de Eugen Klunziger, *Grundzüge des Gesellschatsrecht*, p. 171. "Das Reichsgericht hat diesen Tatbestand dann bejaht, wenn das Heerreschende Unternehmen über Mittel verfügt (...)" ("A dominação é juridicamente reconhecida quando a empresa dominante dispõe efetivamente sobre o meio ...").

26. Sobre a questão v. a justificativa do projeto mencionada por Mauro Rodrigues Penteado, "Apontamento sobre a alienação do controle de companhias abertas", *RDM* 76/17.

27. Arnoldo Wald, "A oferta pública, a igualdade dos acionistas e o Direito Comparado", *RDM* 43/18.

28. Carvalhosa, *Oferta Pública para Aquisição de Ações*, tese, São Paulo, 1978, pp. 189-190, *apud* Mauro Rodrigues Penteado, "Apontamento sobre a alienação do controle de companhias abertas", *RDM* 76/19.

29. Tavares Guerreiro, *Das Sociedades Anônimas no Direito Brasileiro*, 2º vol., p. 745.

30. Comparato, *O Poder de Controle na Sociedade Anônima*, 2ª ed., pp. 233 e ss.

Em linha mais ampla, Calixto Salomão, Nelson Cândido Motta e Norma Parente[31] estendiam a obrigatoriedade da oferta a todos os acionistas, independentemente da espécie de ações.

3. Período intermediário: a Lei 9.457, de 5.5.1997

3.1 O contexto econômico e político

O programa de privatização das estatais e sociedades anônimas de economia mista levou à supressão dos arts. 254 e 255 da Lei 6.404/1976, com a finalidade de favorecer a execução do plano nacional de desestatização mediante, por um lado, a apropriação integral do prêmio pago pelo controle; por outro, pelo menos teoricamente, mediante a garantia da sua saída integral, até então ameaçada pela possibilidade do rateio previsto na norma do art. 254, § 2º, dessa lei.

Tem-se em vista, aqui, considerando a posição majoritária da pessoa jurídica de direito público, a eventualidade de que a aceitação pelos minoritários, tal como até então estabelecida, poderia conduzir, em virtude desta exigência (rateio), a que a (até então) controladora, embora despida desta qualidade, permanecesse na sociedade com um número significativo de ações. Isto, como se vê, frustraria aquela intenção de saída integral da pessoa jurídica de direito público, ameaçando a possibilidade de que esta se apoderasse do total do preço pago.

3.2 A atuação da CVM

Em seqüência, após a supressão, surgiram as Instruções CVM-229/1995 (para cancelamento de registro) e 299/1999 (ordenando a divulgação de informações, acrescida da obrigatoriedade da oferta pública) como paliativo parcial, tendo em vista, aqui, que a imposição da igualdade do preço na oferta pública, decorrente do aumento da participação majoritária, somente era impositiva *entre os minoritários*. Não entre os minoritários e o controlador.

4. A Lei 10.303/2001

A oferta pública para aquisição de ações como condição para a alienação do controle ressurgiu com uma nova forma na Lei 10.303/2001, tendo em vista a vitória do Projeto Kandir em detrimento daquele defendido pelo deputado Emerson Kapaz, que propugnava por um tratamento igualitário entre controladores e minoritários.[32]

O resultado foi a aprovação de tratamento diferenciado e não igualitário, em que, ao contrário do que se previa no revogado art. 254, se fixou uma valoração diferenciada entre o preço pago ao controlador e aos minoritários, estabelecendo para este o limite de até 80% deste valor. A par disto, não reintroduziu a regra de rateio, anteriormente prevista na norma do art. 254, § 2º.

Mas, em que pese a este desastre em detrimento dos minoritários, a redação do novo art. 254-A da Lei Acionária saneou divergências, introduzindo algumas novidades. São elas: (i) a menção expressa ao controle direto e indireto; (ii) a possibilidade de extensão às preferenciais com direito a voto (art. 17, § 1º, III, da Lei 6.404/1976, acatado pelo art. 29 da Instrução CVM-361/2002) pleno e permanente; (iii) o prêmio pela opção de permanência: art. 254-A, § 4º (v. também art. 30 e 2º da Instrução CVM-361/2002); (iv) a ampliação dos poderes da CVM, a qual passou não só a autorizar a alienação, como tem competência para estabelecer as normas que devem ser observadas nestas ofertas (art. 254-A, §§ 2º e 3º); (v) a previsão de

31. Rodrigo Marcílio, *Oferta Pública de Aquisição de Ações por Alienação de Controle Acionário*, p. 18, nota 24.

32. Cf. Adriana Josuá, "Alienação do controle de S/A por oferta pública (art. 254-A da Lei das S/A)", *RDM* 126/144-145 (pp. 141-157).

que a oferta pública obrigatória se estenda inclusive ao controle potencial (art. 254-A, § 1º).

Paralelamente, completando este quadro, vale mencionar, fora do âmbito da Lei Acionária, a BOVESPA, quando estabeleceu as regras do *Novo Mercado* e dos níveis 1 e 2 de governança corporativa, ordenando o tratamento igualitário para as companhias com ações listadas neste mercado.[33]

4.1 Síntese. Situação atual

Uma série de indagações não mais se coloca, tendo em vista não só a nova redação trazida ao art. 254-A, abrangendo tanto o controle direto quanto o indireto e, inclusive, as ações preferenciais, como está pacífico que o controle deve ser efetivo e permanente (v. art. 3º, IV, da Resolução CVM-361/2002)[34] e, a par de estender a obrigatoriedade da oferta também aos acionistas preferenciais, abrange, inclusive e expressamente, o *controle potencial*, isto é, aquele que se *perfaz por etapas* (*multistep acquisition*), agora legalmente previsto (arts. 254-A, § 1º, da Lei 6.404/1976 e 3º, VI, §§ 1º e 2º, da Instrução CVM-361/2002).

5. Regime atual das ofertas públicas no Direito Brasileiro

5.1 Na Lei 6.404/1976

5.1.1 *Obrigatórias*

Nesta qualidade incluem-se a OPA (oferta para aquisição de ações) tal como prevista na norma do atual art. 254-A da Lei Acionária, imposta em virtude de um *negócio de alienação de controle*; a disciplinada no art. 4º, § 4º, dessa mesma lei, prevista para a hipótese de *cancelamento do registro* de companhia aberta e justificada pelo fato da perda do valor econômico para o minoritário (em virtude da menor liquidez decorrente do cancelamento do registro, dada a impossibilidade da saída pelo mercado secundário); e aquela prevista no seu art. 4º, § 6º, imposta em virtude de um *aumento no número das ações referentes ao controle*, acima de um determinado percentual das ações em circulação no mercado. O fundamento, aqui, é, igualmente, a possibilidade de perda da liquidez no mercado secundário, em virtude da concentração excessiva das ações em mãos do controlador, dando lugar ao que se convencionou chamar de "fechamento branco de capital".[35]

Estas duas últimas modalidades são novidades introduzidas pela Lei 10.303/2001. Mas não só. A nova redação dá à CVM a possibilidade de intervir na formação do preço e, destarte, faculta aos minoritários contestarem aquele inicialmente estipulado (art. 4º-A da Lei 6.404/1976). Todas estão obrigatoriamente submetidas a registro perante a CVM (art. 2º, I, II e III, da Instrução CVM-361/2002).

*5.1.2 Voluntárias (*tender offers *ou* takeover bid*)*

São as destinadas à aquisição de um número suficiente de ações que assegurem o controle da companhia, tal como disciplinado nas normas dos arts. 257-263 da Lei Acionária. Cuida-se, portanto, de oferta para aquisição de controle, e não para a

33. Idem, ibidem.

34. O que Carvalhosa e Eizirik (*A Nova Lei das S/A*, p. 392) negam, pelo fato de que, no seu entendimento, a norma do art. 254-A da Lei 6.404/1976 não exige seja permanente. Todavia, entendemos nós, a norma do art. 116, na suas alíneas "a" e "b", quando cuida de definir o poder de controle, exige seja efetivo e permanente.

35. Na lição de Modesto de Barros Carvalhosa e Nelson Eizirik (*A Nova Lei das S/A*, p. 64), o *fechamento branco* de capital é "expressão utilizada pelo mercado para denominar as operações nas quais o acionista controlador adquire praticamente a totalidade das ações de emissão de sua controlada em circulação no mercado, sem cancelar o registro perante a CVM (...)".

aquisição de ações, como é o caso daquela prevista na norma do art. 254-A, § 1º. *In casu*, a oferta é dirigida a todo o corpo acionário, visando àa aquisição de ações em número suficiente para garantir o controle da sociedade-alvo, podendo ser:

5.1.2.1 Amigáveis

Quando solicitadas pela própria administração da empresa-alvo ou quando esta estiver de acordo.

5.1.2.2 Hostis (*hostile takeover*)

Quando publicadas sem o conhecimento e contra a vontade dos controladores e, muitas vezes, com a intenção de apenas se apropriar dos despojos societários. Isto é, quando inesperada – ou seja, não solicitada – e contra a estratégia da administração da empresa-alvo. Em ambas há a possibilidade de melhorar a oferta uma única vez, por no mínimo 5% a mais (art. 261, § 1º, da Lei 6.404/1976).

Interessante mencionar aqui situação inusitada e particular de negócio de aquisição de controle, tal como previsto na norma do art. 257 da Lei Acionária, e que terminou por impor uma OPA, nos termos do art. 254-A, § 1º, e teve lugar por ocasião da aquisição do controle da *Arcelor S/A*, sociedade sediada em Luxemburgo, controladora (66%) da *Arcelor Brasil S/A*, pela gigante holandesa *Mittal Steel Co.mpany N.V.*

Cuidava-se de oferta pública para a aquisição do controle e eventual fusão que, *indiretamente*, transferia o controle da *Arcelor Brasil S/A*. Todavia, por não se cuidar de negócio de alienação de controle, e sim de oferta pública para a aquisição de controle, a assim ser dirigida a todos os acionistas da companhia-alvo, não se poderia cogitar de OPA obrigatória, como ordenado naquele artigo. Posteriormente a oferta hostil transmudou-se em amigável com a aceitação dos administradores da *Arcelor S/A*.

Colocou-se, então, em questão sobre se a transferência do controle indireto da *Arcelor Brasil S/A* imporia ou não a OPA aos acionistas minoritários desta última. Pelo fato de se cuidar de oferta para aquisição de controle, e não de oferta conseqüente à alienação, o entendimento seria o de que não caberia qualquer OPA aos não-controladores desta sociedade.

Contudo, adveio em socorro destes últimos cláusula prevista na norma do art. 10 do estatuto desta sociedade, que ordenava a OPA quando terceiro interessado "(i) *adquira o poder de controle da Companhia* por meio de aquisição de ações de emissão (ii) *do acionista controlador final* da Companhia".[36] O entendimento final da CVM, fundado nesta cláusula, foi pela obrigatoriedade da OPA aos minoritários da *Arcelor Brasil S/A*.[37] Todavia, como a

36. Cf. Processo Administrativo CVM/RJ-2006/6209, reg. 5256/2006 (interessados: Mittal Steel Company N.V., Arcelor Brasil S/A, Arcelor S/A, relator: Diretor Wladimir Castelo Branco Castro, voto, item 31).

37. Cf. Processo Administrativo CVM/RJ-2007/1996, reg. 5443/2007.

"*Declaração de voto do Presidente Marcelo Fernandez Trindade*: "(...). *Aquisição originária de controle e oferta pública por aquisição indireta*. 12. Mas a Instrução n. 361/2002 não previu a ocorrência um caso como o discutido neste processo, qual seja, o de que a realização da oferta pode decorrer não de uma *alienação* de controle, mas da sua *aquisição* por meio de uma oferta pública hostil. Essa hipótese, de oferta decorrente de aquisição, e não de alienação do controle, não está prevista na lei brasileira, como foi longamente exposto no voto do Diretor Relator Wladimir Castelo Branco, quando da decisão sobre a obrigação de realização da oferta de que aqui se trata. A aquisição originária do controle até então disperso entre milhares de acionistas não faz incidir a regra do art. 254-A. Tal oferta só ocorre, como no caso concreto, porque o estatuto da companhia controlada expressamente assim o estabelece.

"*Dificuldades para a demonstração da parcela do preço da aquisição indireta em aquisição originária de controle*. 13. Tratando-se de uma oferta de aquisição de controle até então disperso (ou, mais corretamente, inexistente, no nível dos acionistas), não há contrato de compra e venda entre o comprador e os milhares de vendedores, mas sim aceitação de uma oferta pública pelas ações da controladora. Não há, por isso, a princípio, lugar para a negociação

Acesita S/A, sociedade, por sua vez, controlada pela *Arcelor Brasil S/A*, não portava em seus estatutos cláusula semelhante, afastou-se a obrigatoriedade da OPA para seus acionistas, embora em momento anterior o parecer da CVM tenha acatado, ademais do disposto naquela cláusula, a obrigatoriedade em virtude da *cessão indireta* do controle.[38]

Este entendimento, todavia, caiu por terra, mantendo-se a obrigatoriedade daquela OPA somente em virtude da mencionada cláusula estatutária.[39]

Vale dizer, com isto, que, quando a aquisição do controle indireto se perfaça mediante oferta pública para aquisição de ações, descaberia a oferta pública para os minoritários da sociedade controlada. A situação demonstra a insuficiência da norma do art. 254-A da Lei Acionária na tutela dos interesses dos não-controladores, posto que, embora mencione o controle indireto, não prevê a situação em que sua transferência decorre de oferta para aquisição, e não de negócio de alienação. Quiçá este seja um ponto a merecer atenção mais detalhada da doutrina.[40] Vale aqui, como orientação, aquela acatada perante o Direito Comparado, como decorre do relatório do *Diretor Wladimir Castelo Branco Castro*, apresentado neste mesmo processo administrativo,[41] nos termos seguintes:

"29. Nos países-membros da Comunidade Econômica Européia vigora como regra geral, por força da 13ª Diretiva Européia (*Thirteenth Directive on Takeovers and Mergers*), a oferta de aquisição obrigatória (*mandatory bid rule*) para compra de percentuais superiores aos determinados pelas legislações nacionais. Essa regra vem apoiada em três justificativas: direito ao tratamento igualitário, direito à divisão do prêmio de controle e direito dos demais acionistas da companhia de poderem, se desejarem, sair de uma companhia onde ocorra uma mudança de controle. Nesse sentido, o primeiro princípio geral constante do art. 3º, 1, da 13ª Diretiva Européia: 'Para efeitos de aplicação da presente Diretiva, os Estados-membros asseguram que sejam respeitados os seguintes princípios: a) Todos os titulares de valores mobiliários de uma sociedade visada de uma mesma categoria devem se beneficiar de

da parcela do preço das ações da controladora que corresponda às ações da companhia controlada que será indiretamente adquirida. E isto até mesmo porque, como a obrigação de realizar a oferta é do comprador, a princípio os vendedores não têm sequer interesse nessa informação para tomar sua decisão de aceitar a oferta, pois o risco do pagamento do preço da oferta subseqüente, aos acionistas da companhia controlada, é do ofertante-comprador."

38. Cf. Ata da reunião do colegiado, Processo Administrativo CVM/RJ-2007/1996, reg. col. 5443/2007 (interessados: Mittal Steel Company N.V. e Banco Santander Banespa S/A).

39. Cf., na seqüência, neste mesmo processo, a declaração de voto do Presidente Marcelo Fernandez Trindade, nos termos seguintes: "12. Mas a Instrução n. 361/2002 não previu a ocorrência de um caso como o discutido neste processo, qual seja, o de que a realização da oferta pode decorrer não de uma *alienação* de controle mas da sua *aquisição* por meio de uma oferta pública hostil. Essa hipótese, de oferta decorrente de aquisição, e não de alienação do controle, não está prevista na lei brasileira, como foi longamente exposto no voto do Diretor Relator Wladimir Castelo Branco, quando da decisão sobre a obrigação de realização da oferta de que aqui se trata. A aquisição originária do controle até então disperso entre milhares de acionistas não faz incidir a regra do art. 254-A. Tal oferta só ocorre, como no caso concreto, porque o estatuto da companhia controlada expressamente assim o estabelece (...)".

40. Interessante informar, neste ponto, que, embora o Direito Norte-Americano não contemple a obrigatoriedade da oferta, o entendimento da CVM neste relatório foi o de que também a estes se estenderia a OPA realizada. Cf. item 11, alínea "f": "quanto ao tratamento reservado aos acionistas norte-americanos de Arcelor Brasil, tratando-se de OPA obrigatória, não se admite limitação de adesão à oferta por critério de residência dos acionistas minoritários, a menos que haja oferta alternativa, apenas em dinheiro, que assegure, ao menos, o tratamento igualitário à OPA com permuta por ações, isto é, quantia em dinheiro que equivalha ao preço desta oferta realizada no Brasil na data de sua liquidação; (...)".

41. Processo Administrativo CVM/RJ-2006/6209, reg. 5256/2006 (assunto: recurso contra entendimento da SEP e da SER; interessados: Mittal Steel Company N.V., Arcelor Brasil S/A e Arcelor S/A).

um tratamento equivalente; além disso, nos casos em que uma pessoa adquira o controle de uma sociedade, os restantes titulares de valores mobiliários terão de ser protegidos" (...).

"(...).

"50. A 13ª Diretiva define como oferta pública de aquisição (art. 2º, 1, 'a', 'Definições') "uma oferta pública (que não pela sociedade visada) feita aos titulares de valores mobiliários de uma sociedade para adquirir a totalidade ou uma parte desses valores mobiliários, *independentemente de essa oferta ser obrigatória ou voluntária*, na condição de ser subseqüente à aquisição do controle da sociedade visada ou *ter como objetivo essa aquisição do controle* nos termos do Direito nacional'. Segundo o art. 5º da Diretiva:

"'(*Protecção dos acionistas minoritários; oferta obrigatória; preço eqüitativo*): 1. Sempre que uma pessoa singular ou coletiva, na seqüência de uma aquisição efetuada por si ou por pessoas que com ela atuam em concertação, venha a deter valores mobiliários de uma sociedade a que se refere o n. 1 do art. 1º – o que, adicionado a uma eventual participação que já detenha e à participação detida pelas pessoas que com ela atuam em concertação, lhe confira direta ou indiretamente uma *determinada percentagem dos direitos de voto* nessa sociedade, *permitindo-lhe dispor do controle da mesma*, os Estados-membros asseguram que essa pessoa *deva lançar uma oferta* a fim de proteger os acionistas minoritários dessa sociedade. Esta oferta deve ser dirigida o mais rapidamente possível a todos os titulares de valores mobiliários, para a totalidade das suas participações, a um preço eqüitativo definido no n. 4.

"'2. O dever de lançar uma oferta previsto no n. 1 *não é aplicável quando o controle tiver sido adquirido na seqüência de uma oferta voluntária* realizada em conformidade com a presente Diretiva, dirigida a *todos* os titulares de valores mobiliários, para a *totalidade* das suas participações.

"'3. A percentagem de direitos de voto *que confere o controle de uma sociedade, para efeitos do n. 1* bem como a fórmula do respectivo cálculo são determinados *pela regulamentação do Estado-membro* em que se situa a sua sede social'."

Se a oferta deve ser dirigida a "*todos os titulares de valores mobiliários, para a totalidade das suas participações*, (...)", impor-se-ia a OPA perante os acionistas indiretamente atingidos pela aquisição direta, como ocorreu neste caso – entendimento, aliás, já sufragado pelo citado especialista em momento anterior neste mesmo relatório.[42]

Observa-se, todavia, não ser este o entendimento do Direito nacional naquele país.

A lei de OPA luxemburguesa, no seu art. 2º (2), trazida à colação neste mesmo relatório, por seus termos exclui a possibilidade quando a transferência indireta for o resultado de um negócio de alienação de controle,[43] sendo esta a lei aplicável na relação "Arcelor S/A *vs.* Mittal Steel N.V.".

42. Idem, item 22: "Não há o que deixar claro neste tópico. Há muito, a cessão de controle indireta ocorrida em *holding* de controle é considerada alienação de controle para efeitos de oferta pública obrigatória. A polêmica, aliás, só fazia real sentido na redação anterior do art. 254 da lei, que não mencionava a alienação indireta e foi logo regulado por um texto que também não aludia a essa possibilidade (Resolução n. 401/1976). Hoje a alienação indireta vem mencionada no art. 254-A e na Instrução n. 361/2002".

43. Idem, no item 51:

"Art. 2. *Définitions*

"(1). Aux fins de la présente Loi, on entend par: a) 'offre publique d'acquisition' ou 'offre': une offre publique (à l'exclusion d'une offre faite par la société visée elle-même) faite aux détenteurs des titres d'une société pour acquérir tout ou partie des dits titres, *que l'offre soit obligatoire ou volontaire, à condition qu'elle suive ou ait pour objectif l'acquisition du contrôle* de la société visée selon le droit national; (...).

"Art. 5. *Protection des actionnaires minoritaires, offre obligatoire et prix équitable*

"(1) Lorsqu'une personne physique ou morale obtient, à la suite d'une acquisition faite par elle-même ou par des personnes agissant de concert avec

De qualquer forma, a questão permanece em aberto perante o Direito Brasileiro atual.

5.1.2.3 Concorrentes (art. 262 da Lei 6.404/1976)

A oferta concorrente é realizada por um terceiro, que não o ofertante ou pessoa a ele vinculada, igualmente interessado na empresa-alvo, e pode ser utilizada, igualmente, como defesa perante uma oferta hostil, circunstâncias em que, quando parta da própria empresa-alvo, tem o nome de *contra-OPA*.

5.1.2.4 A contra-OPA

Surge como medida defensiva da empresa, quando ela própria faz uma oferta de aquisição de ações sobre o proponente.

Tanto a *concorrente* como a *contra-OPA* estão sujeitas aos mesmos requisitos e procedimentos da oferta com quem concorre; devem ser lançadas por um preço ao menos superior a 5% (devem ser mais favoráveis aos acionistas que as anteriores); surgem durante o prazo de validade da OPA (de no mínimo 20 dias, cf. art. 258, V, da Lei Acionária) e em até 10 dias antes do término deste prazo (art. 261, § 1º, da Lei 6.404/1976). Nesta circunstância abrese um novo prazo, obedecido o limite legal e facultado ao primeiro ofertante prorrogar o prazo de sua oferta, de modo que coincida com a do concorrente (art. 262, § 2º, da Lei 6.404/1976). No decorrer deste prazo e/ou sua prorrogação a empresa-alvo deve decidir se ordena a venda das suas ações e a qual oferta.

Existindo oferta concorrente, o entendimento é o de que os ofertantes podem aumentar a oferta, tantas vezes quanto necessário, desde que precedida da devida publicidade, no mesmo nível da oferta original. Estas ofertas estão, em regra, dispensadas de registro, salvo quando, no caso de oferta para aquisição do controle, disciplinada na norma do art. 257 da Lei 6.404/1976, envolverem permuta ou quando concorrerem com oferta pública submetida a registro (art. 2º, § 1º, da Instrução CVM-361/2002). Observa-se que o dever de sigilo, estabelecido na norma do art. 260 Lei 6.404/1976, atinge, igualmente, as ofertas concorrentes, até a data da sua publicação.

5.2 O procedimento do registro perante a Instrução CVM-361/2002

(i) Obrigatoriedade do registro (art. 2º, § 1º, da Instrução CVM-361/2002) para as OPAs obrigatórias e possibilidade de dispensa para as voluntárias, salvo quando envolverem permuta de valores mobiliários, posto existir a possibilidade de transferência do controle, mediante as ações oferecidas em permuta e, igualmente, para as ofertas concorrentes, exceção feita quando concorrerem com uma OPA submetida a registro (arts. 2º, § 1º, 32 e 33 da Instrução CVM-361/2002).

(ii) O procedimento estabelecido nas normas dos arts. 4º a 7º[44] e 10 a 12;

elle, des titres d'une société au sens de l'article 1er, § (1), qui, additionnés à toutes les participations en ces titres qu'elle détient déjà et à celles des personnes agissant de concert avec elle, lui confèrent directement ou indirectement *un pourcentage déterminé de droits de vote* dans cette société *lui donnant le contrôle de cette société*, cette personne *est obligée de faire une offre* en vue de protéger les actionnaires minoritaires de la société visée. Cette offre est adressée dans les plus brefs délais à tous les détenteurs de ces titres et porte sur la totalité de leurs participations, au prix équitable défini au § (4).

"(2) L'obligation de lancer une offre prévue au § (1) *n'est plus applicable lorsque le contrôle a été acquis à la suite d'une offre volontaire* faite conformément à la présente Loi à *tous* les détenteurs de titres pour la *totalité* de leurs participations (...)."

44. Aquele do art. 8º da Instrução CVM-361/2002 (exigência de laudo de avaliação) somente se aplica quando a OPA for formulada pela própria companhia, pelo acionista controlador ou por pessoa a ele vinculada.

conforme o § 2º do art. 2º da Instrução CVM-361/2002, naquilo que for aplicável, é impositivo para todas as OPAs, qualquer que seja a modalidade escolhida (art. 2º, § 2º, da Instrução CVM-361/2002), cumprindo destacar:

• A intermediação obrigatória de instituição financeira, nos termos do art. 7º da Instrução CVM-361/2002 (corretoras, DTVMs, ou instituição financeira com carteira de investimentos), a qual deverá empregar diligência máxima para assegurar que as informações prestadas pelo ofertante, o qual tem o dever de veracidade, correspondam à realidade. A instituição financeira não responde pela eventual falsidade das informações colhidas, salvo a que tenha atuado negligentemente (§ 2º do art. 7º da Instrução CVM-361/2002).

• O dever da instituição financeira de assessorar o ofertante em todas as etapas do procedimento da oferta, devendo interromper os serviços prestados, sob pena de responsabilização, quando o ofertante não acatar as instruções ou exigências apresentadas (art. 3º da Instrução CVM-361/2002). Cuida-se de prestação de serviços, consubstanciando uma obrigação de fazer, de meio, na qual a instituição financeira não pode garantir o resultado, salvo na hipótese prevista na norma do art. 10, § 2º, dessa instrução (*cash merger*), circunstâncias em que deve garantir a liquidação financeira da OPA e o pagamento do preço de compra (art. 7º, § 4º).

• Demonstração justificada da forma de cálculo do preço quando se cuide de OPA obrigatória (art. 29, § 6º, da Instrução CVM-361/2002).

Estas exigências comuns abrangem, inclusive, as ofertas efetuadas fora da bolsa ou de entidades do mercado de balcão organizado.

6. *Classificação*

As OPAs, conforme a forma de pagamento (art. 6º da Instrução CVM-361/2002), classificam-se como:

• de compra – pagamento do preço em dinheiro;

• de permuta – quando seja realizado em valores mobiliários de emissão (ou a serem emitidos) de companhia aberta, desde que admitidos à negociação do mercado;

• mistas – vale dizer, parte em dinheiro e parte em valores mobiliários.

7. *Natureza jurídica*

Toda OPA encerra uma declaração unilateral feita a sujeito indeterminado, mas determinável. É oferta de contrato nos termos do art. 429 do CC de 2002, podendo dar origem a inúmeros contratos, conforme o número de aceitantes.

É sempre negócio *oneroso* (art. 29, § 5º, Instrução CVM-361/2002), praticado *inter vivos*,[45] que dá lugar, com sua transferência, a um *novo* controlador[46] voluntariamente, salvo quando se cuida de aumento de participação acionária ou para cancelamento de registro, tal como previsto na norma do art. 2º, I e II, da Instrução CVM-361/2002, circunstâncias em que, embora não surja um novo controlador, a realização da OPA é impositiva.

Carvalhosa e Eizirik, neste ponto, elaboram uma distinção entre aquisição *original* e aquisição *derivada* do controle, sustentando inexistir o negócio de alienação no que definem como aquisição original, e, destarte, afastam a existência do bloco de controle quando as ações estão diluídas pelo mercado. Exemplo da afirmação seria a hipótese de controle gerencial e minoritário.[47] Com este entendimento negam a necessidade da oferta pública quando se cuide de aquisição original.

45. As aquisições *causa mortis* não são onerosas e, destarte, não impõem a obrigatoriedade da oferta pública.

46. Com este entendimento Carvalhosa e Eizirik, *A Nova Lei das S/A*, p. 396.

47. Idem, pp. 405-406.

Porém, não parece que assim seja quando se cuida de OPA obrigatória em virtude de alienação de controle, pois a tese exclui a existência do controle minoritário, postura que a norma do art. 116 da Lei Acionária não abriga. A exigência, ali consubstanciada na norma da sua alínea "a", quando estabelece como requisitos para identificar o controlador a maioria de votos nas assembléias e o poder para eleger a maioria dos administradores, não implica seja este controle majoritário (50% mais um).[48]

Se for certo que nas assembléias-gerais extraordinárias o quórum mínimo para que as decisões sejam aprovadas é de metade no mínimo das ações com direito a voto (art. 136, *caput*), naquelas ordinárias basta a maioria dos votos presentes para aprovar as contas dos administradores, ocasião em que a dispersão acionária e o absenteísmo invocado por Berle e Means pesam na balança. Por outro lado, é necessário não esquecer o mecanismo do voto múltiplo, sancionado na norma do art. 141 da Lei Acionária, o qual pode facultar à minoria estar representada no conselho de administração, não bastasse o direito, garantido aos preferencialistas no art. 18 dessa lei, de eleger, mediante votação em separado, um ou mais membros dos cargos de administração.

Vale dizer, nem sempre a maioria do capital votante é suficiente para preencher a maioria dos cargos do conselho de administração, tarefa que, por outro lado, pode ser levada a efeito pela minoria, conforme as circunstâncias. A considerar a somatória de poderes deliberativos, consubstanciada na norma do art. 142 da Lei 6.404/1976, não é inadmissível a possibilidade do controle minoritário (*working control*) no Direito Brasileiro, sob a égide do disposto na norma do art. 116, supra-invocado. Portanto, embora na prática a quase-totalidade dos negócios de alienação de controle no mercado brasileiro, em decorrência da excessiva concentração das ações em mãos de uns poucos, tenha por objeto o controle majoritário (isolado ou conjunto), isto não afasta a possibilidade de negociação tendo por objeto controle minoritário. A hipótese de *aquisição originária*, tal como aventada, somente pode ser vislumbrada quando se cuide de aquisição de controle, na forma regulamentada pelo disposto nas normas dos arts. 257 e ss. da Lei Acionária e da interpretação do disposto no § 2º desta norma como correspondente a, pelo menos, 50% das ações com direito A voto. Mas a lei brasileira não estabeleceu qualquer percentual.[49] Por outro lado, aí, nem há que se

48. Cf. Fábio Konder Comparato (*O Poder de Controle na Sociedade Anônima*, 2ª ed., p. 46), afirmando, com todas as letras: "A existência de um controle minoritário está implicitamente reconhecida na lei, ao fixar as regras de quórum e maioria no funcionamento da assembléia-geral (...)".

49. Ao contrário do que ocorre perante o Direito Comparado, como demonstrado no Relatório acurado do Diretor da CVM, Wladimir Castelo Branco, apontado acima, nas notas 37 e 39, com as seguintes palavras:

"53. O percentual de aquisição do poder de controle foi um dos grandes focos de negociação durante as discussões da Diretiva. Sua redação original, inspirada no *City Code on Takeover Codes and Mergers*, propunha 'uma porcentagem de direitos de voto que não poderá ser fixada acima de 1/3 dos votos existentes na data da aquisição'. A redação final, como se viu, deixou o percentual à escolha de cada Estado-membro, que teria à disposição, basicamente, três critérios: (a) controle majoritário ou de direito (50% + um); (b) controle presumido (qualquer percentual fixo, abaixo de 50%); ou (c) controle de fato (independente da especificação de um percentual).

"(...).

"55. Ensina a doutrina inglesa – que, por força da aplicação do *takeover code*, há tempos estuda as matérias só agora incorporadas à legislação européia – que nos países que adotam o sistema de controle presumido considera-se reforço de controle a aquisição de percentuais superiores aos necessários para configurar o controle. Assim, presume-se que alguém que já detenha 35% do capital votante seja controlador da companhia e as compras adicionais são consideradas reforço de controle. Paul Davies comenta a Diretiva Européia: 'A final and important aspect of the ex post impact of the mandatory bid rule should now be noticed. It protects the nondiscutir a OPA, posto que a oferta de aquisição se dirige a todos os acionistas, e não somente ao, então, eventual controlador.

Nas *obrigatórias* apresenta-se como negócio subsidiário, conseqüência de um negócio de alienação de controle, e atua como condição suspensiva ou resolutiva da eficácia do negócio principal. Será *suspensiva* quando a propriedade das ações ainda não foi transferida, e *resolutiva* quando o contrato já foi firmado e a propriedade das ações transferida (com pagamento parcial ou integral do preço). O registro da oferta perante a CVM – no caso, obrigatório – deve ser efetuado até 30 dias a contar da feitura do negócio principal de alienação de controle (cf. art. 29, § 3º, da Instrução-CVM-361/2002).

Na visão de Carvalhosa e Eizirik,[50] cuidando-se de condição resolutiva (na suspensiva o negócio ainda não se concretizou), se o adquirente não realiza a oferta pública para a aquisição das ações dos minoritários o negócio é nulo. Tese que se coaduna com o disposto na norma do art. 166, IV, do CC de 2002, tendo em vista cuidar-se de imposição advinda de norma objetiva (art. 254-A da Lei 6.404/1976).

A questão que se coloca aqui é a da sanção para o não-cumprimento, cuidando-se de OPA, imposta como condição tendo em vista que a nulidade de ato jurídico não pode ser declarada por autoridade administrativa.

Para efeito da Instrução CVM-361/2002, a desobediência constitui infração grave, nos termos do seu art. 36, mas não contém previsão específica determinando

controlling shareholders against anticipated disadvantageous conduct on the part of the new controller of the company, whether or not that control was purchased from an existing controlling shareholder of the company, or was put together as a result of a number of a separate, small purchases on the market or otherwise. In other words, when the mandatory bid rule concentrates on is the *acquisition* of control, whether or not it is accompanied by a *transfer* of control from an existing controlling shareholder. Or to put the matter another way, transfers of control from management to bidder are within the scope of the rule, just as transfers of control from existing controlling shareholders are. It might be said that transfers of control form existing controlling shareholders should not be within the rule, because the non-controlling shareholders were subject to a controlling shareholder before the transfer and are still so subject after it, and so their position has not worsened" (grifos no original).

"56. Ao fixar o percentual de 33,3% dos direitos de voto, a Lei de OPA adotou o critério de controle presumido, equiparando, para efeitos da realização da OPA, a aquisição do poder de controle à titularidade daquele percentual determinado de ações votantes. Vejam-se os comentários oficiais sobre a lei: *Comentários do Ministério das Finanças* – 'Au § (3), comme l'exige la Directive, le Projet de Loi fixe le pourcentage de droits de vote conférant le contrôle aux fins du § (1). Le Gouvernement a choisi de retenir comme limite un tiers de l'ensemble des titres conférant un droit de vote. Cette limite correspond à l'un des paliers retenus dans la réglementation régissant la transparence des opérations sur titres; elle se situe par ailleurs au niveau le plus communément retenu par la plupart des autres États-membres. Pour le calcul du pourcentage, il est tenu compte uniquement des titres assortis d'un droit de vote. Sont donc compris les parts bénéficiaires assorties d'un droit de vote mais sont exclues les actions dites sans droit de vote qui retrouvent le droit de vote dans les circonstances prévues par la loi (art. 44 (2) et art. 46 de la loi modifiée du 10 août 1915 concernant les sociétés commerciales)'; *Discurso do Ministro das Finanças* – 'Troisième règle que je voudrais relever de ce Projet de Loi c'est la protection des actionnaires minoritaires. La principale mesure de protection pour les actionnaires minoritaires est celle qui impose à toute personne qui acquiert le contrôle d'une société cotée, en venant à détenir un certain pourcentage de titres de cette société, d'offrir aux autres actionnaires les mêmes conditions qui ont été offertes à celui qui vend en premier lieu. Le seuil de contrôle que nous avons fixé à cet égard est de 33 1/3 pourcent. Donc si on acquiert un tiers de la société, alors il faut offrir aux autres actionnaires exactement les mêmes conditions et ce qu'on entend par les mêmes conditions, c'est qu'il faut leur offrir un prix qui correspond au prix le plus élevé payé dans une période. allant jusqu'à 12 mois avant la prise de contrôle. Donc tous doivent dans ce cas là être servis de la même manière, si j'ose m'exprimer ainsi, dès qu'on acquiert donc plus de 33,3 pourcent d'une société'."

50. Carvalhosa e Eizirik, *A Nova Lei das S/A*, pp. 398-399.

o destino da oferta não registrada, tal como fazia a Resolução 401/1964 no seu inciso IX,[51] ao ordenar seu desfazimento.[52]

Indaga-se, ademais, se a oferta da opção para a permanência dos acionistas, mediante o pagamento do prêmio, seria um requisito essencial a ser sempre cumprido. Não parece, todavia, ser este o entendimento, por se cuidar de faculdade do adquirente, e não de dever legal.[53]

8. Negociações

A OPA obrigatória aplica-se ao negócio de alienação de controle em todas as suas formas: direto, indireto (tanto na *holding* pura quanto na mista), isolado ou grupal, e, aqui, tanto ao resultante de convenção de voto como de acordos informais, e ainda ao potencial (art. 254-A, § 1º, da Lei 6.404/1976).

E para tanto os mecanismos são, dentre outros, na aquisição voluntária: a compra e venda, que também pode ocorrer mediante alienação a diversos interessados, com a divisão do bloco de controle ou alienação de ações com opção de recompra. Indício, aqui, é a presença do ágio;[54] a permuta apresenta um problema particular, que é a diferente flutuação do preço entre as ações permutadas durante o espaço intercorrente entre o negócio de alienação e a OPA que lhe é decorrente.

Práticas não tão evidentes também são utilizadas, tais como a celebração de negócios de garantia (respeitado o limite estabelecido na norma do art. 1.428 do CC de 2002) ou a assunção de dívidas. Pode, ainda, decorrer do aumento de capital, seguido de alienação das ações resultantes; da cessão de direitos de subscrição ou cessão de valores mobiliários conversíveis em ações com direito a voto (controle potencial).

Situações particulares, que merecem uma atenção à parte, são aquelas que dão a transferência do controle indireto para os controladores finais e a transferência ao único acionista minoritário.

Na primeira (controle indireto) inexiste um novo controlador, razão pela qual é desnecessária a OPA.

Na segunda já foi entendimento da CVM não se aplicar – o que é lídimo – a oferta pública quando o minoritário é o

51. "IX – Quando o contrato de alienação de controle declarar a oferta pública aos demais acionistas como condição resolutiva, o negócio considerar-se-á automaticamente desfeito se: a) dentro de 30 (trinta) dias da data da sua contratação não for requerida à Comissão de Valores Mobiliários a aprovação da oferta pública aos acionistas minoritários; b) a Comissão de Valores Mobiliários recusar a aprovação do instrumento de oferta pública, ressalvado o disposto no item VIII; c) dentro de 90 (noventa) dias da aprovação pela Comissão, a oferta pública não for efetivada, mediante publicação e início do decurso do prazo."

52. Cf. Parecer CVM-010/1982:

"*Ementa:* Nos termos do inciso IX da Resolução n. 401 o negócio considerar-se-á desfeito se dentro de 30 (trinta) dias da data da sua contratação não for requerida à CVM a aprovação da oferta pública aos acionistas minoritários.

"Ocorrendo a hipótese acima, a transferência efetiva do controle deve ser confirmada através da celebração de novo contrato na forma do art. 254 da Lei n. 6.404/1976 e da Resolução n. 401."

Parecer CVM/SJU n. 085/1982 (Rio de Janeiro, 29.11.1982, referência: Memo/GEC n. 132/1982; interessada: GEO – Gerência de Operações Especiais; assunto: oferta pública de aquisição de ações): "*Ementa:* Considerar-se-á desfeito o negócio de alienação de controle de companhia aberta se, dentro do prazo de 30 (trinta) dias da data da sua contratação, não for requerida à CVM a aprovação da oferta pública aos acionistas minoritários, conforme preceitua o inciso IX, letra 'a', da Resolução n. 401/76. Nesta hipótese devem as partes celebrar novo contrato nos termos do art. 254 da Lei n. 6.404/1976 e da Resolução n. 401/1976. Em face do tempo decorrido – mais de quatro anos e meio –, o tratamento igualitário ao acionista minoritário dependerá da fixação, no edital da oferta pública, de um preço justo, entendido como tal o preço pago ao controlador acrescido de correção monetária e juros moratórios legais".

53. Com este entendimento Carvalhosa e Eizirik, *A Nova Lei das S/A*, p. 410.

54. O que Carvalhosa e Eizirik negam (*A Nova Lei das S/A*, p. 392).

próprio adquirente do controle,[55] entendimento que não se aplica quando há outros minoritários. Nesta circunstância a OPA é de rigor.

9. *O instrumento da oferta*

Para as *obrigatórias* os requisitos são aqueles estabelecidos nas normas dos arts. 29 30 da Instrução CVM-361/2002; já as *voluntárias* obedecem ao que se dispõe nos seus arts. 31 e 32; reservando-se a regulação do art. 33 às de *permuta*, todas devendo preencher os requisitos traçados no Anexo II, que se segue, e submetidas à publicação na forma do seu art. 11.

10. *Extensão às companhias fechadas. Soluções contratuais*

A obrigatoriedade das ofertas públicas não se estende aos minoritários das companhias fechadas. Quanto a estes a cessão de controle se perfaz mediante a cessão de direitos, no terreno contratual, conforme as regras do Código Civil, e a negociação se restringe ao âmbito do controlador cedente e do adquirente cessionário.

A prática vem contornando esta limitação mediante a inclusão de cláusulas estatutárias (ou no acordo de acionistas) de molde a garantir o direito de saída do minoritário mediante oferta obrigatória do adquirente aos não-controladores (a *tag-along*) ou a obrigatoriedade de que estes cedam conjuntamente suas ações quando ocorrer um negócio de alienação de controle (a *drag-along*).

São utilizados igualmente pactos parassociais, assegurando aos não-controladores vantagens para a hipótese da transferência do controle. Exemplo seriam cláusulas estabelecendo, para estes, preferências na aquisição de ações nas mesmas condições propostas ao controlador, ou, ainda, as *look back provisions*, prevendo a revenda dentro de certo tempo das ações adquiridas por um preço superior, circunstâncias em que a diferença perante o preço original pago ao acionista controlador reverterá a seu favor.

11. *Breves notícias sobre o tratamento atual das ofertas perante o Direito Comparado*[56]

A origem da questão está expressa na proposta da 13ª Diretiva Comunitária, aprovada em 10.11.1997, em matéria de oferta para aquisição de ações (OPA), com orientação indicativa para os diversos Estados-membros, com alguns reflexos imediatos nos países do Continente Europeu.

Em que pese às reações imediatas, a 13ª Diretiva não prosperou nesta versão. O fracasso da proposta – apesar das emendas sucessivas – em obter a maioria no Parlamento Europeu levou à suareformulação,[57]

55. Parecer CVM/SJU-055/1978: "*Ementa:* Nos termos da Resolução n. 401/1976 do CMN somente é obrigatória a oferta pública aos minoritários titulares de direito de voto. É desnecessária a efetivação da oferta quando o minoritário é o próprio adquirente do controle".

56. A questão já foi abordada no nosso *Manual de Direito Comercial*, vol.2 ("Sociedade Anônima – Mercado de Valores Mobiliários"), pp. 224-227, trazido à colação com as devidas atualizações.

57. Cf. "Takeover Bids in Europe, European Shadow Financial Regulatory Committee (Copenhagen), European Shadow Financial Regulatory Committee Takeover Bids in Europe, Statement n. 13", disponível em *http://www.aei.org/publications/filter.economic,pubID.16964/pub_detail.asp*:

"The European Shadow Financial Regulatory Committee (ESFRC) has consistently emphasized the desirability of achieving a more integrated capital market within the EU. It is our view that a programme to harmonize rules for capital markets is essential to give EU investors access to securities in all Member States on equal conditions. The determination of corporate law, however, should be largely left to the Member States, pursuant to the subsidiarity principle. Whenever the EU has departed from this principle in the area of corporate law, the results have either been inconsequential or harmful (for example, the imposition of a rigid and expensive regime of mandated capital in the Second Corporate Law Directive). By now there is considedo que resultou, a final, a versão de 21.4. 2004.[58]

Quanto à recepção nos diversos Estados-membros, contudo, a situação não é uniforme.

Veja-se que os reflexos da 13ª Diretiva nesta versão de 2004 deveriam ser acatados até 20.5.2006,[59] mas em janeiro/2007, conforme levantamento feito em agosto/2006,[60] só os seguintes países acataram a orientação da Diretiva no Direito interno: Alemanha, Áustria, Dinamarca, Eslováquia, Eslovênia, Finlândia, França, Grécia, Hungria, Irlanda, Lituânia, Letônia, Luxemburgo, Malta, Portugal, Suécia e Reino Unido. Dentre estes, nem todos integralmente. No momento da redação deste trabalho, somente a Áustria. Dinamarca, França, Hungria, Irlanda, Luxemburgo e o Reino Unido, acataram a diretiva integralmente. Nos demais países aderentes alguns somente acataram a Diretiva parcialmente (Estônia, Polônia e Itália) ou adotaram regras internas permitindo a aplicabilidade de algumas regras nacionais (Holanda).[61] Vale dizer, a almejada unificação dos diversos Direitos internos ainda não se concretizou.

Notícia datada de 27.2.2007 dá conta de que há certa relutância em incentivar o mercado de ofertas públicas para a aquisição do controle, com uma maior tendência à tutela das companhias locais.[62]

rable evidence that it is preferable to allow corporate law to retain a fair amount of flexibility by leaving its structures to competition among Member States. In this statement, the ESFRC recommends that the EU adopt the following provisions and changes in the proposal for a 13th Directive on rules for takeover bids, in addition to those recommended on 10 January 2002 by the High Level Group of Company Law Experts:

"1. The 'break-through rule' stating that a bidder obtains control over a firm after having acquired 75 percent of its risk-bearing capital should be modified by a 'grandfathering' clause allowing owners of corporations five years to adapt their charters before the break-through rule takes effect. 2. We recommend the incorporation of a rule into the Takeover Directive that would require Member States to enact legal provisions enabling and encouraging their courts to examine and invalidate certain contractual arrangements which serve the primary purpose of deterring takeover bids.

"3. Whereas we consider minority shareholder protection an essential feature of securities regulation and company law, this can be achieved effectively in various ways, and not only through mandatory bid rules. Moreover, the effects of mandatory bid rules are uncertain and may vary between countries. We therefore propose that the Directive should not provide for a mandatory bid, but rather that mandatory bid rules should be subject to the subsidiarity principle (...)."

58. Texto em anexo. V. comentário in "A european framework for takeover bids: the new commission proposal", disponível em *ec.europa.eu/internal_market/smn/smn30/a29_en.htm*: "*Background.* The previous proposal for a Directive on takeover bids was rejected by Parliament in july 2001, after 12 years of negotiation: a conciliation procedure between Parliament and the Council had produced a compromise text, but when this was put to the vote at a plenary sitting of Parliament there was no majority (273 MEPs voted for and 273 against) (see SMN 27). Following that vote, the Commission set up a Group of High-Level Company Law Experts, under the chairmanship of professor Jaap Winter, with the task of presenting suggestions for resolving the issues raised by Parliament. In preparing the present proposal, the Commission has taken broad account of the recommendations made by the Group in its report on issues related to takeover bids, which was published in January 2002 (see SMN 29) (...)".

59. Cf. Jonathan Rickford, "Fundamentals, developments and trends in British Company Law – Some woder reflections", *European Company and Financial Law Review* 4/401 (pp. 391 e ss.).

60. Cf. Commission of the European Communities, Bruxelas, 1.2.2007, SEC (2007) 268 – Commission Staff Working Document, *Report on the Implementation of the Directive on Takeover Bids*, p. 12.

61. Idem, p. 5 (disponível em *www.http://ec.europa.eu/internal_market/company/docs/ takeoverbids/2007-02-report_en.pdf*).

62. "Gouvernement d'entreprise: selon un rapport de la Commission, les États-membres sont réticents à donner plus de poids aux actionnaires dans les OPA, Reference: IP/07/251 ; Date: 27.2.2007, Gouvernement d'entreprise: selon un rapport de la Commission, les États-membres sont réticents à donner plus de poids aux actionnaires dans les OPAs. La Commission Européenne a publié un rapport sur la transposition par les États-membres de la Directive en matière d'offres publiques d'acquisition (2004/25/CE). Cette Directive permet aux États-membres de ne pas appliquer certaines dispositions essentielles et d'exempter les entre-

Neste campo, e independentemente das diversas alterações incorridas na perspectiva comunitária, exemplo foi a publicação, em 1.1.1998, da segunda parte do *Federal Act on Stock Exchanges and Securities Trading* suíço e sua regulação (*ordenances*).[63]

Do ponto de vista das ofertas públicas para a aquisição de controle (ofertas voluntárias ou *takeover bid*), a lei suíça acatou orientação mais ampla que a proposta por essa Diretiva, submetendo à disciplina legal não somente as ofertas que tenham por objeto adquirir o controle mas, igualmente, aquelas que não tenham influência sobre este. A submissão ou não ao regime especial será examinada, caso por caso, conforme o caráter particular de cada oferta.

Vale dizer, delegou à autoridade do mercado a decisão de liberar, ou não, a oferta pública da submissão à regulamentação particular da oferta para a aquisição de controle.

Este entendimento foi o acatado pelo *Takeover Board* suíço, ao firmar que o fato de a oferta não significar mudanças na estrutura do controle não excluiria a aplicação das regras sobre as ofertas públicas, podendo somente justificar sua exclusão posterior.

Com esta orientação, tanto o *Takeover Board* quanto a *Federal Banking Comission* estenderam esta regulamentação, inclusive, quando a oferta tem por objeto a recompra das próprias ações (*buyback)*, ainda quando a oferta não parta do próprio *issuer*, e isto independentemente do impacto que possa ter sobre a estrutura acionária. A exigência, todavia, não afasta a de que, posteriormente, seja a oferta subtraída à regulamentação específica traçada na *Takeover Ordinance* ou inclusive daquela estabelecida pelo *Stock Exchange Act*.[64]

A finalidade é subtrair estas ofertas à disciplina comum estabelecida no Código Federal Suíço das Obrigações e destarte, submetê-las à disciplina especial das ofertas públicas, com o quê se visa a uma maior tutela dos minoritários e dos investidores.

Esta disciplina particular aplica-se a todas as companhias suíças que tenham pelo menos uma classe de ações cotadas no mercado e atingem, inclusive, aquelas cujo registro foi suspenso, desde que esta suspensão não signifique cancelamento.

O *Stockchange Act* estabeleceu diferentes grupos de regras, cuja aplicação va-

prises de ces dispositions si l'auteur de l'offre n'est pas soumis aux mêmes obligations. Le rapport de la Commission montre que les États-membres ont dans de nombreux cas eu recours à ces options et exemptions. Il conclut que cela pourrait conduire à de nouveaux obstacles sur le marché de l'OPA dans l'UE, plutôt qu'à l'élimination des obstacles existants. M. Charlie McCreevy, membre de la Commission chargé du Marché Intérieur et des Services, a déclaré: 'Trop d'États-membres rechignent à lever les obstacles existants et certains donnent même aux entreprises davantage de pouvoir pour contrer les offres d'achat. L'attitude protectionniste de certains semble avoir eu un effet d'entraînement sur d'autres. Si cette tendance se poursuit, il y a un risque réel que les entreprises qui lancent une offre publique d'achat seront confrontées à davantage d'obstacles, et non à moins. Cela va complètement à l'encontre de l'idée même de la directive'. La directive sur les offres publiques d'acquisition vise à créer un cadre réglementaire favorable pour les OPA et à stimuler la restructuration des entreprises dans l'Union Européenne.Toutefois, les dispositions principales de la directive, qui limiteraient les possibilités pour les sociétés de se défendre contre des candidats acquéreurs – par exemple, en subordonnant les 'pilules empoisonnées' à l'approbation des actionnaires ou en rendant inopposables à l'offrant les restrictions en matière de transfert d'actions – n'ont pas un caractère obligatoire. En outre, la directive permet aux États-membres d'exempter leurs entreprises de l'application de ces dispositions si l'auteur de l'offre n'est pas soumis aux mêmes obligations. De nombreux États-membres ont eu recours à ces options et exemptions, et certains ont même renforcé le rôle du management en matière de défense contre les OPA. La Commission entend suivre attentivement la façon dont la directive est appliquée dans la pratique (...)" (disponível em *http://ec.europa.eu/internal_market/company/takeoverbids/index_fr.htm*).

63. Jacques Iffland, "Recent developments in securities regulation – Public takeover offers, disclosure of shareholdings, squeeze out", *SZW/RSDA* 3/99, pp. 145-149.

64. Idem, p. 146.

ria conforme o objeto da oferta publicada. Mas mesmo as ofertas "espontâneas" que não tenham por objeto o controle estão submetidas a algumas exigências particulares. Assim, exige-se que a diretoria da companhia ofertante publique um relatório demonstrando quais os critérios acatados para a oferta e inclua um parecer técnico, fundamentado, advindo de terceiros, que ateste a adequação do preço ofertado.

As ofertas, publicadas no período entre o fim do exercício social e a publicação do balanço, também foram regulamentadas, exigindo-se que a diretoria da companhia objeto da oferta mantenha o ofertante a par do desenvolvimento dos negócios sociais, impondo que a publicação dos resultados financeiros ocorra antes do término do período de validade da oferta.

A negociação submcte-se ao princípio da *best price rule*, conforme o qual o preço oferecido deve ser mantido durante os próximos seis meses que se seguirem à aceitação, sob pena de se considerar violado o princípio da igualdade de tratamento dos acionistas da mesma classe.

No que tange à recompra das próprias ações (*buyback of own shares)* , excluem-se destas exigências as operações que, a par de não afetarem o controle da ofertante, não afetam a liquidez dos valores visados, e isto, todavia, desde que mantido um padrão mínimo de transparência.

Porém, se a oferta excede certo limite, submete-se à disciplina especial, salvo quando se cuide de transferência de controle totalitário de uma subsidiária integral para outra da mesma controladora (*holding*).

A permanência temporária nesta situação, contudo, quando sanada oportunamente, não submete o ofertante às regras da oferta obrigatória.

Na Alemanha – vale mencionar – a disciplina das ofertas agressivas encontrou respaldo no Direito interno, com a publicação da lei de 22.12.2001, em vigor desde 1.1.2002. Esta, segundo a doutrina, resultaria da *takeover* lançada pela inglesa *Vodafone Airtouch plc* sobre a alemã *Mannesmann AG,* com vitória da Vodafone.[65] Mas isto ocorreu naquele momento, independentemente da orientação traçada naquela Diretiva. A finalidade da regulação foi:

• criar regras para uma oferta leal e regulamentada sem qualquer intenção de promover ou prevenir qualquer tomada de controle;

• elevar o nível de informação e transparência para os acionistas e empregados afetados pela oferta pública;

• reforçar a posição legal dos minoritários perante os ofertantes;

• introduzir na lei alemã procedimentos internacionalmente aceitos.[66]

A lei, em breve linhas, aplica-se a todas as ofertas emanadas de sociedades[67] com sede na Alemanha cujas ações tenham sido admitidas a negociação no mercado (bolsa ou mercado de balcão, organizado ou não), e inclusive quando resultem de troca perante um mercado organizado situado em outro Estado-membro da União Européia.

Aplica-se a todas as hipóteses de ofertas, inclusive aquelas que não tenham por intenção adquirir o controle,[68] distinguindo entre as ofertas comuns (sem intenção de adquirir o controle), as voluntárias (*tender offers*) e aquelas obrigatórias, decorrentes

65. Cf. Christian Traichel e Florian Wagner (LL.M., Taylor Wessing- Munich), "European requirements set forth in the EU Takeover Directive and their impact on german takeover law", disponível em *http://www.taylorwessing.com.*

66. Gabrielle Aofelbacher e outros, *German Takeover Law – A Commentary*, p. 7.

67. Tanto *stock corporations* como *partnerships limited by shares* (cf. Gabrielle Aofelbacher e outros, *German Takeover Law – A Commentary*, p. 8).

68. Idem, p. 8: "All public offers for the acquisition of shares of such germans companies are subject to the Act. Accordingly, the Act also applies to bids aimed at a portion of the target without any intention to acquire control, as well as to bids made to strengthen a control position that already exists".

de um negócio de alienação de controle. A disciplina das ofertas concorrentes também não foi relegada. Para cada uma delas é estabelecida uma disciplina própria.

A regulação não se limita às ações, mas se estende igualmente aos bônus e opções que tenham por objeto o direito de subscrição de ações, sem deixar de lado as debêntures conversíveis.

A preocupação de base é obter a máxima transparência possível, assegurando que todos os titulares de valores mobiliários interessados tenham pleno conhecimento de todas as circunstâncias que envolvem a oferta e, inclusive, as expectativas financeiras futuras, resultantes.

Durante o prazo da oferta e durante um ano após sua expiração o ofertante é obrigado a informar ao mercado todas as variações ocorridas na posição original.

Da mesma forma como ocorre no Direito Suíço, os administradores estão obrigados a emitir pareceres públicos sobre a adequação da oferta, facultando aos empregados todas as informações obtidas, os quais, por sua vez, têm o direito de se manifestar sobre as condições desta oferta.

A preocupação, a par de assegurar uma compensação adequada aos minoritários, é evitar que da concretização da oferta advenham conseqüências diversas para a sociedade visada. Para tanto, a submissão da oferta e seus termos a um conselho de auditores é de rigor. Estes têm um prazo de 4 semanas para o exame, sendo que o prazo máximo para a aceitação não pode ser superior a 10 semanas, somente prorrogável em circunstâncias especiais, relacionadas na lei.[69] A par disto, a lei disciplina, igualmente, o procedimento contra eventuais decisões proferidas pela autoridade administrativa na apreciação de uma oferta pública. Do procedimento, inicialmente administrativo, cabe a apreciação posterior pelo Judiciário e recurso para o Tribunal Superior Regional, com sede em Franckfurt (*Oberlandesgericht Franckfurt am Main*).

Mas, após 2004, pelo Parlamento Europeu, a Alemanha acatou a Diretiva européia, transpondo-a em 20.5.2006 para o Direito interno para regulação, com a conseqüente necessidade de adaptação da lei promulgada em 2001 (*Wertpapiererwerbs- und Übernahmegesetz, Wpüg*).[70]

A intenção da Diretiva, como expresso no relatório da Comissão da Comunidade Européia,[71] seria facilitar a realização de *takeovers*, mediante a criação de mecanismos que removessem obstáculos nas companhias visadas, tal como permitidos pelas respectivas leis nacionais. Em adendo, obter que estas tomadas de controle fossem realizadas sob iguais condições nos diferentes Estados-membros.

Isto foi obtido no texto final da Diretiva, tal como adotado pelo Conselho e pelo Parlamento Europeu, de molde a impedir

69. Idem, p. 9.

70. Cf. Christian Traichel e Florian Wagner, "European requirements set forth in the EU Takeover Directive and their impact on German takeover law", disponível em *http://www.taylorwessing.com*, p. 1: "*Takeover Directive of the European Union. 1. Essential content and effects on the WpÜG.* Following many years of struggle the European Takeover Directive finally came into force in may 2004. The Directive obliges the german legislator to transpose the provisions into national law by 20 may 2006 and necessitates amendments of the WpÜG in order to implement those provisions of the Directive that were added only after the WpÜG was adopted in 2001. These are, in particular, the complex rules pertaining to the establishment of a 'level playing ground field' set forth in arts. 9 to 12 of the Directive. Moreover several of the already familiar regulations of the WpÜG need to be, partly substantially, revised. Aside from the scope of application of the WpÜG and the competence of the Federal Financial Supervisory Authority (BaFin), also the provisions relating to mandatory offers require considerable modification, while the minimum price regulations for takeover bids even have to be deleted completely (...)".

71. Cf. Commission of the European Communities, Bruxelas, 1.2.2007, SEC (2007) 268 – Commission Staff Working Document, *Report on the Implementation of the Directive on Takeover Bids*, p. 3.

que Estados-membros criassem normas defensivas em nível nacional.

Estas defesas ou impedem a mudança de controle ou tornam a *takeover* mais onerosa, e tanto podem ter lugar preventivamente (*pre-bid defences*) como após a publicação da oferta (*post-bid-defences*).

Dentre os mecanismos utilizados nas primeiras incluem-se restrições estatutárias à transferência das ações, que podem ser implementadas mediante o exercício do controle nas assembléias-gerais, mediante restrições ao direito de voto, ou pela adoção de ações com voto múltiplo. Dentre as segundas incluem-se a recompra das ações (*share-buyback*), tendo em vista reduzir o número de ações, ou a participação do capital social, adquirida pelo ofertante ou elevando seu preço. A idéia da Diretiva é a de restringir estas defesas e incentivar outras medidas que possam facilitar a tomada de controle, tais como a *board neutrality rule* e a *breaktrough rule*.

Na *board neutrality rule* (relacionada às defesas preventivas) impõe-se ao conselho de administração a necessidade de obter autorização prévia da assembléia-geral para adotar qualquer atitude que possa frustrar a oferta. O entendimento é o de que isto pode limitar os poderes dos administradores, impedindo-os de criar barreiras à oferta, de molde a prejudicar os interesses dos acionistas. A *breaktrough rule* neutraliza as defesas preventivas durante o procedimento da oferta, posto impor restrições a determinadas técnicas defensivas, tais como as restrições à transferência de ações ou ao exercício do direito de voto, que se tornam inoperantes durante o período da *takeover*.[72] Os Estados-membros não estão obrigados a acatar estas regras. Mas, se não se tornam obrigatórias no Direito interno, isto não impede que as companhias voluntariamente acatem estas regras pela assembléia-geral. Outro mecanismo destinado a implementar o acatamento destas técnicas é a chamada *reciprocity exception*, a qual faculta aos Estados-membros aplicar quaisquer destas técnicas ou deixar de aplicá-las de molde a se defender perante um ofertante que não está submetidos às mesmas regras. Isto, porém, desde que decidido pela assembléia-geral da companhia-alvo da oferta.

No elenco, a Diretiva prevê a obrigatoriedade para os minoritários, quando o ofertante tenha adquirido a maior parte das ações, de alienar as ações remanescentes (*squeeze-out*). Na contramão, de molde a tutelar os minoritários, impõe a obrigatoriedade da oferta pública (*mandatory bid*) para todos os acionistas com ações votantes. O preço, aqui, é o que se denomina "eqüitativo", cujo teor vem estabelecido do art. 5º, 4, dessa Diretiva, nos termos seguintes: "4. Por preço eqüitativo entende-se o preço mais elevado pago pelos mesmos valores mobiliários pelo oferente, ou pelas pessoas que com ele atuam em concertação, ao longo de um período a determinar pelos Estados-membros, não inferior a 6 (seis) e não superior a 12 (doze) meses, que preceda a oferta prevista no n. 1. Se, depois de a oferta ser tornada pública mas antes do termo do prazo de aceitação da

72. Idem, p. 5: "The board neutrality rule relates to post-bid defences. It provides that during the bid period the board of the target company must obtain prior authorisation from the general meeting of shareholders before taking any action which may result in the frustration of the bid7. This rule may facilitate takeover activity by limiting the board's power to raise obstacles to hostile takeovers to the detriment of shareholders' interests. It safeguards shareholders against opportunistic behaviour of the incumbent management and ensures that it is indeed the owners who decide on the future of the company. The breakthrough rule neutralises pre-bid defences during a takeover. This rule is considered to be a radical tool to facilitate takeovers as it makes certain restrictions (*e.g.*, share transfer or voting restrictions) inoperable during the takeover period and allows a successful bidder to easily remove the incumbent board of the target company and modify its articles of association. Based on the principle of proportionality between capital and control, this rule overrides multiple voting rights at the general meeting authorising post-bid defensive measures as well as at the first general meeting following a successful takeover bid".

mesma, o oferente ou qualquer pessoa que com ele atue em concertação adquirir valores mobiliários acima do preço da oferta, o oferente deve aumentar o valor da sua oferta até um preço não inferior ao preço mais alto pago pelos valores mobiliários assim adquiridos".

Esta, em breve relato, a linha geral acatada pela 13ª Diretiva em sua versão final.

É certo que a análise da disciplina destas ofertas perante o Direito Comparado mereceria maior atenção – o que, todavia, escapa do âmbito deste trabalho, facultando, quiçá, sua apreciação em terreno próprio e momento posterior.

Por final, na mesma linha de indagações, vale mencionar, na América Latina, a Lei chilena 19.705, de 20.12.2000, a qual afastou o entendimento do sobrevalor, atribuído ao controle, como da propriedade do controlador, para estendê-lo a todo o corpo social. E, para tanto, estabeleceu uma disciplina rigorosa das OPAs (oferta obrigatória) como forma de tutela dos minoritários, cuidando simultaneamente da governança corporativa.

ANEXO

DIRECTIVA 2004/25/CE DO PARLAMENTO EUROPEU E DO CONSELHO DE 21 DE ABRIL DE 2004 RELATIVA ÀS OFERTAS PÚBLICAS DE AQUISIÇÃO (TEXTO RELEVANTE PARA EFEITOS DO EEE)

(Jornal Oficial L 142, de 30.4.2004, pp. 12-23)

O PARLAMENTO EUROPEU e o CONSELHO DA UNIÃO EUROPÉIA,

tendo em conta o Tratado que institui a Comunidade Européia e, nomeadamente, o n. 1 do seu art. 44º,

tendo em conta a proposta da Comissão, *[JO C 45 E, de 25.2.2003, p. 1]*

tendo em conta o parecer do Comitê Econômico e Social Europeu, *[JO C 208, de 3.9.2003, p. 55]*

deliberando nos termos do art. 251º do Tratado, [*Parecer do Parlamento Europeu de 16.12.2003 – ainda não publicado no* Jornal Oficial – *e decisão do Conselho de 30.3.2004]*

considerando o seguinte:

(1) Em conformidade com a alínea "g)" do n. 2 do art. 44º do Tratado, é necessário coordenar determinadas garantias que são exigidas pelos Estados-membros às sociedades sujeitas à legislação de um Estado-membro e cujos valores mobiliários estejam admitidos à negociação de um mercado regulamentado de um Estado-membro, a fim de proteger os interesses tanto dos sócios como de terceiros, com o objectivo de tornar essas garantias equivalentes a nível da Comunidade.

(2) É necessário proteger os interesses dos titulares de valores mobiliários das sociedades sujeitas à legislação de um Estado-membro no caso de essas sociedades serem objecto de ofertas públicas de aquisição ou de mudanças de controlo e quando pelo menos uma parte dos seus valores mobiliários estejam admitidos à negociação num mercado regulamentado num Estado-membro.

(3) É necessário criar um quadro que se paute pela clareza e transparência a nível comunitário para as questões jurídicas a resolver em caso de ofertas públicas de aquisição e para impedir que os planos de reestruturação de sociedades na Comunidade sejam deturpados por divergências arbitrárias nas culturas de administração e de gestão.

(4) Tendo em conta os fins de interesse público prosseguidos pelos Bancos Centrais dos Estados-membros, afigura-se inconcebível que possam ser alvo de ofertas públicas de

aquisição. Dado que, por razões históricas, alguns desses Bancos Centrais têm os seus valores mobiliários admitidos à negociação em mercados regulamentados dos Estados-membros, é necessário excluí-los expressamente do âmbito de aplicação da presente Directiva.

(5) Cada Estado-membro deve designar a autoridade ou autoridades a quem caberá exercer a supervisão dos aspectos da oferta regulados pela presente Directiva e assegurar que as partes nela intervenientes cumpram as regras estabelecidas em aplicação da presente Directiva. Todas essas autoridades deverão cooperar entre si.

(6) Para ser eficaz, a regulamentação sobre ofertas públicas de aquisição deverá ser flexível e capaz de atender a novas circunstâncias à medida que estas surgirem, devendo por conseguinte prever a possibilidade de excepções e derrogações. Todavia, ao aplicarem regras ou excepções ou ao concederem derrogações, as autoridades de supervisão deverão respeitar certos princípios gerais.

(7) Os organismos de auto-regulamentação deverão poder exercer supervisão.

(8) De acordo com os princípios gerais do direito comunitário, em particular o direito a um processo equitativo, as decisões de uma autoridade de supervisão deverão, em circunstâncias adequadas, ser susceptíveis de revisão por uma instância jurisdicional independente. Todavia, cabe deixar ao critério dos Estados-membros determinar se devem ser outorgados direitos susceptíveis de ser invocados num processo administrativo ou judicial, quer se trate de um processo contra uma autoridade de supervisão ou entre as partes numa oferta.

(9) Os Estados-membros deverão tomar as medidas necessárias para proteger os titulares de valores mobiliários e, em especial, os detentores de participações minoritárias, após uma mudança do controlo das sociedades. Os Estados-membros deverão assegurar essa protecção mediante a imposição ao adquirente que assumiu o controlo de uma sociedade do dever de lançar uma oferta a todos os titulares de valores mobiliários dessa sociedade, tendo em vista a aquisição da totalidade das respectivas participações a um preço equitativo que deve ser objecto de uma definição comum. Os Estados-membros deverão poder estabelecer outros instrumentos para a protecção dos interesses dos titulares de valores mobiliários, tais como o dever de lançar uma oferta parcial quando o oferente não adquira o controlo da sociedade ou o dever de lançar uma oferta simultaneamente com a aquisição do controlo da sociedade.

(10) O dever de lançar uma oferta dirigida a todos os titulares de valores mobiliários não deverá ser aplicável aos que já possuem participações de controlo na data de entrada em vigor da legislação nacional de transposição da presente Directiva.

(11) O dever de lançamento de uma oferta não se aplica no caso de aquisição de valores mobiliários que não comportam direitos de voto nas assembleias-gerais ordinárias. Não obstante, os Estados-membros devem poder estabelecer que o dever de lançar uma oferta a todos os titulares de valores mobiliários não vise apenas os valores mobiliários acompanhados de direitos de voto, mas igualmente os valores mobiliários a que se associem direitos de voto unicamente em situações específicas ou que não comportem qualquer direito de voto.

(12) Para reduzir a possibilidade de abuso de informação privilegiada, o oferente deverá ser obrigado a anunciar a sua decisão de lançar a oferta logo que possível, bem como a informar da oferta a autoridade de supervisão.

(13) Os titulares de valores mobiliários deverão ser devidamente informados das condições de uma oferta, através de um documento relativo a essa oferta. Deverá também ser fornecida uma informação adequada aos representantes dos trabalhadores da sociedade ou, na sua falta, directamente aos trabalhadores.

(14) É necessário estabelecer regras relativas ao prazo de aceitação da oferta.

(15) Para poderem exercer as suas funções de modo satisfatório, as autoridades de supervisão deverão poder, a qualquer momento, exigir às partes intervenientes na oferta que lhes forneçam informações sobre as suas pessoas e deverão cooperar e prestar sem demora informações de forma eficaz e eficiente a outras autoridades de supervisão dos mercados de capitais.

(16) Para evitar operações que possam comprometer o êxito de uma oferta, deverão ser

limitados os poderes do órgão de administração de uma sociedade visada em relação a certas operações de carácter excepcional, sem impedir indevidamente a sociedade visada de prosseguir o curso normal das suas actividades.

(17) O órgão de administração de uma sociedade visada deverá ser obrigado a publicar um documento em que apresente o seu parecer fundamentado sobre a oferta, nomeadamente quanto aos efeitos da mesma sobre os interesses da sociedade no seu conjunto e, em particular, a nível de emprego.

(18) A fim de reforçar o efeito útil das disposições existentes em matéria de livre negociação dos valores mobiliários das sociedades visadas pela presente Directiva e do livre exercício do direito de voto, importa que as estruturas e mecanismos de defesa previstos por estas sociedades sejam transparentes e que as referidas estruturas e mecanismos sejam regularmente apresentados em relatórios à assembleia-geral de accionistas.

(19) Os Estados-membros deverão tomar as medidas necessárias para assegurar a qualquer oferente a possibilidade de adquirir participações maioritárias noutras sociedades e de exercer plenamente o seu controlo. Para este efeito, as restrições à transmissão de valores mobiliários, as restrições ao direito de voto, os direitos especiais de nomeação e os direitos de voto plurais devem ser suprimidos ou suspensos durante o prazo de aceitação de uma oferta ou quando a assembleia-geral de accionistas decidir sobre a adopção de medidas de defesa, alterações aos estatutos da sociedade ou a destituição ou nomeação de membros do órgão de administração na primeira assembleia-geral de accionistas subsequente ao encerramento da oferta. Em caso de prejuízo para os titulares de valores mobiliários emergente da supressão dos seus direitos, deverá ser prevista uma indemnização equitativa em conformidade com as modalidades técnicas fixadas pelos Estados-membros.

(20) Todos os direitos especiais em sociedades na titularidade dos Estados-membros deverão ser analisados no quadro da livre circulação de capitais e das disposições aplicáveis do Tratado. Os direitos especiais em sociedades na titularidade dos Estados-membros que se encontrem previstos no direito privado ou público nacional deverão ficar excluídos da regra da "neutralização", desde que sejam compatíveis com o Tratado.

(21) Tendo em conta as diferenças nos mecanismos e estruturas do direito das sociedades dos Estados-membros, estes deverão ser autorizados a não exigir às sociedades estabelecidas nos respectivos territórios que apliquem as disposições da presente Directiva que limitam os poderes do órgão de administração de uma sociedade visada durante o prazo de aceitação da oferta, nem as disposições que tornam ineficazes as limitações previstas nos estatutos da sociedade ou em acordos específicos. Neste caso, os Estados-membros deverão, pelo menos, dar às sociedades estabelecidas nos respectivos territórios a opção – que deve ser reversível – de aplicar estas disposições. Sem prejuízo dos acordos internacionais em que a Comunidade Europeia é parte, os Estados-membros deverão ser autorizados a não exigir que as empresas que apliquem estas disposições ao abrigo do regime facultativo as apliquem quando forem alvo de ofertas lançadas por sociedades que não apliquem as mesmas disposições ao abrigo do referido regime facultativo.

(22) Os Estados-membros devem estabelecer regras que cubram os casos em que a oferta caduque, definam as condições em que o oferente tem o direito de rever a sua oferta, prevejam a possibilidade de ofertas concorrentes para os valores mobiliários de uma sociedade, estabeleçam a forma de divulgação dos resultados da oferta e o carácter irrevogável da oferta, bem como as condições admissíveis.

(23) A divulgação da informação aos representantes dos trabalhadores da sociedade oferente e da sociedade visada, bem como a sua consulta, devem ser regidas pelas disposições nacionais pertinentes, nomeadamente as adoptadas em aplicação da Directiva n. 94/45/CE do Conselho, de 22 de setembro de 1994, relativa à instituição de um conselho de empresa europeu ou de um procedimento de informação e consulta dos trabalhadores nas empresas ou grupos de empresas de dimensão comunitária, *[JO L 254, de 30.9.1994, p. 64. Directiva alterada pela Directiva 97/74/CE,* JO *L 10, de 16.1.1998, p. 22]* da Directiva n. 98/59/CE do Conselho, de 20 de julho de 1998, relativa à aproximação das legislações dos Estados-mem-

bros respeitantes aos despedimentos colectivos, *[JO L 225, de 12.8.1998, p. 16]* da Directiva n. 2001/86/CE do Conselho, de 8 de outubro de 2001, que completa o estatuto da sociedade europeia no que respeita ao envolvimento dos trabalhadores, *[JO L 294, de 10.11.2001, p. 22]* e da Directiva n. 2002/14/CE do Parlamento Europeu e do Conselho, de 11 de março de 2002, que estabelece um quadro geral relativo à informação e à consulta dos trabalhadores na Comunidade Europeia – Declaração Conjunta do Parlamento Europeu, do Conselho e da Comissão sobre a representação dos trabalhadores. *[JO L 80, de 23.3.2002, p. 29]* Convém, contudo, prever a possibilidade de os trabalhadores das sociedades interessadas, ou os respectivos representantes, emitirem o seu parecer sobre as repercussões previsíveis da oferta em matéria de emprego. Sem prejuízo do disposto na Directiva n. 2003/6/CE do Parlamento Europeu e do Conselho, de 28 de janeiro de 2003, relativa ao abuso de informação privilegiada e à manipulação de mercado (abuso de mercado), *[JO L 96, de 12.4.2003, p. 16]* os Estados-membros podem em qualquer momento aplicar ou introduzir disposições nacionais relativas à divulgação de informação aos representantes dos trabalhadores do oferente antes do lançamento de uma oferta e à sua consulta.

(24) Os Estados-membros deverão tomar as medidas necessárias para permitir que um oferente que tenha alcançado, na sequência de uma oferta pública de aquisição, uma certa percentagem do capital com direitos de voto de uma sociedade possa exigir que os titulares dos valores mobiliários remanescentes lhos vendam. De igual forma, sempre que um oferente tenha alcançado, na sequência de uma oferta pública de aquisição, uma certa percentagem do capital com direitos de voto de uma sociedade, os titulares dos valores mobiliários remanescentes deverão dispor da possibilidade de exigir que o oferente proceda à aquisição dos seus valores mobiliários. Estes mecanismos de aquisição e alienação potestativas só devem ser aplicáveis em condições específicas ligadas às ofertas públicas de aquisição. Noutras circunstâncias, os Estados-membros podem continuar a aplicar as regras nacionais relativas aos mecanismos de aquisição e alienação potestativas.

(25) Atendendo a que os objectivos da acção encarada, ou seja, definir as orientações mínimas para a realização das ofertas públicas de aquisição e garantir um nível de protecção suficiente aos titulares de valores mobiliários em toda a Comunidade, não podem ser suficientemente realizados pelos Estados-membros devido à necessidade de transparência e de segurança jurídica sempre que as aquisições ou as tomadas de controlo assumam uma dimensão transfronteiras, e podem, pois, devido à dimensão e aos efeitos da acção, ser melhor alcançados ao nível comunitário, a Comunidade pode tomar medidas em conformidade com o princípio da subsidiariedade consagrado no art. 5º do Tratado. Em conformidade com o princípio da proporcionalidade consagrado no mesmo artigo, a presente Directiva não excede o necessário para atingir aqueles objectivos.

(26) A aprovação de uma directiva constitui o procedimento adequado para instituir um enquadramento que fixa determinados princípios comuns e um número limitado de requisitos gerais que os Estados-membros serão obrigados a implementar através de regras mais pormenorizadas, em conformidade com o respectivo sistema nacional e o seu contexto cultural.

(27) Todavia, os Estados-membros deverão estabelecer sanções em caso de infracção às disposições nacionais de transposição da presente Directiva.

(28) Em qualquer momento, e para ter em conta a evolução dos mercados financeiros, poderá ser necessário adoptar orientações técnicas e medidas de execução das normas fixadas na presente Directiva. Em relação a certas disposições, a Comissão deverá, consequentemente, ser autorizada a adoptar medidas de execução, se estas não alterarem os elementos essenciais da presente Directiva e a Comissão agir em conformidade com os princípios nela fixados, depois de consultar o Comité Europeu dos Valores Mobiliários instituído pela Decisão n. 2001/528/CE da Comissão. *[JO L 191, de 13.7.2001, p. 45. Decisão alterada pela Decisão n. 2004/8/CE,* JO *L 3, de 7.1.2004, p. 33]* As medidas necessárias à execução da presente Directiva serão adoptadas nos termos da Decisão n. 1999/468/CE do Conselho, de 28 de junho de 1999, que fixa as regras de exercício das competências de execução atribuídas à Comissão, *[JO L 184, de 17.7.1999, p. 23, rectifica-*

ção no JO *L 269, de 19.10.1999, p. 45]* e tendo na devida conta a declaração feita pela Comissão ao Parlamento Europeu em 5 de fevereiro de 2002 sobre a implementação da legislação sobre os serviços financeiros. Em relação às demais disposições, é importante confiar a um Comité de Contacto a tarefa de assistir os Estados-membros e as autoridades de supervisão na aplicação da presente Directiva e de aconselhar a Comissão, se necessário, sobre quaisquer aditamentos ou alterações à presente Directiva. Para este efeito, o Comité de Contacto pode fazer uso das informações que nos termos da presente Directiva os Estados-membros devem prestar sobre as ofertas públicas de aquisição realizadas nos seus mercados regulamentados.

(29) A Comissão deverá facilitar a tendência para assegurar a harmonização justa e equilibrada das regras sobre ofertas públicas de aquisição na União Europeia. Por conseguinte, a Comissão deverá poder apresentar propostas de revisão oportunas da presente Directiva,

ADOPTARAM A PRESENTE DIRECTIVA:

Artigo 1º

Âmbito de Aplicação

1. A presente Directiva estabelece as medidas de coordenação das disposições legislativas, regulamentares e administrativas, dos códigos de conduta e outros normativos dos Estados-membros, incluindo os normativos estabelecidos por organismos oficialmente habilitados a regular os mercados (em seguida denominadas "regras"), relativos às ofertas públicas de aquisição de valores mobiliários de sociedades sujeitas à legislação dos Estados-membros, quando esses valores mobiliários são, no todo ou em parte, admitidos à negociação num mercado regulamentado, na acepção da Directiva n. 93/22/CEE, *[Directiva 93/22/CEE do Conselho, de 10.5.1993, relativa aos serviços de investimento no domínio dos valores mobiliários,* JO *L 141, de 11.6.1993, p. 27. Directiva com a última redacção que lhe foi dada pela Directiva 2002/87/CE do Parlamento Europeu e do Conselho,* JO *L 35, de 11.2.2003, p. 1]* em um ou vários Estados-membros (em seguida denominado "mercado regulamentado").

2. A presente Directiva não se aplica às ofertas públicas de aquisição de valores mobiliários emitidos por sociedades cujo objecto seja o investimento colectivo de capitais obtidos junto do público, cujo funcionamento esteja sujeito ao princípio da diversificação dos riscos e cujas unidades de participação sejam resgatadas ou reembolsadas, a pedido dos titulares, directa ou indirectamente, a partir dos elementos do activo dessas sociedades. É equiparado a tais resgates ou reembolsos o facto de essas sociedades agirem por forma a que o valor, em bolsa, das suas unidades de participação não se desvie sensivelmente do seu valor do activo líquido.

3. A presente Directiva não se aplica às ofertas públicas de aquisição de valores mobiliários emitidos pelos Bancos Centrais dos Estados-membros.

Artigo 2º

Definições

1. Para efeitos da presente Directiva, entende-se por:

a) "Oferta pública de aquisição" ou "oferta" – uma oferta pública (que não pela sociedade visada) feita aos titulares de valores mobiliários de uma sociedade para adquirir a totalidade ou uma parte desses valores mobiliários, independentemente de essa oferta ser obrigatória ou voluntária, na condição de ser subsequente à aquisição do controlo da sociedade visada ou ter como objectivo essa aquisição do controlo nos termos do direito nacional.;

b) "Sociedade visada" – a sociedade cujos valores mobiliários são objecto de uma oferta.

c) "Oferente" – qualquer pessoa singular ou colectiva, de direito público ou privado, que lance uma oferta.

d) "Pessoas que actuam em concertação" – pessoas singulares ou colectivas que cooperam com o oferente ou com a sociedade visada com base num acordo, tácito ou expresso, oral ou escrito, tendo em vista, respectivamente, obter o controlo da sociedade visada ou impedir o êxito da oferta.

e) "Valores mobiliários" – títulos negociáveis que conferem direitos de voto numa sociedade.

f) "Partes na oferta" – o oferente, os membros do órgão de administração do oferente, caso este seja uma sociedade, a sociedade visada, os titulares de valores mobiliários da sociedade visada e os membros do órgão de administração da sociedade visada, e as pessoas que actuam em concertação com essas partes.

g) "Valores mobiliários com voto plural" – valores mobiliários pertencentes a uma categoria distinta e separada e com direito a mais de um voto.

2. Para efeitos do disposto na alínea "d)" do n. 1, as pessoas controladas por outra pessoa, na acepção do art. 87º da Directiva n. 2001/34/ CE, *[Directiva 2001/34/CE do Parlamento Europeu e do Conselho, de 28.5.2001, relativa à admissão de valores mobiliários à cotação oficial de uma bolsa de valores e à informação a publicar sobre esses valores,* JO *L 184, de 6.7.2001, p. 1. Directiva com a última redacção que lhe foi dada pela Directiva 2003/71/CE,* JO *L 345, de 31.12.2003, p. 64]* são consideradas pessoas que actuam em concertação com essa pessoa e entre si.

Artigo 3º

Princípios Gerais

1. Para efeitos de aplicação da presente Directiva, os Estados-membros asseguram que sejam respeitados os seguintes princípios:

a) Todos os titulares de valores mobiliários de uma sociedade visada de uma mesma categoria devem beneficiar de um tratamento equivalente; além disso, nos casos em que uma pessoa adquira o controlo de uma sociedade, os restantes titulares de valores mobiliários terão de ser protegidos.

b) Os titulares de valores mobiliários da sociedade visada devem dispor de tempo e informações suficientes para poderem tomar uma decisão sobre a oferta com pleno conhecimento de causa; sempre que aconselha os titulares de valores mobiliários, o órgão de administração da sociedade visada deve apresentar o seu parecer no que diz respeito às repercussões da concretização da oferta sobre o emprego, as condições de emprego e os locais em que a sociedade exerce a sua actividade.

c) O órgão de administração da sociedade visada deve agir tendo em conta os interesses da sociedade no seu conjunto e não pode impedir os titulares de valores mobiliários de decidirem sobre o mérito da oferta.

d) Não devem ser criados mercados artificiais para os valores mobiliários da sociedade visada, da sociedade oferente ou de qualquer outra sociedade interessada na oferta de que resulte uma subida ou descida artificial dos preços dos valores mobiliários e que falseiem o funcionamento normal dos mercados.

e) Um oferente só deve anunciar uma oferta depois de se assegurar de que está em plenas condições de satisfazer integralmente qualquer contrapartida em numerário, caso a oferta tenha sido feita nesses termos, e depois de tomar todas as medidas razoáveis para garantir a entrega de qualquer outro tipo de contrapartida.

f) A sociedade visada não deve, em virtude de uma oferta respeitante aos seus valores mobiliários, ser perturbada no exercício da sua actividade para além de um período razoável.

2. Para efeitos da observância dos princípios previstos no n. 1, os Estados-membros:

a) asseguram que sejam satisfeitos os requisitos mínimos previstos na presente Directiva;

b) podem estabelecer condições adicionais e disposições mais restritivas do que as exigidas pela presente Directiva para regulamentar as ofertas.

Artigo 4º

Autoridade de Supervisão e Direito Aplicável

1. Os Estados-membros designam a autoridade ou autoridades competentes para a supervisão das ofertas regidas por regras por aqueles aprovadas ou introduzidas em aplicação da presente Directiva. As autoridades assim designadas devem ser autoridades públicas, associações ou organismos privados reconhecidos pela legislação nacional ou pelas autoridades públicas expressamente habilitadas para o efeito pela legislação nacional. Os Estados-membros devem informar a Comissão dessa designação, devendo especificar qualquer eventual repartição de funções. Os Estados-membros certificam-se de

que essas autoridades exercem as suas funções com imparcialidade e independência em relação a todas as partes na oferta.

2. a) A autoridade competente para a supervisão da oferta é a do Estado-membro em que se situa a sede social da sociedade visada se os valores mobiliários dessa sociedade estiverem admitidos à negociação num mercado regulamentado desse Estado-membro.

b) Se os valores mobiliários da sociedade visada não estiverem admitidos à negociação num mercado regulamentado do Estado-membro em que se situa a sede social da sociedade, a autoridade competente para a supervisão da oferta é a do Estado-membro em cujo mercado regulamentado os valores mobiliários dessa sociedade estejam admitidos à negociação.

Se os valores mobiliários da sociedade visada estiverem admitidos à negociação em mercados regulamentados de mais de um Estado-membro, a autoridade competente para a supervisão da oferta é a do Estado-membro em cujo mercado regulamentado os valores mobiliários tiverem sido admitidos à negociação em primeiro lugar.

c) Se a primeira admissão à negociação dos valores mobiliários da sociedade visada tiver ocorrido em simultâneo em mercados regulamentados de mais de um Estado-membro, a sociedade visada deve determinar qual a autoridade competente, de entre as autoridades desses Estados-membros, para a supervisão da oferta, notificando esses mercados regulamentados e respectivas autoridades de supervisão no primeiro dia de negociação.

Se os valores mobiliários da sociedade visada já estiverem admitidos à negociação nos mercados regulamentados de vários Estados-membros na data prevista no n. 1 do art. 21º, tendo sido admitidos simultaneamente, as autoridades de supervisão destes Estados-membros decidem qual a autoridade competente, de entre as mesmas, para a supervisão da oferta num prazo de 4 (quatro) semanas a contar da data fixada no n. 1 do art. 21º. Na falta de decisão por parte das autoridades de supervisão, a sociedade visada determinará a autoridade competente, de entre as mesmas, no primeiro dia de negociação após o termo do prazo de 4 (quatro) semanas acima referido.

d) Os Estados-membros asseguram que as decisões referidas na alínea "c)" sejam divulgadas ao público.

e) Nos casos referidos nas alíneas "b)" e "c)", as questões relacionadas com a contrapartida proposta no caso de uma oferta, e em particular o preço, assim como as questões relacionadas com o processamento da oferta, em especial a informação sobre a decisão do oferente de lançar uma oferta, o conteúdo do documento relativo à oferta e a divulgação da oferta, serão tratadas de acordo com as regras do Estado-membro da autoridade competente. No que respeita às questões relacionadas com a informação aos trabalhadores da sociedade visada e às questões relacionadas com o direito das sociedades, em particular a percentagem de direitos de voto que confere o controlo e qualquer derrogação à obrigação de lançar uma oferta, assim como as condições em que o órgão de administração da sociedade visada pode empreender qualquer acção susceptível de conduzir ao fracasso da oferta, as regras aplicáveis e a autoridade competente são as do Estado-membro em que se situa a sede da sociedade visada.

3. Os Estados-membros asseguram que todas as pessoas que exerçam ou tenham exercido actividade junto das respectivas autoridades de supervisão estejam vinculadas pelo sigilo profissional. As informações abrangidas pelo sigilo profissional não podem ser divulgadas a qualquer outra pessoa ou autoridade, excepto por força de disposições legislativas.

4. As autoridades de supervisão dos Estados-membros para efeitos da presente Directiva e outras autoridades responsáveis pela supervisão dos mercados de capitais, nomeadamente nos termos da Directiva n. 93/22/CEE, da Directiva n .2001/34/CE, da Directiva n. 2003/6/CE e da Directiva n. 2003/71/CE do Parlamento Europeu e do Conselho, de 4 de novembro de 2003, relativa ao prospecto a publicar em caso de oferta pública de valores mobiliários ou da sua admissão à negociação, cooperam entre si e transmitem reciprocamente informações, sempre que necessário, tendo em vista a aplicação das regras estabelecidas em conformidade com a presente Directiva e, em especial, nos casos previstos nas alíneas "b)", "c)" e "e)" do n. 2. As informações assim transmitidas são abrangidas pelo dever de sigilo profissional aplicá-

vel a pessoas que exercem ou tenham exercido actividade junto das autoridades de supervisão que recebem tais informações. A cooperação inclui a possibilidade de apresentar os documentos legais necessários para executar as medidas relacionadas com a oferta adoptadas pelas autoridades competentes, assim como qualquer outro tipo de assistência que possa ser solicitada justificadamente pelas autoridades de supervisão em causa para efeitos de investigação de qualquer incumprimento, constatado ou alegado, das regras aprovadas ou introduzidas em aplicação da presente Directiva.

5. As autoridades de supervisão devem dispor de todos os poderes necessários para o exercício das suas funções, entre as quais se inclui o dever de assegurar que as partes na oferta respeitem as regras aprovadas ou introduzidas em aplicação da presente Directiva.

Sem prejuízo dos princípios gerais enunciados no n. 1 do art. 3º, os Estados-membros podem estabelecer, nas regras por eles aprovadas ou introduzidas em aplicação da presente Directiva, derrogações a estas regras:

i) incluindo essas derrogações nas suas regras nacionais, a fim de ter em conta circunstâncias determinadas a nível nacional,

e/ou

ii) conferindo às suas autoridades de supervisão, caso estas sejam competentes na matéria, o poder de não aplicar as regras nacionais, por forma a ter em conta as circunstâncias mencionadas na alínea "i)" ou outras circunstâncias específicas, exigindo-se, neste último caso, uma decisão fundamentada.

6. A presente Directiva não prejudica a faculdade de os Estados-membros designarem as autoridades judiciais ou outras competentes para conhecerem de litígios e para se pronunciarem sobre eventuais irregularidades cometidas no decurso de ofertas, nem prejudica a faculdade de os Estados-membros regularem se e em que circunstâncias as partes numa oferta têm o direito de intentar processos administrativos ou judiciais. A presente Directiva não prejudica, em especial, a faculdade de que possam dispor os tribunais de um Estado-membro de recusarem conhecer de um litígio e de se pronunciarem sobre se este afecta o resultado da oferta. A presente Directiva não prejudica os poderes dos Estados-membros de determinarem as regras legais relativas à responsabilidade das autoridades de supervisão ou à resolução de litígios entre as partes numa oferta.

Artigo 5º

Protecção dos Accionistas Minoritários; Oferta Obrigatória; Preço Equitativo

1. Sempre que uma pessoa singular ou colectiva, na sequência de uma aquisição efectuada por si ou por pessoas que com ela actuam em concertação, venha a deter valores mobiliários de uma sociedade a que se refere o n. 1 do art. 1º que, adicionados a uma eventual participação que já detenha e à participação detida pelas pessoas que com ela actuam em concertação, lhe confiram directa ou indirectamente uma determinada percentagem dos direitos de voto nessa sociedade, permitindo-lhe dispor do controlo da mesma, os Estados-membros asseguram que essa pessoa deva lançar uma oferta a fim de proteger os accionistas minoritários dessa sociedade. Esta oferta deve ser dirigida o mais rapidamente possível a todos os titulares de valores mobiliários, para a totalidade das suas participações, a um preço equitativo definido no n. 4.

2. O dever de lançar uma oferta previsto no n. 1 não é aplicável quando o controlo tiver sido adquirido na sequência de uma oferta voluntária realizada em conformidade com a presente Directiva, dirigida a todos os titulares de valores mobiliários, para a totalidade das suas participações.

3. A percentagem de direitos de voto que confere o controlo de uma sociedade, para efeitos do n. 1, bem como a fórmula do respectivo cálculo são determinadas pela regulamentação do Estado-membro em que se situa a sua sede social.

4. Por "preço equitativo" entende-se o preço mais elevado pago pelos mesmos valores mobiliários pelo oferente, ou pelas pessoas que com ele actuam em concertação, ao longo de um período a determinar pelos Estados-membros, não inferior a 6 (seis) e não superior a 12 (doze) meses, que preceda a oferta prevista no n. 1. Se, depois de a oferta ser tornada pública mas antes do termo do prazo de aceitação

da mesma, o oferente ou qualquer pessoa que com ele actue em concertação adquirir valores mobiliários acima do preço da oferta, o oferente deve aumentar o valor da sua oferta até um preço não inferior ao preço mais alto pago pelos valores mobiliários assim adquiridos.

Sem prejuízo dos princípios gerais enunciados no n. 1 do art. 3º, os Estados-membros podem autorizar as autoridades de supervisão a alterar o preço referido no primeiro parágrafo em circunstâncias e de acordo com critérios claramente determinados. Para o efeito, podem estabelecer uma lista de circunstâncias em que o preço mais elevado pode ser alterado, tanto no sentido da sua subida como descida, por exemplo, se o preço mais elevado tiver sido fixado mediante acordo entre o adquirente e o alienante, se os preços de mercado dos valores mobiliários em causa tiverem sido manipulados, se os preços do mercado em geral ou em especial tiverem sido afectados por acontecimentos excepcionais, ou a fim de permitir a recuperação de uma empresa em situação difícil. Podem igualmente definir os critérios a utilizar em tais casos, como, por exemplo, o valor médio de mercado ao longo de um determinado período, o valor de liquidação da sociedade ou outros critérios objectivos de avaliação geralmente utilizados na análise financeira.

Qualquer decisão das autoridades de supervisão no sentido de alterar o preço equitativo deve ser sempre fundamentada e tornada pública.

5. O oferente pode propor como contrapartida valores mobiliários, numerário ou ambos.

Contudo, sempre que a contrapartida proposta pelo oferente não consistir em valores mobiliários líquidos admitidos à negociação num mercado regulamentado, essa contrapartida deve incluir uma alternativa em numerário.

Em todo o caso, o oferente deve propor, pelo menos como alternativa, uma contrapartida em numerário quando ele próprio ou quaisquer pessoas que com ele actuem em concertação tiverem adquirido em numerário valores mobiliários que representem 5% ou mais dos direitos de voto da sociedade visada, num período que se inicie em simultâneo com o período fixado pelo Estado-membro nos termos do n. 4 e que termine no momento do termo do prazo de aceitação da oferta.

Os Estados-membros podem estabelecer que, pelo menos como alternativa, deva ser proposta uma contrapartida em numerário em todos os casos.

6. Para além da protecção prevista no n. 1, os Estados-membros podem estabelecer outros instrumentos destinados a proteger os interesses dos titulares de valores mobiliários, na medida em que estes instrumentos não entravem o desenrolar normal da oferta.

Artigo 6º

Informação sobre Ofertas

1. Os Estados-membros asseguram que a decisão de lançar uma oferta seja imediatamente tornada pública e que a autoridade de supervisão seja dela informada. Os Estados-membros podem exigir que a autoridade de supervisão seja informada antes de a decisão ser tornada pública. Logo que a oferta seja tornada pública, os órgãos de administração da sociedade visada e do oferente devem informar respectivamente os representantes dos seus trabalhadores ou, na sua falta, os próprios trabalhadores.

2. Os Estados-membros asseguram que o oferente esteja sujeito à obrigação de elaborar e divulgar, em tempo oportuno, um documento relativo à oferta que contenha as informações necessárias para permitir aos titulares de valores mobiliários da sociedade visada tomar uma decisão sobre a mesma com pleno conhecimento de causa. Antes de esse documento ser tornado público, o oferente deve apresentá-lo à autoridade de supervisão. Logo que o documento seja tornado público, os órgãos de administração da sociedade visada e do oferente devem divulgá-lo, respectivamente, aos representantes dos seus trabalhadores ou, na sua falta, aos próprios trabalhadores.

Sempre que o documento relativo à oferta previsto no primeiro parágrafo esteja sujeito à aprovação prévia da autoridade de supervisão e logo que tenha sido aprovado, será reconhecido, sem prejuízo de eventual tradução, no outro ou outros Estados-membros em cujos mercados os valores mobiliários da sociedade visada estejam admitidos à negociação, sem que seja necessário obter a aprovação das autoridades de supervisão desse Estado-membro. Estas autoridades só podem exigir a introdução de informações suplementares no documento relativo à oferta se tais informações forem específicas do mercado do Estado-membro ou dos Estados-membros em cujos mercados os valores mobiliários da sociedade visada estejam admitidos à negociação, e no que se refere às formalidades a cumprir para que a oferta seja aceita e para que seja recebida a contrapartida devida na sequência da oferta, bem como ao regime fiscal a que estará sujeita a contrapartida oferecida aos titulares de valores mobiliários.

3. O documento de oferta previsto no n. 2 deve conter pelo menos as seguintes indicações:

a) os termos da oferta;

b) a identificação do oferente ou, caso o oferente seja uma sociedade, o tipo, a firma e a sede social dessa sociedade;

c) os valores mobiliários ou, se for caso disso, a categoria ou categorias de valores mobiliários que são objecto da oferta;

d) a contrapartida oferecida por valor mobiliário ou categoria de valores mobiliários e, no caso de oferta obrigatória, o método utilizado para determinar essa contrapartida e a respectiva forma de pagamento;

e) a indemnização proposta como contrapartida pelos direitos que possam ser suprimidos por força da regra da neutralização prevista no n. 4 do art. 11º, indicando de que forma a indemnização deve ser paga e o método empregue para determinar o seu valor;

f) as percentagens máximas e mínimas ou o número máximo e mínimo de valores mobiliários que o oferente se compromete a adquirir;

g) informação detalhada sobre os valores mobiliários que o oferente e as pessoas que com ele actuam em concertação já detenham na sociedade visada;

h) todas as condições a que a oferta está subordinada;

i) as intenções do oferente quanto à prossecução da actividade da sociedade visada e, na medida em que seja afectada pela oferta, da sociedade oferente, e a manutenção do emprego dos respectivos trabalhadores e dirigentes, incluindo qualquer alteração importante das condições de emprego e designadamente os planos estratégicos do oferente para ambas as sociedades e as eventuais repercussões sobre o emprego e os locais em que as sociedades exercem actividades;

j) o prazo de aceitação da oferta;

k) caso a contrapartida proposta pelo oferente inclua valores mobiliários de qualquer tipo, informações relativas aos mesmos;

l) informações sobre o financiamento da oferta;

m) a identidade das pessoas que actuam em concertação com o oferente ou com a sociedade visada e, caso sejam sociedades, o respectivo tipo, firma e sede social, bem como a natureza da sua relação com o oferente e, sempre que possível, com a sociedade visada;

n) a legislação nacional que será aplicável aos contratos celebrados entre o oferente e os titulares de valores mobiliários da sociedade visada, na sequência da oferta, bem como os tribunais competentes.

4. A Comissão aprovará, nos termos do n. 2 do art. 18º, as regras de aplicação do n. 3 do presente artigo.

5. Os Estados-membros asseguram que as partes numa oferta sejam, em qualquer momento, obrigadas a fornecer às autoridades de supervisão do respectivo Estado-membro, a pedido destas, quaisquer informações de que disponham respeitantes à oferta e que sejam necessárias para o desempenho das funções dessas autoridades.

Artigo 7º

Prazo de Aceitação

1. Os Estados-membros asseguram que o prazo de aceitação da oferta não seja inferior a duas semanas, nem superior a 10 (dez) semanas a contar da data de publicação do documento relativo à oferta. Sem prejuízo do princípio geral enunciado na alínea "f)" do n. 1 do art. 3º, os Estados-membros podem estabelecer a possibilidade de prorrogação do prazo de 10 (dez) semanas, na condição de o oferente notificar, com uma antecedência de, pelo menos, duas semanas, a sua intenção de encerrar a oferta.

2. Os Estados-membros podem estabelecer regras que alterem o prazo referido no n. 1 em casos específicos. O Estado-membro pode autorizar a autoridade de supervisão a conceder

uma derrogação do prazo referido no n. 1, de modo a permitir à sociedade visada convocar uma assembleia-geral de accionistas para analisar a oferta.

Artigo 8º

Divulgação da Oferta

1. Os Estados-membros asseguram que a oferta seja tornada pública por forma a garantir a transparência e integridade do mercado para os valores mobiliários da sociedade visada, da sociedade oferente ou de qualquer outra sociedade afectada pela oferta, a fim de, nomeadamente, evitar a publicação ou divulgação de informações falsas ou enganosas.

2. Os Estados-membros devem estabelecer a publicação de todas as informações e documentos exigidos nos termos do art. 6º, segundo regras que garantam que os titulares de valores mobiliários, pelo menos nos Estados-membros em que os valores mobiliários da sociedade visada estejam admitidos à negociação num mercado regulamentado, bem como os representantes dos trabalhadores da sociedade visada e do oferente ou, na sua falta, os próprios trabalhadores, deles possam dispor facilmente e em tempo oportuno.

Artigo 9º

Deveres do Órgão de Administração da Sociedade Visada

1. Os Estados-membros asseguram o cumprimento das regras previstas nos ns. 2 a 5.

2. No período referido no segundo parágrafo, o órgão de administração da sociedade visada é obrigado a obter a autorização prévia da assembleia-geral de accionistas para o efeito antes de empreender qualquer acção susceptível de conduzir à frustração da oferta, exceptuando a procura de outras ofertas e, nomeadamente, antes de proceder a qualquer emissão de valores mobiliários susceptível de impedir de forma duradoura que o oferente assuma o controlo da sociedade visada.

Esta autorização é obrigatória, pelo menos a partir do momento em que o órgão de administração da sociedade visada recebe as informações referidas no primeiro período do n. 1 do art. 6º e enquanto o resultado da oferta não for tornado público ou a oferta não terminar. Os Estados-membros podem impor a antecipação do momento a partir do qual esta autorização deva ser obtida, por exemplo, logo que o órgão de administração da sociedade visada tomar conhecimento da iminência da oferta.

3. No que respeita às decisões que devam ser tomadas antes do início do período previsto no segundo parágrafo do n. 2 e que não tenham sido ainda parcial ou totalmente aplicadas, a assembleia-geral de accionistas deve aprovar ou confirmar qualquer decisão que não se insira no quadro normal das actividades da sociedade e cuja aplicação seja susceptível de conduzir à frustração da oferta.

4. Para efeitos de obtenção da autorização prévia, da aprovação ou da confirmação pelos titulares de valores mobiliários, a que se referem os ns. 2 e 3, os Estados-membros podem estabelecer regras que permitam a convocação de uma assembleia-geral de accionistas a curto prazo, na condição de esta assembleia não ocorrer num prazo inferior a duas semanas a contar da data da sua convocação.

5. O órgão de administração da sociedade visada deve elaborar e tornar público um documento de que conste o seu parecer fundamentado sobre a oferta, nomeadamente quanto às repercussões da aplicação da oferta sobre os interesses da sociedade no seu conjunto, incluindo o emprego, e quanto aos planos estratégicos do oferente para a sociedade visada e as suas eventuais repercussões a nível do emprego e dos locais em que a sociedade exerça actividade enunciados no documento de oferta, em conformidade com a alínea "i)" do n. 3 do art. 6º. O órgão de administração da sociedade visada deve apresentar simultaneamente este parecer aos representantes dos trabalhadores da sociedade ou, na sua falta, aos próprios trabalhadores. Se o órgão de administração da sociedade visada receber em tempo oportuno um parecer distinto dos representantes dos trabalhadores quanto às repercussões a nível do emprego, este será apenso ao referido documento.

6. Para os efeitos do n. 2, sempre que a administração da sociedade obedeça a uma estrutura dualista, entende-se por órgão de administração o conselho de administração e a direcção da sociedade.

Artigo 10º

Informação sobre as Sociedades Referidas no n. 1 do Artigo 1º

1. O Estados-membros asseguram que as sociedades referidas no n. 1 do art. 1º publiquem informações pormenorizadas sobre os seguintes domínios:

a) a estrutura de capital, incluindo os valores mobiliários não admitidos à negociação num mercado regulamentado de um Estado-membro, devendo ser indicados, se for caso disso, as diferentes categorias de acções e, em relação a cada categoria de acções, os direitos e obrigações inerentes às mesmas e a percentagem de capital social que representam;

b) as restrições à transmissão de valores mobiliários, tais como limitações de titularidade de valores mobiliários ou cláusulas de consentimento da sociedade ou de outros titulares de valores mobiliários, sem prejuízo do art. 46º da Directiva n. 2001/34/CE;

c) as participações significativas no capital, directas ou indirectas (por exemplo, através de estruturas em pirâmide ou participações cruzadas), na acepção do art. 85º da Directiva n. 2001/34/CE;

d) os titulares de valores mobiliários que confiram direitos de controlo especiais e a descrição destes direitos;

e) o mecanismo de controlo previsto num eventual sistema de participação dos trabalhadores no capital, quando os direitos de voto não forem exercidos directamente por estes últimos;

f) as restrições em matéria de direito de voto, tais como as limitações dos direitos de voto a uma determinada percentagem ou a um determinado número de votos, prazos impostos para o exercício do direito de voto ou os sistemas pelos quais, com a cooperação da sociedade, os direitos de conteúdo económico ligados aos valores mobiliários são separados da titularidade dos valores mobiliários;

g) os acordos entre accionistas que sejam do conhecimento da sociedade e possam conduzir a restrições em matéria de transmissão de valores mobiliários e/ou direitos de voto, na acepção da Directiva n. 2001/34/CE;

h) as regras aplicáveis à nomeação e à substituição dos membros do órgão de administração e à alteração dos estatutos da sociedade;

i) os poderes dos membros do órgão de administração, nomeadamente no que respeita à possibilidade de emitir ou amortizar acções;

j) os acordos significativos em que a sociedade seja parte e que entrem em vigor, sejam alterados ou cessem em caso de mudança de controlo da sociedade na sequência de uma oferta pública de aquisição, bem como os efeitos respectivos, salvo se, pela sua natureza, a divulgação dos mesmos for seriamente prejudicial para a sociedade; esta excepção não é aplicável se a sociedade for especificamente obrigada a divulgar essas informações por força de outros imperativos legais;

k) os acordos entre a sociedade e os membros do órgão de administração ou trabalhadores que prevejam indemnizações em caso de pedido de demissão do trabalhador, despedimento sem justa causa ou cessação da relação de trabalho na sequência de uma oferta pública de aquisição.

2. As informações previstas no n. 1 devem ser publicadas no relatório de gestão da sociedade a que se refere o art. 46º da Directiva n. 78/660/CEE *[Quarta Directiva 78/660/CEE do Conselho, de 25.7.1978, relativa às contas anuais de certas formas de sociedades,* JO *L 222, de 14.8.1978, p. 11. Directiva com a última redacção que lhe foi dada pela Directiva 2003/51/CE do Parlamento Europeu e do Conselho,* JO *L 178, de 17.7.2003, p. 16]* e o art. 36º da Directiva n. 83/349/CEE. *[Sétima Directiva 83/349/CEE do Conselho, de 13.6.1983, relativa às contas consolidadas,* JO *L 193, de 18.7.1983, p. 1. Directiva com a última redacção que lhe foi dada pela Directiva 2003/51/CE]*

3. Os Estados-membros asseguram que, nas sociedades cujos valores mobiliários estejam admitidos à negociação num mercado regulamentado de um Estado-membro, o órgão de administração apresente um relatório explicativo sobre as matérias a que se refere o n. 1 à assembleia-geral anual de accionistas.

Artigo 11º

Não-Oponibilidade das Restrições em Matéria de Transmissão de Valores Mobiliários e Direito de Voto

1. Sem prejuízo dos demais direitos e obrigações estabelecidos pelo direito comunitá-

rio para as sociedades a que se refere o n. 1 do art. 1º, os Estados-membros asseguram que o disposto nos ns. 2 a 7 seja aplicável quando do anúncio público de uma oferta.

2. As restrições à transmissão de valores mobiliários previstas nos estatutos da sociedade visada não são aplicáveis ao oferente durante o período de aceitação da oferta previsto no n. 1 do art. 7º.

As restrições à transmissão de valores mobiliários previstas em contratos entre a sociedade visada e os titulares de valores mobiliários desta sociedade ou em contratos entre estes últimos celebrados após a aprovação da presente Directiva não são aplicáveis ao oferente durante o prazo de aceitação da oferta previsto no n. 1 do art. 7º.

3. As restrições em matéria de direito de voto previstas nos estatutos da sociedade visada ficam sem efeito na assembleia-geral de accionistas que tomar uma decisão sobre eventuais medidas de defesa nos termos do art. 9º.

As restrições em matéria de direito de voto previstas em contratos entre a sociedade visada e os titulares de valores mobiliários desta sociedade ou em contratos entre estes últimos celebrados após a aprovação da presente Directiva ficam sem efeito na assembleia-geral de accionistas que tomar uma decisão sobre eventuais medidas de defesa nos termos do art. 9º.

Os valores mobiliários com voto plural têm um único voto na assembleia-geral de accionistas que decidir sobre eventuais medidas de defesa nos termos do art. 9º.

4. Quando, na sequência de uma oferta, o oferente detiver pelo menos 75% do capital com direito de voto, não são aplicáveis as restrições à transmissão de valores mobiliários e ao direito de voto referidas nos ns. 2 e 3 nem os direitos especiais de accionistas no que diz respeito à nomeação ou destituição de membros do órgão de administração previstos nos estatutos da sociedade visada; os valores mobiliários com voto plural têm um único voto na primeira assembleia-geral de accionistas subsequente ao encerramento da oferta convocada pelo oferente a fim de alterar os estatutos da sociedade ou de destituir ou nomear membros do órgão de administração.

Para o efeito, o oferente deve dispor do direito de convocar uma assembleia-geral de accionistas a curto prazo, na condição de esta assembleia não ocorrer num prazo inferior a duas semanas após a sua convocação.

5. Sempre que sejam suprimidos direitos nos termos dos ns. 2, 3 ou 4 e/ou do art. 12º, deve prever-se uma indemnização equitativa pelos eventuais prejuízos suportados pelos titulares destes direitos. As condições para a determinação da indemnização e as modalidades do respectivo pagamento são fixadas pelos Estados-membros.

6. O disposto nos ns. 3 e 4 não é aplicável aos valores mobiliários caso as restrições ao direito de voto sejam acompanhadas de vantagens pecuniárias específicas.

7. O presente artigo não se aplica no caso de os Estados-membros serem titulares de valores mobiliários na sociedade visada que lhes confiram direitos especiais que sejam compatíveis com o Tratado, no caso de direitos especiais previstos na lei nacional que sejam compatíveis com o Tratado, nem no caso de empresas cooperativas.

Artigo 12º

Regime Facultativo

1. Os Estados-membros podem reservar o direito de não exigir que as sociedades a que se refere o n. 1 do art. 1º, com sede social nos respectivos territórios, apliquem o disposto nos ns. 2 e 3 do art. 9º e/ou no art. 11º.

2. Sempre que os Estados-membros façam uso da faculdade a que se refere o n. 1, devem, no entanto, dar às sociedades com sede social nos respectivos territórios a opção, que deve ser reversível, de aplicar o disposto nos ns. 2 e 3 do art. 9º e/ou no art. 11º, sem prejuízo do disposto no n. 7 do art. 11º.

A decisão da sociedade deve ser tomada pela assembleia-geral de accionistas, em conformidade com a lei do Estado-membro em que se situe a sua sede social aplicável às alterações aos estatutos. A decisão deve ser comunicada à autoridade de supervisão do Estado-membro onde a sociedade tenha sede social e a todas as autoridades de supervisão dos Estados-membros onde os seus valores mobiliários estejam admitidos à negociação num mercado regulamentado ou onde a sua admissão tenha sido requerida.

3. Nas condições determinadas pela lei nacional, os Estados-membros podem dispensar as sociedades que apliquem os ns. 2 e 3 do art. 9º e/ou o art. 11º da aplicação destas disposições se forem alvo de uma oferta lançada por uma sociedade que não aplique os mesmos artigos ou por uma sociedade controlada, directa ou indirectamente, por uma dessas sociedades, nos termos do art. 1º da Directiva n. 83/349/ CEE.

4. Os Estados-membros asseguram que as disposições aplicáveis às respectivas sociedades sejam divulgadas sem demora.

5. A aplicação de qualquer medida em conformidade com o disposto no n. 3 fica sujeita a autorização da assembleia-geral de accionistas da sociedade visada concedida menos de 18 (dezoito) meses antes da divulgação da oferta nos termos do n. 1 do art. 6º.

Artigo 13º

Outras Regras Aplicáveis às Ofertas

Os Estados-membros devem igualmente estabelecer regras relativas às ofertas, pelo menos nos seguintes domínios:

a) caducidade da oferta;

b) revisão das ofertas;

c) ofertas concorrentes;

d) divulgação dos resultados das ofertas;

e) carácter irrevogável da oferta e condições admissíveis.

Artigo 14º

Informação e Consulta dos Representantes dos Trabalhadores

O disposto na presente Directiva não prejudica as normas relativas à informação e à consulta, nem, caso os Estados-membros o estabeleçam, à co-gestão pelos representantes dos trabalhadores da sociedade oferente e da sociedade visada, que são regidas pelas disposições nacionais aplicáveis, nomeadamente as adoptadas em aplicação das Directivas ns. 94/45/CE, 98/59/CE, 2001/86/CE e 2002/14/CE.

Artigo 15º

Aquisição Potestativa

1. Os Estados-membros asseguram que o disposto nos ns. 2 a 5 seja aplicável na sequência de uma oferta dirigida a todos os titulares de valores mobiliários da sociedade visada incidindo sobre a totalidade dos seus valores mobiliários.

2. Os Estados-membros asseguram que o oferente possa exigir que todos os titulares dos valores mobiliários remanescentes lhe transmitam esses valores mobiliários com base num preço justo. Os Estados-membros devem estabelecer este direito em uma das situações seguintes:

a) o oferente detenha valores mobiliários que representem pelo menos 90% do capital com direito de voto e 90% dos direitos de voto da sociedade visada;

ou

b) o oferente tenha adquirido ou celebrado um contrato firme para adquirir, na sequência da aceitação da oferta, valores mobiliários que representem pelo menos 90% do capital da sociedade visada com direito de voto e 90% dos direitos de voto abrangidos pela oferta.

No caso previsto na alínea "a)", os Estados-membros podem estabelecer um limiar mais elevado, mas nunca superior a 95% do capital com direito de voto e 95% dos direitos de voto.

3. Os Estados-membros asseguram a existência de regras que definam a forma de cálculo deste limiar.

Quando a sociedade visada tiver emitido várias categorias de valores mobiliários, os Estados-membros podem estabelecer que o direito de aquisição potestativa só possa ser exercido na categoria para a qual tenha sido atingido o limiar fixado no n. 2.

4. Se entender exercer o direito de aquisição potestativa, o oferente deve fazê-lo no prazo de 3 (três) meses a contar do termo do prazo de aceitação da oferta a que se refere o art. 7º.

5. Os Estados-membros asseguram que seja garantido um preço justo. Este preço deve assumir a mesma forma que a contrapartida da oferta ou consistir em numerário. Os Estados-

membros podem estabelecer que deva ser proposto numerário, pelo menos como alternativa.

Na sequência de uma oferta voluntária em qualquer dos casos previstos nas alíneas "a)" e "b)" do n. 2, a contrapartida da oferta presume-se justa se o oferente tiver adquirido, em resultado da aceitação da oferta, valores mobiliários que representem pelo menos 90% do capital com direito de voto abrangido pela oferta.

Na sequência de uma oferta obrigatória, presume-se que a contrapartida da oferta corresponde ao preço justo.

Artigo 16º

Alienação Potestativa

1. Os Estados-membros asseguram que o disposto nos ns. 2 e 3 seja aplicável na sequência de uma oferta dirigida a todos os titulares de valores mobiliários da sociedade visada incidindo sobre a totalidade dos seus valores mobiliários.

2. Os Estados-membros asseguram que qualquer titular dos valores mobiliários remanescentes possa exigir que o oferente proceda à aquisição dos seus valores mobiliários com base num preço justo, nas mesmas circunstâncias previstas no n. 2 do art. 15º.

3. Os ns. 3 a 5 do art. 15º aplicam-se com as necessárias adaptações.

Artigo 17º

Sanções

Os Estados-membros determinam o regime das sanções aplicáveis às infracções das disposições nacionais adoptadas em aplicação da presente Directiva e tomam todas as medidas necessárias para assegurar a respectiva aplicação. As sanções previstas neste âmbito devem ser efectivas, proporcionadas e dissuasivas. Os Estados-membros devem notificar estas disposições à Comissão até a data fixada no n. 1 do art. 21º, bem como qualquer alteração posterior das mesmas o mais rapidamente possível.

Artigo 18º

Processo do Comité

1. A Comissão é assistida pelo Comité Europeu dos Valores Mobiliários instituído pela Decisão n. 2001/528/CE (a seguir designado "Comité").

2. Sempre que se faça referência ao presente número, são aplicáveis os arts. 5º e 7º da Decisão n. 1999/468/CE, tendo-se em conta o disposto no art. 8º da mesma, desde que as medidas de execução adoptadas nestes termos não alterem as disposições essenciais da presente Directiva.

O prazo previsto no n. 6 do art. 5º da Decisão n. 1999/468/CE é de 3 (três) meses.

3. Sem prejuízo das medidas de execução já adoptadas, findo um período de 4 (quatro) anos a contar da entrada em vigor da presente Directiva será suspensa a aplicação das suas disposições que determinam a aprovação de regras e decisões de carácter técnico nos termos do n. 2. Sob proposta da Comissão, o Parlamento Europeu e o Conselho podem prorrogar as disposições em questão nos termos do art. 251º do Tratado e, para o efeito, revê-las antes do termo do referido prazo.

Artigo 19º

Comité de Contacto

1. É nomeado um Comité de Contacto com as seguintes atribuições:

a) sem prejuízo do disposto nos arts. 226º e 227º do Tratado, facilitar a aplicação harmonizada da presente Directiva através de reuniões regulares para tratar dos problemas práticos emergentes da sua aplicação;

b) aconselhar a Comissão, se necessário, sobre eventuais aditamentos ou alterações à presente Directiva.

2. Não faz parte das atribuições do Comité de Contacto apreciar o mérito das decisões tomadas pelas autoridades de supervisão em casos individuais.

Artigo 20º

Revisão

Cinco anos após a data fixada no n. 1 do art. 21º a Comissão deve examinar a presente Directiva à luz da experiência adquirida na aplicação da mesma e, se necessário, proporá a sua revisão. O exame deve incluir uma análise das estruturas de controlo e obstáculos às ofertas públicas de aquisição não abrangidas pela presente Directiva.

Para este efeito, os Estados-membros devem informar anualmente a Comissão das ofertas públicas de aquisição lançadas sobre sociedades cujos valores mobiliários estejam admitidos à negociação nos seus mercados regulamentados. As informações devem incluir a nacionalidade das sociedades envolvidas, os resultados das ofertas e quaisquer outras informações relevantes para compreender o funcionamento das ofertas públicas de aquisição na prática.

Artigo 21º

Transposição

1. Os Estados-membros devem pôr em vigor as disposições legislativas, regulamentares e administrativas para dar cumprimento à presente Directiva até 20 de maio de 2006 e informar imediatamente a Comissão desse facto.

Quando os Estados-membros aprovarem essas disposições, estas devem incluir uma referência à presente Directiva ou ser acompanhadas dessa referência aquando da sua publicação oficial. As modalidades dessa referência serão aprovadas pelos Estados-membros.

2. Os Estados-membros devem comunicar à Comissão o texto das principais disposições de Direito interno que aprovarem nas matérias reguladas pela presente Directiva.

Artigo 22º

Entrada em Vigor

A presente Directiva entra em vigor 20 (vinte) dias após a sua publicação no *Jornal Oficial* da União Europeia .

Artigo 23º

Destinatários

Os Estados-membros são os destinatários da presente Directiva.

Feito em Estrasburgo, em 21 de Abril de 2004 – pelo Parlamento Europeu: o Presidente *P. Cox*; pelo Conselho: o Presidente *D. Roche*.

Bibliografia

AOFELBACHER, Gabrielle, e outros. *German Takeover Law – A Commentary*. Verlag C. H. Beck, München oHG Ant. N. Sakkoulas, Athen oHG, Munique, 2002.

BEBCHUK, Lucian, e HART, Oliver. "Takeover bids *vs.* proxy fights in contests for corporate control". Disponível em *http:// ssrn.com/abstract=304386.*

BERLE JR., Adolph, e MEANS, Gardiner. *Società per Azioni e Proprietà Privata*. Trad. de Giovanni Maria Ugo. Turim, 1966.

BURKART, Mike, e PANUNZI, Fausto. "Takeovers". In: *European Corporate Governance Institute, EGGI Working Paper Series in Finance Working Paper N. 118/2006*. Fevereiro/2006.

CARVALHOSA, Modesto de Barros, e EIZIRIK, Nelson. *A Nova Lei das S/A*. São Paulo, Saraiva, 2002.

COMPARATO, Fábio Konder. *O Poder de Controle na Sociedade Anônima*. 2ª ed. São Paulo, Ed. RT, 1977.

DABIN, Leòn. "Les systèmes rigides du type *Konzernrecht* (l'exemple de la propositiòn de la Société Européene)". In: *Les Groupes de Sociétés – Une Politique Législative*. Paris, Librairie Téchniques, 1978.

EIZIRIK, Nelson, e CARVALHOSA, Modesto de Barros. *A Nova Lei das S/A*. São Paulo, Saraiva, 2002.

EPSTEIN, Richard A. *Controlling Company Takeovers: by Regulation or by Contract*. New Zealand Business Roundtable, 1999. Disponível em *http://.nzbr.org.nz/documents/publicaions/publications-199/controlling_company_takeovers.pdf.*

FRANCO, Vera Helena de Mello, e SZTAJN, Rachel. *Manual de Direito Comercial*.

vol. 2 ("Sociedade Anônima – Mercado de Valores Mobiliários"). São Paulo, Ed. RT, 2005.

HAMILTON, Robert W. *The Law of Corporations in a Nutshell.* 4ª ed. St. Paul, Minnesota, West Publishing Co., 1996.

HART, Oliver, e BEBCHUK, Lucian. "Takeover bids *vs.* proxy fights in contests for corporate control". Disponível em *http://ssrn.com/abstract=304386.*

IFFLAND, Jacques. "Recent developments in securities regulation – Public takeover offers, disclosure of shareholdings, squeeze out". *SZW/RSDA* 3/99.

JOSUÁ, Adriana. "Alienação do controle de S/A por oferta pública (art. 254-A da Lei das S/A)". *RDM* 126.

KLUNZIGER, Eugen. *Grundzüge des Gesellschatsrecht.* Munique, Verlag Franz Vählen, 1978.

LACERDA TEIXEIRA, Egberto, e TAVARES GUERREIRO, José Alexandre. *Das Sociedades Anônimas no Direito Brasileiro.* São Paulo, José Bushatsky Editor, 1979.

MEANS, Gardiner, e BERLE JR., Adolph. *Società per Azioni e Proprietà Privata.* Trad. de Giovanni Maria Ugo. Turim, 1966.

PANUNZI, Fausto, e BURKART, Mike. "Takeovers". In: *European Corporate Governance Institute, EGGI Working Paper Series in Finance Working Paper N. 118/2006.* Fevereiro/2006.

PENTEADO, Mauro Rodrigues. "Apontamento sobre a alienação do controle de companhias abertas". *RDM* 76/15-25.

RICKFORD, Jonathan. "Fundamentals, developments and trends in British Company Law – Some woder reflections". *European Company and Financial Law Review* 4. Dezembro/2004.

RODRIGO, Marcílio. *Oferta Pública de Aquisição de Ações por Alienação de Controle Acionário.* Dissertação de Mestrado apresentada e aprovada perante Faculdade de Direito da USP em 18.5.2003.

SMALL, Kenneth, SMITH, Jeff, e YILDIRIM, H. Semih. "Ownership structure and golden parachutes: evidence of credible commitment or incentive alignment?". Disponível em *fmaefm.org/0EFMAMEETINGS/EFMA%20ANNUAL%20MEETINGS/2007-Vienna/Papers/0040.pdf.*

STEINBERG, Marc I. *Understanding Securities Law.* 2ª ed. San Francisco, Matthew & Bender, 1997.

SZTAJN, Rachel, e FRANCO, Vera Helena de Mello. *Manual de Direito Comercial.* vol. 2 ("Sociedade Anônima – Mercado de Valores Mobiliários"). São Paulo, Ed. RT, 2005.

TAVARES GUERREIRO, José Alexandre, e LACERDA TEIXEIRA, Egberto. *Das Sociedades Anônimas no Direito Brasileiro.* São Paulo, José Bushatsky Editor, 1979.

TRAICHEL, Christian, e WAGNER, Florian (LL.M., Taylor Wessing- Munich). "European requirements set forth in the EU Takeover Directive and their impact on german takeover law". Disponível em *http://www.taylorwessing.com.*

WAGNER, Florian, e TRAICHEL, Christian (LL.M., Taylor Wessing- Munich). "European requirements set forth in the EU Takeover Directive and their impact on german takeover law". Disponível em *http://www.taylorwessing.com.*

WALD, Arnold. "A oferta pública, a igualdade dos acionistas e o Direito Comparado". *RDM* 43/15-18.

YILDIRIM, H. Semih, SMALL, Kenneth, e SMITH, Jeff. "Ownership structure and golden parachutes: evidence of credible commitment or incentive alignment?". Disponível em *fmaefm.org/0EFMAMEETINGS/EFMA%20ANNUAL%20MEETINGS/2007-Vienna/Papers/0040.pdf.*

Relatórios

"A European framework for takeover bids: the new commission proposal (2002)". Disponível em *http://ec.europa.eu/internal_market/smn/smn30/a29_en.htm.*

"Gouvernement d'entreprise: selon un rapport de la Commission, les États-membres sont réticents à donner plus de poids aux actionnaires dans les OPAs, Reference: IP/07/251 Date: 27.2.2007". Disponível em *http://ec.europa.eu/internal_market/company/takeoverbids/index_fr.htm.*

"Report on de implement of the Directive on Takeover Bids, Bruxelas, 21.2.2007 – SEC(207) 268 – Comission Staff Working Document". *Disponível em http://ec.europa.eu/internal_market/company/docs/takeoverbids/2007-02-report_en.pdf.*

"Takeover bids in Europe, European Shadow Financial Regulatory Committee (Copenhagen), European Shadow Financial Regulatory Committee Takeover Bids in Europe, Statement n. 13, Copenhagen, 4 February 2002". Disponível em *http://www.aei.org/publications/filter.economic,pubID.16964/pub_detail.asp.*

Atualidades

A CONVENÇÃO DAS NAÇÕES UNIDAS SOBRE CONTRATOS DE VENDA INTERNACIONAL DE MERCADORIAS E O COMÉRCIO INTERNACIONAL BRASILEIRO

EDUARDO GREBLER

1. Introdução. 2. A visão nacional do Direito Internacional. 3. O Direito Brasileiro atual sobre contratos de compra e venda de mercadorias. 4. Dispositivos relevantes da Convenção: 4.1 Formação do contrato – 4.2 Determinação do preço – 4.3 Prorrogação do prazo para cumprimento – 4.4 Violação essencial do contrato – 4.5 Execução específica. 5. Conclusão.

1. Introdução

Até junho/2007, 70 países haviam adotado a Convenção das Nações Unidas sobre Contratos de Venda Internacional de Mercadorias ("Convenção"),[1] elaborada pela Comissão das Nações Unidas para o Direito do Comércio Internacional (UNCITRAL) para reger o comércio internacional de mercadorias entre partes situadas em diferentes Estados nacionais.[2]

Em vigor desde janeiro/1988, quando aderiram a ela os 11 primeiros Estados, a Convenção congrega países de todos os matizes culturais e políticos e em diferentes estágios de desenvolvimento econômico. São signatários da Convenção praticamente todos os países da União Européia (com exceção do Reino Unido), da América do Sul (Argentina, Chile, Colômbia, Equador, Paraguai, Peru, Uruguai e Venezuela – esta última ainda não ratificou), todos os da América do Norte (Canadá, Estados Unidos, México), os grandes exportadores asiáticos (por exemplo: a China, Coréia e Cingapura) e mesmo Cuba.

A Convenção representou a última etapa do esforço de unificação do Direito sobre a compra e venda internacional de mercadorias, iniciado em 1930 pelo Instituto Internacional para a Unificação do Direito Privado (UNIDROIT). Esse propósito, temporariamente prejudicado pela II Grande Guerra, foi retomado ao início da década de 1960, com a celebração de duas convenções preparadas no âmbito da Conferência da Haia de Direito Internacional Privado: uma sobre a formação dos contratos de venda internacional e outra sobre a compra e venda propriamente dita. Entretanto, esses instrumentos não obtiveram adesão ampla, por refletirem institutos jurídicos dos países de tradição romano-germânica mais que daqueles que seguem o sistema da *common law*.

Verificada a falta de adesão de um número significativo de países, decidiu a

1. 1489 U.N.T.S. 3.

2. Para a lista atualizada de países signatários, v. *http://www.uncitral.org/en-index.htm*.

UNCITRAL – então uma agência das Nações Unidas recém-instalada – adotar como uma de suas primeiras missões a revisão e reconstrução dos textos das Convenções, elaboradas em 1964. O trabalho teve início em 1968 e foi concluído em 1980, unificando num só texto as duas Convenções anteriores e dando-lhes uma nova feição.

Quando o texto da Convenção foi concluído, em 1980, a *globalização* não era, ainda, o fenômeno abrangente em que mais tarde veio a se transformar. Entretanto, o ritmo de crescimento do comércio internacional já era tão significativo que impôs a criação de uma base jurídica comum sobre a venda internacional de mercadorias, de modo a superar – ou ao menos diminuir – as diferenças existentes entre os sistemas de direito civil e da *common law*, entre as práticas comerciais dos países mais desenvolvidos e daqueles em desenvolvimento, e entre os países então chamados capitalistas e aqueles de economia centralmente planificada.

Desde sua concepção, pois, a Convenção deveria constituir um instrumento do "direito internacional positivo", com a mais ampla aplicação mundial. Para alcançar este objetivo, seus redatores abraçaram a missão de produzir um texto aceitável para o maior número possível de países, mesclando soluções que fizeram da Convenção um texto jurídico de fonte plurinacional.

O Brasil ainda não figura entre os países que subscreveram a Convenção. Os motivos pelos quais nosso país até agora se absteve de aderir a esse instrumento de uniformização do Direito não foram oficialmente divulgados. Contudo, é voz corrente entre os internacionalistas brasileiros que, assim como ocorreu em diversos países, o desinteresse na Convenção resulta de uma combinação de fatores difusos, alguns dos quais de cunho jurídico, mas principalmente da atitude da comunidade jurídica brasileira, do meio empresarial e do nosso Governo.

2. A visão nacional do Direito Internacional

Na maioria dos países a comunidade jurídica nacional tende a usar suas próprias leis como paradigma para a análise de instrumentos normativos internacionais. Essa análise se dá pela confrontação dos dispositivos do tratado com os do Direito nacional,[3] de modo a pôr em evidência as discrepâncias entre as respectivas normas e compreender a ideologia que inspirou a redação do instrumento, em comparação com os *standards* em uso no seu próprio sistema legal.

Contudo, no caso de tratados internacionais de caráter normativo de direito privado, como é o caso da Convenção, uma abordagem meramente comparativa pode se revelar inadequada se não levar em conta o fato de que, conforme as regras de direito internacional privado, o direito substantivo aplicável a determinado negócio jurídico nem sempre será o Direito nacional.

3. V., *inter alia*, Paul Lansing e Nancy R. Hauserman, "A comparison of the Uniform Commercial Code to UNCITRAL's Convention on Contracts for the International Sale of Goods", 6 *North Carolina Journal of International Law and Commerce Regulation* (1980), pp. 63-80; B. Blair Crawford, "Drafting considerations under the 1980 United Nations Convention on Contracts for the International Sale of Goods", 8 *Journal of Law and Commerce* (1988), pp. 187-205; Anette Gartner, "Britain and the CISG: the case for ratification – A comparative analysis with special reference to German Law", *Kluwer Law International* (2000-2001), pp. 59-81; John McMahon, "When the U.N. Sales Convention applies and some of the reasons why it matters to you and your clients" (1996), disponível em *http://www.cisg.law.pace.edu/cisg/biblio/Gartner.html*; Jacob B. Ziegel, "The UNIDROIT contract principles, CISG and National Law", disponível em *http://www.cisg.law.pace.edu/cisg/biblio/Ziegel.html*; Allison E. Williams, "Forecasting the potential impact of the Vienna Sales Convention on International Sales Law in the United Kingdom", *Kluwer Law International* (2000-2001), pp. 9-57; Mônica Killian, "CISG and the problem with common law jurisdictions", 10:2 *J. Transnational Law & Policy* 217-243.

Com efeito, as regras que regem um contrato internacional normalmente são de Direito estrangeiro pelo menos para uma das partes, quando não para ambas. Isto se deve ao fato de que a determinação do Direito aplicável ao contrato resulta da norma sobre conflito de leis vigente no foro onde a ação for proposta, ou da vontade das partes quando essas normas admitirem a livre escolha da lei de regência do contrato.

É provável que cada uma das partes prefira seu próprio Direito para reger o negócio, em face do maior conhecimento e familiaridade da parte com suas próprias leis, além de um certo grau de desconfiança em relação a padrões legais estrangeiros.[4] Contudo, ao menos uma delas terá que se submeter a um Direito que não o seu próprio Direito nacional, seja por força das normas de direito internacional privado aplicáveis, seja pelo maior poder de barganha da outra parte, quando for possível a escolha por elas.

Logo, é inteiramente equivocado supor que um Estado consiga preservar a aplicação de seu Direito nacional simplesmente por não aderir a um instrumento normativo internacional como a Convenção. De fato, em vista das considerações acima, não é possível afirmar com certeza que o Direito nacional de determinado país será sempre aplicável às transações comerciais que envolverem seus nacionais, pois a decisão sobre o Direito aplicável nem sempre será tomada pelos seus tribunais.

Sem perder de vista essa circunstância, a comparação entre os dispositivos da Convenção e os seus equivalentes no Direito Brasileiro dos contratos é um exercício válido, com o propósito de assinalar as diferenças existentes e avaliar se tais diferenças tendem, ou não, a dificultar ou a impedir a coexistência das normas nacionais e internacionais dentro do sistema jurídico brasileiro.

Em face disto, alguns dos dispositivos da Convenção tidos como de especial importância nos contratos de venda internacional de mercadorias serão apresentados ao lado das normas correspondentes do Direito Brasileiro sobre os contratos de compra e venda, de modo a que se possam extrair conclusões a respeito de suas convergências ou divergências.

3. O Direito Brasileiro atual sobre contratos de compra e venda de mercadorias

Um primeiro aspecto a considerar é que o Direito Brasileiro não contém regras de direito material específicas para os contratos de venda internacional de mercadorias, distintas das normas aplicáveis aos contratos celebrados no âmbito interno do país. O sistema brasileiro adotou uma visão unitária do direito contratual, tratando de igual modo os contratos celebrados entre partes domiciliadas no mesmo país e aqueles celebrados entre partes situadas em países diferentes. Nem no Código Civil de 1916 nem no de 2002, e tampouco no Código Comercial de 1850, há qualquer disposição endereçada especialmente ao contrato internacional.

Decorre disto que quando o Direito Brasileiro for aplicável a uma relação contratual qualquer, ainda que ajustada entre partes domiciliadas em país estrangeiro, as regras do Código Civil são as que regerão o contrato, às quais se somarão, em caráter apenas subsidiário, os usos do lugar de sua celebração,[5] naquilo que não contrariar o direito positivo brasileiro.

Outro aspecto digno de nota é que, com a entrada em vigor do atual Código Civil, em janeiro/2003, o Direito Brasileiro dos contratos sofreu recente modernização. A nova lei civil substituiu tanto o

4. Sobre a desconfiança dos juristas anglo-saxônicos no século XII em relação às leis estrangeiras e seu orgulho sobre suas próprias leis, v. L.-J. Constantinesco, *Traité de Droit Comparé*, t. 1, Paris, LGDJ, 1972, pp. 73-74.

5. CC, art. 113.

Código Civil de 1916 como o Código Comercial de 1850, ambos obsoletos, diante das profundas modificações ocorridas ao longo do século passado nas relações sociais e econômicas na sociedade brasileira. Durante a longa vida dos dois Códigos revogados, centenas de modificações foram introduzidas neles e outras centenas de leis especiais foram promulgadas, lidando com uma multiplicidade de aspectos das relações sociais, em matérias tais como direito de família, propriedade intelectual, direitos reais, responsabilidade civil e empresas – para citar apenas algumas. A despeito disto, os princípios do direito dos contratos no campo da compra e venda permaneceram basicamente intocados por toda a vida do velho Código Civil (salvo pela notável exceção do Código de Defesa do Consumidor, de 1990).[6]

O Código Civil de 2002 introduziu novos conceitos no Direito Brasileiro dos contratos. Duas cláusulas gerais (*Generalklauseln*)[7] merecem menção especial, porque não existiam no antigo Código Civil nem na legislação extravagante sobre direito civil e comercial: uma que declara que a liberdade de contratar tem por base e por limite a *função social do contrato*[8] e a outra que estabelece que, na celebração e na execução do contrato, as partes devem observar os princípios da honestidade e da boa-fé.[9] Como corolário da primeira cláusula geral, entende-se que nenhum contrato valerá se contrariar a função social da propriedade e do contrato – o que se considera matéria de ordem pública.[10] O corolário da segunda cláusula geral é que o conceito de *boa-fé objetiva* foi erigido em requisito de todo negócio jurídico regido pelo Direito Brasileiro.[11]

A partir do que acima se disse, pode-se concluir que a autonomia da vontade deixou de ser considerada como um princípio sacrossanto do Direito Brasileiro dos contratos. A noção de *justiça contratual* superou o individualismo jurídico, anteriormente a fonte exclusiva das obrigações contratuais, prevalecendo atualmente sobre a aplicação absoluta do antigo princípio *pacta sunt servanda*, como já faziam as leis de vários outros Estados.[12]

Ainda na esteira da atualização, o Código Civil de 2002 introduziu no direito positivo brasileiro os conceitos da *lesão*[13] e da *onerosidade excessiva*,[14] que os tribunais e a doutrina brasileiros já haviam adotado como transplantes dos Direitos de outros países (tais como França, Itália, Alemanha, Espanha, Estados Unidos, Chile, Inglaterra), presente também nos Princípios sobre os Contratos Comerciais do UNIDROIT.[15]

Contudo, do ponto de vista metodológico e estrutural, o Código Civil de 2002 não se afastou muito do modelo de 1916. A estrutura das normas no velho e no novo Códigos obedece a um padrão semelhante, distribuindo-se essencialmente nos mesmos capítulos e seções – disposições gerais e cláusulas especiais, incluídas nestas

6. Lei 8.078, de 11.9.1990.

7. V. Nelson Nery Jr., "Contratos no Código Civil – Apontamentos gerais", in Ives Gandra da Silva Martins Filho, Gilmar Ferreira Mendes e Domingos Franciulli Neto (coords.), *O Novo Código Civil: Estudos em Homenagem ao Professor Miguel Reale*, 2003, pp. 408-412.

8. CC, art. 421.

9. CC, art. 422.

10. CC, art. 2.035, parágrafo único.

11. Sobre a visão tradicional dos juristas e da lei brasileira sobre a boa-fé, v. Judith Martins-Costa, "Os princípios informadores do contrato de compra e venda internacional na Convenção de Viena de 1980", *Revista de Informação Legislativa* 126/115-116, ano 32, abril-junho/1995, disponível em *http://www.uff.br/cisgbrasil/costa.html*.

12. As leis nacionais de Portugal, Alemanha, Itália, Hungria, Polônia, Noruega, Suíça, Grécia, Argentina, entre outras, admitem o ajustamento de transações contratuais, com base na regra de que a boa-fé deve presidir a formação bem como a execução dos acordos. V. Nelson Borges, *Da Cláusula "Rebus Sic Stantibus" e a Teoria da Imprevisão*, Coimbra, 1988.

13. CC, art. 157.

14. CC, art. 478.

15. Princípios do UNIDROIT, arts. 3.10 e 6.2.

a retrovenda, venda a contento, preempção ou preferência. Foram inseridas no atual Código regras sobre venda com reserva de domínio e venda sobre documentos e suprimidas normas anteriormente existentes sobre pacto de melhor comprador e pacto comissório. Entretanto, igualam-se o Código velho e o novo na técnica de construção dos dispositivos, com uso dos mesmos *conceitos legais indeterminados* (*unbestimmte Gesetzbegriffe*),[16] preferindo enunciar hipóteses a estabelecer comandos específicos sobre os direitos e as obrigações de comprador e vendedor e utilizando linguagem distanciada do modo de expressão comum.

Para além de serem características da cultura jurídica de cada país, as normas de Direito interno sobre contratos são redigidas no idioma nacional. No caso brasileiro, a originalidade do idioma português em face de outros mais disseminados no comércio internacional dificulta seu conhecimento pelas partes estrangeiras, trazendo como conseqüência certa resistência para sua aceitação por partes que não dominam nosso idioma.

Esses fatores repercutem sobre a posição dos agentes econômicos brasileiros no comércio internacional, pois implicam a virtual impossibilidade de adoção voluntária das leis brasileiras para reger contratos de compra e venda com partes estabelecidas em outros países. A prática dos contratos internacionais demonstra que, mesmo quando é possível a escolha do Direito aplicável – como se passa na maioria dos países (inclusive no Brasil, quando se tratar de solução de controvérsias por meio de arbitragem) –, o Direito Brasileiro raramente é adotado pelas partes como a lei do contrato.

16. Cf. Nelson Nery Jr., "Contratos no novo Código Civil – Apontamentos gerais", in Ives Gandra da Silva Martins Filho, Gilmar Ferreira Mendes e Domingos Franciulli Neto (coords.), *O Novo Código Civil: Estudos em Homenagem ao Professor Miguel Reale*, p. 406.

Diante dessa rejeição das leis brasileiras para regular o contrato internacional de compra e venda, duas possibilidades se apresentam: submeter o contrato ao Direito de país estrangeiro – normalmente desconhecido da parte situada no Brasil, analogamente ao que acima se descreveu em relação ao Direito Brasileiro – ou submetê-lo a um instrumento normativo internacional como a Convenção, previamente conhecido e uniformemente aplicável em grande número de países.

4. Dispositivos relevantes da Convenção

A Convenção contém 101 artigos, divididos em 4 partes. A Parte I trata do seu campo de aplicação e disposições gerais, a Parte II contém normas sobre a formação do contrato, a Parte III versa os direitos e obrigações do vendedor e do comprador e a Parte IV trata das obrigações dos Estados uns perante os outros. A Convenção pode ser adotada pelos Estados signatários seja no seu todo, seja apenas nas regras sobre formação dos contratos (Parte II), seja, ainda, somente nas regras sobre direitos e obrigações das partes (Parte III).

Do ponto de vista espacial, a Convenção aplica-se não somente quando ambas as partes contratantes tiverem seus estabelecimentos em Estados que sejam signatários dela, mas também quando apenas um desses países a tiver subscrito mas, de acordo com as normas de direito internacional privado, a lei aplicável ao contrato for a sua. A nacionalidade das partes é irrelevante para caracterizar a internacionalidade do contrato, levando-se em consideração apenas o fato de as partes terem seus estabelecimentos em Estados diferentes. É igualmente irrelevante que a transação tenha caráter civil ou comercial.[17]

Do ponto de vista material, a própria Convenção exclui de sua aplicação as relações de consumo, assim como a aquisição

17. Convenção, art. 1.

de mercadorias em hasta pública e em procedimentos executórios, bem como de valores mobiliários, títulos de crédito, moeda e eletricidade, navios, barcos e aeronaves.[18] As próprias partes podem também excluir a aplicação da Convenção ao contrato que celebram, no todo ou em parte.[19]

Alguns dos dispositivos da Convenção que têm provocado debates entre estudiosos e praticantes do direito comercial internacional, quando chamados a redigir, negociar ou patrocinar litígios sobre contratos de venda internacional de mercadorias, versam aspectos da (i) formação do contrato, (ii) determinação do preço, (iii) prorrogação do prazo de cumprimento das obrigações, (iv) violação essencial do contrato e (v) execução específica de obrigações inadimplidas. Estas questões são a seguir examinadas em maior detalhe.

4.1 Formação do contrato

No tocante à formação do contrato, a Convenção dispõe que, "para constituir oferta, a proposta de contrato feita a pessoa ou pessoas determinadas deve ser suficientemente precisa e indicar a intenção do proponente de obrigar-se em caso de aceitação".[20] Além disto, diz, ainda, que "a proposta que não for dirigida a uma ou mais pessoas determinadas será considerada apenas um convite para a apresentação de ofertas, salvo se o contrário houver sido claramente indicado pelo autor da proposta".[21]

Em outras palavras, não será tida como apta para criar obrigações para o proponente a manifestação lançada ao público em caráter geral, sem especificar seu destinatário (como em folhetos, anúncios, malas diretas, catálogos etc.); e, mesmo que especifique destinatários, para que seja considerada como oferta a manifestação deve implicar a intenção do proponente de se obrigar.

O tratamento restritivo dado pela Convenção à proposta inespecífica ou genérica, considerando-a insuficiente para permitir a formação do contrato de venda, equivale ao que se encontra nos Direitos nacionais de países de tradição civilista como França, Alemanha, Suíça, Itália e Polônia, mas também de raiz consuetudinária, como Estados Unidos, Inglaterra, Canadá, Nova Zelândia, Índia e República Sul-Africana. Segundo as leis desses países, a comunicação ao público e a proposta a destinatários inespecíficos constituem mero incitamento para que formulem suas ofertas, salvo se nela estiver claro o intento de se obrigar.[22]

A abordagem da Convenção à formação do contrato na oferta ao público parece conflitar com as regras correspondentes do Código Civil brasileiro. Este último estabelece que "a oferta ao público equivale à proposta quando encerra os requisitos essenciais ao contrato, salvo se o contrário resultar das circunstâncias e dos usos".[23] Esta norma, inexistente no Código de 1916, inspirou-se claramente no Código de Defesa do Consumidor[24] e acabou por se espraiar para todos os gêneros de contratos a partir de sua incorporação ao Código Civil de 2002. Ainda não se tem conhecimento de pronunciamentos do STJ sobre a extensão que se deva atribuir ao art. 429 do CC, mas a interpretação literal da lei sugere que aquilo que na Convenção constitui a regra no Código Civil é a exceção, e vice-versa.

Uma interpretação finalística da norma da Convenção é no sentido de que no contexto do comércio internacional – no qual os participantes não são hipossuficientes, mas sim empresas aptas a iden-

18. Convenção, art. 2.
19. Convenção, art. 6.
20. Convenção, art. 14(1).
21. Convenção, art. 14(2).

22. Cf. John Honnold, *Uniform Law for International Sales Under the 1980 United Nations Convention*, 2ª ed., 1991, p. 195.
23. CC, art. 429.
24. Código de Defesa do Consumidor, art. 30.

tificar o conteúdo das manifestações e as responsabilidades que delas derivam para cada parte – a proposta feita a destinatário inespecífico, ou que não revele a intenção do proponente de se obrigar, não deve, realmente, ser entendida como oferta de contrato. As diferenças lingüísticas e culturais entre as partes envolvidas em contratação internacional são, dentre outros, motivo suficiente para interpretação restritiva da manifestação de vontade de se obrigar. Por isto, a solução apresentada pela Convenção se revela mais ajustada à realidade do comércio internacional que a do Código Civil brasileiro.

4.2 Determinação do preço

A questão da determinação do preço é um dos aspectos da Convenção que mais têm ocasionado controvérsias. A dúvida está em que, por um lado, se exige como condição de validade da oferta que esta seja *suficientemente definida*, para o quê é preciso que designe "as mercadorias e, expressa ou implicitamente, fixe a quantidade e o preço, ou preveja meio para determiná-los".[25] Contudo, outro dispositivo da Convenção estabelece que no contrato em que "não se tenha expressa ou implicitamente fixado o preço, ou previsto o modo de determiná-lo, entender-se-á, salvo disposição em contrário, que os contraentes tenham implicitamente referido o preço geralmente cobrado por tais mercadorias no momento da celebração do contrato, vendidas em circunstâncias semelhantes no mesmo ramo de comércio".[26]

São dispositivos que denotam certa incoerência, pois a um só tempo a Convenção estabelece a necessidade de um preço expressa ou implicitamente fixado (ou uma regra para sua determinação) mas admite como válido o contrato que não tenha preço determinado ou mesmo o critério para sua determinação, o qual será encontrado por analogia com outras transações semelhantes.

Esta contradição tem sido notada por vários comentadores, havendo interpretações discrepantes sobre a relação entre os arts. 14(1) e 55 da Convenção,[27] e o debate sobre a questão está longe de ser pacificado.[28] Tem-se afirmado que a exigência de menção expressa ou implícita ao preço, constante do art. 14(1), aplica-se apenas no caso de oferta, mas não quando o contrato tiver origem em instrumento escrito, ou na conduta de cada uma.[29]

Argumenta-se, ainda, que a contradição ficaria afastada porque a validade do contrato deve ser aferida à luz do Direito interno de cada país, e não à luz da Convenção, pois nesta existe disposição expressa, no art. 4(b), no sentido de que a mesma não diz respeito à *validade do contrato ou de qualquer de suas cláusulas*.[30] Assim, o Direito interno do país onde foi celebrado é que dirá se o contrato é, ou não, válido, caso o contrato não contenha menção ao preço, determinado ou determinável. Além disto, tem-se dito que os dispositivos da Convenção devem ser interpretados segundo seu sentido útil, bem como que a fixação do preço poderia se dar de forma "implícita", isto é, admitindo-se que as

25. Convenção, art. 14(1).
26. Convenção, art. 55.

27. Cf. E. Allan Farnsworth, "Formation of contract", in *International Sales: the United Nations Convention on Contracts for the International Sale of Goods*, in Nina M. Galston e Hans Smit (eds.), 1984, 3-1, 3.5 a 3-18 (*apud* Mônica Killian, "CISG and the problem with common law jurisdictions", 10:2 *J. Transnational Law & Policy* 217-243, p. 237; Fritz Enderlein e Dietrich Maskow, *International Sales Law*, pp. 208-209, 1992; John Honnold, *Uniform Law for International Sales Under the 1980 United Nations Convention*, 2ª ed., 1991, p. 409.
28. Cf. "Helen Kaminski Pty. Ltd. *vs.* Mktg. Austrl. Products, Inc.", 1997 U.S. Dist. LEXIS 10630, p. *8 (S.D.N.Y. july 21, 1997).
29. Cf. Honnold, *Uniform Law for International Sales Under the 1980 United Nations Convention*, 2ª ed., p. 200; Eörsi, "Art. 55", in "A Propos the 1980 Vienna Convention on Contracts for the International Sale of Goods", 31 *Am. J. Comp. L.* 333, 346, 1983, p. 407.
30. Convenção, art. 4(b).

partes tenham presumivelmente adotado o preço corrente da mercadoria no momento da conclusão do negócio.[31]

A jurisprudência dos tribunais nacionais de países signatários da Convenção, catalogada pela UNCITRAL no repertório *CLOUT* (*Case Law on UNCITRAL Texts*), mostra-se variável, ora no sentido de reconhecer a existência do contrato na ausência de acordo expresso sobre preço,[32] ora no sentido de negá-la.[33]

Curiosamente, as normas da Convenção são muito similares ao dispositivo do Código Civil brasileiro relativo à determinação do preço no contrato de compra e venda, cujo teor é igualmente controvertido. A regra geral do Direito Brasileiro é no sentido de que o contrato de venda se considera perfeito *desde que as partes acordarem no objeto e no preço*.[34] Também se admite que o preço possa ser determinado por terceiro, por bolsa de mercadorias ou aferido pelo preço de mercado em data e local definidos, ou ainda por referência a índices e parâmetros, desde que sejam suscetíveis de determinação objetiva.[35]

Finalmente, diz também o Código Civil que, "convencionada a venda sem fixação de preço ou de critérios para a sua determinação, se não houver tabelamento oficial, entende-se que as partes se sujeitaram ao preço corrente nas vendas habituais do vendedor", aduzindo, ainda, que, "na falta de acordo, por ter havido diversidade de preço, prevalecerá o termo médio".[36] Em outras palavras, a determinação do preço estabelecida pelo Código Civil pode ser inferida por fatores outros além da vontade das partes, mesmo que não haja manifestação expressa do comprador.

Como se vê, também no Direito Brasileiro sobre contratos de compra e venda há contradição entre o que dizem os arts. 482 e 488 do CC – o primeiro exigindo o acordo das partes a respeito do preço, o segundo admitindo que a venda seja convencionada sem fixação de preço. Parece ser esta uma conseqüência da dinâmica dos negócios no mundo contemporâneo, em que a manifestação de vontade das partes deixa de ser marcada pela sacralidade e pelo rigor formal que a caracterizaram ao longo dos tempos, passando-se a permitir a descoberta dessa vontade por inferência das circunstâncias.

4.3 Prorrogação do prazo para cumprimento

A prorrogação do prazo para cumprimento das obrigações contratuais foi uma das inovações introduzidas pela Convenção, ao estabelecer, tanto para o comprador como para o vendedor, a possibilidade de conceder um ao outro um *prazo suplementar razoável para o cumprimento de suas obrigações*.[37]

Há um duplo propósito na concessão do prazo adicional: primeiramente, serve para evitar uma rescisão abrupta do contrato devido à falta de cumprimento do prazo inicialmente estabelecido para a execução das obrigações por qualquer das partes,[38] o que poderia constituir tratamento excessivamente rigoroso no caso de atraso de menor significado, com implicações onerosas e indesejáveis em transações in-

31. V. Alejandro Garro, "Reconciliation of legal traditions in the U.N. Convention on Contracts for the International Sale of Goods", 23 *International Lawyer* (1989) 443-483.

32. Cf. *CLOUT* Caso n. 217 (Suíça), *CLOUT* Caso n. 106 (Áustria), *CLOUT* Caso n. 158 (França).

33. Cf. *CLOUT* Caso n. 121 (Alemanha), *CLOUT* Caso n. 53 (Hungria), *CLOUT* Caso n. 139 (Rússia).

34. CC, art. 482.

35. CC, arts. 485, 486 e 487.

36. CC, art. 488.

37. Convenção, arts. 47(1) e 63(1).

38. Para Bernard Audit, "[f]or both practical and legal reasons, it is more important to avoid the rescission of contract in the context of international sales than in the setting of domestic transactions" (v. "The Vienna Sales Convention and the Lex Mercatoria", in Thomas E. Carbonneau (ed.), *Lex Mercatoria and Arbitration, Juris Publishing* (1998), p. 183 (pp. 173-194).

ternacionais. Em segundo lugar, permite caracterizar com nitidez a ocorrência de uma violação essencial ao contrato, que de outra forma poderia estar sujeita a dúvida, já que o simples descumprimento do prazo inicialmente estabelecido para a obrigação nem sempre será considerado suficiente para desencadear a rescisão do contrato.[39]

A origem dessa norma da Convenção é atribuída à instituição do Direito Alemão conhecida como *nachfrist*. Segundo essa norma, no caso de atraso no cumprimento da obrigação contratual, o credor pode fixar um prazo razoável para tal cumprimento e declarar que não aceitará a entrega fora desse prazo. Expirado referido prazo, o credor pode, então, reclamar perdas e danos ou rescindir o contrato, a menos que o devedor cumpra a obrigação dentro do mesmo prazo.[40]

No Código Civil brasileiro não há dispositivo com tal teor. Ao contrário, a regra sobre prazo de cumprimento de obrigações com prazo contratualmente determinado está incorporada no velho brocardo romano *dies interpellat pro homine*, segundo o qual o simples lapso do tempo é bastante para caracterizar o inadimplemento.[41] Entretanto, também no Direito Brasileiro é necessária a notificação da parte em atraso para colocá-la oficialmente em mora quando o contrato não fixar prazo para o cumprimento da obrigação.[42]

A solução dada pela Convenção para o caso de atraso no cumprimento da obrigação contratual não é inteiramente estranha ao sistema legal brasileiro – embora vá além dos requisitos e práticas do nosso Direito no tocante às obrigações com termo certo. A tolerância no caso não parece ser desmotivada, em vista do objetivo esposado pela Convenção de preservar o negócio. Com efeito, dar conseqüência rescisória ao descumprimento de uma obrigação que seja sanável em breve período de tempo, sem ocasionar perda irreparável para a outra parte, constituiria sanção demasiadamente rigorosa, comprometedora da eficiência do sistema de trocas comerciais internacionais.

Convém lembrar, ainda, que o prazo suplementar que uma parte pode conceder à outra está limitado pela *razoabilidade*, que será em princípio determinada pela parte inocente, inexistindo na Convenção qualquer duração previamente estabelecida para a prorrogação. Portanto, haverá casos em que o período adicional será mais ou menos breve, compatível com as peculiaridades do contrato e da obrigação descumprida, mas há de ser sempre *razoável*, isto é, defensável à luz das circunstâncias do negócio.[43]

Dentro desses limites, a regra de prorrogação do prazo para cumprimento da obrigação inadimplida, prevista na Convenção, constitui um fator extremamente positivo para a estabilidade das relações de compra e venda internacional, e tem méritos para ser adotada.

4.4 Violação essencial do contrato

A Convenção introduziu, em seu art. 25, o conceito de *violação essencial*, utilizando uma formulação que despertou fortes críticas, tanto no tocante à forma como à substância.[44] Redigido em linguagem hermética, esse dispositivo estabelece que "considera-se violação essencial ao contrato a infração cometida por uma das partes, que causar à outra um dano de tal monta

39. Cf. Allison E. Williams, "Forecasting the potential impact of the Vienna Sales Convention on International Sales Law in the United Kingdom", *Kluwer Law International* (2000-2001), pp. 9-57.

40. *BGB*, art. 326.

41. CC, art. 397.

42. CC, art. 397, parágrafo único.

43. Cf. Pilar Perales Viscasillas, "The *nachfrist* remedy", in *Celebrating Success: 25 Years United Nations Convention for the International Sale of Goods*, Singapore International Arbitration Center, Conference Papers, pp. 89-102.

44. A crítica alcança até mesmo a localização do art. 25 no Capítulo I da Parte III, no qual parece estar deslocado (v. Enderlein e Maskow, *International Sales Law*, p. 111).

que substancialmente a prive do resultado que poderia legitimamente esperar do contrato, salvo se a parte inadimplente não tiver previsto e pessoa razoável de mesma condição em igual situação não teria previsto tal resultado".

Este dispositivo da Convenção é claramente destinado a limitar as hipóteses de inadimplemento de uma das partes àquilo que possa causar completa frustração na expectativa da outra parte com relação ao objeto do contrato; e, ainda assim, somente se a parte inadimplente tiver previsto, e outra pessoa em igual condição e posição pudesse ter previsto tal resultado.

No Código Civil brasileiro não há dispositivo expresso que preveja diferentes graus de inadimplemento para fins de ensejar a rescisão contratual. A regra geral é de que o descumprimento de obrigação contratual implica inadimplência e, ressalvada a hipótese de força maior, a parte inadimplente fica sujeita às conseqüências dela.[45] Mais ainda, nos termos do Código Civil, a parte inocente tem direito, à sua opção, de rescindir o contrato ou de exigir seu cumprimento, em ambos os casos juntamente com a indenização dos danos sofridos.[46] Contudo, a cláusula geral da *função social do contrato* presente no Código Civil tem especial aplicação quando se trata de proteger o contrato de rescisão em decorrência de falta leve por uma das partes, funcionando como elemento atenuador da regra geral da inadimplência.

Neste aspecto, portanto, as posições da Convenção e do direito contratual brasileiro estão apenas aparentemente distanciadas. O conceito de *violação essencial* na Convenção funciona em conjunto com os dispositivos que tratam da rescisão por culpa do comprador[47] e do vendedor,[48] e visa a evitar que uma infração que não comprometa os propósitos da outra parte possa servir de fundamento para a rescisão do contrato. O encerramento antecipado do contrato fica, assim, limitado à hipótese em que a inadimplência seja de tal ordem que conduza ao desinteresse da parte inocente em manter viva a relação contratual. Fora desta hipótese, a parte inocente tem direito apenas de pleitear a indenização dos prejuízos que decorrerem da inadimplência.

A análise semântica desta norma da Convenção tem sido objeto de fortes críticas. De início, o conceito de *violação essencial* depende do conceito de *dano substancial*, mas este não se acha definido em lugar algum da Convenção, deixando o intérprete sem medida daquilo que se deva considerar como tal.[49] Também a menção ao *resultado que poderia legitimamente esperar do contrato* é sujeita a grande latitude de interpretação, já que toma por critério a expectativa subjetiva da parte inocente, e não o conteúdo objetivo da obrigação contraída; com isto, torna necessário que o intérprete decida sobre aquilo que a parte teria direito a esperar do contrato, ao invés de apenas julgar se a obrigação foi, ou não, descumprida e, em caso positivo, se houve, ou não, justa causa para o descumprimento. Finalmente, o conceito de *violação essencial* está subordinado à noção de previsibilidade do resultado, impondo ao intérprete o encargo de também decidir se a parte inadimplente previu, e se outra pessoa razoável poderia ter previsto, o resultado da violação. Em face disto, pode ocorrer que mesmo uma violação que substancialmente prive a parte inocente daquilo que espera do contrato acabe não sendo considerada como essencial, se a parte inadimplente demonstrar que esse resultado não foi nem poderia ter sido previsto.

45. CC, art. 389.
46. CC, art. 475.
47. Convenção, art. 49.
48. Convenção, art. 64.

49. Cf. M. Wills, para quem "defining fundamental with substantial, to begin with, leaves an impression of playful tautology" (in Bianca e Bonell (eds.), *Commentary on the International Sales Law*, 1987, p. 7).

O efeito deste dispositivo da Convenção pode ser frustrante para a parte inocente, pois são tantos fatos e circunstâncias que precisam ser considerados que, salvo em casos extremamente nítidos, será difícil responder à questão básica sobre o contrato ser, ou não, passível de rescisão sem ter de submeter a controvérsia ao julgamento do juiz ou do árbitro competente. Na realidade, até para o julgador poderá ser difícil encontrar fundamento para declarar o contrato rescindido, já que mesmo uma desconformidade grave nos bens entregues pelo vendedor, que normalmente equivaleria a violação essencial, não assegura que a rescisão do contrato será efetivamente reconhecida.[50]

Está claro, pois, que a perspectiva da Convenção é de que um contrato de venda internacional não deve ser rescindido, exceto em circunstâncias extremas.[51] A razão adotada pelos redatores da Convenção foi de que a rescisão de um negócio entre partes situadas em países distintos é economicamente ineficiente. Além disto, já foi notado que essa limitação previne o abuso do direito de rescisão por uma das partes, com o propósito de rever as condições do contrato devido a mudanças na situação econômica, ou para tentar transferir para a outra parte o risco de alteração nas condições do mercado.[52]

Conquanto a parte inocente deva ter meios efetivos para compelir a parte inadimplente ao cumprimento da obrigação assumida, a rescisão de um contrato que pode, ainda, atender às suas finalidades econômicas deve efetivamente ser deixada para a última hipótese, evitando perdas inevitáveis que resultariam do seu encerramento abrupto.

Essa perspectiva pode parecer estranha à luz dos critérios convencionais de interpretação dos contratos, segundo os quais a obrigação contratual assumida deve ser cumprida conforme prometido, e a entrega de bens em desacordo com as especificações do contrato pode dar lugar à sua rejeição (*perfect tender rule*). Entretanto, esta já não é a perspectiva que prevalece nas legislações mais modernas sobre contratos de compra e venda.

No plano internacional, o princípio da preservação do contrato (*favor contractus*) acha-se consagrado nos Princípios da UNIDROIT sobre Contratos Comerciais Internacionais, assim como pelos Princípios de Direito Europeu dos Contratos (PECL), ambos com dispositivos que protegem o contrato a menos que a rescisão se torne manifestamente inevitável.

Também as leis nacionais mais modernas sobre compra e venda têm mitigado a aplicação estrita do princípio *pacta sunt servanda*, contrabalançando-o com disposições que mantêm o contrato de pé a despeito dos desvios que possam ocorrer em relação aos termos e condições pactuados. Em muitos países o descumprimento do contrato necessita ser fundamental (ou substancial, ou essencial) para que possa dar lugar à rescisão, como é o caso das leis da Inglaterra, Irlanda, Escócia, Dinamarca, Finlândia, Suécia, Holanda, Portugal, Itália, Espanha e até certo ponto da Alemanha, Áustria, França, Bélgica e Luxemburgo.[53]

50. V. Bruno Zeller, "Fundamental breach and the CISG – A unique treatment or failed experience?", in *Vindobona Journal of International Commercial Law & Arbitration* (2004), p. 91 (pp. 81-94), disponível em *http://www.cisg.law.pace.edu/cisg/biblio/zeller12.html.*

51. V. Audit, "The Vienna Sales Convention and the Lex Mercatoria", in Thomas E. Carbonneau (ed.), *Lex Mercatoria and Arbitration, Juris Publishing*, 1998, p. 183.

52. V. Franco Ferrari, "Fundamental breach of contract Under the UN Sales Convention – 25 years of art. 25 CISG", 25 *J. L. & Com.* 489 (2006), p. 490, disponível em *http://www.cisg.law.pace.edu/cisg/biblio/ferrari14.html.*

53. V. Hossam El-Saghir (ed.),", julho/2000, disponível em *www.cisg.law.pace.edu/cisg/text/peclcomp25.html*; e Robert Koch, "Commentary on whether the UNIDROIT Principles of International Commercial Contracts may be used to interpret or

No Direito Norte-Americano[54] tem de haver um "impeditivo substancial" (*substantial impairment*) para que o comprador possa rejeitar as mercadorias depois de terem sido recebidas (antes da aceitação aplica-se a *perfect tender rule*, mas os tribunais mitigam seus efeitos pelo princípio da boa-fé).[55]

Na América Latina não é comum a noção de *violação essencial* como requisito para a rescisão do contrato de compra e venda. As legislações nacionais geralmente não a contemplam, e naquelas em que é reconhecida – como no Chile e no México – a doutrina se acha dividida a respeito de sua exigência como requisito para a rescisão do contrato. Na Argentina e na Venezuela a jurisprudência admite a rescisão do contrato com base em qualquer inadimplemento, enquanto na Bolívia e no Paraguai não se admite a rescisão se a falta de cumprimento for de menor importância ou se não afetar o interesse da outra parte.[56] No Brasil a cláusula geral da função social do contrato acaba exercendo função equivalente à da norma da Convenção sobre violação essencial.

supplement art. 25 CISG", disponível em *http://www.cisg.law.pace.edu/cisg/biblio/koch.html.*

54. Uniform Commercial Code (UCC), § 2-608(1), § 2-612(3).

55. Na última revisão do Código Comercial Uniforme dos Estados Unidos houve discussão intensa sobre a possível substituição da *perfect tender rule* por outra regra que permitiria a rejeição da mercadoria somente quando a desconformidade prejudicasse substancialmente o valor da prestação para o comprador, mas a maioria do grupo de estudos recomendou ainda a manutenção da *perfect tender rule* (v. Ingeborg Schwenzer, "The danger of domestic pre-conceived views with respect to the uniform interpretation of the CISG: the question of avoidance in the case of non-conforming goods and documents", *Victoria University of Wellington Law Review* (2005/4) 795-807, disponível em *http://cisgw3.law.pace.edu/cisg/biblio/schwenzer.html*).

56. V. Alberto L. Zuppi, "A comparison of buyer's remedies under the CISG with the latin american legal tradition", *Review of the Convention on Contracts for the International; Sale of Goods (CISG)*, 1998, *Kluwer Law International*, 1999, pp. 3-39, disponível em *www.cisg.law.pace.edu/cisg/biblio/zuppi.html.*

Em face dos diferentes tratamentos dados pelas leis nacionais ao tema de violação essencial do contrato, a uniformidade proporcionada pela Convenção neste aspecto demonstra a validade de sua adoção pelos diferentes países como regra para a venda internacional de mercadorias, sem infringir os postulados fundamentais do Direito interno brasileiro.

4.5 Execução específica

A concessão feita pelos redatores da Convenção, no esforço de conciliar as soluções dadas respectivamente pelo sistema da *common law* e pelo de direito civil, acabou por produzir uma formulação ambígua com relação à execução específica.[57]

Execução específica significa que uma parte pode exigir da outra que cumpra sua obrigação contratual, se necessário requerendo ordem judicial que obrigue a parte inadimplente a executar especificamente a prestação prometida, que, neste caso, não seria substituída por perdas e danos.

Em lugar de dispor sobre os direitos e deveres das partes, a norma da Convenção foi endereçada ao juiz, dizendo-lhe que "não estará obrigado a ordenar sua execução específica, salvo se estiver autorizado a fazê-lo por seu Direito nacional, em relação a contratos de compra e venda semelhantes, não regidos pela presente Convenção".[58]

No Direito Brasileiro dos contratos, o Código Civil permite que a parte requeira a execução específica de uma obrigação contratual descumprida pela outra parte.[59] Esta posição foi considerada um progresso em relação às normas anteriores, que só excepcionalmente admitiam a execução específica.

57. V. Eric Bergsten, "The law of sales in Comparative Law", in *Les Ventes Internationales de Marchandises (Problèmes Juridiques d'Actualité)*, Paris, 1981, p. 13.

58. Convenção, art. 28.

59. CC, art. 475.

Neste tema, a teoria da função econômica do Direito, segundo a qual a rescisão contratual seria admissível se resultasse em alocação mais eficiente de recursos,[60] e a tradição da *common law* de compensar apenas mediante indenização os prejuízos sofridos em decorrência do inadimplemento da promessa[61] acham-se bastante afastadas da cláusula geral da *função social do contrato* insculpida no Código Civil brasileiro.

A despeito da ambigüidade do art. 28 da Convenção, e sem embargo das diferenças conceituais entre as abordagens da *common law* e do direito civil no tocante às conseqüências da inadimplência contratual, a Convenção não impediria a aplicação da execução específica pelos tribunais brasileiros, os quais poderiam guiar-se pelas normas do Direito interno sobre compra e venda e, assim, permitiriam a execução específica também em contratos internacionais de venda de mercadorias.

Na crônica dos casos judiciais registrados pelo CLOUT só há um que se refere à aplicação deste dispositivo da Convenção, no qual foi reconhecida a exigibilidade da entrega de produtos siderúrgicos por um tribunal norte-americano.[62] A escassa ocorrência de controvérsias sobre o assunto sugere que a solução oferecida pela Convenção, embora criticável por sua ambigüidade, parece estar cumprindo a finalidade de conferir segurança às relações de compra e venda internacional.

Por conseguinte, não há qualquer incompatibilidade substantiva a este respeito entre a Convenção e as regras do Direito Brasileiro.

5. Conclusão

Este breve exame de algumas das regras da Convenção em comparação com as do Código Civil brasileiro sugere que, não obstante existirem discrepâncias entre elas, não se trata de conteúdos axiológicos inconciliáveis.

Na Convenção nada há que ofenda princípios fundamentais do Direito nacional dos contratos ou que possa ocasionar a repulsa da comunidade jurídica brasileira. Com efeito, doutrinadores brasileiros que têm analisado a Convenção manifestaram-se de modo positivo, e não se verifica qualquer atitude hostil contra a Convenção por parte da classe jurídica ou da classe política.[63]

Deve-se ter presente, além disto, que a Convenção se destina a disciplinar exclusivamente o contrato de venda internacional de mercadorias, deixando inteiramente preservadas as relações contratuais na compra e venda no Direito interno. Isto é claramente vantajoso, pois os Estados que subscrevem a Convenção não têm de revogar ou substituir suas normas internas para se ajustar às práticas do Direito Internacional uniforme.

Por que, então, o Brasil ainda não aderiu à Convenção? Uma especulação que se faz é que as forças que exercem influência sobre as políticas governamentais do Brasil em matéria de comércio internacional – os setores empresarial e acadêmico – até o momento não expressaram uma opinião consensual sobre a Convenção. Nessas circunstâncias, a adoção de regras uniformes para reger o comércio internacional de mercadorias não é tida pelo Governo

60. V. Richard A. Posner, *The Economics of Justice*, Cambridge, 1983, *passim*.

61. Cf. Oliver Wendell Holmes, Jr., para quem "[t]he only universal consequence of a legally binding promise is that the law makes the promisor pay damages if the promised event does not come to pass. In every case it leaves him free from interference until the time for fulfillment has gone by, and therefore free to break his contract if he chooses" (*The Common Law*, Nova York, 1991, p. 301).

62. Cf. *CLOUT* Caso n. 417 (Estados Unidos).

63. V. Lauro Gama Jr., "A Convenção de Viena sobre a Compra e Venda Internacional de Mercadorias – 1980: essa grande desconhecida", *Revista de Arbitragem e Mediação*, abril-junho/2006, São Paulo, Ed. RT, pp. 134-149; Nádia de Araújo, *Contratos Internacionais*, 2ª ed., Rio de Janeiro, 2000, p. 133; Irineu Strenger, *Direito do Comércio Internacional e "Lex Mercatoria"*, São Paulo, 1996, p. 142; Patrícia Galindo da Fonseca, "O Brasil perante uma nova perspectiva de direito mercantil internacional", *RF* 341/193-211, 1998 (p. 211).

Brasileiro como objetivo estratégico, ou mesmo prioritário, para o comércio exterior do país.

O momento é maduro para a adesão do Brasil à Convenção. A adaptação do país aos *standards* jurídicos internacionais em matéria de comércio exterior está aceita em todos os setores da sociedade brasileira. Verifica-se também a percepção de que instrumentos como a Convenção não se destinam a beneficiar segmentos privilegiados das forças econômicas mundiais, mas sim a estabelecer um quadro normativo uniforme,[64] que favoreça o desenvolvimento do comércio internacional independentemente das diferenças econômicas entre os países.

Para os agentes econômicos brasileiros a adoção da Convenção como Direito Brasileiro dos contratos internacionais resultará certamente benéfica. Estarão grandemente reduzidas as incertezas sobre as regras aplicáveis aos negócios de compra e venda de que participarem, conduzindo a um maior grau de segurança jurídica e a menores custos de transação, que são aspirações legítimas de todos os que atuam no comércio internacional.

64. Para uma análise do futuro direito comercial global, v. Michael Joachim Bonell, "Do we need a global commercial code?", 106 *Dickinson Law Review* (2001) 87-100 (p. 99).

Atualidades

USO LÍCITO E ILÍCITO DE POSIÇÃO DOMINANTE NO DIREITO ANTITRUSTE BRASILEIRO

MARCO AURÉLIO GUMIERI VALÉRIO

1. Introdução. 2. Posição dominante ou poder de mercado. 3. Posição dominante e abuso de direito. 4. Per se *e razoabilidade. 5. Abuso de posição dominante. 6. Exame de eficiência. 7. Conclusão.*

1. Introdução

A Lei 8.884, de 11.6.1994 – a chamada "Lei de Defesa da Concorrência" –, não visa a coibir o poder de mercado em si, mas, sim, seu abuso. Assim, caracterizar a *posição dominante* é condição necessária mas não suficiente para a análise antitruste. É preciso discutir outros critérios pelos quais também se possa avaliar seu efetivo exercício.

Segundo Paula Forgioni a caracterização do poder econômico está associada à tradição da teoria econômica que delimita a competição como processo de formação de preços a partir de condições de procura e oferta nas quais os agentes econômicos, individualmente, não influenciam. Pressupõe-se, portanto, que a concorrência parte da ausência de poder de mercado.[1]

À primeira vista, essa constatação da autora embasaria o antitruste naquele modelo de mercado em que o poder econômico está ausente. É o caso de se coibir seu surgimento, bem como seu exercício. Entretanto, o desenvolvimento da análise econômica aponta circunstâncias nas quais a perda de bem-estar associada ao aumento de poder de mercado pode ser contrabalançada pela geração de eficiência nesse mesmo processo.

O trabalho, destarte, torna-se ainda mais complexo; afinal, não se trata do ato de identificar estruturas de mercado ideais, nem, tampouco, de proibir a existência do poder de mercado derivado de atos de concentração ou condutas, mas, sim, de analisar seus potenciais efeitos anticompetitivos, comparativamente aos possíveis ganhos de eficiência por eles gerados. O que realmente importa são os efeitos líquidos sobre a eficiência econômica.

Essa afirmação decorre do objetivo central da norma, qual seja, reprimir o abuso de poder de mercado, porque ele é gerador de ineficiências; logo, não deve proibir atos ou condutas que causem ganhos de eficiência. Se o fizer, ocasionará ineficiências tão ou mais significativas que as que visa a combater.[2]

Partindo dessa mesma premissa, Maria Teresa Mello ressalta a necessidade de se aplicar critérios jurídicos que estabeleçam a distinção entre *lícito* e *ilícito antitruste*, que dêem conta dos elementos acima enumerados e permitam considerar efeitos diversos, positivos ou negativos,

1. Paula Andréa Forgioni, *Os Fundamentos do Antitruste*, p. 230.

2. Idem, ibidem.

sobre concorrência e bem-estar, sopesando-os.[3]

O resultado dessa ponderação definirá a tênue linha divisória entre o *permitido* e o *proibido*.

Para essa análise pode-se sair por dois pontos de partida: (a) a chamada *doutrina do abuso de direito*, que pode ser em parte transportada para o abuso de posição dominante. A ilicitude, do ponto de vista antitruste, é caracterizada pelos efeitos de atos ou condutas sobre a concorrência. Tipifica-se como abusivo o uso de posição dominante; e (b) o denominado *princípio da razoabilidade* (*rule of reason*), elaborado pela jurisprudência norte-americana e incorporado aos julgados do Conselho Administrativo de Defesa Econômica/CADE. É necessário desenvolver técnica de análise que, aplicada ao caso concreto, permita dar conta dos efeitos diversos potencialmente associados ao exercício do poder econômico.[4]

Cumpre ressaltar que tais formas de abordagem não são incompatíveis entre si. São complementares, como será demonstrado a seguir, neste artigo.

2. *Posição dominante ou poder de mercado*

O poder de mercado – ou, conforme a Lei de Defesa da Concorrência, a posição dominante – é a capacidade de um agente econômico, só ou em grupo de forma coordenada, aumentar preços, reduzir quantidades, diminuir qualidade ou variedade de produtos ou serviços ou, ainda, restringir inovações com relação aos níveis que vigorariam sob condições de concorrência, por período razoável de tempo, no intuito de aumentar seus lucros. Em outras palavras, é a habilidade para atuar independentemente da *performance* de seus competidores.[5]

Segundo Maria Teresa Mello,[6] são duas as variáveis consideradas na avaliação da probabilidade de seu exercício: (a) participação relativa da empresa no mercado (*market-share*). Parte-se da premissa de que a maior concentração de oferta implica maior probabilidade de colusão e, por conseqüência, de preços e lucros mais elevados. Assume-se que o poder de mercado é função crescente da concentração, já que a existência de pequeno número de concorrentes, ou sua desigualdade, favorece conluios tácitos ou implícitos, pelo menos entre líderes. Essa é uma aproximação precária, pois a concentração é condição necessária mas não suficiente para surgimento desse poder. Não há correlação garantida entre essas duas variáveis;[7] e (b) barreiras à entrada, definidas como grau de dificuldade de acesso ao mercado por agentes econômicos não-estabelecidos. Trata-se de elemento fundamental na análise antitruste, não apenas para atos de concentração, como também para condutas. Apesar de não diretamente mensurável, a dificuldade imposta a novos entrantes é condição decisiva para avaliação do poder econômico. Na sua ausência torna-se impossível fixar preços acima dos custos de forma persistente e significativa, inviabilizando, assim, qualquer tentativa de seu exercício. O nível de barreiras à entrada

3. Maria Teresa Leopardi Mello, *Notas sobre o Sistema de Defesa da Concorrência no Brasil*, mimeografado.

4. Idem, ibidem.

5. Brasil, Ministério da Fazenda/Secretaria de Acompanhamento Econômico, *Guia para Análise de Atos de Concentração*, n. 28, disponível em *http://www.fazenda.seae.me.gov.br* (acesso em 23.9.2006).

6. Maria Teresa Leopardi Mello, *Notas sobre o Sistema de Defesa da Concorrência no Brasil*, mimeografado.

7. Medidas de *market-share* não significam muito se não forem analisados em conjunto com outros fatores, como, por exemplo, estruturas da oferta e demanda, condições de entrada, existência de competidores potenciais, dentre outros (Brasil, Ministério da Fazenda/Secretaria de Acompanhamento Econômico, *Glossário Básico de Defesa da Concorrência*, disponível em *http://www.fazenda.seae.gov.br*, acesso em 23.4.2006).

num mercado concentrado – seja oligopólio, seja monopólio – é o principal instrumento de avaliação do poder de mercado das empresas que nele atuam.[8]

Na doutrina comumente se associam ao poder de mercado atributos como *independência* e *ausência de riscos*.

Para Luiz Fernando Schuartz, *poder* é uma relação de dependência e controle, no que está implícita a idéia de sujeição de alguns e domínio de outros. O detentor dessa posição "é aquela unidade produtiva que pode agir com certa independência relativamente ao comportamento esperado dos concorrentes; mas o comportamento esperado do detentor de poder, por sua vez, é variável fundamental nas decisões estratégicas destes concorrentes".[9]

No mesmo sentido, Paula Forgioni destaca que o agente retentor de poder econômico pode atuar de forma independente e com indiferença à existência ou comportamento dos outros. Não sofre, em momento algum, pressão de seus competidores, adotando práticas que evitaria caso houvesse concorrência. Ademais, outro fator determinante no poder econômico é a ausência de riscos, já que, se abraçar uma estratégia de mercado equivocada, nenhum competidor virá tomar-lhe os clientes.[10]

Mello prefere destacar que essa concepção de poder, no entanto, deve ser tomada com cautela, pois em oligopólios não se pode falar em independência total de um agente em relação a outros.[11]

A Lei 8.884/1994 adotou como parâmetro uma medida de *market-share*. Assim, em vez de "poder de mercado", utiliza a expressão "posição dominante", concretizada no momento em que determinada empresa ou grupo controla parcela substancial do mercado relevante como vendedora, compradora, prestadora ou financiadora. Presume-se existente quando detiver, pelo menos, 20% desse *locus*.

Como sublinha Sérgio Bruna, esse parâmetro serve como presunção de posição dominante com o efeito prático de inversão do ônus da prova. Cabe, assim, à defesa apresentar e motivar a tese de que, apesar de deter parte de mercado igual ou superior a essa percentagem, outras variáveis fazem com que a empresa ou grupo não exerça poder de mercado – por exemplo, baixas barreiras à entrada.[12]

A existência de posição dominante é fundamental para a relevância de um caso do ponto de vista antitruste; porém, alguns autores levantam dúvidas quanto à sua essencialidade na caracterização de infrações à ordem econômica previstas na Lei 8.884/1994.

Luiz Fernando Schuartz defende que, para resolver esse impasse, deve-se partir da análise do art. 20, que define essas transgressões não como hipóteses de ações ou condutas, mas, sim, como suposições de fins ou efeitos que podem ser alcançados por meio de vários comportamentos, tipificados posteriormente no art. 21.[13]

8. *Barreiras à entrada* são fatores num mercado que ponham potencial competidor eficiente em desvantagem com relação aos agentes estabelecidos. Podem ser citados: (a) custos fixos elevados; (b) custos afundados (*sunk costs*); (c) barreiras legais ou regulatórias; (d) recursos de propriedade das empresas instaladas (patentes; insumos de produção; exclusividade de uso da rede de distribuidores); (e) economias de escala ou de escopo; (f) grau de integração da cadeia produtiva; (g) fidelidade dos consumidores às marcas estabelecidas; (h) ameaça de reação dos competidores instalados, dentre outros (Brasil, Ministério da Fazenda/Secretaria de Acompanhamento Econômico, *Glossário Básico de Defesa da Concorrência*, disponível em *http://www.fazenda.seae.gov.br*, acesso em 23.4.2006).

9. Luiz Fernando Schuartz, "Dogmática jurídica e Lei 8.884/1994", *Cadernos de Direito Tributário e Finanças Públicas*, vol. 6, n. 23, p. 29.

10. Paula Andréa Forgioni, *Os Fundamentos do Antitruste*, pp. 268-271.

11. Maria Teresa Leopardi Mello, *Notas sobre o Sistema de Defesa da Concorrência no Brasil*, mimeografado.

12. Sérgio Varela Bruna, *O Poder Econômico e a Conceituação do Abuso em seu Exercício*, pp. 116-117.

13. Luiz Fernando Schuartz, "Dogmática jurídica e Lei 8.884/1994", *Cadernos de Direito Tributário e Finanças Públicas*, vol. 6, n. 23, p. 29.

No elenco desses fins ou efeitos descritos nos quatro incisos do art. 20, dois deles – incisos II e IV – mencionam expressamente a *posição dominante* como pressuposto. Conclui-se que a detenção de poder de mercado é requisito para que um agente possa produzir o efeito de dominar mercado relevante de produtos ou serviços ou exercer de forma abusiva posição dominante, respectivamente.

Quanto aos outros dois incisos – incisos I e III – a posição dominante não aparece como condição. Isso leva a supor que um agente econômico, mesmo sem poder de mercado, possa limitar, falsear ou de qualquer outra forma prejudicar a livre concorrência ou a livre iniciativa, ou aumentar arbitrariamente os lucros, concomitantemente.

Todavia, não se consegue entender as possibilidades e as condições de existência dessas condutas sem recorrer à análise econômica. Um agente sem poder de mercado que quisesse prejudicar a concorrência praticando a venda casada veria seus clientes deixarem de comprar seus produtos ou solicitar seus serviços para adquiri-los de seus competidores. Do mesmo modo, um agente sem poder de mercado que desejasse aumentar arbitrariamente os lucros, por meio da elevação de preços, perderia fregueses para concorrentes, de modo que essa alternativa não lhe seria vantajosa. A diminuição da demanda não compensa o aumento de preços.[14]

Destaca Maria Teresa Mello que outra interpretação plausível é a de que, uma vez que a lei não estabelece posição dominante como requisito explícito das infrações para hipóteses de prejuízo à livre concorrência e de aumento arbitrário de lucros, embora a existência dessa posição seja condição para que danos sejam provocados, seria dispensável sua prova para efeito de decisão. Esse, no entanto, não é o entendimento da SDE, que considera a existência de poder de mercado como critério de admissibilidade para promoção de averiguações preliminares e como indício à instauração de processos administrativos. O mesmo acontece por parte do CADE, que exige a existência de posição dominante para caracterizar práticas anticompetitivas.[15]

Conclui-se que prejuízos ao processo competitivo só podem ser provocados por agentes econômicos que detenham posição dominante, condição lógica para a existência de danos à concorrência e, por conseqüência, para a aplicação da Lei 8.884/1994.

3. Posição dominante e abuso de direito

O *abuso de direito* dá-se a partir do desvio de finalidade de prerrogativa legalmente assegurada. Seu exercício desvirtua a motivação pela qual foi outorgado. Não se confunde, todavia, com o ilícito civil: aquele se caracteriza pelo exercício de um direito subjetivo dentro de seus limites legalmente traçados, porém desviando os fins sociais que embasaram sua instituição; este pressupõe culpa do agente e implica transgressão de limites estabelecidos normativamente ou violação de dever legal.

No art. 187 do CC de 10.1.2002 o legislador opta por não conceituar *abuso de direito*. Assegura, assim, a abertura permanente do instituto às exigências mutáveis da sociedade, permitindo sua adequação ao caso específico.[16] Como denota Orlan-

14. Nesse sentido: Luiz Fernando Schuartz, "Dogmática jurídica e Lei 8.884/1994", *Cadernos de Direito Tributário e Finanças Públicas*, vol. 6, n. 23, pp. 31-32. No mesmo sentido: Maria Teresa Leopardi Mello, *Notas sobre o Sistema de Defesa da Concorrência no Brasil*, mimeografado.

15. Maria Teresa Leopardi Mello, *Notas sobre o Sistema de Defesa da Concorrência no Brasil*, mimeografado. Continua a autora: "Se nessa análise conclui-se que as empresas envolvidas não têm, individual ou coletivamente, tal poder, o caso deve ser encerrado, pois não é relevante do ponto de vista antitruste, não existindo razão para continuar a investigação, pois será logicamente impossível a existência de prejuízo à concorrência, ainda que se possa estar ferindo outros sistemas legais".

16. Brasil, *Lei n. 10.406, de 10 de janeiro de 2002 – "Institui o Código Civil"* (*DOU* 11.1.2002 –

do Gomes, esse tipo de previsão enquadra-se no sistema de cláusulas gerais (*generalklausern*) do Direito Alemão, caracterizado pela atribuição ao juiz de campo mais amplo para integração da norma jurídica pela apresentação de definições vagas ou indeterminadas, que devem ser complementados pelo seu prudente arbítrio, equivalendo aos tipos abertos ou aos elementos do tipo do direito penal, que exigem uma avaliação de seu significado, como os conceitos de *boa-fé* ou *justa causa*.[17]

A teoria do abuso reconhece que um direito assegurado em lei não é absoluto, mesmo a despeito dos princípios que nortearam sua criação. Constitui interesse limitado que não pode ser realizado correta e impunemente senão conforme seu espírito instituidor. Dito de outra forma, o exercício abusivo de direito, por violar garantias sociais, gera um conflito entre interesses individuais e coletivos. Estes últimos, como bem aponta Ferraz Jr., são merecedores de maior proteção.[18]

Para Sérgio Bruna não se trata, pois, de restringir a liberdade daquele que abusa de seu poder econômico, já que ninguém tem liberdade para abusar. Em caso de excesso, a atividade do agente econômico terá ido além dos limites. Não há restrição de liberdade, mas, sim, sua restauração aos demais sujeitos atuantes no mercado. "Sua aplicação requer análise que não se limite à abordagem tradicional do direito desde uma perspectiva formal e individualista, mas indague a finalidade ou a destinação que o direito subjetivo possui no ambiente social."[19]

O objetivo do qual se afasta mediante o uso abusivo do poder econômico, num nível mais abstrato, é o bem-estar potencialmente gerado pelo funcionamento da concorrência nos mercados. Assim, o comportamento de seu controlador traz implícito o dever de direcionar seu exercício à produção dos fins tidos como legalmente ideais – o que se traduz, mais concretamente, na obrigação de não ocasionar restrições à competição.

Disso decorre a análise da abusividade pelos efeitos. É excessiva aquela prática que, mesmo em condições normativas, possa atingir resultados contrários aos previstos pelo princípio da livre concorrência. Há – ainda na lição de Ferraz Jr. –, mesmo que implícita, "a presunção constitucional de que a dominação de mercado, a eliminação da concorrência e o aumento arbitrário de lucros são caracterizadores de um

disponível em *http://www.planalto.gov.br*, acesso em 21.1.2006), art. 187: "Também comete ato ilícito o titular de um direito que, ao exercê-lo, excede manifestamente os limites impostos pelo seu fim econômico ou social, pela boa-fé ou pelos bons costumes".

17. Orlando Gomes, "A caminho dos microssistemas", in Orlando Gomes, *Novos Temas de Direito Civil*, pp. 41-42.

18. "O ato que obedece aos limites da lei mas que, no exercício de direito, viola princípios de finalidade econômica da instituição social do mercado, produzindo desequilíbrio entre interesse individual e coletivo, constitui abuso de poder econômico enquanto poder garantido pela Constituição" (Tércio Sampaio Ferraz Jr., "Da abusividade do poder econômico", *Revista de Direito Econômico* 21/24).

19. "A teoria do abuso de direito visa à justiça, considerada não apenas desde o texto da lei, mas principalmente em relação a um ideal mais substancial; a finalidade da concessão de uma prerrogativa jurídica é assegurada não só pela observância dos limites concretos descritos no texto legal, mas também das fronteiras, menos aparentes, que derivam da função social daquele direito" (Sérgio Varella Bruna, *O Poder Econômico e a Conceituação do Abuso em seu Exercício*, p. 161). O poder econômico não constitui um direito subjetivo, não se podendo dizer que alguém tenha direito ao seu exercício. Trata-se, antes, de uma situação de fato permitida negativamente, isto é, permitida na medida em que não é proibida (Tércio Sampaio Ferraz Jr., "Da abusividade do poder econômico", *Revista de Direito Econômico* 21/24). Em antitruste "o abuso seria de uma posição, e não de um poder derivado de um direito, assegurado pelo ordenamento jurídico". A teoria do abuso de direito engloba hipóteses que, por vezes, se referem unicamente às relações entre agentes econômicos privados, na tutela de seus respectivos interesses, nas quais o objeto seria o de "evitar o abuso de direito de um para que o outro não seja prejudicado" (Paula Andréa Forgioni, *Os Fundamentos do Antitruste*, p. 278).

desvio de finalidade no exercício do poder econômico".[20]

Para Paula Forgioni a norma não define claramente uma fronteira entre uso e abuso de posição dominante. Essa linha limítrofe é traçada caso a caso, considerando-se os efeitos concretos ou potencialmente anticompetitivos da conduta. Conseqüentemente, essa distinção torna-se elemento fundamental para a definição da ilicitude.[21]

Embora o conceito de *posição dominante* derive da análise econômica, a noção de *abuso* é puramente jurídica. Maria Teresa Mello destaca que, "em Economia, não existe diferenciação entre uso e abuso de poder de mercado; assim, na hipótese de ele existir, e se houver condições para que seja exercido, simplesmente será, porque esse é um comportamento racional do ponto de vista do agente que o detém, permitindo a maximização dos lucros".[22]

O poder de mercado, sob a ótica econômica, comporta sempre aspectos negativos compensados por ganhos de eficiência. A fim de propiciar maior consistência à análise jurídica, complementa-se a avaliação do abuso de posição dominante com a abordagem do princípio da razoabilidade (*rule of reason*), que permite a verificação dos efeitos líquidos nos mercados.

4. Per se *e razoabilidade*

O princípio da razoabilidade (*rule of reason*) é fruto de discussões travadas na jurisprudência norte-americana no século XIX, quando se procurava abrandar o rigor interpretativo da Lei *Sherman* (*Sherman Antitrust Act*), baseada no ilícito *per se* (*illicitum per se rule*), que proibia toda e qualquer prática restritiva à concorrência. O debate surgiu da análise pelo Poder Judiciário de acordos entre pequenas empresas que, apesar de serem caracterizados como limitadores, comportavam restrições que estariam dentro de um limite razoável. Não eram capazes de provocar danos, e em certas hipóteses poderiam até mesmo constituir elemento de garantia ao processo competitivo.

A disputa colocou de um lado aqueles que defendiam a análise caso a caso da razoabilidade dos efeitos das práticas restritivas à concorrência, e de outro os que pregavam, em nome da segurança jurídica, a proibição *per se* de qualquer limitação à competição.

No início prevaleceu o entendimento de que a Lei Antitruste vedava toda reserva, fosse ou não razoável. Porém, a evolução pretoriana incorporou a análise da razoabilidade. Manteve, entretanto, o entendimento de que algumas condutas seriam presumivelmente ilegais.[23]

Daí as duas formas de abordagem dos casos nos Estados Unidos da América: (a) a baseada na *rule of reason*, que implica a análise dos efeitos líquidos das condutas *in casu*; e (b) a sedimentada no *per se rule*, que provoca a proibição absoluta de certos tipos de condutas, sem discussão de seus efeitos.

20. Tércio Sampaio Ferraz Jr., "Da abusividade do poder econômico", *Revista de Direito Econômico* 21/30. Note-se que tais efeitos previstos no art. 173, § 4º, da CF são praticamente repetidos no art. 20 da Lei 8.884/1994.

21. Paula Andréa Forgioni, *Os Fundamentos do Antitruste*, p. 233.

22. Maria Teresa Leopardi Mello, *Notas sobre o Sistema de Defesa da Concorrência no Brasil*, mimeografado.

23. No caso "US *vs.* Trans Missouri Freight Association", de 1897, cujo objeto era acordo de preços entre competidores, a defesa alegou que os preços fixados eram razoáveis e tinham o efeito de evitar a concorrência predatória. Na sentença, conforme argumentou um dos juízes, se forem incluídas no significado da lei apenas aquelas restrições não-razoáveis, a determinação daquilo que é razoável será alcançada com grande incerteza. Nesse momento prevaleceu o entendimento de que a Lei *Sherman* proibia qualquer restrição à concorrência, fosse ou não razoável (W. Cohen, *"Per Se" Ilegality and Truncated Rule of Reason: the Search for a Foreshortened Antitrust Analysis*, disponível em *http://www.ftc.gov*, acesso em 22.2.2005 – tradução livre).

Segundo Maria Teresa Mello, "ambas, longe de significarem pólos opostos, constituem dois métodos de análise para se chegar ao mesmo resultado, qual seja, o de saber se uma conduta violou norma antitruste; ou, em outras palavras, caracterizar como não-razoáveis seus efeitos".[24]

O princípio da razoabilidade é aplicável a condutas que, apesar de apresentarem efeitos anticompetitivos, podem ser contrabalançadas por ganhos de eficiência. Devem ser ponderados para verificar se há efeitos anticompetitivos líquidos. Na hipótese afirmativa, a prática deve ser proibida pelas autoridades; se negativa, deve ser autorizada.

Como destaca Cohen, a análise *per se* requer que o tribunal proceda à generalização a respeito da utilidade social de certas práticas empresariais. Casos que não se enquadrem podem até ocorrer, mas a regra reflete o juízo de que não são comuns ou importantes a ponto de justificar tempo e dinheiro requeridos para identificá-las.[25]

Em conseqüência, uma conduta considerada ilegal *per se* nos Estados Unidos da América pode ser condenada sem necessidade de se demonstrar que seus efeitos não sejam razoáveis, nem de se considerar possíveis justificativas do acusado. A possibilidade de erro é recompensada pela simplificação da análise de práticas que normalmente causam danos à concorrência.[26]

A clareza nas regras, na análise *per se*, serve de norte para os agentes econômicos. Tem, portanto, efeito antecipatório de evitar que sejam cometidas práticas que, na maioria das vezes, são prejudiciais.[27]

Essa diferenciação é jurisprudencial, e os tipos de práticas incluídas numa e noutra abordagem variam ao longo do tempo. Mais recentemente a Suprema Corte dos Estados Unidos da América tem aceitado justificativa para práticas que antes eram ilícitas *per se*, aumentando a categoria das que são analisadas com base na razoabilidade.[28]

A inclusão de determinado tipo de comportamento na categoria do ilícito *per se* ou na do princípio da razoabilidade é construção que incorpora a experiência adquirida em casos anteriores (*case-law*), a evolução da análise econômica, a influência política e a mudança cultural da sociedade.

5. *Abuso de posição dominante*

A Lei 8.884/1994 não considera ilícita a existência de posição dominante, desde que exercida de modo a não produzir os efeitos listados no art. 20.

24. Maria Teresa Leopardi Mello, *Notas sobre o Sistema de Defesa da Concorrência no Brasil*, mimeografado.

25. W. Cohen, *"Per Se" Ilegality and Truncated Rule of Reason: the Search for a Foreshortened Antitrust Analysis*, disponível em *http://www.ftc.gov*, acesso em 22.2.2005 (tradução livre).

26. Idem, ibidem.

27. No caso "US *vs.* Northern Pacific Ry", de 1958, a Suprema Corte pronunciou-se sobre o ilícito *per se*. Considerou que há certos acordos ou práticas que, devido a seus efeitos perniciosos sobre a concorrência e à ausência de qualquer virtude redentora, se presumem não-razoáveis e ilegais, sem necessidade de um elaborado inquérito sobre quais efeitos eles causaram ou sobre justificativas para que tenham sido adotados. Esse princípio não apenas torna as práticas proibidas pela Lei *Sherman* mais claras, em benefício de todos os envolvidos, mas também evita complicadas e prolongadas investigações sobre a história da indústria envolvida e dos setores a ela relacionados no esforço de determinar se uma particular prática restritiva foi não-razoável (W. Cohen, *"Per Se" Ilegality and Truncated Rule of Reason: the Search for a Foreshortened Antitrust Analysis*, disponível em *http://www.ftc.gov*, acesso em 22.2.2005 – tradução livre).

28. As definições da jurisprudência norte-americana a respeito da regra *per se* evoluem no sentido de admitir que não há, praticamente, qualquer categoria de condutas que produza apenas efeitos negativos. Há aquelas que em sua maioria e na maior parte das vezes produzem mais efeitos negativos que positivos e que, por questão de economia processual, não precisam passar por apuração e discussão detalhada sobre seus efeitos (Maria Teresa Leopardi Mello, *Notas sobre o Sistema de Defesa da Concorrência no Brasil*, mimeografado).

Maria Teresa Mello destaca que em pelo menos duas de suas disposições a Lei Antitruste não apenas supõe que aspectos positivos e negativos possam associar-se à posição dominante, como também lhes atribui tratamentos diversos: (a) na caracterização das infrações à ordem econômica, aceita que a conquista de mercado pelo processo natural de concorrência – ou seja, fundamentada na maior eficiência de um agente em relação a outros – não constitui infração; e (b) quando trata do controle estrutural, admite que atos de concentração, ainda que possam restringir a concorrência ou resultar na dominação de mercados, tenham seus potenciais efeitos anticompetitivos contrabalançados pelas eficiências e outros ganhos sociais – sendo, sob essas condições, passíveis de autorização.[29]

As disposições relativas ao controle de condutas são compatíveis com a aplicação da teoria do abuso de direito, que, como visto, parte da análise do seu efeito. Não é diferente a disposição do art. 21, *caput*, que, ao enumerar condutas anticompetitivas, subordina o caráter ilícito à verificação das hipóteses do art. 20, ou seja, à análise de seus efeitos.

Em síntese, qualquer conduta tipificada no art. 21 só será considerada infração à medida que provocar algum dos efeitos descritos no art. 20.

Para Sérgio Bruna a adoção do princípio da razoabilidade na análise de condutas pelo sistema brasileiro não levaria a resultados diferentes, na medida em que esse mandamento implica justamente o exame da razoabilidade dos efeitos das condutas. Além disso, uma vez que a ilicitude *per se* não é acolhida devido à obrigação de se analisar sempre os efeitos das condutas para condená-las, pode-se prescindir da *rule of reason*.[30]

Todavia, como salienta Maria Teresa Mello, é importante considerar a avaliação dos efeitos líquidos, uma contribuição do princípio da razoabilidade na análise do abuso de poder. Não se trata apenas de detectar os efeitos, mas sim de cotejar todos os resultados presumíveis, competitivos e anticompetitivos, de determinado comportamento.[31]

No caso de condutas, se não se considerar que são líquidos seus efeitos, chega-se à conclusão de que a Lei 8.884/1994 não comporta avaliação de eficiências compensatórias. Assim, qualquer restrição à concorrência, por menor que seja, deveria ser condenada. Isso implica, na prática, tratar as condutas do art. 21 quase como ilícitas *per se*, contrariando entendimento dominante na doutrina e na jurisprudência antitruste.

Quanto aos dos atos de concentração, a regra é clara e explicitamente compatível com a aplicação do princípio da razoabilidade, uma vez que efeitos restritivos podem ser compensados pelo ganho de eficiência ou, ainda, por outros aspectos positivos.

Em suma, é possível dizer que a ilicitude na Lei 8.884/1994 pode ser identificada com a noção de *abuso de poder*, caracterizado pelos seus efeitos restritivos à concorrência e ausência de feitos positivos compensatórios.

29. Maria Teresa Leopardi Mello, *Notas sobre o Sistema de Defesa da Concorrência no Brasil*, mimeografado.

30. Bruna, Sérgio Varella Bruna, *O Poder Econômico e a Conceituação do Abuso em seu Exercício*, pp. 133-137.

31. Maria Teresa Leopardi Mello, *Notas sobre o Sistema de Defesa da Concorrência no Brasil*, mimeografado. A *venda casada*, prevista no art. 21, XXIII, da Lei 8.884/1994, é um bom exemplo para ilustrar essa observação. Subordinar a venda ou prestação de um produto ou serviço à aquisição de outro vai, certamente, provocar alguma restrição à competição no mercado do produto ou serviço subordinado. Em conseqüência da restrição de opção de compra imposta aos consumidores, o ato provocará prejuízo à livre concorrência ou domínio de mercado – hipóteses I e II do art. 20. No entanto, em muitos casos a venda casada apresenta justificativas baseadas em ganhos de eficiência. Destarte, se for observada apenas a existência de algum efeito anticompetitivo, por menor e mais compensado que seja – *per se* –, a prática será condenada; já, se forem analisados efeitos líquidos – razoabilidade –, pode-se alcançar resultado diverso.

6. *Exame de eficiência*

Segundo o Anexo II da Resolução 18, de 25.11.1998, do CADE, entende-se por "eficiências" aquelas reduções de custos de qualquer natureza, estimáveis quantitativamente e intrínsecas ao tipo de operação de que se trata, que não poderiam ser obtidas apenas por meio de esforço interno.[32]

Toda análise antitruste – seja em relação a condutas, seja a atos de concentração – envolve, como item conclusivo, a avaliação de eventuais eficiências compensatórias. Contudo, essa apreciação somente é exigida na hipótese de significativo risco de prejuízo à concorrência. Caso se apure a inexistência de efeito anticompetitivo, o procedimento será interrompido, pela falta de ilicitude.

Incrementos de eficiência são difíceis de verificar e quantificar, porque as informações necessárias tratam de eventos futuros. Devem ser considerados aqueles cuja possibilidade de ocorrência seja verificada por meios plausíveis e descartada se for estabelecida vagamente, ou quando não puder ser averiguada por meios razoáveis.[33]

As eficiências aptas a compensar efeitos restritivos devem ser decorrência necessária daquele ato ou conduta, justificando sua autorização por parte das autoridades antitruste. Além disso, é preciso comprovar que as eficiências geradas não seriam alcançadas de outra forma menos lesiva ao processo competitivo. Só se justifica autorizar restrição à concorrência se isso for condição necessária aos ganhos de eficiência alegados.

A análise de efeitos líquidos sobre atos de concentração é embasada em estimações quantitativas, quando estas forem disponíveis ou factíveis; caso contrário podem ser apresentadas conclusões a partir da avaliação qualitativa.

Já a apreciação de condutas é fundada na ponderação entre efeitos anticompetitivos e possíveis eficiências. Objetiva verificar se os benefícios gerados são suficientes e compensadores a ponto de torná-las lícitas. Todavia, em vista da dificuldade de mensuração desses efeitos, é inevitável que a avaliação seja em grande parte qualitativa. Deve, assim, ser feita de forma criteriosa e minuciosa.

Em atos de concentração os ganhos típicos de eficiência são reduções de custos ligadas à economia de escala e de escopo, aumento de produtividade e de qualidade, aperfeiçoamento tecnológico, além de sinergia resultante da fusão, aquisição ou *joint venture*. Já as geradas por condutas restritivas variam conforme sua natureza.

7. *Conclusão*

As empresas que detêm poder de mercado ou posição dominante são capazes de prejudicar o processo competitivo. A função primordial da defesa da concorrência é limitar sua utilização.

Contudo, cumpre sempre ressaltar que a Lei Antitruste não tem por fim tornar o exercício do poder de mercado ilícito, mas, sim, controlar a forma pela qual ele é adquirido e mantido. Reprime-se tão-somente seu abuso. A posição dominante será lícita quando for resultado de processo natural decorrente da maior eficiência de um agente econômico em relação a seus competidores.

Como bem lembra Paula Forgioni, "é comum o empresariado bater às portas da

32. Brasil, Ministério da Justiça/Conselho Administrativo de Defesa Econômica, *Resolução n. 18, de 25 de novembro de 1998 – "Regulamenta o procedimento de consulta ao CADE sobre matéria de sua competência"* (*DOU* 8.2.1999, republ. 13.12.1999, disponível em *http://www.cade.gov.br*, acesso em 23.1.2006).

33. Andréia Mara de Oliveira Magrin, *Abuso de Poder Econômico no Direito Concorrencial Brasileiro*, p. 121. A autora ainda destaca que não é considerado ganho de eficiência o resultado pecuniário decorrente de aumento de parcela de mercado ou de qualquer ato que represente uma transferência de receitas entre agentes econômicos.

autoridade antitruste para representar contra aquilo que nada mais é senão sua própria ineficiência".[34]

Para delimitar o que é permitido e o que é proibido no exercício do poder de mercado, é imprescindível a aplicação de critérios jurídicos que estabeleçam a distinção entre *lícito* e *ilícito antitruste*. Estes devem levar em consideração efeitos diversos, positivos ou negativos, não apenas sobre a concorrência, como também ao bem-estar social, sopesando-os.

A transposição da doutrina do abuso de direito e do princípio da razoabilidade (*rule of reason*) para o direito da concorrência brasileiro contribui diretamente no desenvolvimento de uma técnica de análise que, quando aplicada caso a caso, permite dar conta dos efeitos diversos potencialmente associados ao exercício da posição dominante.

Bibliografia

AGUILLAR, Fernando Herren. *Direito Econômico*. São Paulo, Atlas, 2006.

BRASIL. *Lei n. 8.884, de 11 de junho de 1994 – "Transforma o Conselho Administrativo de Defesa Econômica em autarquia e dispõe sobre a repressão às infrações contra a ordem econômica e dá outras providências"*. Disponível em *http://www.planalto.gov.br* (acesso em 21.1.2006).

——————. *Lei n. 10.406, de 10 de janeiro de 2002 – "Institui o Código Civil"* (*DOU* 11.1.2002). Disponível em *http://www.planalto.gov.br* (acesso em 21.1.2006).

——————. Ministério da Fazenda/Secretaria de Acompanhamento Econômico. *Glossário Básico de Defesa da Concorrência*. Disponível em *http://www.fazenda.seae.gov.br* (acesso em 23.4.2006).

——————. Ministério da Fazenda/Secretaria de Acompanhamento Econômico. *Guia para Análise de Atos de Concentração* n. 28. Brasília/DF, junho/1999. Disponível em *http://www.fazenda.seae.me.gov.br* (acesso em 23.9.2006).

——————. Ministério da Justiça/Conselho Administrativo de Defesa Econômica. *Resolução n. 18, de 25 de novembro de 1998 – "Regulamenta o procedimento de consulta ao CADE sobre matéria de sua competência"*. Brasília/DF (*DOU* 8.2.1999, republ. 13.12.1999). Disponível em *http://www.cade.gov.br* (acesso em 23.1.2006).

BRUNA, Sérgio Varela. *O Poder Econômico e a Conceituação do Abuso em seu Exercício*. São Paulo, Ed. RT, 1997.

COHEN, W. *"Per Se" Ilegality and Truncated Rule of Reason: the Search for a Foreshortened Antitrust Analysis*. Disponível em *http://www.ftc.gov* (acesso em 22.2.2005).

FERRAZ JR., Tércio Sampaio. "Da abusividade do poder econômico". *Revista de Direito Econômico* 21. Brasília, outubro-dezembro/1995.

FONSECA, João Bosco Leopoldino da. *Direito Econômico*. Rio de Janeiro, Forense, 2006.

FORGIONI, Paula Andréa. *Os Fundamentos do Antitruste*. São Paulo, Ed. RT, 1998.

GOMES, Orlando. "A caminho dos microssistemas". In: GOMES, Orlando. *Novos Temas de Direito Civil*. Rio de Janeiro, Forense, 1983.

GRAU, Eros Roberto. *A Ordem Econômica na Constituição de 1988*. São Paulo, Malheiros Editores, 2000.

MAGRIN, Andréia Mara de Oliveira. *Abuso de Poder Econômico no Direito Concorrencial Brasileiro*. Dissertação (Mestrado em Direito). Franca, UNESP, 2001.

MELLO, Maria Teresa Leopardi. *Notas sobre o Sistema de Defesa da Concorrência no Brasil*. Brasília/DF, 23.1.2003 (mimeografado).

34. Paula Andréa Forgioni, *Os Fundamentos do Antitruste*, pp. 113-114.

SALOMÃO FILHO, Calixto. *Direito Concorrencial – As Condutas*. São Paulo, Malheiros Editores, 2003.

——————. *Direito Concorrencial – As Estruturas*. São Paulo, Malheiros Editores, 2002.

SCHUARTZ, Luiz Fernando. "Dogmática jurídica e Lei 8.884/1994. *Cadernos de Direito Tributário e Finanças Públicas*. vol. 6, n. 23. São Paulo, abril-junho/1997.

SZTAJN, Rachel, e ZYLBERSZTAJN, Décio. *Direito & Economia*. São Paulo, Campus, 2005.

VALÉRIO, Marco Aurélio Gumieri. *Antitruste em Setores Regulados*. São Paulo, Lemos & Cruz, 2006.

ZYLBERSZTAJN, Décio, e SZTAJN, Rachel. *Direito & Economia*. São Paulo, Campus, 2005.

Atualidades

CONTORNOS JURÍDICOS E MATIZES ECONÔMICAS DOS CONTRATOS DE INTEGRAÇÃO VERTICAL AGROINDUSTRIAIS NO BRASIL

NUNZIATA STEFANIA VALENZA PAIVA

1. Introdução. 2. O fenômeno da integração: os contratos, a integração e a agroindústria: 2.1 O conceito e a qualificação jurídica. 3. A relação "Economia e Direito". 4. Análise econômica aplicada aos contratos de integração vertical: 4.1 Uma contribuição para os juízes – 4.2 Uma contribuição para o legislador. 5. Conclusão.

1. Introdução

Não é recente no mundo do agronegócio o aparecimento de modelos contratuais que colocam em relação de cooperação setores diversos da produção, formando verdadeiras e próprias cadeias contratuais agroindustriais. Trata-se dos *contratos agroindustriais* ou, ainda, *contratos de integração vertical agroindustriais*, que têm como sujeitos o produtor rural, a indústria e/ou o setor de distribuição e comercialização. Os setores avícola, suinícola e da fruticultura demonstram *performance* excelente muitas vezes associada a essas formas de contratação. Recentemente outro setor em que cresce vigorosamente a contratação vertical agroindustrial é o da produção de matéria-prima para as indústrias processadoras de biodiesel. Nesse campo, aliás, as iniciativas normativas prevendo a implantação do selo social e da redução de alíquotas da contribuição para o PIS/PASEP e da COFINS incidentes sobre a comercialização de biodiesel parecem apontar o caminho sugerido neste trabalho – ou seja, a regulamentação da contratação vertical pelo Estado e a escolha de sanções premiais como forma de incentivo ao comportamento positivo dos sujeitos em cumprimento ao comando legal.[1]

O estudo dos contratos de integração pela Economia e pela Sociologia já ocorre há longo tempo no Brasil, com vasta literatura publicada. Contudo, observa-se que estudos sob o ponto de vista jurídico são escassos no país, o que conduz os aplicadores do Direito a certa perplexidade. Primeiramente, os advogados, quando são chamados a patrocinar a causa do produtor rural ou da agroindústria partes de litígio oriundo da interpretação ou aplicação do contrato agroindustrial, têm dificuldade em construir a argumentação, pela simples falta de suporte teórico do que seja essa modalidade contratual que cada vez mais se impõe na prática negocial. Também os juízes, em regra, não têm familiaridade

1. A esse respeito, v. o Decreto federal 5.297, de 6.12.2004, que dispõe sobre os coeficientes de redução das alíquotas da contribuição para o PIS/PASEP e da COFINS incidentes na produção e na comercialização de biodiesel. V., ainda, a Instrução Normativa 2, de 30.9.2005, do Ministério do Desenvolvimento Agrário, que dispõe sobre os critérios e procedimentos relativos ao enquadramento de projetos de produção de biodiesel ao selo combustível social.

com o funcionamento da integração por via dos contratos; e, na falta de lei específica que regule as linhas-mestras desse tipo contratual, surge a dificuldade em compreender os interesses em jogo e distingui-los dos demais modelos contratuais existentes, com vistas à aplicação do regime jurídico adequado. De outra sorte, o legislador também não tem sólidas bases doutrinárias para compreender o fenômeno contratual novo e, na tentativa de criar uma lei para regulamentar os contratos de integração, por meio do Projeto de Lei 4.378/1998, teve por resposta da sociedade o embate das agroindústrias, que rejeitaram o projeto de lei, por entendê-lo lesivo à manutenção da própria atividade de integração.

Neste trabalho pretende-se descrever, sob o ponto de vista jurídico, a dinâmica dos contratos de integração vertical agroindustriais, ressaltando-se sua importância na produção e no mercado nacionais. Adotando-se uma postura interdisciplinar e ressaltando-se a riqueza do diálogo travado entre a Economia e o Direito, pretende-se discutir como a análise econômica pode contribuir para a compreensão do funcionamento dos contratos de integração, que por ora não têm qualquer tipo legal que preestabeleça seus elementos essenciais, o que parece ser bastante útil ao trabalho dos aplicadores do Direito que lidam de alguma forma os contratos de integração vertical agroindustriais.

2. O fenômeno da integração: os contratos, a integração e a agroindústria

O contrato é tão velho quanto a sociedade humana e tão necessário como a própria lei: confunde-se com as origens do Direito. Essa projeção da vontade e do consenso surgiu quando a Humanidade deixou atrás de si a barbárie, quando tudo era resolvido com base na força e no sobrepujo do mais fraco. Com a ampliação das comunidades humanas e o crescimento das relações entre elas, o contrato mostrou-se instrumento decisivo na circulação da riqueza. E hoje parece praticamente impossível estar no meio social sem praticar, a todo dia, a toda hora, uma série de contratos. Mas desde a época em que imperavam os regimes liberais até os dias de hoje o contrato sofreu profunda evolução; evidenciou-se sua função social, fruto do despertar do legislador para a consciência dos direitos econômicos e sociais.

O dirigismo contratual, a intervenção do Estado através do Legislativo e do Judiciário no primado da liberdade de contratar, que tomou conta do campo antes deixado exclusivamente ao arbítrio das partes, fez surgir a tormentosa questão: seria o declínio do contrato? Uma resposta afirmativa a tal questão somente poderia ser admitida no sentido de que o pretendido declínio significaria que para as figuras contratuais clássicas há uma limitação na liberdade de contratar, destinada a garantir o equilíbrio econômico das partes contratantes. Não se pode pretender, segundo Villela,[2] o estancamento do contrato como veículo de necessidades sociais e econômicas, nem mesmo a retração das formas tradicionais do contrato, mesmo porque o que se registra nos últimos tempos é um crescente impulso do contrato sob a forma de tipos sociais criados para atender as novas necessidades das pessoas no mundo em constante evolução.

Sinal expressivo desse impulso contratual é a constatação dos chamados "contratos agroindustriais", dentre os quais destacam-se os contratos de integração vertical agroindustriais, surgidos na nova economia agrária e industrial do mundo moderno, em que se realçam os movimentos de cooperação entre setores econômicos diversos. Nos contratos de integração vertical agroindustriais a importância sócio-econômica a eles atribuída supera o plano privado das relações entre particulares e alcança o plano público, quando se reconhece aos referidos contratos o papel

2. João Baptista Villela, "Por uma nova teoria dos contratos", *RF* 261/29.

de instrumento organizador do mercado agrícola, notada primeiramente na Europa. Coincidentes às transformações do mercado de produtos agrícolas ocorridas a partir da década de 1960, os vínculos contratuais entre produtores agrícolas e empresas industriais ou comerciais se difundiram como instrumentos destinados a organizar as relações de troca que têm como objeto os produtos agrícolas, constituindo uma alternativa frente ao mercado livre.

A carência de um mercado organizado ou, melhor, as imperfeições do livre mercado criam as condições que favorecem a estipulação de contratos de integração vertical. E é justamente com o intuito de suprir essa carência ou remediar as imperfeições da indústria e do comércio, como setores mais fortes da Economia, que se tende a racionalizar ou regulamentar as relações com o setor primário através dos contratos de integração vertical.

Pode-se dizer que os contratos de integração vertical agroindustriais, nesse âmbito, realizam o importante papel de instrumento de modernização da agricultura, através da cooperação entre os setores produtivo, transformador e comercializador. Pode-se até mesmo afirmar que o papel desses contratos seria o de fortalecer a atividade empresarial através da minimização dos riscos existentes, sobretudo as oscilações de mercado. Ressalta-se, ainda, uma importante função que pode ser atribuída aos contratos de integração vertical, que é de serem veículos de inclusão social, na medida em que pequenos produtores, sobretudo em regime de produção familiar, podem ingressar num mercado de alta concorrência e ter algumas garantias ligadas ao escoamento da produção e preço mínimo, além do incremento tecnológico viabilizado pela assistência técnica dada pela agroindústria. Nesse sentido, um exemplo a ser citado no Brasil é o Programa Nacional de Produção e Uso de Biodiesel/PNPB, direcionado de forma clara a integrar os produtores familiares à oferta de biocombustíveis, sobretudo com uso de matérias-primas pouco empregadas – tais como mamona, dendê e pinhão manso –, e, assim, contribuir para o fortalecimento de sua capacidade de geração de renda. Segundo o modelo brasileiro em implantação, as empresas produtoras do combustível irão se apoiar na estrutura sindical para negociar os contratos de integração e organizar a oferta. O controle da qualidade do produto será garantido por um aparato próprio de assistência técnica e garantia de preços aos produtores.

Assim, diante das implicações práticas na vida social desempenhadas pela contratação vertical agroindustrial, faz-se necessária a construção de uma teoria unitária dos contratos de integração, pontuando e analisando os diversos aspectos jurídicos relativos a essa modalidade contratual. Preliminarmente, faz-se necessária uma definição geral do fenômeno da integração, que deverá referir-se ao fenômeno de origem econômica, enquanto a definição jurídica só é possível de se obter a partir da análise da disciplina legal de cada país.

O fenômeno da integração indica certo tipo de interação econômica entre duas partes que desenvolvem uma das operações do ciclo produtivo referentes à produção, transformação e venda de determinado produto. Há um centro de decisões que se concentra na parte que desenvolve ao menos duas das operações descritas anteriormente, e que normalmente seriam desenvolvidas por diferentes núcleos operativos. São possíveis formas de integração em diferentes níveis; como exemplo, no setor distributivo para ligar o produtor ao varejista. Distinguem-se basicamente duas formas de integração, quais sejam: a *horizontal*, pela qual as partes pertencem à mesma categoria econômica; a *vertical*, pela qual as partes pertencem a categorias diferentes.

Mas deve-se observar que, na realidade, freqüentemente não se realiza uma verdadeira e própria integração vertical, mas simplesmente o fenômeno que os economistas chamam de "quase-integração", e que corresponde ao meio-termo entre a integração total e o livre mercado;[3] e que na teoria de custos de transação corresponde ao contrato. Também chamada de "integração contratual", tal forma integrativa conserva a independência jurídica das partes, ao contrário da integração total, em que haveria a perda da independência econômica e jurídica de uma das partes e do livre mercado no qual se conserva a independência econômica e jurídica.[4]

As formas de integração mencionadas podem ser encontradas basicamente em todos os setores produtivos, e particularmente no setor produtivo agrícola a integração é freqüente, seja na forma horizontal como na vertical. No entanto, a forma de integração que se vem desenvolvendo com maior freqüência é a contratual, representada por uma empresa industrial ou comercial que adquire os produtos necessários à própria atividade, através de um ou mais contratos de cultivo ou de criação de animais, estabelecidos com uma empresa agrícola. Essa chamada "integração contratual" ou "quase-integração" que atua por meio de contratos pode apresentar um vínculo de agregação mais ou menos estreito entre as partes. Assim, haverá a *quase-integração parcial* quando o vínculo entre as partes for mais brando, de forma que a empresa industrial ou comercial se integra à empresa agrícola para garantir seu fornecimento de matéria-prima. De outra forma, haverá a *quase-integração total* quando a parte agrícola se vincula à parte industrial ou comercial, garantindo-lhe o fornecimento de matéria-prima e recebendo dela provisões de insumos, financiamentos e assistência técnica.

A partir de uma análise econômica, podem ser individualizadas três características básicas dos contratos de integração vertical agroindustriais. A primeira diz respeito à repartição dos riscos e até mesmo à redução ou anulação de alguns destes, seja para o produtor, quanto à colocação dos seus produtos no mercado, seja para a indústria, quanto ao fornecimento regular de matéria-prima de qualidade. A segunda característica é concernente à multiplicidade e à particularidade das formas de remuneração acordadas pelas partes. A terceira característica desses contratos é representada pela renúncia por parte do produtor agrícola (via de regra, é sobre a indústria que recai a maior parte do poder de decisão) de parcela dos seus poderes de autodeterminação em favor do integrador, através da assunção de obrigações, dentre as quais a mais comum é a de se submeter às regras técnicas, ao controle, à produção exclusiva de determinados bens determinada pela indústria.

Interessante observar que em alguns casos – como se verifica na prática brasileira – o nível de autonomia contratual do produtor agrícola é tão baixo que se chega a uma situação de verdadeira subordinação, semelhante àquela encontrada nos vínculos trabalhistas. Daí a utilização dos contratos de integração vertical agroindustriais, em muitos casos, como instrumentos de simulação de uma real relação trabalhista, objetivando-se, assim, fugir às leis do trabalho. No entanto, o verdadeiro contrato de integração vertical não pode ja-

3. V. Antonio Jannarelli, "Disciplina legale e prassi applicativa nei contratti di integrazione verticale in agricoltura: l'esperienza francese", *Rivista di Diritto Agrario* I/327, segundo o qual "l'espressione 'quasi-integrazione', ovvero integrazione mediante contratti, è usata nella letteratura economica per descrivere quei rapportiche su base contrattuale si organizzano tra diversi settori produttivi al fine di coordinare l'attività di imprese operanti nei vari segmenti della catena produzione – trasformazione – distribuzione dei beni sotto la direzione di un polo integratore". Tais relações desenvolvem, sem dúvida, um papel restritivo no mercado – o que nos leva a uma interessante análise de sua compatibilidade com as normas que vedam as restrições à concorrência.

4. O contrato de *sous-traitance* realiza perfeitamente o fenômeno da quase-integração, desenvolvendo a tarefa de ligar economicamente os *sous-traitants* à empresa-chefe, permitindo-lhes conservar a plena independência econômica. Em particular, v. Francesco Paolo Traisci, "I contratti di integrazione verticale in agricoltura in Francia, Germania e Italia", *Rivista di Diritto Agrario* I/555.

mais ser confundido com os contratos trabalhistas. No primeiro há uma cooperação interempresarial e as partes devem manter a independência jurídica, enquanto nos segundos simplesmente a força de trabalho é alienada à empresa e há a subordinação do trabalhador ao empregador.

De maneira geral, pode-se afirmar que a evolução do fenômeno da integração vertical agroindustrial na Europa – com ênfase na França, Itália, Espanha e Alemanha – e a fenomenologia dos contratos agroindustriais de integração ocorreram forma bastante similar tanto na prática negocial quanto na resposta do legislador e da doutrina jurídica, frente às novas conformações das relações agricultura e indústria.[5]

A chamada *économie contractuelle*[6] na agricultura, através dessas relações, desenvolveu-se e consolidou-se na Europa, sobretudo, nos últimos 20 anos, primeiramente limitada aos setores produtivos do açúcar e de algumas hortaliças destinadas às industrias de conservas vegetais e ao setor de engorda de animais. O desenvolvimento registrado é causa e efeito do processo de racionalização e integração que tomou conta das cadeias produtivas.

Esse forte desenvolvimento deu-se em razão de duas principais ordens de fatores. Primeiramente porque a própria natureza das relações entre agricultura e mercado, por toda uma vasta gama de produtos, alterou-se profundamente por influência do progresso tecnológico, que, inovando processos e produtos, induz a indústria, sobretudo alimentícia, a demandar matéria-prima cada vez mais qualificada, padronizada e propositalmente produzida para satisfazer a consumidores cada vez mais exigentes em termos de qualidade e de serviços agregados. Esse estado de fato induziu os produtores a buscar vias alternativas para atenuar seus riscos. Estes consentem em suportar os chamados "riscos de produção" ligados ao resultado produtivo, influenciado por eventos meteorológicos e fisiológicos nem sempre previsíveis; mas é natural que busquem um "abrigo" para os chamados "riscos de mercado". Assim, produzir "sob contrato" pode render menos, pode criar condições de subordinação econômica, mas é o preço a ser pago para ter garantias de colocação do seu produto no mercado.

Em segundo lugar, mudanças radicais da política agrária comunitária também impulsionaram o desenvolvimento da integração contratual na agricultura européia. Na base de tudo está a paulatina superação da garantia indiscriminada dos preços dos produtos agrícolas em sede comunitária. O fato é que tudo isso provocou relevantes conseqüências na comercialização dos produtos agrícolas, onde a crescente competição impõe adequação de estruturas e técnicas afinadas, de forma a realizar racionalidade e eficiência operacional e maior capacidade de penetrar no mercado.[7]

5. Por todos, v.: Carlos Vattier Fuenzalida, "Los contratos agroindustriales en el Derecho Espanol", in Alfredo Massart (org.), *Accordi Interprofessionale e Contratti Agroindustriali*, 1990; Ettore Casadei, "I rapporti fra agricoltura ed altri settori economici, dalla regolamentazione privata agli ultimi sviluppi normativi", in Algredo Massart (org.), *Accordi Interprofessionale e Contratti Agroindustriali*, 1990; Carlos Vattier Fuenzalida, "Los contratos agroindustriales: introducción y problemas", in *Decimas Jornadas Cooperativas – La Agroindústria*, Serie Monografias Cooperativas 11.

6. Sistema econômico moderno que no específico setor das relações agroindustriais afirma uma função ordenadora do Direito que fixa as "regras do jogo" sem interferir nas escolhas da autonomia privada, mas de forma a atender às exigências do mercado e, ao mesmo tempo, assegurar os princípios econômicos de ordem pública (v. Lorenza Paoloni, *Gli Accordi Interprofessionali in Agricoltura*, pp. 111 e ss.).

7. Segundo Carlos Vattier Fuenzalida ("Los contratos agroindustriales: introducción y problemas", in *Decimas Jornadas Cooperativas – La Agroindústria*, Serie Monografías Cooperativas 11/136), a reforma da PAC em termos gerais se orienta para a reprivatização da agricultura comunitária. Por isso, pode-se afirmar que aos contratos agroindustriais, tanto os coletivos quanto os individuais, corresponde um papel de protagonistas do momento atual.

A resposta do legislador frente ao novo fenômeno contratual é dada primeiramente na França, que elabora a primeira lei de orientação agrícola em 1964, que trazia em seu bojo a regulamentação dos contratos de integração vertical. Essa lei permaneceu quase sem aplicação até 1975, quando foi feita uma reforma que conferiu autonomia às organizações interprofissionais. Em 1980 a regulação sobre contratação vertical foi estendida à atividade de criação de animais, e em 1982 foram criadas as oficinas de produtos, entidades públicas industriais e comerciais encarregadas de organizar as cadeias agroalimentares para cada tipo de produto. Um modelo legal semelhante foi introduzido na Itália com a Lei 88, de 16.5.1988.

No Brasil pode-se observar a ausência de um modelo normativo específico que permita proceder à análise dos contratos de integração agroindustrial do ponto de vista da subsunção legal, ou seja, aplicação da lei aos casos concretos, o que leva o estudioso do tema a adotar um método de análise que privilegia o raciocínio indutivo.

As controvérsias doutrinárias na análise jurídica dos contratos de integração vertical iniciam com a terminologia adotada. Certamente, a mais difundida é aquela que os denomina "contratos agroindustriais". Tal denominação recebe várias críticas, já que é considerada insuficiente para individualizar o fenômeno em questão. "Contratos agroindustriais" é expressão incompleta, porque designa as partes da relação, e não o fenômeno em si; além do quê designa somente a relação entre produtor agrícola e empresa industrial, deixando de lado a empresa comercial, ou seja, a integração do produtor com o setor da grande distribuição.[8]

A doutrina também usa a denominação "contratos de integração", que, apesar de exprimir com maior precisão o conteúdo da relação, e não só as partes envolvidas, resulta ainda insuficiente, porque expressa somente o aspecto econômico do fenômeno, não se referindo ao aspecto jurídico. De fato, é expressão mais ampla que "contratos agroindustriais", sendo esse, exatamente, o ponto de discussão da doutrina que diz que os contratos de integração são instrumentos pelos quais se realiza a integração vertical indireta, que, aliás, pode se realizar por meio de outras estruturas negociais diversas dos contratos. Além do quê a integração pode existir através dos contratos de natureza associativa.[9]

Em conclusão, tem-se que a denominação "contratos de integração" abarca os contratos agroindustriais bem como aqueles de natureza associativa utilizados para a coordenação das atividades dos diversos setores produtivos, não individualizando, portanto, os contratos objeto deste estudo.

No Brasil, como foi dito anteriormente, os contratos agroindustriais, cujo objeto é a produção/criação e compra e venda de produtos agrícolas/animais para fins industriais, não têm, perante o ordenamento

8. Cf. Maurizio Benincasa ("Il problema della tipicità dei contratti agro-industriali", in *Il Diritto dell'Agricoltura*, p. 416), o qual salienta que, "in sostanza, l'espressione 'contratti agro-industriali' non sembra in grado di palesare il contenuto del rapporto contrattuale, riuscendo, semplicemente, a manifestare l'esistenza di un collegamento tra i due settori interessati".

9. Nesse sentido Confortini-Zimatore ("Contratti agro-industriali (*voce*)", in Natalino Irti (org.), *Dizionari del Diritto Privato*, vol. 4 – "Diritto Agrario", p. 211), que dentre outras coisas, observam que, sendo a integração vertical uma combinação de diversas atividades, os contratos de natureza associativa se mostrariam os mais idôneos a realizá-la. Tanto que existe no ordenamento jurídico italiano uma propensão a incentivar a criação e o desenvolvimento de cooperativas de produção, transformação e comercialização. Os autores chamam a atenção para duas situações distintas: numa os produtores agrícolas realizariam a coordenação das atividades por meio da cooperativa de produção e transformação, realizando, assim, a integração horizontal, uma vez que todos os sujeitos pertencem à mesma categoria; noutro caso instaura-se uma relação integrativa entre a cooperativa e os produtores agrícolas, resultando numa integração horizontal se se considera a cooperativa como atividade agrária conexa, ou vertical.

jurídico brasileiro, normativa específica que os tipifique e nomine. No entanto, no mundo dos negócios esses contratos são freqüentemente formalizados e recebem a denominação que melhor aprouver aos contratantes, designando na maioria das vezes objetivo do próprio contrato (compra e venda, fomento, produção e compra e venda etc.).

Por fim, o Projeto de Lei brasileiro 4.378/1998, que pretende "regular as relações jurídicas entre a agroindústria e o produtor rural integrado", denomina-os como *contratos de produção integrada*. Tal terminologia recai nos inconvenientes acima mencionados, pois é insuficiente para individualizar o fenômeno em questão, uma vez que a *produção integrada* pode se dar de outras formas que não através dos contratos objeto deste estudo.

Poder-se-ia pensar, como alternativa terminológica às já apresentadas, na seguinte denominação: "contrato agroindustrial de integração vertical", sendo o termo "agro" associado a "agrário", que englobam todas as atividades que utilizam o ciclo biológico voltadas para o mercado.

Normalmente as partes signatárias de um contrato de integração vertical são os sujeitos econômicos da operação de integração, ou seja: de um lado, o empresário industrial ou o empresário comerciante e, do outro, o produtor rural, empresário ou não.

A análise das obrigações assumidas pelas partes que realizam a integração vertical por meio de contratos leva a duas conclusões fundamentais: primeiramente a de que há contratos em que a relação de dependência entre as partes é mais intensa, caracterizada por clausulas mais rígidas, e contratos em que essa integração econômica é mais branda, aproximando o modelo contratual de uma simples compra e venda de coisa futura. A segunda conclusão é a de que a enorme diversidade de obrigações atribuídas às partes corrobora as teses da doutrina estrangeira que ressaltam a dificuldade de construir um modelo unitário de contrato de integração vertical.

2.1 O conceito e a qualificação jurídica

A análise de qualquer contrato a ser realizada no momento presente deve partir da consideração de que a teoria geral dos contratos sofreu e vem sofrendo profundas modificações. No estudo dos vínculos jurídicos contratuais consideram-se, além das obrigações nucleares típicas de cada modelo, os chamados deveres secundários de conduta, as obrigações acessórias, pré-contratuais, pós-contratuais e as garantias. De fato, a maioria dos conflitos em matéria contratual baseia-se muito mais nesses novos deveres. A percepção de que os contratos habitualmente se apresentam vinculados a outros contratos, formando verdadeiras redes e constituindo a noção de *operação econômica*, a interligação cada vez maior entre a ação dos indivíduos com as instituições, torna imprescindível o estudo dos contratos sob um enfoque sistêmico e institucional. Segundo Lorenzetti, "el contrato es concebido como una relación social juridificada, que lo vincula con su medio envolvente. Es a través de las normas jurídicas indeterminadas que el contrato posee que se generan tres niveles: nivel de las relaciones personales o de interacción, nivel de mercado o institucional, nivel societario, que involucra la relación con los otros subsistemas sociales".[10]

No enfoque contratual são estudados os elementos essenciais do contrato: os sujeitos, o consentimento, o objeto, a forma, a interpretação e a qualificação. Os efeitos do contrato: obrigações, deveres colaterais, garantias, riscos e responsabilidade pelo inadimplemento.

No enfoque sistemático baseia-se o estudo na interação de um grupo de con-

10. Ricardo Luis Lorenzetti, "Esquema de una teoría sistémica del contrato", *Revista de Direito do Consumidor* 33/54.

tratos que atuam de forma relacionada. Esse enfoque permite estabelecer que exista uma finalidade negocial supracontratual que justifica o nascimento e o funcionamento de uma rede. A referida conexão entre os contratos fundamenta a existência de elementos próprios da rede, como a causa sistêmica, a finalidade supracontratual e a reciprocidade sistêmica das obrigações. Essa análise sistêmica deve ter em conta também as implicações da relação que se estabelece entre os consumidores e um integrante dessa rede de sujeitos contratantes que colocam no mercado produtos e serviços. As relações da rede de contratos com os consumidores levam à superação do princípio em caráter absoluto da relatividade dos contratos, permitindo que sejam demandados sujeitos com os quais não se contratou diretamente. Geram também novos pressupostos para a responsabilização, como, por exemplo, a responsabilidade pelo fato da dependência, responsabilidade pelo controle no processo produtivo, responsabilidade pela aparência e responsabilidade nas relações de consumo com base na solidariedade de todos os componentes da rede, conforme o Código de Defesa do Consumidor.

Enfim, no enfoque institucional estudam-se as regras institucionais com o objetivo de incrementar a eficácia e a eficiência da contratação, sem prejuízo de seu contexto sócio-econômico. Trata-se de situar os sujeitos contratantes em relação aos demais sujeitos e aos bens coletivos, o que permite abarcar questões pouco tradicionais, mas de grande importância, como o impacto ambiental, a organização de mercado, o impacto social e urbanístico.

No estudo dos contratos de integração vertical agroindustriais a proposta deste trabalho, ao sugerir uma interpretação e qualificação desses novos modelos contratuais, não poderia se afastar desses três enfoques, sobretudo quanto ao enfoque sistêmico e institucional. Os contratos de integração são um exemplo latente das inúmeras redes de contratação que permeiam a vida em sociedade. Por sua natureza, colocam em relação de coordenação os setores da produção agrária, da indústria e da distribuição. Portanto, sua causa supera cada um dos contratos individuais envolvidos, pois todos em conjunto realizam o fim econômico-social mais amplo da coordenação produtiva e organização dos mercados. Inquestionável, pois, o impacto dessas redes frente aos consumidores que se relacionam normalmente com a ponta final da cadeia produtiva, ou seja, o distribuidor – o que não exclui a responsabilidade dos produtores rurais integrados e das indústrias integrantes, pela relação de dependência entre esses sujeitos, pela aparência e pela reciprocidade de suas obrigações. Sob o aspecto institucional, os contratos de integração são uma resposta à alteração do mercado consumidor, da modernização da atividade agrária, dos impactos da atividade de *marketing* nos produtos de origem agropecuária, da economia e organização sócio-política dos países nesses últimos anos.

O sistema jurídico brasileiro consagrou no setor privado o princípio da autonomia da vontade. Tal princípio – que no século XIX constituía a "pedra angular do Direito", numa época em que vicejava o Liberalismo na economia e o voluntarismo no Direito – sofreu atenuações, de modo a se tornar menos uma vontade estritamente individual, para tentar equilibrar vontade individual e interesse social. Contudo, o princípio da autonomia da vontade continua determinando as relações entre particulares, e na Constituição brasileira de 1988 é especialmente tutelado no Título I, que trata dos princípios fundamentais, art. 1º, que dispõe, no inciso V, sobre o respeito dos valores sociais do trabalho e da livre iniciativa.

No Direito moderno é facultado ao sujeito, por sua livre iniciativa, criar, mediante vínculo contratual, quaisquer obrigações. Embora existam os tipos contratuais definidos em lei, as pessoas não estão adstritas a usá-los. Desfrutam, pois, da liberdade de contratar ou se obrigar. Os contratos que se formam segundo as disposições legais são chamados "contratos típicos", e os que se formam à margem dos paradigmas legais estabelecidos denominam-se contratos "atípicos". Segundo Orlando Gomes: "A expectativa dos litigantes de que as sentenças sejam fundadas em artigos de lei leva os juízes a forçar a inserção de figuras atípicas no esquema de contratos típicos, em vez de recorrerem aos princípios gerais do direito contratual. Essa tendência manifesta-se a pretexto de resguardar a certeza do Direito, mas é condenável".[11]

Os contratos de integração pertencem a essa categoria contratual de contratos atípicos e inominados. Nascidos da necessidade sócio-econômica desses tempos modernos, do processo de modernização da agricultura e fortalecimento da sociedade de consumo, da tentativa de conciliar a oferta de produtos, quantitativa e qualitativamente, ao mercado consumidor, a integração vertical via contratos coloca-se como uma alternativa frente às leis de livre mercado. Através dos contratos de integração e dos acordos coletivos (*accordi interprofessionale* e *l'économie contratuelle*) o setor agrícola passa a produzir os bens que o consumidor quer adquirir, seja *in natura*, seja transformados pela indústria, na quantidade que será de fato consumida.

A configuração da natureza jurídica dos contratos de integração vertical é difícil, devido às múltiplas faces de que se reveste. Além do quê não há um critério único para distinguir os diversos tipos de contrato. O elemento distintivo para alguns é a causa ou função econômico-social do contrato; para outros, a norma cogente que indica os caracteres essenciais de um contrato; e, por fim, há quem entenda que o critério distintivo geral é a natureza da prestação. Segundo Orlando Gomes,[12] qualquer um desses critérios é insuficiente, pelo quê sugere a adoção de critérios múltiplos e heterogêneos, como ocorre na distinção dos tipos legais: qualidade das partes, natureza do bem que é objeto do contrato, conteúdo das prestações, fator tempo e modo de aperfeiçoamento do contrato. Ainda segundo Orlando Gomes,[13] o problema se resolveria pela aceitação da *categoria lógica do tipo*, elaborada pela doutrina alemã e contraposta ao conceito, pois, enquanto este põe em evidência os elementos comuns a todos os indivíduos do grupo, o tipo se constrói individualizando os dados característicos em função de um quadro total que se apanha globalmente sem que seja necessário que todos os dados estejam presentes em todos os indivíduos do grupo.

No entanto, uma vez inexistente o tipo legal de contrato de integração vertical agroindustrial, é ainda assim possível afirmar sua autonomia frente às demais categorias contratuais típicas, tais como a compra e venda, a empreitada, o trabalho subordinado, a parceria agrária e a sociedade, seja pela diferença quanto à função econômico-social, seja pelos elementos que o compõem.

Trata-se, portanto, de uma categoria contratual autônoma e que, por não ter disciplina legal específica no Brasil, é uma categoria atípica e inominada legalmente. No entanto socialmente ela pode ser considerada típica e nominada, porque a sociedade acabou por criar um conjunto de usos e normas sociais para disciplinar os contratos de integração vertical e, assim, acabou por nominá-los em seu meio. Porém, o grande problema das categorias contratuais atípicas legalmente continua existindo para os contratos de integração vertical, e se refere à aplicação do regime jurídico apropriado. Não resta dúvida de que, neste caso, os contratos de integração vertical agroindustriais, enquanto não receberem do legislador a tutela legal específica, e mesmo nas lacunas dessa eventual legisla-

11. Orlando Gomes, *Contratos*, 17ª ed., p. 102.

12. Idem, p. 108.

13. Idem, ibidem.

ção, deverão ser interpretados segundo as normas do próprio instrumento contratual, as normas gerais relativas aos contratos e demais obrigações (contidas no Código Civil) e, por fim, as normas dos contratos típicos com os quais mais se aproximem, segundo a análise do caso concreto. Note-se que recorrer às categorias contratuais típicas não nega ou diminui a natureza autônoma dos contratos de integração vertical agroindustriais.

Quanto ao conceito dos "contratos de integração vertical agroindustriais", propõe-se sua construção neste trabalho, com base nos elementos essenciais que caracterizam esses contratos. São estes: a reciprocidade das obrigações de fazer e de dar;[14] o fornecimento recíproco de bens ou serviços; a dominação, que é um critério identificável no poder de controle e direção exercido pelo pólo integrador na busca da qualidade dos produtos; a função de troca e de cooperação, pela qual se pretende resolver o problema da irregularidade na oferta de matéria-prima para a indústria e a dificuldade de colocação no mercado dos produtos agrícolas pelo produtor; os sujeitos da relação, que são sempre o produtor agrícola, de um lado, e a empresa industrial, do outro – ou, melhor, a empresa agrária, de um lado, e a empresa industrial ou comercial, do outro lado.

3. A relação "Economia e Direito"

Com a denominação em Português "análise econômica do Direito" entende-se uma nova perspectiva de pesquisa dos problemas e institutos jurídicos. A tradução do Inglês *economic analyses of law* talvez pareça muito genérica e certamente menos significativa que seu homônimo em Inglês. Em primeiro lugar, deixa a entender que esse tipo de análise esteja endereçada somente a apreciar os aspectos econômicos do Direito. No entanto, uma avaliação mais consciente traz à luz numerosos e complexos problemas. Já a tradução de *law* para "Direito" não é de todo apropriada, uma vez que com essa expressão se alude às normas jurídicas, às decisões judiciais, aos atos da Administração Pública e aos próprios costumes, ou seja, a todas as fontes jurídicas e atos que, tendo efeitos jurídicos, constituem princípio ordenador do comportamento das pessoas, criam expectativas na coletividade, em vista de sua observância, permitem realizar previsões (e, assim, realizar projetos econômicos), considerando sua eficácia vinculante.

Mas o ponto mais crítico dessa expressão não é a palavra "Direito", e sim "análise econômica" aplicada ao Direito. É preciso, pois, precisar-lhe os contornos semânticos e individualizar os conteúdos objetivos. De fato, a expressão "análise econômica" informa que nessa perspectiva analítica se apresentam instrumentos econômicos destinados a examinar em sua concreta atuação os instrumentos jurídicos nas duas fases fundamentais de sua vida: a fase da criação e a fase da efetividade. Em outros termos, objetivo comum de quem se prepara para analisar economicamente o Direito é tanto aquele de verificar a correspondência entre exigências econômicas e instrumentos jurídicos, entre operar no mercado livre quanto no mercado regulado, quanto aquele de verificar o custo dos instrumentos jurídicos, seus efeitos, a alteração que produzem na situação de mercado, as características que imprimem ao próprio mercado.

A análise econômica do Direito pode realizar-se, fundamentalmente, em duas fases:

14. A dependência recíproca entre agentes econômicos torna o planejamento especial, dando-lhe perfil menos competitivo. Não que isso signifique o desaparecimento da concorrência, mas há uma espécie de rotina associativa entre unidades produtivas que aparece fora do tradicional esquema de constituição de sociedades. Ocorre sob outras formas para facilitar o exercício da atividade em regime de especialização e cooperação de longo prazo. Não há necessidade de se ter um único centro de imputação da atividade, que se exerce ao longo da cadeia produtiva (v. Rachel Sztajn, *Teoria Jurídica da Empresa – Atividade Empresarial e Mercados*, p. 14).

A motivação econômica da norma: – (a) a primeira fase é aquela da criação dos instrumentos jurídicos. Certamente o fator econômico é um dos fatores que impulsionam a coletividade e seus representantes a ditar normas de comportamento.

O impacto da norma: – (b) a segunda fase é a da efetividade dos instrumentos jurídicos. Nesta não se examina o porquê da criação de determinado instrumento, mas como este atua e quais efeitos produz. Em outros termos, qual seu custo para a coletividade ou para as partes interessadas. As leis que criaram uma disciplina específica para os contratos de integração na França e na Itália poderiam ser alvo de alguns questionamentos: Qual o custo social? Como funcionam essas leis? Quais as distorções produzidas no mercado agrícola? E, ainda mais além, se poderia emitir um juízo de probabilidade acerca do impacto que uma lei tipificadora dos contratos de integração produziria no Brasil.

A todas essas indagações a análise econômica do Direito dá ou, melhor, deveria dar respostas precisas, realizando a confrontação entre a situação concreta e a situação desejável abstratamente no sistema, indagando o custo privado e o custo social da aplicação de novos e velhos instrumentos jurídicos.

Em suma, pode-se dizer que os objetivos que moveram os juristas americanos e italianos,[15] diferentes, pela formação cultural e pelas posições ideológicas, nos estudos da nova análise econômica do Direito foram os de obter uma correspondência entre situação de mercado e disposições legais, conduzindo a correções na atuação de mercado necessárias à satisfação das exigências sociais, através da reforma ou da criação de normas jurídicas mais adequadas. E é nessa perspectiva que a expressão "análise econômica do Direito" encontra uma acepção particular. Trata-se da aplicação das teorias econômicas ao sistema jurídico no seu complexo; com base na teoria da eficiência econômica, estudam-se as formas pelas quais as normas jurídicas devam ser formadas ou interpretadas, os efeitos sobre o mercado e sobre a racional distribuição dos recursos. Assim, velhos institutos jurídicos, como a responsabilidade civil, a propriedade e o contrato, adquirem nova leitura, ora demonstrando-se a racionalidade econômica dos princípios tradicionais, ora a exigência de mudanças desses institutos.

Em uma perspectiva econômica, função fundamental do Direito é a modificação dos incentivos ou estímulos. Isso significa que o Direito não dá comandos impossíveis, uma vez que comandos impossíveis não estimulam as pessoas que devem cumpri-los. De tal modo, o ordenamento jurídico assume a função de instrumentário de comandos possíveis, ou seja, compatíveis com as leis da Economia; não devem ser criadas normas em contraste com o mercado, mas somente normas que traduzam suas exigências objetivas em comportamento coercível. Nesse sentido afirma Rachel Sztajn que, "tomando a Economia como poderosa ferramenta para analisar as normas jurídicas, em face da premissa de que as pessoas agem racionalmente, conclui-se que elas responderão melhor a incentivos externos que induzam a comportamentos mediante sistema de prêmios e punições".[16]

A função da intervenção pública do Estado é a de procurar reduzir o máximo possível os custos de transação; e esta é,

15. Em torno de 1960, na Itália, tornaram-se conhecidos os estudos do jurista Pietro Trimarchi, e nos Estados Unidos os estudos de Ronald Coase e Guido Calabresi, inaugurando a nova fase da análise econômica aplicada ao Direito, ou, melhor, uma nova acepção de *interpretação econômica*. Por todos, v.: Guido Calabresi, "Prefazione", in Guido Alpa (org.), Francesco Pulitini, Stefano Rodotà e outros, *Interpretazione Giuridica e Analisi Economica*, 1982.

16. Rachel Sztajn, "Law and Economics", in Décio Zylbersztajn e Rachel Sztajn (orgs.), *Direito e Economia: Análise Econômica do Direito e das Organizações*, p. 75.

precisamente, a função de um bom sistema jurídico. É sob essa perspectiva que muitos institutos jurídicos tradicionais – como a propriedade, a responsabilidade civil e os contratos – são estudados pelos economistas. Alternativamente, pode-se dizer que o papel do Estado seria ofertar direitos de modo a atender e alocar incentivos adequados à sociedade.

4. Análise econômica aplicada aos contratos de integração vertical

A análise econômica do Direito mostrou-se um instrumento útil à análise dos contratos de integração vertical, tanto com o objetivo de lhes conhecer a estrutura econômica – e, assim, favorecer a elaboração de contratos mais eficientes – quanto de analisar a própria efetividade dos contratos de integração já em prática no Brasil. Segundo Guido Alpa,[17] o contrato pode ser analisado sob dois aspectos: (a) como instrumento de trocas; (b) como instrumento de distribuição dos riscos nos negócios econômicos. O contrato interpretado como expressão da "economia contratual", da relação de vantagens e desvantagens, riscos e lucros da operação, somente há pouco tempo foi considerado objeto da análise econômica.

A existência de um direito contratual justificar-se-ia na medida em que permitiria a redução dos encargos que seriam suportados na sua ausência. Sua qualidade mede-se em relação à economia dos custos de transação que os contratos comportam. A utilidade mais evidente de tal disciplina normativa – ou, melhor, auto-regulação – consiste na própria imposição de um complexo de termos destinados a dirigir a operação econômica, tais que as partes não tenham que estipulá-los *ex novo* a cada vez que pretendam elaborar um acordo.

17. Guido Alpa, "L'analisi economica del diritto contrattuale", in Guido Alpa (org.), Francesco Pulitini, Stefano Rodotà e outros, *Interpretazione Giuridica e Analisi Economica*, p. 275.

Sob o aspecto dos custos e vantagens no processo econômico de integração vertical, realizado por meio de contratos de integração no âmbito das relações agricultura e indústria, pode-se afirmar que, em linhas gerais, tanto a agroindústria quanto o produtor rural suportam os custos, tendo em vista as vantagens do sistema, de forma a justificar, na prática, o real incremento das contratações de integração vertical. Ocorre, no entanto, uma vez compreendidos esses custos e vantagens, buscar formas jurídicas de incentivo obtidos com a sensível diminuição dos chamados "custos de transação".

Durante a formação do contrato as empresas agroindustriais e as empresas agrárias se sujeitam a custos de transações que, em síntese, são compostos pelos custos das tratativas e custos da elaboração do próprio contrato. Na prática, a adoção do modelo contratual de adesão elaborado unilateralmente pelas agroindústrias contribui para a diminuição desses custos, enquanto as conseqüências ligadas à sujeição às regras pré-pactuadas são integralmente transferidas para os produtores rurais. Durante a execução do contrato as partes incorrem em custos próprios da atividade contratada, conforme descrito acima, e a conveniência ou não de se vincular a tal contrato é dada pela análise conjunta das vantagens que podem ser obtidas com os mesmos. Mas, se o contrato é, por algum motivo, descumprido, então, surgem os chamados "custos extras", que muitas vezes não são previstos pelas partes.

A previsão desses custos, combinada com cláusulas contratuais que inibam o inadimplemento contratual, a adequada informação e comunicação entre as partes podem levar à diminuição dos custos globais, gerando, assim, maior segurança para o negócio e seu franco desenvolvimento.

O conceito de "contrato" para a Economia e para o Direito é posto em termos diversos. Enquanto para o Direito *contrato* é o acordo de vontade, correspondente a um tipo normativo ou não, tutelado pelo Estado por meio de todo seu sistema normativo, na Economia os conceitos levam em consideração a essência econômica que é a promessa. Um contrato, de acordo com a economia das organizações, é uma forma de coordenar as transações prevendo regras de incentivo para que os sujeitos atuem de forma conjunta e coordenada na produção em longo prazo.[18]

O contrato, sendo expressão da autonomia da vontade, também se coloca como limitador da absoluta autonomia dos sujeitos de reger suas ações. Isso porque, ao criar direitos e obrigações, limita as possibilidades de ações das partes e sugere comportamentos desejáveis. Então, naturalmente, surge o questionamento sobre qual a razão para que as partes desejem restringir suas possibilidades de ação. A resposta só pode vir do fato de que, ao limitar o comportamento individual de cada um, se pretende alcançar uma situação coletivamente superior e, ao final, também individualmente superior.[19]

Analisando-se sob a ótica das vantagens e desvantagens para as partes – produtor e agroindústria – em se vincular contratualmente para produzir e vender seus produtos, tem-se o seguinte:

➢ BENEFÍCIOS

(A) PARA O EMPRESÁRIO AGRÁRIO

• Mercado certo para o produto – caracteriza a redução dos riscos econômicos de mercado com escoamento da produção garantido, a um preço predeterminado.

• Assistência técnica que permite elevar o padrão de produtividade e qualidade, o que permite a incorporação de novas tecnologias de produção e de gestão.

• Incorporação de produtos de maior valor comercial, podendo operar em nível de produção maior e com elevada especialização. Quanto à especialização produtiva, conquanto seja objeto de fervorosos debates, é indiscutível que a redução dos riscos de produção torna desnecessária a tradicional diversificação produtiva e permite utilizar melhor o potencial produtivo do fundo agrícola, com redução dos custos de produção, emprego generalizado de tecnologia e redução dos ônus de estocagem.

• Maior aproveitamento da mão-de-obra familiar, importante nas atividades de pequenos produtores, pois geralmente se trata de produtos com uso mais intensivo de mão-de-obra por hectare, e, assim, contribui para a fixação do homem no campo e seu desenvolvimento econômico.

• Maior estabilidade de renda – livra o empresário das conseqüências das oscilações de preços dos produtos agrícolas, caracterizados pela demanda instável e imprevisível, de forma que os contratos de integração se mostram bastante profícuos para os produtos cuja capacidade de conservação é menor, como frutas, legumes, carne etc.

• Poucas decisões a tomar e menores incertezas na aplicação e aquisição de insumos.

• Menor necessidade de capital operacional, pois a aquisição dos fatores de produção normalmente é financiada pela empresa integradora, sem que o empresário agrário tenha que recorrer aos instrumentos de crédito convencionais, sendo o pagamento postergado para o momento da entrega dos produtos obtidos.

(B) PARA A AGROINDÚSTRIA

• Redução de custos através de suprimento contínuo para manter a economia

18. Décio Zylbersztajn, Rachel Sztajn e Paulo Furquim de Azevedo, "Economia dos contratos", in Décio Zylbersztajn e Rachel Sztajn (orgs.), *Direito e Economia: Análise Econômica do Direito e das Organizações*, p. 104.

19. V. Paulo Furquim de Azevedo, "Contratos: uma perspectiva econômica", in Décio Zylbersztajn e Rachel Sztajn (orgs.), *Direito e Economia: Análise Econômica do Direito e das Organizações*, p. 116.

de escala. O fornecimento contínuo é fator fundamental para a eficiência da indústria agroalimentar, sobretudo aquela que trabalha com matéria-prima agrícola altamente perecível. O poder de distribuir no tempo o fornecimento de matéria-prima, o poder de alimentar os equipamentos industriais com fluxos constantes adequados à sua capacidade produtiva, significa enxugar os custos fixos e alcançar níveis de equilíbrio determinantes para a competitividade no mercado.

• Garantia de qualidade, homogeneidade e quantidade requerida pela demanda. Essa estreita relação de complementaridade técnica entre a fase agrícola e a fase industrial permite ainda a redução dos custos produtivos, pois transfere aos produtores os riscos inerentes à produção agrícola, diminui os custos trabalhistas e previdenciários ligados à mão-de-obra, evita a imobilização de capital em terras e reduz custos, quando a produção própria for onerosa ou quando as empresas agrícolas maiores demandam preços mais altos, fazendo acordos com pequenos agricultores.

➢ CUSTOS

(A) PARA O EMPRESÁRIO AGRÁRIO

• A empresa integradora pode manipular padrões de qualidade para regular preços e a recepção da produção pode ser retardada para forçar a redução dos preços – o juízo de qualidade dos produtos a serem entregues pelo empresário agrário constitui-se em elemento de atrito se os contratos não são claros e quando não há um árbitro de confiança de ambas as partes. Nesse sentido, o papel desempenhado pelas formas associativas de representação dos produtores (cooperativas e associações) é de grande importância, sobretudo nas operações de embalagem, seleção e transporte dos produtos do fundo agrícola até sua entrega no fundo industrial. Onde essas entidades representativas são inexistentes ou inativas assiste-se à expansão de intermediários, que desenvolvem um papel essencialmente especulativo.

• A indução da monocultura, com a dependência e vulnerabilidade dela advindas, é o resultado da especialização produtiva. A relação de integração por contratos é por sua natureza seletiva em função das empresas agrárias integradas. Na verdade, a experiência tem demonstrado que é a própria natureza do produto e da relação que leva as empresas agroindustriais a preferirem as empresas agrárias de organização capitalista para os contratos de cultivo e as empresas familiares para os contratos de criação de animais.

• O contrato pode estabelecer, ano após ano, preços reais constantes ou mesmo decrescentes. Na formação do preço, as indicações constantes no contrato podem esconder formas traiçoeiras quando não há uma clara predisposição do mesmo ou uma clara referência aos índices qualitativos ou índices de conversão dos alimentos que irão determinar o preço final. A indicação de que o preço final será ditado pelo mercado mostra-se também como uma fórmula perigosa para o integrado.

• O agricultor fica sob pressão tecnológica, à medida que as firmas contratantes lhe transferem as exigências do mercado.

• O contrato pode limitar as iniciativas do agricultor ou restringi-lo na expansão de suas atividades, como respostas a condições econômicas favoráveis, e o produtor rural pode perder contato com o mercado – os vínculos nas relações contratuais de integração agroindustrial tendem a ser cada vez mais estreitos, a ponto de limitar progressivamente as prerrogativas empresariais do integrado em troca de um resultado econômico com garantias.

(B) PARA A AGROINDÚSTRIA

• A incorporação de novos custos, como transporte, assistência técnica, controle de qualidade, administração etc.

• O risco de ficar sem matéria-prima, quando os produtores se sentem atraídos por melhores preços do mercado e desrespeitam o contrato.

• A perda da qualidade da matéria-prima, quando os agricultores negligenciam os padrões produtivos determinados.

• Impossibilidade de explorar mercados atraentes, perante o compromisso estabelecido.

4.1 Uma contribuição para os juízes

Ocorre que os contratos não são completos e, dada sua natureza dinâmica (o contrato como um processo), associada às mudanças nas instituições, podem ocasionar oportunismos para ambas as partes envolvidas. Nesse caso o conflito é inevitável. Quando o conflito gerado pelo inadimplemento contratual chega aos tribunais, a decisão proferida pelos magistrados muitas vezes não satisfaz a parte vítima do descumprimento. Isso porque um dos objetivos mais comuns dos tribunais, de maneira geral, consiste em proteger as expectativas, ou seja, tutelar as expectativas de modo a que sejam realizadas. O objetivo consiste em assegurar, mediante a regra do ressarcimento equivalente, uma prestação que deve colocar o autor na posição que teria se o contrato tivesse sido cumprido. Outro objetivo da disciplina contratual é o de manter os incentivos, pois as partes deveriam ser incentivadas a cumprir o acordado. No entanto, os tribunais parecem não reconhecer esse segundo objetivo. A aplicação da regra do ressarcimento pelo equivalente requer sejam consideradas as verdadeiras expectativas da outra parte, que são reveladas no momento das tratativas que antecedem o contrato. No contrato de integração, por exemplo, não é tarefa fácil determinar o montante do ressarcimento, pois a recusa do produtor em entregar os produtos à agroindústria se traduz em danos que vão além do mero somatório dos valores dos produtos não-entregues. Importam, além disso, reflexos sobre toda a produção em escala e podem chegar a comprometer a confiança que a empresa adquiriu junto a seu mercado consumidor.

Há diferenças entre a abordagem contratual proposta pela teoria da análise econômica do Direito e a nova economia institucional. Para a primeira a lei leva à melhoria da eficiência e, por conseguinte, à satisfação dos sujeitos. Ao aplicar a lei na análise de algum contrato cuja discussão acerca de suas cláusulas é levada aos tribunais, cabe a estes definir o contrato ideal que irá colmatar as lacunas existentes e propor a cooperação das partes, tudo a custo zero. Já a segunda teoria privilegia os mecanismos privados para a construção do contrato ideal e para a solução das controvérsias oriundas desse desenho contratual proposto pelas partes. Enquanto a primeira teoria afasta a idéia de que os tribunais não são eficientes, pois submeter os contratos às Cortes implica custos pós-contratuais e o risco dos julgamentos tendenciosos, já a teoria econômica do Direito entende que as partes são capazes por si sós de buscar o desenho contratual (em Direito pode-se associar essa terminologia aos tipos contratuais) mais adequado aos seus interesses, bem como de solucionar as controvérsias decorrentes do seu cumprimento. No entanto, também nessa segunda abordagem surgem problemas, como os relacionados ao fato de que nem todos os contratos (para não dizer a grande maioria, atualmente) são construídos a partir da discussão paritária dos sujeitos e nem sempre esses sujeitos gozam igualmente do mesmo acesso às informações necessárias para a elaboração do acordo eficaz, eficiente e justo.

Nesse ponto, a partir da constatação de que existem substanciais diferenças relacionadas ao poder de negociação entre as partes (diferenças ligadas a posição econômica, acesso a informações privilegiadas e outras), novamente intervém o Estado, na busca do equilíbrio. Certo é que a intervenção do Estado por meio das leis ou de seu tribunais não pode ser tal a aniquilar a iniciativa dos particulares. Há, portanto, a necessidade de criação de mecanismos de incentivo e controle, que no meio normativo se revelam nas sanções punitivas ou premiais. Ocorre que também ao construir as leis, que são, na verdade, estímulos externos às partes contratantes, é preciso ter em mente que, quanto mais próximas forem essas normas das instituições sociais, mais eficiente será o sistema como um todo.

Na ausência de norma específica no ordenamento brasileiro para disciplinar os contratos de integração vertical, resta ao juiz – que, conforme a Constituição de 1988, não pode se esquivar de julgar mesmo na ausência de norma – decidir o caso aplicando as regras gerais contidas no Código Civil e ainda, por analogia, as normas especiais referentes aos tipos contratuais que mais se assemelham ao caso *sub judice*. Apesar da recente reforma legislativa pela qual passou o Código Civil brasileiro (2002), muitas questões importantes referentes aos direitos obrigacionais – e, portanto, à disciplina geral dos contratos – deixaram de ser contempladas pelo legislador. Como exemplo pode-se citar a previsão da obrigação genérica de conservação (própria dos contratos de cooperação, como o é o contrato agroindustrial), a obrigação de examinar a mercadoria fornecida e denunciar os defeitos, o cumprimento defeituoso do contrato e a responsabilidade na cadeia de contratos. Todas essas obrigações, caso omitidas pelas partes no contrato, também não estarão presentes em qualquer legislação brasileira, o que inviabiliza a supressão de lacunas do contrato pela lei, nesses casos.

Em razão desse descompasso entre a lei e a prática dos contratos, crescem em número as decisões anacrônicas do Judiciário, que nem sempre atendem adequadamente aos interesses das partes. Como exemplo vale a citação dos seguintes julgados, que expressam claramente a confusão operada entre os contratos de integração e os demais tipos contratuais existentes, como a parceria avícola e a compra e venda:

"*Ementa:* Parceria agrícola – Ação de indenização – Partilha – Nulidade de disposições contratuais relativas à partilha, por infringência às normas da Lei n. 4.504/1964 – Inocorrência – Parceria avícola cujas características não se ajustam às hipóteses previstas no art. 96 da Lei n. 4.504/1964 – Aplicação subsidiaria do Código Civil por forca do art. 96, VII, da Lei n. 4.504/1964.

"(...). A solução é, efetivamente, aquela encontrada pelo nobre Magistrado sentenciante: prevalência das regras do contrato de sociedade (...)."[20]

"*Ementa:* Ação de cobrança relativa a compra e venda a termo de suínos, cujos insumos, remédios e assistência técnica foram fornecidos pela empresa compradora, com opção do pagamento da dívida por meio da entrega da produção – Contrato de sistema de integração – Ausência de provas no tocante à quitação da dívida – Notas fiscais que atestam a negociação entretida pelas partes – Obrigações com vencimento à vista. (...)."[21]

Tem-se sempre a viva impressão que o anacronismo das decisões reflete a incompreensão da natureza dos contratos de integração e sua dinâmica, que pressupõe a cooperação das partes interessadas. Nesse ponto a análise econômica do Direito pode ajudar o magistrado na compreensão do fenômeno econômico da integração, cujos desdobramentos jurídicos estão nos contratos de integração agroindustriais, na busca dos verdadeiros interesses das partes subjacentes ao modelo contratual formal elaborado. Pode, assim, julgar com maior imparcialidade e justiça, buscando atender à função sócio-econômica encerrada no

20. TAPR, 7ª Câmara Cível, Ap. 79.077-8 (apte.: Chapecó – Cia. Industrial de Alimentos e Osni Irineu de Freitas; apdos.: os mesmos), rel. Des. Leonardo Lustosa, j. 28.8.1995.

21. TJRS, 10ª Câmara Cível, Ap. 70002465433 e Ap. 70002465482 (aptes.: Ivaldino Freu e Jucemar Freu; apda.: Sadia Concórdia S/A Indústria e Comércio), rel. Des. Paulo Antônio Kretzmann, j. 11.4.2002.

próprio contrato de integração agroindustrial.

4.2 Uma contribuição para o legislador

Nos últimos 20 anos uma tipicidade social dos contratos de integração vem se impondo no cenário jurídico e, dada sua relevância no plano sócio-econômico, sobretudo por abranger o setor do agronegócio, chama a atenção do legislador brasileiro para uma disciplina normativa do instituto. A esse chamado o legislador responde com o Projeto de Lei 4.378/1998, que, apesar das inúmeras deficiências que lhe podem ser imputadas, tem o mérito de ser um primeiro movimento no sentido da tipificação legal dos contratos de integração vertical agroindustriais.

A tipicidade de um contrato pode ser construída pela legislação especial, mas também pelos usos e pelos acordos coletivos, situação na qual se tem uma tipicidade indireta. Em um sistema jurídico como o brasileiro, em que a lei é fonte primordial, as lacunas do ordenamento, ocorrentes pela falta de regulação específica, podem abalar a segurança jurídica. Como bem observa Pedro Arruda França: "Em verdade, se é função precípua do Estado, do poder político do mando, dar aos governados o ordenamento jurídico adequado, de modo a manter o equilíbrio social, e velar pelo bem comum, a ausência eventual de lei capaz de definir a forma contratual é uma lacuna deixada pela função legislativa do Estado, e de tal monta, que pode fazer periclitar a seguridade jurídica que deveria abrigar as partes, dando azo, por vezes, a conflitos que, uma vez suscitados perante os tribunais, estes os têm dirimido, de modo a evitar a lesão ao direito".[22]

A atual tendência do Direito em termos de interferência nos contratos visa à ampla proteção para o elemento economicamente fraco, não pretendendo, todavia, reduzir ou limitar o número de contratos inominados e a liberdade que os contratantes têm de criar novos tipos de contratos. Tal liberdade só encontra limitações quando a finalidade real das partes consiste em burlar a lei ou no enriquecimento à custa de outrem. O que a lei pretende estabelecer são condições mínimas de ordem pública em relação a todos os contratos, a fim de evitar o enriquecimento sem causa, a usura, a coação econômica. E é o que ocorre com a inserção das chamadas cláusulas gerais de boa-fé, lesão e função social do contrato no Código Civil de 2002. Além disso, é preciso lembrar que em matéria agrária – e nesse ponto não se pode negar que os contratos de integração vertical participam desse grande sistema agrário – a interferência do Estado sempre se fez presente. Em alguns momentos da História com maior intensidade, de forma a planejar e conduzir o setor produtivo agrícola, utilizando instrumentos incisivos como o subsídio de preços, de insumos, do controle de estoques, e até, em alguns casos, a estatização da produção. Em outros momentos da História, como parece encaminhar-se o momento presente, com uma atuação mais contida, adstrita ao planejamento, à normalização, aos incentivos e à promoção das estruturas bem como ao fortalecimento das organizações profissionais de produtores rurais.

A proteção ao economicamente mais fraco que dá a tônica às legislações brasileira e estrangeira em matéria agrária pode ser notada no Projeto de Lei brasileiro 4.378/1998, na Lei francesa 678/64, na Lei italiana 88/1988, na Lei de Política Agrícola Comum da União Européia e na Lei de Política Agrícola brasileira 8.171/1991. Nos contratos de integração vertical agroindustriais é o produtor rural o contraente mais fraco na relação interempresarial, e sua maior defesa se fundamenta na promoção e fortalecimento do próprio sistema de integração do qual faz parte. Isso porque, na realidade do agronegócio brasileiro, a

22. Pedro Arruda França, *Contratos Atípicos: Legislação, Doutrina e Jurisprudência*, 3ª ed., p. 36.

integração indústria e produtor rural é um caminho sem retrocessos e alcança um estágio de evolução e interdependência que a sobrevivência da empresa agrária e da empresa industrial em alguns setores – como, por exemplo, na produção de frangos – depende absolutamente da existência desse sistema de integração. Ao fomentar o contrato de integração, o Estado, na verdade, está trabalhando pelo fortalecimento do produtor, de sua capacidade empresarial, dos níveis tecnológicos e de suas condições sociais e econômicas, ao mesmo tempo em que, a médio e longo prazos, contribui para as incertezas do setor e incentiva a agroindustrialização.

Nesses termos, a análise econômica do Direito auxilia na argumentação que se tece em favor da criação de lei especial tipificadora dos contratos de integração. Segundo o pensamento de R. Posner,[23] os objetivos do direito contratual, num sentido econômico, seriam:

(a) O primeiro objetivo resume-se a "assegurar os incentivos adequados" (*maintenance of appropriate incentives)* e, em outras palavras, garantir o respeito às obrigações assumidas.

(b) O segundo objetivo emerge da compreensão dos custos de transações. Se as partes têm razão de acreditar que o conjunto de regras jurídicas predeterminadas pelo ordenamento seja substancialmente conforme àquelas que as partes teriam previsto no acordo, ser-lhes-á conveniente apropriar-se delas, evitando, assim, desperdício de tempo, energia etc. na negociação.

Assim, uma normativa específica que regule os contratos de integração, estabelecendo definições mais precisas e obrigações mínimas das partes, relativas, sobretudo, ao preço, aos critérios de qualidade do objeto e às responsabilidades pela rescisão antecipada, contribuiria para a diminuição dos custos de transação e, por conseqüência, tornaria mais atraentes para as partes a conclusão de novos contratos de integração. Numa perspectiva em longo prazo, isso significaria a promoção sócio-econômica dos setores agrário e agroindustrial envolvidos.

A propensão regulatória por meio da lei decorre do fato de que o ordenamento jurídico brasileiro, que disciplina as condutas dentro do território nacional, via de regra, pertence ao sistema do direito civil (*civil law*), e, sendo assim, parte da visão de que as regras positivadas dão aos agentes maior segurança quando da tomada de decisões. Quando são conhecidas desde logo as conseqüências (efeitos jurídicos) de cada negócio ou ato, cria-se a segurança da previsibilidade das ações e também de que não haverá juízo de reprovação consubstanciado na sanção negativa pelo simples fato de se ter praticado o que a lei previa como desejável para ambas as partes. É também certo que o legislador não é capaz de prever todas as condutas desejáveis, de sorte que o Código Civil brasileiro permite a criação de figuras contratuais com base na autonomia da vontade. Seriam os contratos atípicos, cujo limite estaria nas normas gerais já previstas para todos os contratos e, ainda, nos princípios norteadores da boa-fé e da função social. Nesse ponto faz-se muito pertinente o questionamento formulado por Rachel Sztajn[24] acerca dos possíveis custos de transação ocasionados pela nova redistribuição de direitos no atual Código Civil brasileiro, sobretudo quanto à abertura dos conceitos de boa-fé e função social aplicados à matéria obrigacional. Pergunta-se: a certeza e a segurança nos ordenamentos de base romano-germânica, como o é o ordenamento brasileiro, assentadas sobre a observância

23. R. Posner, citado por R. Pardolesi, "Analisi economica e diritto dei contratti", in Guido Alpa (org.), Francesco Pulitini, Stefano Rodotà e outros, *Interpretazione Giuridica e Analisi Economica*, pp. 389-394.

24. Rachel Sztajn, "Externalidades e custos de transação: a redistribuição de direitos no novo Código Civil", *RDM* 133/30.

da norma, poderiam ficar comprometidas em razão da ampla margem de discricionariedade dada aos juízes para determinar a resolução ou modificação dos contratos, com base na finalidade social?

De qualquer forma, toda a análise comparada do Direito estrangeiro – em foco as legislações francesa e italiana – pode levar à conclusão de que, ao tempo em que as leis especiais que vieram a regular os contratos de integração nos respectivos países foram criadas, as condições históricas ligadas à modernização da agricultura, sociais e econômicas ligadas à multiplicação espontânea dos modelos contratuais, na prática do agronegócio, são em tudo muito semelhantes às condições verificadas no Brasil neste momento.

Seria esse o indício atestador da viabilidade para a tipificação legal dos contratos de integração vertical no Brasil? Partindo da idéia de que a efetividade da norma está diretamente relacionada à sua maior ou menor adesão às instituições sociais, essa viabilidade também pode ser afirmada pela necessidade de maior segurança jurídica no setor, que reclama por definições legais mais precisas e homogêneas e pelo primeiro impulso do legislador que deu início ao Projeto de Lei 4.378/1998. Mais uma vez tomando por empréstimo as palavras de Pedro Arruda França, tem-se que: "(...) parece que é fenômeno jurídico contratual inquestionável o prenúncio de que, com o decorrer do tempo, os contratos atípicos se transformam em contratos típicos, dentro de uma evolução normal do processo legislativo, sem dúvida, para assegurar melhor não só no ajuste de vontades e também em atingir a *meta optata* do negócio jurídico".[25]

Segundo Carrozza,[26] uma regulamentação específica, atenta às particularidades e às complexidades do fenômeno da contratação agroindustrial, seria preferível às soluções fundamentadas na analogia com os demais tipos contratuais existentes. Isso porque a analogia não pode ser mais que uma solução aproximada das realidades dos interesses dos setores envolvidos.

Há exigências que devem ser respeitadas por qualquer normativa que pretenda regular a situação fática dos contratos agroindustriais, dentre as quais a de manter a autonomia jurídica e econômica das empresas integradas. A empresa agrária e a empresa industrial gozam de regimes jurídicos diversos, pois aquele ditado para a empresa agrária traz, sem dúvida, maiores benefícios. A integração poderia comprometer essa situação de favorecimento, como também poderia colocar em perigo a independência do empresário agrário, devido à superioridade de poder contratual (força econômica) normalmente atribuída à empresa industrial (de maior dimensão que a empresa agrária).

Nesse aspecto, é preciso dispor de cláusulas contratuais completas e precisas, sobretudo nos elementos essenciais: quantidade, prazo, qualidade e preço. Nesse sentido, a lei francesa parece ser a mais categórica, imprimindo sanção de nulidade aos contratos que se afastem do mínimo legal. Mas, por outro lado, uma disciplina legal dos contratos de integração não poderia ser motivada exclusivamente pelo intento de tutela de um dos contraentes, supostamente mais frágil, pois a integração traz vantagens e benefícios inegáveis a ambas as partes. Trata-se de buscar um equilíbrio também aplicável a uma possível normativa legal. Interessante notar que na evolução da legislação francesa as técnicas de intervenção no conteúdo dos contratos de integração não foram renovadas, como se esperava. Isso renova a convicção, segundo Antonio Jannarelli,[27] de que o mais

25. Pedro Arruda França, *Contratos Atípicos: Legislação, Doutrina e Jurisprudência*, 3ª ed., p. 64.

26. Antônio Carrozza, "La tipizzazione dei contratti 'agro-industriali'", *Rivista di Diritto Civile*, Ano XXX, 2ª Parte, 1984, p. 575.

27. Antonio Jannarelli, "Disciplina legale e prassi applicativa nei contratti di integrazione verticale in agricoltura: l'esperienza francese", *Rivista di Diritto Agrario* I/393.

eficiente instrumento de tutela do setor agrícola consiste no desenvolvimento e na potencialização da contratação coletiva.

No Brasil a tentativa de elaboração de uma normativa específica destinada a tipificar os contratos de integração vertical partiu do Projeto de Lei 4.378/1998, que ainda hoje se encontra em tramitação pela Câmara dos Deputados. Ao longo de seu trâmite pelas Comissões Especiais, o Projeto sofreu voto contrário, de forma que, estando pronto para votação, foi remetido ao Plenário. O deputado relator do Projeto, Telmo Kirst, emitiu parecer contrário ao Projeto original e, diante do Substitutivo apresentado, ainda assim sustenta que ele impõe à indústria custos que ela não teria condições de suportar. Caso fosse transformado em lei, constituiria grande entrave ao desenvolvimento da atividade, com prejuízos tanto para a agroindústria quanto para os produtores integrados.

O entendimento do deputado Telmo Kirst deve ser em parte acolhido. De fato, a elaboração do Projeto de Lei não obedeceu a qualquer estudo preparatório, mormente de Direito Comparado – o que teria sido muito útil para a elaboração de um protótipo de lei mais adequado à realidade do fenômeno da integração. De qualquer forma, o referido Projeto não foi submetido a qualquer tipo de consulta pública, sendo totalmente desconhecido por parte dos produtores e por boa parte das agroindústrias, salvo a agroindústria de beneficiamento de carnes de aves e suínos, que, preocupada com a aprovação do primeiro Projeto, se apressou em influir na elaboração de um Substitutivo.

Ainda assim o Projeto tem o mérito de ser a primeira resposta do legislador brasileiro a um fenômeno que cresce a cada dia no país e, pela sua importância econômica e social, requer tutela especial, mas tem a grave deficiência de não ter sido estruturado tendo em consideração questões como a contratação coletiva, com a conseqüente regulação e incentivo à formação de associações e organizações representativas dos produtores rurais, além de não incluir na normativa princípios e instrumentos – dentre os quais os próprios contratos de integração – destinados a organizar o mercado de produtos agroalimentares brasileiro e a promoção da inclusão social.

5. Conclusão

O Direito pressupõe a vida em sociedade. Tomando por verdade tal premissa, tem-se que a ciência jurídica, inserida tal como está no campo mais amplo das ciências sociais aplicadas, não prescinde dos demais campos científicos, constituindo-se uma necessidade o estudo e a construção do Direito por meio da multidisciplinariedade e da interdisciplinariedade. Assim, o relacionamento entre Direito e Economia é tão antigo quanto importante ao propor novas formas de raciocinar antigos institutos e apontar soluções plausíveis para questões atuais.

Diante da importância de que se revestem os contratos de integração vertical, torna-se imprescindível seu estudo sistemático, seja na esfera econômica, na qual já prospera copiosa literatura a respeito, seja na esfera jurídica, ainda carente de estudo doutrinário no Brasil. A análise jurídica do conteúdo e do funcionamento desses novos modelos contratuais é feita desde 1960 em países europeus como Itália e França, nos quais se espelhou o presente estudo, que contam com uma legislação específica sobre esses contratos. No Brasil, embora os contratos de integração prosperem na prática, além de não existir normativa legal específica, não existe ainda um estudo jurídico teórico que forneça os elementos básicos desses tipos contratuais, sendo escassa também a fonte jurisprudencial.

Percebe-se que as partes envolvidas no processo de integração – e, neste ponto, com maior evidência os produtores rurais – são carentes de informação acerca do funcionamento desses contratos, que, via de regra, são dispostos pela agroindústria e simplesmente aderidos pelos produtores individualmente, embora todos os sujeitos participantes do sistema de integração tenham a consciência da importância desse fenômeno para o desenvolvimento de suas atividades produtivas. A ausência de tratamento jurídico objetivo e autônomo desse modelo contratual traz insegurança para as partes e, algumas vezes, prejuízo econômico, pela divergência na interpretação dos contratos de integração vertical segundo os diferentes ramos do Direito, notadamente o tributário e o trabalhista.

Nesse sentido, a resposta que parece mais adequada, considerando o sistema jurídico brasileiro de base romano-germânica do Estado, seria a tipificação dessa categoria contratual por meio de lei específica. Mas a lei que venha a disciplinar os contratos de integração vertical agroindustriais não pode atentar contra a autonomia privada em justificativa ao maior protecionismo do produtor, tido como a parte mais fraca da relação. Verificou-se, aliás, por parte das agroindústrias, um fundado temor de que a legislação que venha a regular esse fenômeno da integração vertical peque pelo excesso de protecionismo do produtor e destrua a própria relação de integração. Desta forma, conclui-se pela necessidade de elaboração de lei especial que venha a tipificar e regular os contratos de integração, mas que essa regulação seja mínima, deixando às partes, individualmente, dentro da autonomia privada, e aos entes representativos dessas partes, associações de produtores e agroindústrias, o papel normativo secundário e mais detalhado. Ocorre que a implementação na prática dessa chamada "autonomia coletiva" esbarra nas históricas deficiências de organização dos produtores rurais em associações no Brasil, deficiências, essas, também em parte devidas à ausência de norma jurídica reguladora que proponha incentivos à organização coletiva, mas de forma que os indivíduos associados percebam os ganhos individuais que possam advir dessa coletividade.

É preciso, pois, que o Estado, no papel de organizador, por meio de normas jurídicas com sanções premiais, incentive a criação de associações de produtores e confira a essas associações não só o papel representativo, mas também normativo, a fim de que, conjuntamente com as agroindústrias, os contratos de integração vertical individuais possam ser regulados pelos interesses das partes em real equilíbrio de forças, no seio dos chamados contratos normativos.

Espera-se que o estudo mais aprofundado, sob o prisma jurídico e econômico, dos contratos de integração vertical sirva de orientação para os juízes e tribunais brasileiros quando se depararem – e não puderem se esquivar – com a solução dos conflitos nascidos dessa prática contratual; bem como para as partes, no momento de elaboração do contrato, e os árbitros, numa eventual solução de controvérsias pela arbitragem. Ficam ainda a inspiração e a reflexão ao legislador brasileiro, pois deve ser capaz de pensar o impacto que uma lei tipificadora dos contratos de integração venha a produzir no sistema de produção integradam cujo desenvolvimento no país é inegável. Por fimm bem acentua João Baptista Villela: "(...) não se deve esquecer que o social e o jurídico não estão entre si numa relação permanente de *prius* e *posterius*. Não se pode cuidar de um para só depois atender a outro, mesmo porque ao Direito cabe não só a expressão de um *status* social, mas também uma função criadora e condutora. Dos juristas, nesta hora de profunda transformação por que se passa, não somente se espera que dêem conteúdo normativo a novas realidades, senão também que atuem na sua conservação, modificação, extinção ou desenvolvimento".[28]

28. João Baptista Villela, "Por uma nova teoria dos contratos", *RF* 261/34.

Sem dúvida, as interfaces "Direito" e "Economia" têm muito a contribuir para a construção de normas eficazes e – por que não? – também normas eficientes, como é o que se espera no caso dos contratos de integração vertical agroindustriais.

Referências bibliográficas

ALPA, Guido. "L'analisi economica del diritto contrattuale". In: ALPA, Guido (org.), e outros. *Interpretazione Giuridica e Analisi Economica*. Milão, Giuffrè Editore, 1982.

AZEVEDO, Paulo Furquim de. "Contratos: uma perspectiva econômica". In: ZYLBERSZTAJN, Décio, e SZTAJN, Rachel (orgs.). *Direito e Economia: Análise Econômica do Direito e das Organizações*. Rio de Janeiro, Elsevier, 2005.

——————, SZTAJN, Rachel, e ZYLBERSZTAJN, Décio. "Economia dos contratos". In: ZYLBERSZTAJN, Décio, e SZTAJN, Rachel (orgs.). *Direito e Economia: Análise Econômica do Direito e das Organizações*. Rio de Janeiro, Elsevier, 2005.

BENINCASA, Maurizio. "Il problema della tipicità dei contratti agro-industriali". In: *Il Diritto dell'Agricoltura*. Milão,1992.

BRASIL. *Lei Ordinária n. 8.171, de 17 de janeiro de 1991 – "Dispõe sobre a política agrícola"*. Texto eletrônico (*www.senado.gov.br*, acesso em 29.9.2004).

——————. *Projeto de Lei n. 4.378 de 1998, de Autoria do Deputado João Coser – "Regula as relações jurídicas entre a agroindústria e o produtor rural integrado e dá outras providências"*. Brasília, 1998 (*Diário da Câmara dos Deputados*, *www.congressonacional.gov.br*, acesso em 8.9.2002).

——————. *Projeto de Lei n. 4378, de 1999 (Substitutivo), de Autoria do Deputado Clementino Coelho – "Regula as relações jurídicas entre a agroindústria e o produtor rural integrado e dá outras providências"*. Brasília, 1998 (*Diário da Câmara dos Deputados*, *www.congressonacional.gov.br*, acesso em 8.9.2002).

CALABRESI, Guido. "Prefazione". In: ALPA, Guido (org.), e outros. *Interpretazione Giuridica e Analisi Economica*. Milão, Giuffrè Editore, 1982.

CARROZZA, Antonio. "La tipizzazione dei contratti 'agro-industriali'". *Rivista di Diritto Civile*. Ano XXX, 2ª Parte. Pádua, CEDAM, 1984.

CASADEI, Ettore. "I rapporti fra agricoltura ed altri settori economici, dalla regolamentazione privata agli ultimi sviluppi normativi". In: MASSART, Alfredo (org.). *Accordi Interprofessionale e Contratti Agroindustriali*. Pisa, ETS, 1990.

CONFORTINI, Massimo, e ZIMATORE, Attilio. "Contratti agro-industriali (voce)". In: IRTI, Natalino (org.). *Dizionari del Diritto Privato*. vol. 4 – "Diritto Agrario". Milão, Giuffrè Editore, 1983.

FRANÇA, Pedro Arruda. *Contratos Atípicos: Legislação, Doutrina e Jurisprudência*. 3ª ed. Rio de Janeiro, Forense, 2000.

FUENZALIDA, Carlos Vattier. "Los contratos agroindustriales: introducción y problemas". In: *Decimas Jornadas Cooperativas – La Agroindústria*. Ileida, 2-3.4.1992, Serie Monografías Cooperativas 11. Outubro/1992.

——————. "Los contratos agroindustriales en el Derecho Espanol". In: MASSART, Alfredo (org.). *Accordi Interprofessionale e Contratti Agroindustriali*. Pisa, ETS, 1990.

GOMES, Orlando. *Contratos*. 17ª ed. Rio de Janeiro, Forense, 1997.

IRTI, Natalino (org.). *Dizionari del Diritto Privato*. vol. 4 – "Diritto Agrario". Milão, Giuffrè Editore, 1983.

JANNARELLI, Antonio. "Disciplina legale e prassi applicativa nei contratti di integrazione verticale in agricoltura: l'esperienza francese". *Rivista di Diritto Agrario* I. Milão, Giuffrè Editore, 1981.

LORENZETTI, Ricardo Luis. "Esquema de una teoria sistemica del contrato". *Re-*

vista de Direito do Consumidor 33. São Paulo, Ed. RT. janeiro-março/2000.

MASSART, Alfredo (org.). *Accordi Interprofessionale e Contratti Agroindustriali.* Pisa, ETS, 1990.

PAOLONI, Lorenza. *Gli Accordi Interprofessionali in Agricoltura.* Pádua, CEDAM, 2000.

PARDOLESI, R. "Analisi economica e diritto dei contratti". In: ALPA, Guido (org.), e outros. *Interpretazione Giuridica e Analisi Economica.* Milão, Giuffrè Editore, 1982.

SZTAJN, Rachel. "Externalidades e custos de transação: a redistribuição de direitos no novo Código Civil". *RDM* 133. Ano 43 (Nova Série). São Paulo, Malheiros Editores, janeiro-março/2004.

——————. "Law and Economics". In: ZYLBERSZTAJN, Décio, e SZTAJN, Rachel (orgs.). *Direito e Economia: Análise Econômica do Direito e das Organizações.* Rio de Janeiro, Elsevier, 2005.

——————. *Teoria Jurídica da Empresa – Atividade Empresarial e Mercados.* São Paulo, Atlas, 2004.

——————, e ZYLBERSZTAJN, Décio (orgs.). *Direito e Economia: Análise Econômica do Direito e das Organizações.* Rio de Janeiro, Elsevier, 2005.

TRAISCI, Francesco Paolo. "I contratti di integrazione verticale in agricoltura in Francia, Germania e Italia". *Rivista di Diritto Agrario* I. Milão, Giuffrè Editore, 1992.

VILLELA, João Baptista. "Por uma nova teoria dos contratos". *RF* 261. Rio de Janeiro, Forense.

ZIMATORE, Attilio, e CONFORTINI, Massimo. "Contratti agro-industriali (voce)". In: IRTI, Natalino (org.). *Dizionari del Diritto Privato.* vol. 4 – "Diritto Agrario". Milão, Giuffrè Editore, 1983.

ZYLBERSZTAJN, Décio, AZEVEDO, Paulo Furquim de, e SZTAJN, Rachel. "Economia dos contratos". In: ZYLBERSZTAJN, Décio, e SZTAJN, Rachel (orgs.). *Direito e Economia: Análise Econômica do Direito e das Organizações.* Rio de Janeiro, Elsevier, 2005.

——————, e SZTAJN, Rachel (orgs.). *Direito e Economia: Análise Econômica do Direito e das Organizações.* Rio de Janeiro, Elsevier, 2005.

DEVERES LEGAIS E CONDUTA ÉTICA DE MEMBROS DO CONSELHO DE ADMINISTRAÇÃO E DE PROFISSIONAIS*

Klaus Hopt

1. Introdução: a crise do conceito da "maximização de lucros" da companhia moderna. 2. O conceito de "fiduciário" ou trustee*: 2.1 Os membros do conselho de administração nos Direitos Norte-Americano e Alemão – 2.2 Profissionais (*professionals*): o exemplo de bancos e corretoras. 3. Interesse próprio, exigências éticas e deveres legais: conseqüências para membros do conselho de administração e profissionais: 3.1 Busca dissimulada de interesses próprios – 3.2 Deveres éticos e legais relativos à remuneração. 4. Maximização de lucros ou responsabilidade social da empresa? Algumas observações sobre os conceitos de "acionista" (*shareholder*) e de* stakeholder*: 4.1 Teoria: duas ideologias fundamentalmente incompatíveis – 4.2 Prática: os interesses a longo prazo da companhia e de seus acionistas e as questões complexas que permanecem. 5. Estratégias jurídicas para efetivar normas de conduta ética a membros do conselho e profissionais: 5.1 O dever de informar – 5.2 A estratégia do consentimento – 5.3 Processualização em contextos decisórios imprecisos (*fuzzy decision-making contexts*). 6. Conclusão.*

1. Introdução: a crise do conceito da "maximização de lucros" da companhia moderna

Em Hamburgo, uma das mais antigas cidades mercantis da Alemanha, com longa e reconhecida tradição na Liga Hanseática, o conceito de *ehrbarer Kaufmann* ("comerciante honrado"), o comerciante correto e respeitável, constituiu o ideal durante séculos. *Ehrbarer Kaufmann in Hamburg* foi também o nome da corporação representativa dos comerciantes de Hamburgo, e por eles eleita, desde o século XVII. Todos sabemos que nem sempre a realidade conseguiu atingir esse ideal e que surgiu um novo tipo de comerciante e empreendedor, que correspondia mais à noção do negociante astuto – tal qual agudamente observado e descrito por Thomas Mann em sua obra *Buddenbrooks*, de 1901, vencedora do prêmio Nobel. Durante os anos, maximização de lucros e competição selvagem tornaram-se, supostamente, a única via para o sucesso.

Atualmente, entretanto, o conceito da *maximização de lucros* da empresa moderna está em crise e vem sendo submetido às mais diversas críticas do público em geral, dos políticos e de parte da doutrina. Na Antigüidade a "medida de todas as coisas" era Deus. Mais tarde passou a ser o "homem", o ser humano. Hoje, parece que

* Palestra na Faculdade de Direito da USP em 18.9.2007. Tradução do original em Inglês de Erasmo Valladão A. e N. França e Mauro Moisés Kertzer. As notas em algarismos arábicos são do autor; e as em algarismos romanos, dos tradutores. Registra-se, outrossim, a contribuição de Sheila Christina Neder Cerezetti, Doutoranda em Direito Comercial da Faculdade de Direito da USP, com algumas valiosas observações sobre a tradução.

a medida de todas as coisas é o "lucro".[1] Membros do conselho de administração recebem enormes remunerações através de opções de compra de ações, planos de aposentadoria e compensações ofertadas para induzi-los a se aposentar (*golden handshakes*), uma prática que se iniciou nos Estados Unidos e está se espalhando pela "antiga Europa". A utilização de oportunidades comerciais da companhia por membros do conselho e o uso privado de informações adquiridas em negociações com a clientela tornaram-se métodos lucrativos de geração de ganhos particulares. Políticos e o público em geral reclamam contra as empresas por se valerem indevidamente da competição internacional para achatar salários, transferir empregos e fábricas para outros países, em prejuízo da mão-de-obra doméstica, e para deslocar danos ambientais para o exterior, a fim de aumentar os lucros. Esta não é apenas uma questão ética, mas, cada vez mais, uma questão jurídica, tanto para as empresas quanto para os profissionais, que, numa sociedade voltada preponderantemente para os serviços, estão se assenhoreando das atividades dos comerciantes individuais. A assim chamada "juridicização da ética dos negócios" é uma reação dos legisladores e autoridades administrativas de muitas sociedades industrializadas modernas. Um exemplo, que já se tornou tradicional, é o conceito de "fiduciário" ou "*trustee*", empregado para membros do conselho de administração e profissionais.

2. *O conceito de "fiduciário" ou* trustee

2.1 Os membros do conselho de administração nos Direitos Norte-Americano e Alemão

No direito societário da Europa Continental os membros do conselho de administração são tradicionalmente considerados como órgãos da companhia, com deveres e responsabilidades descritos mais ou menos de modo geral. Nas leis societárias esses deveres são, tradicionalmente, normas organizacionais que delineiam as competências e a interação entre o conselho – no caso de haver dois níveis, o conselho de direção (*Vorstand*) e o conselho de supervisão (*Aufsichtsrat*) – e a assembléia-geral dos acionistas. Na Lei alemã das Sociedades por Ações, de 1965, há apenas três breves parágrafos[I] que tratam da matéria relativa ao bom comportamento do conselho, disciplinando a remuneração, que deve ser adequada, a proibição imposta aos membros do conselho de concorrer com a companhia e a concessão de créditos, pela companhia, para seus conselheiros. Além disso, há apenas uma regra geral estipulando que, na condução dos negócios sociais, os membros do conselho (de direção) devem empregar o cuidado de um administrador diligente e consciencioso. O assunto é desenvolvido um pouco mais detalhadamente no restante dessa regra no que toca à responsabilidade, perante a companhia, pelos prejuízos a ela causados. A efetivação da responsabilidade do conselheiro, todavia, é restrita, tanto em decorrência da lei como da prática. Tradicionalmente os acionistas exercem pouca influência quando se trata de decidir se a companhia propõe ação de responsabilidade contra um membro do conselho, e há muito tempo as empresas têm evitado fazê-lo, daí resultando existirem relativamente poucos casos de responsabilidade. Isso é verdade não só na Alemanha, mas em muitos outros países da Europa Continental.

Em contraste com isso, a abordagem da Europa Continental no que se refere ao conceito de que os membros do conselho têm deveres fiduciários perante a companhia, como um *trustee* da mesma, foi desenvolvida pelos tribunais britânicos

1. Cf. P. Fostmoster, "Profit – das Mass aller Dinge?", in R. Zäch e outros (eds.), *Individuum und Verband*, Zurique (Schulthess), Festgabe zum Schweizerischen Juristentag 2006, p. 55.

I. Nas leis alemãs, com exceção da Constituição (*Grundgesetz*), utilizam-se parágrafos (§§), e não artigos.

e norte-americanos. Essa analogia com o *trust* deve-se, historicamente, ao fato de que antes de 1844 a maioria das então chamadas *joint stock companies* era "não-incorporada" (*unincorporated*), ou seja, não era dotada de personalidade jurídica, e, portanto, utilizava-se o *trustee* para deter a propriedade dos bens da companhia. Muitas vezes os próprios administradores eram os *trustees*. Ao julgar os administradores responsáveis, não havia diferença relevante para os tribunais se os mesmos eram autênticos *trustees* ou meros representantes de uma companhia dotada de personalidade jurídica. Em conseqüência, os deveres fiduciários do conselho de administração acabaram se tornando mais ou menos idênticos aos deveres dos *trustees*, e estes últimos deveres sempre foram os mais abrangentes, tanto com relação ao seu conteúdo quanto com relação à sua efetivação judicial.[2] A verdadeira dinâmica dessa disciplina legal da conduta ética dos membros do conselho de administração nos Estados Unidos reside no fato de que esses deveres foram estabelecidos e concretizados em uma grande massa de precedentes que, por sua vez, resultaram da vasta utilização da forma da sociedade anônima num país tão grande e que se industrializou tão cedo.

Na segunda metade do século passado, no mais tardar, o conceito de que os membros do conselho detêm abrangentes deveres fiduciários de *trustees* espalhou-se dos Estados Unidos para a Europa Continental e se tornou a principal doutrina jurídica dos conselhos de administração da sociedade anônima.[3] Mais recentemente esse desenvolvimento foi fomentado pela moderna e influente teoria econômica do conflito representado/representante (*principal/agent conflict*[II]). Essa teoria serve para analisar o relacionamento entre o conselho e os acionistas, aquele sendo o representante (*agent*) e os acionistas sendo os representados (*principals*). A lógica desse conceito econômico é que os representados devem ser colocados em uma posição na qual possam efetivamente controlar o comportamento do representante, de modo a fazê-lo agir inteiramente no interesse dos acionistas, e não no seu interesse pessoal. Dessa maneira, tanto as exigências éticas quanto os deveres jurídicos relativos às regras de conduta dos membros do conselho de administração encontram sustentação na teoria econômica.

*2.2 Profissionais (*professionals[III]*): o exemplo de bancos e corretoras*

Um desenvolvimento semelhante pode ser observado nas leis e regulamentos de profissionais, notadamente de bancos e corretoras mas, entrementes, também de outros, tais como contadores, auditores, advogados e intermediários financeiros (*financial intermediaries*[IV]). A legislação na

2. P. L. Davies, *Gower and Davies' Principles of Modern Company Law*, 7ª ed., Londres, Thomson/Sweet & Maxwell, 2003, p. 380.

3. Cf. K. J. Hopt, "Die Haftung von Vorstand und Aufsichtsrat – Zugleich ein Beitrag zur corporate governance-Debatte", in *Festschrift für Mestmäker*, Baden-Baden, Nomos 1996, p. 909.

II. O conflito *principal/agent*, cunhado pelo jargão econômico, surge sempre que os interesses de uma parte, chamada de *principal*, dependem de atos praticados por outra parte, chamada de *agent*. Mas o conflito não se esgota nos casos de representação legal ou convencional. No seio de uma companhia, três problemas genéricos de *agency* podem ocorrer: (i) entre os acionistas e os administradores; (ii) entre os acionistas controladores e os minoritários; e (iii) entre a companhia e terceiros, com quem ela contrata (credores, empregados e consumidores). V., sobre o assunto, *The Anatomy of Corporate Law*, Nova York, Oxford University Press, 2006, pp. 21 e ss. Trata-se de obra coletiva, da lavra de Reinier Kraakmann e outros, entre os quais o professor Klaus J. Hopt.

III. O conceito de "profissionais" utilizado na palestra ora traduzida abrange também as pessoas jurídicas participantes do mercado, e não somente pessoas físicas.

IV. Os *financial intermediaries* são entidades financeiras, normalmente bancos comerciais, que providenciam a transferência de fundos entre mutuantes e mutuários, compradores e vendedores, investidores e poupadores (cf. *Black's Law Dictionary*, 8ª ed., Estados Unidos da América, Thomson West, 2004, verbete "Financial intermediary", p. 663).

Europa Continental e, certamente no Código Civil alemão regulamentou o mandato (*agency*[V]), em princípio, como um contrato gratuito, sujeitando o mandatário (*agent*), conseqüentemente, a relativamente poucos deveres legais. O contrato de mandato oneroso foi regulamentado em apenas um parágrafo, que, basicamente, fez referência às disposições gerais do mandato (*law of the general agency*). Com relação a informações e recomendações, um parágrafo estipulou que, em princípio, o ato de recomendar não implica responsabilidade, salvo se existirem deveres específicos decorrentes de contratos, atos ilícitos ou de outra forma previstos em lei. Conseqüentemente, os deveres dos diversos profissionais foram desenvolvidos pelos tribunais especificamente para cada profissão, independentemente de um conceito legal genérico de *agency* e sem o amparo de um conjunto de normas codificadas que estipulasse os deveres legais dos *agents*.

Nos Estados Unidos a natureza fiduciária do *agent* e seus deveres obtiveram maior importância, tanto na doutrina quanto nos precedentes judiciais. Os deveres que lá se desenvolveram foram enumerados, por exemplo, no *Restatement of* Agency[VI] Todavia, o desenvolvimento pleno dos deveres fiduciários de bancos e corretoras e o fato de terem sido amplamente codificados devem-se ao desenvolvimento da legislação americana sobre valores mobiliários (*securities*), na década de 1930.

Conforme descrevi relativamente ao direito societário comparado no *Oxford Handbook of Comparative Law*, o avanço global da legislação dos Estados Unidos sobre valores mobiliários teve um impacto enorme no direito societário e de mercado de capitais em todo o Planeta.[4] É justo afirmar que a origem da disciplina mais detalhada sobre deveres e responsabilidades dos intermediários financeiros – na Diretiva Européia de 21.4.2004, sobre mercados de instrumentos financeiros, que revolucionou o direito de mercado de capitais em todos os países-membros da União Européia – pode ser ali localizada. Isto se aplica, particularmente, aos deveres mais abrangentes dos intermediários financeiros no que diz respeito a *conflitos de interesses*, um conceito que, entrementes, já transbordou do direito de mercado de capitais para outras áreas de atividades profissionais e de contratos de prestação de serviços em geral.[5] Por toda a parte, legisladores e autoridades reguladoras, em nossas modernas sociedades industrializadas, reagem contra abusos cometidos por empresas e profissionais, juridicizando boa parte da conduta ética empresarial e profissional. Isso, evidentemente, não se deve apenas a um maior discernimento por parte dos legisladores ou, mesmo, a uma preocupação mais profunda com a condução ética dos negócios, mas sim à enorme exposição do público em geral à ação das grandes empresas e dos profissionais nas nossas sociedades modernas, aliada ao impulso inafastável de produzir legislação deflagrado por escândalos, noticiários e pelo temor acerca da reeleição. Ainda assim, o efeito é basicamente positivo, embora sempre exista o risco de leis fragmentadas e de excesso de

V. O autor está se referindo, aqui, à figura do "mandato", no Código Civil alemão, como uma das formas de *agency*.

VI. Os *Restatements* são consagrados tratados publicados pelo *American Law Institute* sobre as mais diversas áreas do Direito (cf. *Black's Law Dictionary*, 8ª ed., verbete "Restatement", p. 1.339).

4. K. J. Hopt, "Comparative company law", in M. Reimann/R. Zimmermann (eds.), *The Oxford Handbook of Comparative Law*, Oxford, Oxford University Press, 2006, pp. 1.161-1.178.

5. K. J. Hopt, "Interessenwahrung und Interessenkonflikte im Aktien-, Bank- und Berufsrecht, Zur Dogmatik des modernen Geschäftsbesorgungsrechts", *ZGR* 2004, 1; para uma versão inglesa, v. K. J. Hopt, "Trusteeship and conflicts of interest in corporate, banking, and agency law: toward common legal principles for intermediaries in the modern service-oriented society", in G. Ferrarini/K. J. Hopt/J. Winter/E. Wymeersch (eds.), *Reforming Company and Takeover Law in Europe*, Oxford, Oxford University Press, 2004, p. 51.

regulamentação, não só nos Estados Unidos, mas também na União Européia e em vários de nossos países-membros.

3. Interesse próprio, exigências éticas e deveres legais: conseqüências para membros do conselho de administração e profissionais

3.1 Busca dissimulada de interesses próprios

O interesse próprio é a força propulsora da economia, como nos ensinou Adam Smith,[6] e talvez até mesmo do comportamento humano em geral, como sugerem as teorias modernas sobre o cérebro. Entretanto, mesmo estando convencidos de que os seres humanos têm livre arbítrio para se decidirem a favor ou contra a conduta ética, é evidente que à tentação de conselheiros e profissionais de colocar seus interesses pessoais acima de seus deveres fiduciários ou de *trustees*, perante suas companhias e clientes, é difícil de resistir. Há inúmeras hipóteses legais relativas a essa tentação. Com relação aos membros do conselho, muitas estão enumeradas sob a designação de "dever de lealdade" (*label of duty of loyalty*).[7]

Na Lei alemã das Sociedades por Ações é disciplinada apenas uma das hipóteses mais óbvias de violação, especificamente aquela em que o conselheiro concorre com sua própria companhia. Membros do conselho de direção (*management board*) não podem exercer nenhuma atividade empresarial, nem participar de nenhuma negócio, no ramo de atividades da empresa, seja em benefício próprio ou de terceiros, sem o consentimento do conselho de supervisão (*supervisory board*). A lei é silente com relação a outras hipóteses de conduta desleal, embora a jurisprudência alemã tenha enfrentado algumas delas. Em outros países a concorrência com a companhia integra, acertadamente, o conceito mais amplo e adequado de "utilização de suas oportunidades comerciais". A proibição de tirar proveito próprio das oportunidades comerciais da companhia surgiu na Inglaterra, nos Estados Unidos e no Canadá. Posteriormente o conceito foi acolhido pela jurisprudência na França, Alemanha e em outros países da Europa Continental. Atualmente constitui uma categoria de infração aos deveres fiduciários dos administradores padronizada nas leis societárias da maioria dos países, embora muitos pormenores permaneçam controvertidos. O mesmo princípio, de não tirar proveito de oportunidades de negócios dos clientes, aplica-se, embora com algumas nuanças, a todos os agentes e intermediários profissionais, tais como bancos, corretoras, consultores financeiros, representantes comerciais e advogados. Ressalte-se que essa vedação atinge apenas a busca dissimulada de interesses próprios. Se a companhia ou – no caso do representante – o cliente, adequadamente informados, consentirem, não haverá problema algum. Trata-se de matéria sobre a qual o representado e o representante, que convivem num meio competitivo, podem transigir livremente.

Um caso de certa forma mais complicado é o de utilização de segredos negociais (*business secrets*) e informações privilegiadas (*inside information*). É interessante notar que a legislação societária da maioria dos países da Europa Continental proíbe, há muito tempo, a utilização de segredos negociais da companhia, ou de clientes, por membros do conselho, auditores, advogados e outros profissionais, em benefício próprio ou de terceiros. Entretanto, o fenômeno similar de se negociar na bolsa de valores com informações privilegiadas, antes que o público investidor em geral delas tivesse conhecimento, foi por muito

6. Adam Smith, *An Inquiry into the Nature and Causes of the Wealth of Nations, Book 5*, 5ª ed., Londres, 1789.

7. Cf. K. J. Hopt, "Kommentierung von § 93 AktG, comments 144 et seq.", in K. J. Hopt/H. Wiedemann (eds.), *Aktiengesetz, Großkommentar*, 4ª ed., *issue* 11, Berlim/Nova York, De Gruyter, 1999.

tempo negligenciado pelos legisladores, e até mesmo aceito como padrão de prática comercial, insuscetível de qualquer censura ética.[8] Até a segunda metade do século XX a capacidade de ganhar dinheiro dessa maneira, em detrimento dos investidores, era admirada na Alemanha e na Suíça como expressão de um conselheiro ou banqueiro particularmente sagaz. Os Estados Unidos são a pátria da disciplina do *insider trading*, onde, em 1934, foi ela regulamentada pela primeira vez. Na União Européia o *insider dealing* foi proibido desde 1989 como uma prática inaceitável – ética, econômica e juridicamente. Atualmente o *insider dealing*, a omissão do dever de informar de imediato e a manipulação do mercado são disciplinados conjuntamente como abuso do mercado (*market abuse*) na Diretiva da União Européia de 28.1.2003.

A esse respeito, é importante ressaltar que a prática de *insider dealing* não é proibida apenas pela legislação do mercado de capitais no âmbito da Diretiva da União Européia, mas, de forma geral, para companhias que não têm ações negociadas em bolsa, contadores e auditores, bem como para todos os intermediários e profissionais sujeitos aos deveres fiduciários como *agents*. Um exemplo que talvez não seja ainda largamente reconhecido é o da possível utilização pessoal de informação obtida por um banco comercial de seu cliente para outros negócios não referentes a valores mobiliários bancários. Com relação a informações privilegiadas, o princípio segundo o qual apenas a busca dissimulada de interesses próprios é proibida – ou seja, havendo aceitação do representado fica afastada a irregularidade – não se aplica integralmente, ficando sujeito a certas nuanças. É certo que o *slogan* "informe ou se abstenha" (*disclose or abstain*) aplica-se também à questão. A revelação de fato relevante, porém, tem de ser feita ao público em geral. Uma vez realizada, tanto seu caráter de informação privilegiada quanto seu valor de mercado, para o *insider*, são eliminados, sem necessidade, e até mesmo possibilidade, de consentimento.

3.2 Deveres éticos e legais relativos à remuneração

Remuneração é um caso especial. Embora também seja, e possa ser ainda mais, dirigida por interesses pessoais, as regras éticas e legais em geral para conselheiros e profissionais não são as mesmas aplicáveis aos casos recém-mencionados. Obviamente, a busca dissimulada de remuneração em prejuízo da companhia ou do cliente é igualmente proibida. A idéia – antigamente defendida por uma facção de economistas – segundo a qual o *insider dealing* é prática legítima, que pode ser utilizada por membros do conselho para aumentar sua remuneração, é ultrapassada. Entretanto, a característica específica da remuneração é que, em princípio, ela deve ser negociada no mercado, livremente, para conselheiros ou agentes profissionais. O princípio geral econômico e de mercado relativo a preços tem de ser aplicado. Isso não apenas no interesse individual das partes, mas também no interesse da economia de mercado e da função orientadora das forças do mercado. É certo que remunerações excessivas ou, como sugere o título do livro recentemente escrito por Bebchuk, professor de Harvard, *Pay without Performance*[9] (*Pagamento sem Desempenho*) transformaram-se num enorme problema ético, econômico e jurídico nos Estados Unidos. Infelizmente, a mesma onda de astronômicas opções de ações e indenizações por despedida está atualmente inundando a Europa. Quando a remuneração de altos executivos atinge um valor muitas vezes superior à de trabalhadores comuns, ou até mesmo daqueles

8. Cf. K. J. Hopt/M. Will, *Europäisches Insiderrecht*, Stuttgart, Enke, 1973.

9. L. Bebchuk/J. Fried, *Pay without Performance, The Unfulfilled Promise of Executive Compensation*, Cambridge Mass., London (Harvard University Press) 2004.

mais qualificados, a coesão da sociedade civil ficará, mais cedo ou mais tarde, ameaçada. Esse fenômeno é particularmente chocante quando membros do conselho concedem a si mesmos aumentos excessivos de bônus e pagamentos enquanto, simultaneamente, demitem trabalhadores ou transferem empregos para países onde os salários são baixos, como tem ocorrido constantemente com as principais empresas em vários de nossos países.

Os esforços para lidar com esse problema são múltiplos: autocontrole, códigos de conduta, revelação individual (*individual disclosure*) da remuneração de cada membro do conselho para os acionistas, fiscalização e aprovação pelo conselho de supervisão ou, no caso de conselho único (*one-tier board*), pelos administradores independentes,[VII] discussão anual pelos acionistas, como ocorre no Reino Unido, e, inclusive, obrigatoriedade de aprovação por estes últimos. Mais recentemente a escrituração contábil para remuneração baseada em ações (*accounting for share-based remuneration*) tornou-se obrigatória por força do *International Financial Reporting Standards* (*IFRS*) (Padrões Internacionais de Demonstrações Financeiras) e do *US GAAP* (*United States General Agreed Accounting Principles*) (Princípios Norte-Americanosde Contabilidade Geralmente Aceitos). Mas, como ficou demonstrado no altamente controvertido caso "German Mannesmann-Vodafone" – ou, como foi designado pela imprensa financeira, caso "Ackermann" (Ackermann é o diretor presidente [CEO] do *Deutsche Bank*)[10] –, não há, ainda, infelizmente, uma panacéia à vista.

VII. O autor está se referindo, aqui, a administradores que não tenham ligações financeiras ou pessoais com os membros do conselho de administração, ou com a companhia, além da que decorre dos seus próprios cargos. V., mais adiante, o item 5.3.

10. *Bundesgerichtshof [Superior Tribunal de Justiça Alemão]* (em matéria criminal), decisão de 21.12.2005, *NJW* 2006, p. 522.

*4. Maximização de lucros ou responsabilidade social da empresa? Algumas observações sobre os conceitos de "acionista" (***shareholder***) e de* **stakeholder**[VIII]

4.1 Teoria: duas ideologias fundamentalmente incompatíveis

Afora a questão da remuneração excessiva, os casos de interesse pessoal mencionados acima ainda são relativamente simples se comparados com os problemas jurídicos e éticos relativos à administração da companhia. Dois conceitos que, às vezes, são transformados em ideologias estão lutando entre si: *maximização de lucros* e *responsabilidade social*. Para o público em geral, para a maioria dos políticos e até para muitos advogados esses conceitos parecem ser fundamentalmente incompatíveis, e freqüentemente os partidários de cada lado acusam-se, uns aos outros, ou de serem economicamente ingênuos e simplórios, ou de serem egoístas, gananciosos e anti-sociais.

A tendência largamente predominante no Direito Alemão é a de que o conselho de administração deve administrar a companhia com equilíbrio, a fim de não só perseguir a maximização do valor de mercado das ações da companhia (o *shareholder value*), mas deve agir também no interesse dos trabalhadores e do bem comum.[11] Cabe ao conselho encontrar algum tipo de conciliação econômica, a seu critério. Em termos jurídicos, o conselho deve procurar

VIII. *Stakeholder*, aqui, significa a pessoa que tem interesse na empresa, sem (necessariamente) ser um acionista (cf. *Black's Law Dictionary*, 8ª ed., verbete "Stakeholder", n. 2, p. 1.440; Reinier Kraakmann e outros, *The Anatomy of Corporate Law*, p. 71), como, por exemplo, os trabalhadores, debenturistas, fornecedores, consumidores, a comunidade em que a empresa atua etc. *Stake*, dentre outras acepções, significa "risco".

11. Para uma boa e rápida visão geral, v. U. Hüffer, *Aktiengesetz*, 7ª ed., Munique, Beck, 2006, § 76, comentários 12 e ss., com posteriores referências.

atingir o *Unternehmensinteresse*, ou seja, o "interesse da empresa", que é entendido como abrangente da supramencionada tríade de interesses. A doutrina do direito societário refere-se a esse equilíbrio como a procura por uma "harmonia de interesses" (*concordance of interests*), conceito desenvolvido originalmente pela doutrina do direito constitucional. O conceito, como um todo, é habitualmente conhecido como "a abordagem do *stakeholder*" (*the stakeholder approach*), ou como a responsabilidade social e ambiental da companhia. Isso significa que o conselho pode pagar salários bem superiores aos de mercado – como é o caso da *Volkswagen*, por exemplo. Pode, também, destinar importâncias consideráveis à região ou ao meio ambiente em geral, inclusive dar presentes caridosos, organizar coleções de arte (como fez o *Deutsche Bank*, por exemplo), criar fundações e entidades sem fins lucrativos dirigidas a várias atividades de interesse público, como fazem muitas companhias familiares e de capital aberto, em diversos países. Entretanto, a fim de balizar a questão, também há no direito societário alemão o entendimento de que a responsabilidade social e ambiental tem seus limites, os quais devem ser traçados em função da própria existência da companhia; ou, em outras palavras, tendo em vista sua rentabilidade a longo prazo.

O conceito oposto é o de *maximização dos lucros* – ou, como isso certamente ensejará críticas e mal-entendidos, preferível é o conceito do *shareholder value*.[IX] O fundamento lógico do conceito do *shareholder value* não é apenas, cruamente, o de que o acionista deve receber os lucros, pois foi ele que investiu o capital, sendo os trabalhadores, a seu turno, remunerados por seu trabalho. Na verdade, seus expoentes acreditam que, como os riscos são assumidos, em última instância, pelos acionistas, tal conceito conduz a melhores resultados econômicos, sendo, portanto, o melhor para o sistema como um todo. Evidentemente, a filosofia econômica subjacente é a de que, em geral, o livre mercado conduz a resultados ótimos e que a melhor maneira de se atingir essa meta – alguns chegam ao ponto de se referir a isso como um dever ético na economia de mercado – é buscando auferir lucros para os acionistas, num ambiente plenamente competitivo, respeitados, porém, os limites estipulados no ordenamento jurídico, tais como no direito penal (proibição da fraude), no direito do trabalho (imposição de regras de segurança, período mínimo de férias e, possivelmente, salário mínimo, planos de aposentadoria – e assim por diante) e no direito ambiental.

Tomar partido nessa controvérsia não faz parte das minhas tarefas hoje, embora eu confesse minha preferência pelo conceito do *shareholder value*. O *shareholder value* não se opõe à solidariedade com os mais fracos, nem à sustentabilidade do meio ambiente; mas isso deve ser buscado por outro caminho, mais direto e democraticamente mais transparente, notadamente pelo ordenamento jurídico, via impostos, política ambiental e assim por diante.[12] Do ponto de vista do direito societário, a maior falácia do conceito do *stakeholder* (*stakeholder concept*) é que ele permite – e até mesmo exige – que os conselheiros persigam, simultaneamente, diversos interesses incompatíveis, com a conseqüência de exonerá-los de responsabilidade e de lhes abrir possibilidades de dissimular a busca de interesses próprios. Permitam-me dar-lhes alguns exemplos. Um membro

IX. Segundo essa concepção, o objetivo do direito societário é apenas o de assegurar que a companhia sirva aos melhores interesses de seus acionistas, ou, mais especificamente, à maximização dos lucros da companhia; ou, mais especificamente ainda, à maximização do preço de suas ações (cf. Reinier Kraakmann e outros, *The Anatomy of Corporate Law*, p. 18).

12. D. Reuter, "Die soziale Verantwortung von Managerunternehmen im Spiegel des Rechts", Cologne e outro (Carl Heymanns), *Non Profit Law Yearbook 2005*, 2006, p. 185.

do conselho pode se aliar ao sindicato de trabalhadores, em prejuízo dos acionistas minoritários, a fim de ter liberdade na administração da empresa no seu próprio interesse de promoção pessoal ou – pior ainda – no seu interesse de acionista controlador. O conselho pode gastar grandes somas em contribuições de caridade com o propósito de atrair o respeito da comunidade para com seus membros, pessoalmente. Numa aquisição hostil de controle (*hostile takeover*) o conselho pode tomar medidas defensivas não tanto no interesse dos acionistas, mas, antes, no de proteger o emprego de seus membros, com os respectivos benefícios, inclusive financeiros.

4.2 Prática: os interesses a longo prazo da companhia e de seus acionistas e as questões complexas que permanecem

Na prática, as supramencionadas incompatibilidades fundamentais entre os dois conceitos não desaparecem inteiramente, mas elas podem ser muito menos relevantes do que parecem e do que muitos acreditam. Já foi dito que o interesse da empresa, ou o conceito do *stakeholder* (*stakeholder concept*), não foi elevado ao absoluto pela doutrina, mas que seus expoentes têm suficiente bom senso para reconhecer que a rentabilidade a longo prazo da empresa tem prioridade. Por outro lado, o conceito do *shareholder value* (*shareholder value concept*) não deve ser confundido com um conceito restrito, de maximização dos lucros a curto prazo, mas deve ser concebido como a maximização ou otimização dos lucros a longo prazo. No mundo real as empresas enfrentam pressões não só econômicas, mas também sociais e políticas. Se, por um lado, a companhia não pode manter salários excessivamente elevados, enquanto seus concorrentes transferem parte da produção para países do Leste Europeu ou Asiático, onde os salários são excessivamente baixos, por outro lado, também será contraproducente para a empresa pagar salários de fome, não evitar danos ambientais a não ser quando compelida pela lei, ou ignorar os anseios da comunidade na qual atua. O resultado pode perfeitamente ser o aumento de custos diretos e indiretos, que afinal resultará em problemas trabalhistas, normas ambientais mais rígidas ou, ainda, dificuldades com relação aos consumidores, à comunidade ou aos legisladores. Na medida em que a idéia de *empresa-cidadã* deixar de ter, única e exclusivamente, um significado ético, ela poderá adquirir também um significado econômico, na acepção mais positiva da palavra.

Isso não significa que o problema jurídico e ético na moderna companhia tenha sido inteiramente resolvido pelo reconhecimento da realidade econômica da rentabilidade a longo prazo. Há questões complexas que permanecem pendentes de solução. Pode o conselho apoiar partidos políticos com elevadas somas de dinheiro ou, mesmo, de acordo com suas preferências políticas (desde que, evidentemente, não haja restrição legal a financiamento de partidos)? Pode o conselho gastar quanto dinheiro quiser com caridade ou com coleções de arte maravilhosas? É correto o conselho vender a empresa a um comprador estrangeiro suspeito de ser um raider?[X] Pode o conselho simplesmente recusar uma proposta de aquisição de controle, ainda que ela atenda claramente aos melhores interesses dos acionistas? Embora este não seja o lugar para responder a todas essas questões, posso assegurar-lhes, na qualidade de comentador de dispositivos relevantes da Lei alemã das Socie-

X. *Raider* é a pessoa que intenta tomar o controle de uma companhia de forma hostil, comprando suas ações e substituindo seus administradores (cf. *Black's Law Dictionary*, 8ª ed., verbete "Corporate raider", p. 365). Aqui parece estar sendo usado no sentido negativo do *hostile raider*, que tem em vista tomar o controle com o fim de saquear os ativos da companhia.

dades por Ações, que há jurisprudência e doutrina que estipulam limites em muitos desses casos. Mas o ponto que eu desejo destacar é outro: este não é um campo para elaboração de decisões fundamentais, das quais se possam deduzir as soluções e respostas jurídicas. Em vez disso, o que é essencialmente necessário é a análise paciente, cuidadosa e sutil, caso a caso, dos diversos conflitos de interesses, tal como estamos acostumados a fazer como juízes, professores de Direito e advogados, trabalhando com o Direito e concretizando-o. É óbvio que isso deve ser feito por juízes imparciais, isentos de preconceitos ideológicos, e por advogados, que, certamente, devem agir na defesa dos interesses dos seus clientes mas que, ao mesmo tempo, devem ficar dentro do âmbito da boa-fé e da decência. Afinal, é isso também o que uma boa faculdade de Direito transmite a seus alunos, além de apenas lhes ensinar o Direito nos livros e na prática – ou seja, Direito e Justiça.

Permitam-me terminar esta palestra com um rápido exame das estratégias jurídicas para efetivar as normas de conduta ética a membros do conselho e profissionais. Recentemente a antiga máxima segundo a qual uma norma jurídica é boa na medida de sua eficácia prática (*enforcement*) vem acertadamente ganhando força. A Comissão Européia também incluiu isso na Agenda Européia, na Lei Antitruste, assim como em várias outras áreas da política legal e de harmonização européias.

5. *Estratégias jurídicas para efetivar normas de conduta ética a membros do conselho e profissionais*

5.1 O dever de informar

Muitos de vocês conhecem o famoso aforismo do posteriormente Ministro da Suprema Corte dos Estados Unidos, *Brandeis*, que escreveu, no seu celebrado livro *Other People's Money* (*Dinheiro dos Outros*), de 1914: "A publicidade é, com justiça, louvada como remédio para doenças sociais e industriais. A luz do sol é considerada o melhor dos desinfetantes; a luz elétrica, o policial mais eficiente". A estratégia de utilizar o dever de informar como instrumento de regulamentação é bem mais antiga que isso. No direito societário remonta aos tempos das reformas gladstonianas de 1844 e 1845, na Inglaterra. Mas a mesma idéia floresceu por toda a Europa. O famoso reformador prussiano, Hansemann, defendeu a aplicação do dever de informar às companhias ferroviárias e deu os seguintes argumentos: "Entre os meios pelos quais a administração de uma grande companhia por ações possa ser mantida obediente à lei e eficiente, há de se contar com que ela deva ser exposta ao público até certo grau. Este é o controle mais efetivo. Em nenhum Estado, qualquer que seja a constituição política que possua, pode-se encontrar um motivo que justifique não permitir este tipo de controle". Desde então o dever de informar tem sido usado como o tipo de regulamentação mais compatível com a economia de mercado, porque é o que menos interfere com a liberdade e a concorrência.[13] O dever de informar é particularmente útil se um tipo de conduta pode ainda não ser comumente considerado antiético. Se essa conduta for levada ao conhecimento dos acionistas, do cliente, da empresa financeira e do grande público, então, esses eleitorados (*constituencies*) ou fóruns (*fora*) servirão como um tipo de convenção política (*caucus*) que a avaliará publicamente. Esta avaliação pública é apropriada para estabelecer padrões de conduta ética, mediante sanções à reputação ou, no caso de companhias e administradores, até mesmo sanções econômicas. Cedo ou tarde os legisladores aparecerão

13. K. J. Hopt, "Disclosure rules as a primary tool for fostering party autonomy – Observations from a functional and comparative legal perspective", in S. Grundmann/W. Kerber/S. Weatherhill (eds.), *Party Autonomy and the Role of Information in the Internal Market*, Berlim/Nova York, De Gruyter, 2001, p. 246.

com algum tipo de codificação. Este é um meio suave e democrático de se ligar Direito e Ética, não apenas na legislação societária e de mercado de capitais, mas, bem além, na economia como um todo e na arena política.

5.2 A estratégia do consentimento

O dever de informar não funciona sempre. Os códigos de *corporate governance*[XI] modernos demonstraram isso bem claramente. Muitos desses códigos se fiam no princípio "informe ou sujeite-se" (*disclose or comply*) ao que o código recomenda. O código alemão de *corporate governance* recomendou a revelação individual da remuneração paga a cada um dos membros do conselho. Os conselheiros não gostaram nada disso, e por boas razões. O que ocorreu, então, foi que a maioria das principais companhias alemãs preferiu informar que não iria seguir a recomendação, ao invés de acatá-la, evitando, assim, uma discussão pública. Isso ficou ainda mais compreensível quando algumas pesquisas econômicas recentes mostraram que o efeito causado pela referida informação não afetou o preço das ações das empresas; e, mesmo que tivesse afetado, a notícia de inobservância do código tornou-se rapidamente ultrapassada. Em conseqüência, os legisladores alemães decidiram transformar a revelação individual da remuneração, antes uma mera recomendação do código, em norma cogente inserida na Lei das Sociedades por Ações.

É evidente que há uma maneira mais suave que simplesmente impor, mediante lei, um comportamento ético desejável. Como vimos mais acima, quando discutimos casos de conflitos de interesses entre o representado e o representante (*the principal and the agent*), a estratégia do consentimento pode ser um meio útil se, isoladamente, o dever de informar não parecer suficiente. Aqueles que são afetados pelo comportamento dos membros do conselho ou do *agent* são chamados a decidir se aceitam, ou não, o comportamento em questão, seja com ou sem *quid pro quo* de fato ou de direito. Obviamente, essa decisão só fará sentido se os representados obtiverem todas as informações pertinentes, mediante a revelação de todos os fatos relevantes para tal. O efetivo significado disso foi desenvolvido, em detalhe, pela teoria da informação econômica (*economic disclosure*) e por uma rica quantidade de precedentes no direito societário, bancário, de mercado de capitais e dos profissionais do mercado.

*5.3 Processualização em contextos decisórios imprecisos (*fuzzy decision-making contexts*)*

Há uma última estratégia interessante, para a qual eu gostaria de chamar a atenção dos Srs., antes de encerrar a palestra. É a que é chamada, na teoria regulatória, de *processualização em contextos decisórios imprecisos*. Permitam-me dar um exemplo. Como vimos, atos no interesse próprio praticados pelo conselho não são apenas difíceis de prevenir, mas podem, inclusive, ser difíceis de identificar. Tome-se a reação de um conselho quando uma tomada hostil de controle (*hostile takeover*) ameaça o *status quo* da companhia.[14] Quase sempre os membros do conselho de administração

XI. Os tradutores, por amor à língua portuguesa e, sobretudo, à estética, recusam-se a adotar a grotesca tradução que o servilismo de alguns de nossos administradores de empresas impingiu a essa expressão, sem atentar para o sentido das palavras na língua inglesa e na nossa. Uma tradução aceitável seria "gestão compartilhada da companhia", ou "da empresa"; ou, mesmo, "governo das sociedades", ou "das empresas", como a expressão foi traduzida em Portugal e na França, respectivamente.

14. K. J. Hopt, "Übernahmen, Geheimhaltung und Interessenkonflikte: Probleme für Vorstände, Aufsichtsräte und Banken", *ZGR* 2002, p. 333. Para uma versão abreviada em Inglês, v. K. J. Hopt, "Takeovers, secrecy and conflicts of interest: problems for boards and banks", in J. Payne (ed.), *Takeovers in English and German Law*, Oxford, Hart, 2002, p. 33.

da companhia visada argumentarão que é melhor deixar as coisas como elas estão, que o ofertante quer desmantelar ou até pilhar a companhia e que, mesmo que o preço da oferta seja bom e os acionistas queiram vender, a oferta deve ser recusada, pois assim conseguirão obter mais dinheiro para os acionistas da companhia. Dessa perspectiva, os conselheiros parecem ser os melhores representantes dos acionistas. Mas essa perspectiva é muito estreita. Os próprios conselheiros têm um agudo interesse em não perder seus empregos, como acontece freqüentemente após uma bem-sucedida tomada hostil de controle, sendo praticamente impossível descobrir se eles estão agindo no interesse próprio ou no interesse dos acionistas. Uma maneira de sair desse dilema é proibir os conselheiros de frustrarem a oferta e submeter a decisão de tomar medidas defensivas a outro órgão. Podem ser tanto os próprios acionistas, reunidos em assembléia-geral, que deliberam sobre a matéria, quanto os membros independentes do conselho de administração, assim entendidos aqueles que não têm relações financeiras ou pessoais com os membros do conselho de direção ou com a companhia, além dos seus próprios cargos.

Minha intenção, aqui, não é a de avaliar a efetividade de se ter conselheiros independentes. Eles podem se sentir em dívida para com os membros do conselho de direção que os indicaram para os respectivos cargos e, mesmo que sejam efetiva e inteiramente independentes, podem ter muito pouco conhecimento sobre a companhia e seu funcionamento interno. O que importa é que, dessa maneira, o conflito de interesses não é resolvido diretamente por uma norma sobre o que deve ser feito, mas, mais propriamente, por um procedimento específico que transfere a decisão para uma outra etapa ou a submete a uma outra instância. Essa estratégia pode ser encontrada em muitos casos em que difíceis questões éticas devem ser decididas. Nas profissões liberais freqüentemente órgãos compostos pelos próprios profissionais (*self-regulatory professional bodies*) são chamados a dar conselhos e até a tomar decisões. Esse é o caso, por exemplo, de advogados e contadores. Pense-se também nos comitês de ética que existem em universidades e hospitais.

6. Conclusão

Permitam-me encerrar. "Direito e Ética" constitui um tema antigo, que continua ainda mais oportuno hoje em dia. Excetuados alguns princípios éticos fundamentais, tais como os 10 Mandamentos, que permanecem iguais, os novos desenvolvimentos e circunstâncias da vida moderna conduzem a muitas questões éticas novas. Aquilo que pode ter sido considerado prática profissional aceitável, numa etapa inicial de desenvolvimento, pode, depois, vir a ser considerado antiético se os padrões forem adequadamente refinados. Ainda outra questão é até que ponto o comportamento ético deve ser objeto de regulamentação jurídica. O Direito não pode exigir que os seres humanos pratiquem o bem; caso contrário, nós nos encontraríamos de volta à Idade Média, ou em estados fundamentalistas. O Direito regulamenta apenas aquilo que é necessário para a convivência na sociedade moderna – o que, num ambiente globalizado, exige mais tolerância que nunca. Numa economia de mercado é vital que membros de conselhos de administração e profissionais ajam como *agents* de seus respectivos representados, sem que seus atos sejam maculados por interesses próprios. Isso protege os acionistas e clientes numa situação de desequilíbrio de informações, impedindo que sejam trapaceados pelas pessoas em quem confiam. Essa convicção, em contrapartida, cria a confiança necessária para que o público entregue suas economias aos cuidados das companhias e seus negócios aos cuidados de profissionais. Ao mesmo tempo, se o interesse pessoal for descartado, a concorrência poderá atuar muito melhor, pois, então, será apenas o desempenho funcional ou profissional dos *agents* que será julgado. Numa sociedade moderna, com economia de mercado, essa é a melhor solução para os indivíduos e para a comunidade.

AS CÉDULAS DE CRÉDITO BANCÁRIO (CCBs) COMO VALORES MOBILIÁRIOS

HAROLDO MALHEIROS DUCLERC VERÇOSA

1. Introdução. 2. Breve resumo dos fatos. 3. O mérito. 4. Conclusões.

1. Introdução

O conceito de "valores mobiliários" tem apresentado sérios problemas de sua delimitação no Direito Comparado, do que não escapou o Brasil. A este respeito, Luiz Gastão Paes de Barros Leães escreveu artigo tornado clássico,[1] sobre o qual nos fundamentamos mais de uma vez para tratar de aspectos do instituto em causa.

O tema volta à pauta tendo em vista decisão da CVM que aprovou voto do diretor Marcos Barbosa Pinto em resposta a consulta efetuada por instituição financeira a respeito da possibilidade de serem as cédulas de crédito bancário (CCBs) consideradas como valores mobiliários.[2] Levando em conta que a decisão vertente deverá orientar aquele Órgão no mesmo sentido quando a outros títulos ou contratos em uso no *mercado*, entendemos ser oportuna sua apreciação.

1. Luiz Gastão Paes de Barros Leães, "O conceito de *security* no Direito Norte-Americano e o conceito análogo no Direito Brasileiro", *RDM* 14/41. De nossa autoria, v. "Notas sobre o regime jurídico das ofertas ao público de produtos, serviços e valores mobiliários no Direito Brasileiro. Um caso de complementação da proteção de consumidores e investidores", *RTDM* 105/74-83; e "A CVM e os contratos de boi gordo", *RDM* 108/91-100.

2. Processo RJ-2007/11.593; reg. col. 5.730/2007.

2. Breve resumo dos fatos

O Banco Itaú S/A solicitou à Superintendência de Registro de Valores Mobiliários da CVM (SRE) um pedido de dispensa de registro de oferta pública de CCBs, as quais haviam sido emitidas pela Bracor Investimentos Imobiliários Ltda., dotadas dos seguintes elementos: (a) total de 20 CCBs; (b) valor individual de R$ 1.000.000,00; (c) prazo de vencimento igual a 18 meses; (d) remuneração pela taxa do CDI acrescida de um *spread* de 1 p.p; e (e) oferta dirigida a fundos de investimento.

As questões relevantes a serem discutidas no âmbito da SRE foram as seguintes:

(i) CCBs poderiam ser consideradas valores mobiliários?

(ii) Caso afirmativo, qual seria o regime jurídico aplicável?

(iii) Quais seriam as diretrizes da CVM quanto à colocação das mencionadas CCBs no mercado?

Partindo do conceito de "valor mobiliário" presente no art. 2º da Lei 6.385/1976, com a redação dada pela Lei 10.303/2001, o relator para o caso, diretor Marcos Barbosa Pinto, respondeu da forma abaixo, em resumo esquemático:

(a) As CCBs, em tese, poderiam ser consideradas valores mobiliários, desde que apresentassem *todas as características presentes no dispositivo supra-referido.*

(b) No caso concreto, as CCBs emitidas pela Bracor satisfaziam todos os requisitos legais concernentes à sua natureza de valores mobiliários, pois: (b.1) configuravam um investimento em renda fixa; (b.2) as CCBs têm a natureza jurídica de títulos de crédito, conforme o art. 26, *caput*, da Lei 10.931/2004; (b.3) nelas estava presente o "potencial coletivo", considerando-se que, a partir de uma mesma operação de crédito, diversas CCBs com as mesmas características podem ser emitidas e transferidas a pessoas distintas; (b.4) existia o pagamento de juros aos seus titulares (ou seja, uma remuneração); (b.5) tal remuneração era originada dos esforços do empreendedor; (b.6) a utilização de prospecto destinado ao público, o envio de correspondência a *investidores indeterminados* (destacamos), a utilização de publicidade etc. (a teor do art. 3º da Instrução CVM-400/2003) implicavam oferta pública, sendo irrelevante que o emitente não fosse a mesma pessoa do ofertante; (b.7) havendo exclusão da responsabilidade da instituição financeira quanto ao pagamento das CCBs, a par da oferta pública as colocava no campo dos valores mobiliários; e (b.8) presente a intermediação de pessoas e entidades listadas no art. 15, I a III, da Lei 6.385/1976 (como seria efetivamente o caso sob análise), tornava-se exigível o registro prévio do emissor e da própria emissão na CVM.

Em raciocínio *a contrario sensu*, estabeleceu o voto do relator que as CCBs não seriam consideradas valores mobiliários diante da inexistência de *oferta pública* ou de que a instituição financeira intermediária permanecesse responsável pelo adimplemento da obrigação de pagamento prevista no título. Neste caso as CCBs poderiam circular no mercado sem se sujeitar à regulamentação e à fiscalização da CVM, tanto como os demais títulos de emissão das instituições financeiras, a exemplo dos certificados de depósito bancário.

Entre as decisões adotadas no caso presente, ficou definido que a CVM deveria preparar uma instrução com o objetivo de disciplinar a matéria em causa; mas, até que viesse a ser editada, os casos semelhantes ficariam sujeitos à aplicação das regras presentes nas Instruções 155/1991 e 422/2005.

Além disso, o voto ora discutido afirmou que o simples registro de uma negociação privada de CCBs na CETIP não tornaria obrigatório o registro do emissor e da emissão na CVM.

3. O mérito

A nosso ver, o voto do douto Relator fere, em alguns dos seus pontos, princípios básicos de interpretação de normas jurídicas – conforme se pretende, em seguida, demonstrar –, do que decorre alguma falta de precisão nos argumentos apresentados e que prejudica sensivelmente a conclusão a que a CVM veio a chegar. De acordo com o ensinamento sempre atual de Carlos Maximiliano: "Não basta conhecer as regras aplicáveis para determinar o sentido e o alcance dos textos. Parece necessário reuni-las e, num todo harmônico, oferecê-las ao estudo, em um encadeamento lógico".[3]

Inicialmente, veja-se que no voto ora examinado encontramos afirmação no sentido de que, em conseqüência das alterações inerentes ao art. 2º da Lei 6.385/1976, "nossa legislação passou a operar de maneira dúplice. De um lado, ela oferece uma lista bastante detalhada dos valores mobiliários, que são os incisos I a VIII. De outro, ela prevê uma hipótese genérica – o inciso IX – e que se destina a abarcar todos os casos não cobertos pelos incisos anteriores".

Não podemos concordar com a assertiva acima. Não é verdade que o inciso IX tenha passado a agasalhar todos os casos

3. Carlos Maximiliano, *Hermenêutica e Aplicação do Direito*, 9ª ed., Rio de Janeiro, Forense, 1979, p. 5.

não previstos pelos incisos anteriores. Não se trata, aqui, de uma *norma em branco*,[4] que tivesse outorgado à CVM competência para estender discricionariamente o campo dos valores mobiliários. Esta competência existiu durante certo tempo, é verdade, na primitiva redação do art. 2º da Lei 6.385/1976, conforme abaixo: "Art. 2º. São valores mobiliários sujeitos ao regime desta Lei: (...) III – outros títulos criados pelas sociedades anônimas, a critério do Conselho Monetário Nacional".

Ora, a nova redação do referido art. 2º, inicialmente determinada pela Medida Provisória 1.637-1, de 5.2.1998, eliminou a norma em branco que efetivamente era prevista em favor do CMN para o fim da conceituação de "valores mobiliários" que não os expressamente previstos, havendo, em seu lugar, conceituado de forma genérica (mas dentro de um campo de abrangência delimitado) outros valores mobiliários. Ou seja, o inciso IX do art. 2º corresponde a um *tipo genérico*, mas não aberto.

Verifica-se claramente que o dispositivo em questão não abarca todo e qualquer caso que não tenha sido relacionado nos incisos anteriores e, conseqüentemente, não dá à CVM competência para estender o conceito de "valor mobiliário", mas tão-somente para *identificar* outros como tais definidos previamente pelo legislador.

Abrindo-se, aqui, ligeiros parênteses, recorde-se que, no estudo acima lembrado, Luiz Gastão Paes de Barros Leães, depois de fazer profunda análise do Direito Norte-Americano, especialmente quanto à construção jurisprudencial verificada nos Estados Unidos da América até aquela oportunidade, concluiu que uma *security* poderia ser identificada a partir de cinco características cumulativas: (i) todo investimento em dinheiro ou em bens suscetíveis de avaliação monetária; (ii) realizado pelo investidor em razão de uma captação pública de recursos; (iii) de modo a fornecer capital de risco a um empreendimento; (iv) em que ele, o investidor, não tem ingerência direta; (v) mas do qual espera obter algum ganho ou benefício futuro.

Ao final, o autor citado entendia, então, que "uma leitura generosa, tal como a interpretação desenvolvida nos Estados Unidos em torno do termo *security*", permitiria ao Banco Central do Brasil policiar o mercado de valores mobiliários em sua expressão mais lata, fiscalizando todas as captações de recursos da poupança popular. Ocorre que esta orientação veio a esbarrar, pouco tempo depois, com o advento da Lei 6.385/1976, cujo art. 2º, ao definir os valores mobiliários dentro de parâmetros relativamente estreitos, veio a impedir a construção supramencionada.

O voto sob enfoque toma a mesma base acima enunciada para o conceito de "valor mobiliário", lembrando a fonte jurisprudencial norte-americana que o inspirou, datada de 1946, a qual se encontra, portanto, dentro do período estudado por Luiz Gastão Paes de Barros Leães. O fato de a jurisprudência das Cortes dos Estados Unidos ter alargado o conceito de "investimento coletivo", tal como apontado pelo relator (tendo se passado a aceitar que o lucro do *investimento coletivo* seja resultante da participação na preponderante do investido), não o afeta em relação ao Direito Brasileiro, conforme legalmente estabelecido.

De outro lado, a característica de serem as CCBs títulos de renda fixa não as leva automaticamente para o campo dos valores mobiliários, em relação aos quais, de acordo com as diversas hipóteses do art. 2º da Lei 6.385/1976, podem ser da mais

4. As *normas em branco*, como se sabe, surgiram historicamente no campo do direito penal, tendo em conta revelar-se inatingível o interesse de efetuar a completa relação e definição das inúmeras condutas criminosas possíveis, sempre resguardado o princípio constitucional da anterioridade da lei (*nulla poena sine lege*). Do direito penal o instituto passou para outros ramos, especialmente o direito administrativo, que tem com aquele estreito parentesco, notadamente quando se trata do chamado "direito administrativo punitivo".

variada natureza. O que importa é que haja algum tipo de *remuneração* (termo tomado em sentido bastante amplo) em favor do beneficiário. Veja-se, por exemplo, que as ações rendem dividendos, as debêntures pagam juros, enquanto os bônus de subscrição tão-somente dão o direito à aquisição de novas ações, o que os leva a proporcionar um pagamento eventual em dinheiro no futuro, equivalente aos dividendos das ações correspondentes, caso a sociedade emissora apresente lucro. Portanto, os direitos patrimoniais decorrentes dos valores mobiliários podem ser de diversa natureza, inclusive de renda fixa.

Em terceiro lugar, o fato de serem as CCBs uma modalidade de título de crédito em nada aproveita à discussão sobre sua eventual natureza concomitante de valores mobiliários. Alguns valores mobiliários mencionados no art. 2º da Lei 6.385/1976 são títulos de crédito, enquanto muitos títulos de crédito não são valores mobiliários. Os institutos sob análise podem superpor-se ou caminhar em linhas paralelas sem jamais se encontrarem.

Por sua vez, quanto ao mencionado "potencial coletivo", não se trata de elemento essencial por si mesmo. Aliás, o fato de existir uma coletividade potencial de investidores, ou mesmo que essa coletividade seja efetiva, isto não significa que tenha ela tenha sido obrigatoriamente resultante de uma *oferta pública*. Observe-se, a propósito, que a lei não usa a expressão "oferta pública" nos incisos do art. 1º da Lei 6.385/1976, referindo-se taxativamente a emissão, distribuição, negociação e intermediação de valores mobiliários e de derivativos *no mercado*.

A menção à oferta pública aparece tão-somente como tal no inciso IX do art. 2º da Lei 6.385/1976, não constante da redação original do dispositivo em tela, e cuja história remonta ao conhecido caso dos contratos de "boi gordo".

Não basta para caracterização de valores mobiliários que determinados títulos ou contratos apresentem *potencial coletivo*, mas que sejam efetivamente disponibilizados no mercado mediante *oferta pública*.

O conceito de "oferta pública" (na verdade, sob a denominação de "distribuição pública"), como se sabe, foi objeto do art. 3º da Instrução CVM-400, de 29.12.2003:

"Art. 3º. São atos de distribuição pública a venda, promessa de venda, oferta à venda ou subscrição, assim como a aceitação de pedido de venda ou subscrição de valores mobiliários, de que conste qualquer um dos seguintes elementos: I – a utilização de listas ou boletins de venda ou subscrição, folhetos, prospectos ou anúncios, destinados ao público, por qualquer meio ou forma; II – a procura, no todo ou em parte, de subscritores ou adquirentes indeterminados para os valores mobiliários, mesmo que realizada através de comunicações padronizadas endereçadas a destinatários individualmente identificados, por meio de empregados, representantes, agentes ou quaisquer pessoas naturais ou jurídicas, integrantes ou não do sistema de distribuição de valores mobiliários, ou, ainda, se em desconformidade com o previsto nesta Instrução, a consulta sobre a viabilidade da oferta ou a coleta de intenções de investimento junto a subscritores ou adquirentes indeterminados; III – a negociação feita em loja, escritório ou estabelecimento aberto ao público destinada, no todo ou em parte, a subscritores ou adquirentes indeterminados; ou IV – a utilização de publicidade, oral ou escrita, cartas, anúncios, avisos, especialmente através de meios de comunicação de massa ou eletrônicos (páginas ou documentos na rede mundial ou outras redes abertas de computadores e correio eletrônico), entendendo-se como tal qualquer forma de comunicação dirigida ao público em geral com o fim de promover, diretamente ou através de terceiros que atuem por conta do ofertante ou da emissora, a subscrição ou alienação de valores mobiliários.

"§ 1º. Para efeito desta Instrução, considera-se como público em geral uma classe, categoria ou grupo de pessoas, ainda que individualizadas nesta qualidade, ressalvados aqueles que tenham prévia relação comercial, creditícia, societária ou trabalhista, estreita e habitual, com a emissora.

"(...)."

Examinemos os elementos essenciais da chamada "distribuição pública", como condição para que possamos prosseguir no estudo do voto sobre as CCBs. Neste sentido, devem estar necessariamente presentes algum dos seguintes requisitos:

(i) Destinação *ao público*, por qualquer forma, de listas ou boletins de venda ou subscrição. O § 1º do mesmo dispositivo esclarece que "considera-se como público em geral uma classe, categoria ou grupo de pessoas, ainda que individualizadas nesta qualidade".

A par de literal, a interpretação da norma acima deve ser feita do ponto de vista teleológico ou finalístico. Se a oferta for indistintamente dirigida a todos os empregados de uma montadora de automóveis, sem dúvida, trata-se de *distribuição pública*. Mas assim não se podem considerar eventuais correspondências dirigidas direta e especificamente a alguns empregados nominados da mesma montadora aos quais se faça a proposta de aquisição de um título ou contrato que preencha os demais requisitos dos valores mobiliários das quais conste a ressalva de que tal oferta não pode ser transmitida a terceiros.

Nos termos acima, não seria *distribuição pública* o envio de ofertas na forma mencionada no parágrafo anterior, pelo banco que faz a folha de pagamento dos empregados da aludida montadora, e que tenha escolhido alguns deles de acordo com seu perfil de possíveis investidores.

(ii) O segundo caso de distribuição pública refere-se a subscritores ou investidores *indeterminados*. Uma ilustração simples pode dar uma boa idéia do que sejam investidores *indeterminados* ou *determinados*. Basta ter em mente as diferentes figuras de um atirador manejando uma metralhadora giratória, procurando acertar todo e qualquer tipo de alvo indistintamente, e, em contrapartida, um franco atirador, mirando cuidadosamente com sua luneta os alvos particulares a serem atingidos.

(iii) Comunicação dirigida ao público em geral com o fim de promover a subscrição ou alienação de valores mobiliários. Este requisito apresenta um problema inicial de definir pelo definido, pois o que se procura na norma em questão é, justamente, saber o que é um valor mobiliário.

De qualquer maneira, a simples publicidade do lançamento de ações, por exemplo, sem com isto se abrir a possibilidade de sua aquisição pelos destinatários da comunicação, seria tão-somente um elemento de propaganda, mas nunca uma distribuição pública.

No entanto, em uma abordagem *a contrario sensu* do disposto no voto em estudo se depreende que, mesmo havendo oferta pública, esta não caracterizaria as CCBs como valores mobiliários no caso em que a instituição financeira intermediadora da operação assumisse a coobrigação do pagamento do valor do investimento junto ao seu tomador. Descaracterizada a coobrigação, então, o documento se transformaria em valor mobiliário.

Esta interpretação somente será válida se as CCBs puderem ser consideradas *títulos cambiais de responsabilidade de instituição financeira*, conforme estabelecido na exceção prevista no art. 2º, § 1º, II, da Lei 6.385/1976.

Como se sabe, a CCB não é um título originariamente emitido por uma instituição financeira (portanto, de sua responsabilidade direta). Tal título é emitido por pessoa física ou jurídica, *em favor de instituição financeira* ou de entidade a esta equiparada, representando promessa de pagamento em dinheiro, decorrente de operação de crédito, de qualquer modalidade, nos termos do art. 26 da Lei 10.931/2004.

Fazendo-se uma interpretação extensiva do argumento utilizado pelo douto Relator da consulta em tela, caso um banco descontasse duplicatas de clientes mediante endosso sem garantia e as oferecesse indistintamente a seus clientes, então, tais documentos passariam a se revestir da condição de valores mobiliários. Do ponto de vista dos clientes, se o sacado fosse uma sociedade de elevado conceito no mercado, nada impediria que eles aceitassem fazer um *investimento* de tal natureza, dependendo sua decisão tão-somente de virem a entender que se trata de um bom negócio. Contudo, tal interpretação pareceria uma demasia em nossa opinião, e generalizaria o conceito de "valor mobiliário" a um extremo certamente jamais imaginado pelo legislador.

Outro ponto importante a ser cogitado está na exigência de que a remuneração do investidor tenha origem necessária e exclusivamente nos esforços do empreendedor ou de terceiros.

Neste caso, devemos recorrer conjuntamente à interpretação literal, teleológica e histórica do dispositivo onde o requisito se encontra referido.

Como se sabe, o inciso IX do art. 2º da Lei 6.385/1976 tem origem na Medida Provisória 1.637-1, de 5.2.1998, gerada em função dos problemas causados pela "Fazendas Reunidas Boi Gordo", que a levaram a ter sua falência decretada, em vista do inadimplemento geral dos contratos de "boi gordo" colocados por aquela no mercado. Até então tal tipo de investimento não era tutelado por qualquer órgão público, e a norma acima citada o incluiu como valor mobiliário sujeito à competência da CVM. O texto original do dispositivo assim foi redigido: "Art. 1º. Constituem valores mobiliários, sujeitos ao regime da Lei n. 6.385, de 7 de dezembro de 1976, quando ofertados publicamente, os títulos ou contratos de investimento coletivo, que gerem direito de participação, de parceria ou de remuneração, inclusive resultante de prestação de serviços, cujos rendimentos advêm do esforço do empreendedor ou de terceiros".

Conforme se verifica, a Lei 10.303/2001 manteve a mesma redação original da Medida Provisória 1.637-1/1998, igualmente inalterada em suas diversas reedições.

Partindo do caso dos contratos de "boi gordo", podemos recordar que, por meio deles, investidores interessados adquiriam frações ideais de bois para engorda pelo empreendedor, consistindo um investimento de risco baseado na venda do animal após a engorda pelo preço do mercado. O lucro do investidor seria representado pela diferença entre o preço de compra do "boi magro" e o de venda do "boi gordo", diminuído da participação do mesmo empreendedor.

O investidor não tinha participação ativa na operação, inteiramente dirigida pelo empreendedor.

Naquele caso havia uma operação determinada, voltada para um fim específico. Evidentemente, mesmo não existindo, então, uma proteção institucional, os investidores tinham o direito de fiscalizar diretamente a atuação do empreendedor – questão que não nos interesse desenvolver, no momento.

Quando nos transportamos para o caso das CCBs, embora se trate de títulos causais, sua emissão pode ter por base qualquer tipo de interesse econômico do emissor – por exemplo, o levantamento de capital de giro para sua empresa ou, ainda, o pagamento do décimo-terceiro salário dos seus empregados. Não se trata de uma aplicação para finalidade determinada. A sociedade emissora pode dar aos recursos levantados o destino que bem entender, dentro do seu objeto social. O foco das CCBs, portanto, é diverso daquele que orientava os chamados "contratos de investimento coletivo". Pergunta-se, então, se este fato teria algum efeito quanto à caracterização dos títulos vertentes como valores mobiliários, à luz da interpretação teleológica e histórica dos instrumentos que vieram a ser objeto do mencionado inciso IX. Parece que sim, como bem entendeu a própria CVM ao reconhecer que as operações não se ajustam perfeitamente uma à outra, conforme se verá abaixo.

Outro ponto a ser examinado corresponde à afirmação da CVM no sentido de que "as CCBs são títulos de crédito muito semelhantes às notas promissórias", para o fim do aproveitamento das disposições presentes na Instrução CVM-422/2005 às primeiras.

Na verdade, os dois títulos representam uma *promessa de pagamento*, diferenciando-se, entre outros elementos, pelo fato de que a CCB é causal e a nota promissória é abstrata. Desta maneira, fica claro que o regramento específico das CCBs, presente na Lei 10.931/2004, será completado, em suas lacunas, subsidiariamente pelo Decreto 57.663/1966 (Lei Uniforme em Matéria de Letras de Câmbio e Notas Promissórias). Esta semelhança pouco aproveita à finalidade da consulta efetuada com relação às CCBs, lembrando-se que o inciso VI do art. 2º da Lei 6.385/1976 refere-se expressamente às "notas comerciais", título inexistente com esta designação específica no direito positivo brasileiro, exceto pela Instrução CVM-422/2005, que regulou as chamadas "notas comerciais do agronegócio" – assunto que nos furtamos de abordar no presente trabalho.

Finalmente, verifica-se que a CVM confessa a fragilidade dos seus fundamentos no tocante à qualidade das CCBs como valores mobiliários, na medida em que o Relator da consulta sob exame alega que: (i) tais títulos "têm características *um tanto diferentes das modalidades de contrato de investimento* coletivo para as quais as Instruções ns. 270/1998 e 296/1998 foram pensadas"; (ii) acha mais adequado editar uma instrução específica para tratar das CCBs; (iii) enquanto a aludida instrução específica não vier à luz, propôs que fossem aplicadas àqueles títulos as regras previstas nas Instruções CVM-155/1991 e 422/2005.

Ora, ou as CCBs são uma das modalidades de contrato de investimento coletivo cabíveis dentro dos termos do inciso IX do art. 2º da Lei 6.385/1976, ou não são absolutamente valores mobiliários caso não se enquadrem – como efetivamente acontece – em qualquer das demais previsões do mesmo dispositivo. Neste sentido, lembre-se que o *dever-ser* não integra o Direito propriamente, mas sim a Filosofia do Direito.

4. Conclusões

Desta forma, deixando ainda em aberto a questão da natureza jurídica eventual das CCBs como valores mobiliários – do que duvidamos, em termos de interpretação jurídica restrita –, verificamos que a maior parte dos argumentos utilizados pela CVM em favor das teses presentes no voto examinado ressente-se da necessária precisão científica, pois não correspondeu à demonstração da presença dos elementos essenciais dos valores mobiliários em relação àqueles títulos, mesmo considerando-se que venha a ocorrer sua *oferta pública*.

Um juiz norte-americano tem competência para reunir diversos elementos esparsos e a partir deles fazer uma síntese da qual resulte uma *criação* jurídica. Esta foi, em princípio, a orientação que resultou no conceito de *security*, tal como descrito por Luiz Gastão Paes de Barros Leães no artigo acima mencionado. Quanto ao Direito Brasileiro, como se sabe, a simples soma algébrica de tais elementos, por mais significativa que se possa revelar, em nada resulta, pois aqueles elementos não serão *necessários* e/ou *suficientes* para a caracterização de um determinado instituto jurídico. Neste caso é como se alguém tentasse uma fusão entre azeite e água: por mais que o operador agite os dois ingredientes, ao final de algum tempo eles permanecerão separados, e este efeito se repetirá indefinidamente. Entendemos ter sido esta a situação verificada em relação aos argumentos da CVM no tocante à verificação das CCBs como espécie de valores mobiliários: eles não se fundiram de maneira a formar o conceito buscado.

A DESMUTUALIZAÇÃO DAS BOLSAS DE VALORES E OS NOVOS DESAFIOS DA REGULAÇÃO DOS MERCADOS DE CAPITAIS

WALFRIDO JORGE WARDE JR.

1. Objetivos e síntese de resultados. 2. O movimento de desmutualização das bolsas de valores sob os filtros analíticos fornecidos pelo Law & Economics*: 2.1 Os fundamentos econômicos da "bolsa-associação" – 2.2 Centralização e essencialidade: a "bolsa-associação" como organização monopolista: 2.2.1 Os fundamentos da força vinculante do esquema de regulação privada produzido pela "bolsa-associação" – 2.3 As causas do aparecimento da "bolsa-empresa": 2.3.1 O mercado de organização e de administração de trocas econômicas de valores mobiliários: a concorrência entre os múltiplos canais de negociação. 3. O aparecimento da "bolsa-empresa": influências no conteúdo, na importância e na confiabilidade do modelo regulatório atribuído às bolsas de valores: 3.1 A "bolsa-empresa" como reguladora e regulada: as conseqüências de um distúrbio de dupla personalidade: 3.1.1 Os altos custos da regulação privada, a* free-riding *– 3.1.2 A ausência da essencialidade dos serviços bursáteis e a perda de força vinculante da regulação privada de autoria da "bolsa-empresa" – 3.1.3 A competência regulatória como vantagem competitiva. 4. Conclusões: a desmutualização e a abertura de capital das bolsas de valores como pressupostos da redefinição dos papéis regulatórios atribuídos às agências e aos órgãos reguladores estatais.*

1. Objetivos e síntese de resultados

Propõe-se, este artigo, lançar algumas hipóteses acerca de efeitos futuros impostos pela crescente desmutualização das bolsas de valores no domínio da regulação privada.

Com esta reflexão pretende-se revelar indícios de processos competitivos – deflagrados pela transformação da "bolsa-associação" em "bolsa-empresa" e pela conseqüente proliferação de canais de negociação de ativos – que afirmam a existência de um crescente mercado de organização e administração de trocas econômicas de valores mobiliários.

Os argumentos expostos sugerem, ademais, diante das mudanças descritas – especialmente em face das novas finalidades das bolsas de valores na condição de organizações empresariais –, que resta comprometida sua isenção, e, portanto, que é inconveniente que se lhes atribuam, a exemplo do que se dá em alguns ordenamentos, amplíssimos poderes e competências regulatórias.

2. O movimento de desmutualização das bolsas de valores sob os filtros analíticos fornecidos pelo Law & Economics

O movimento de desmutualização[1] das principais bolsas de valores ao redor

1. Cf. Benn Steil, "Changes in the ownership and governance of securities exchanges: causes and consequences", in Robert E. Litan e Richard Her-

do mundo, a incluir a nossa Bolsa de Valores de São Paulo, será compreendido de modo mais adequado se for observado e estudado sob alguns filtros analíticos que nos são fornecidos pelo *Law & Economics*, em especial pelo pensamento coasiano, concernente aos fundamentos da organização empresarial.[2]

Coase revolucionou os pensamentos jurídico e econômico ao lançar explicações bastante inovadoras acerca dos fundamentos da criação e do desenvolvimento das *firms* que, por imperativos semânticos – dada a ausência de melhor termo equivalente –, nossa doutrina tem traduzido como "empresas". A tradução – considerado o sentido técnico-jurídico da palavra "empresa" – restringiria, em princípio, a aplicação da *theory of the firm* às organizações que têm causa e finalidade empresarial, isto é, que surgem e se desenvolvem sob a afetação de uma dada empresa econômica. A teoria coasiana da empresa, todavia, expõe uma tese que, em princípio, aplicar-se-ia a qualquer organização – empresária ou não –, desde que inserta, por razões operacionais, no sistema econômico; aplica-se, portanto, também às bolsas de valores, na condição associativo-organizacional em que originariamente se estabeleceram.

Coase sugere, *grosso modo*, que essas organizações – as *firms* – surgem como conseqüência do desejo de diminuir custos de transação (*transaction costs*) normalmente experimentados nos mercados, pelo uso do sistema de formação de preços. Assim, por exemplo, dada organização empresarial dedicada à manufatura de sapatos ganharia suposta existência em razão do desejo de evitar os custos de transação decorrentes da mera aquisição dos sapatos, já que seu fabrico permitiria obtê-los a custos menores que os impostos pelos preços praticados no mercado.

A evolução desse tipo de análise, que afirma serem as organizações econômicas, no geral, instrumentos dedicados a minimizar custos de transação, leva a concluir que quando é internamente estudada e conhecida a natureza do relacionamento que se estabelece entre seus membros são identificados novos custos significativos.

Assim, se, por um lado, essas formas de organização são capazes de mitigar custos transacionais, por outro, em razão de comportamentos econômicos que tendem a se contrapor, em vista dos distintos (e, por vezes, conflitantes) interesses ostentados por seus membros, as *firms* também abrigam custos, chamados de *agency costs*, que podem se tornar tão expressivos quanto os custos impostos pelas trocas econômicas no mercado.[3]

Determinada organização será mais ou menos eficiente na medida em que for capaz de mitigar tanto os custos de transações, em geral, quanto, em particular, os custos de agência.

2.1 Os fundamentos econômicos da "bolsa-associação"

Assumida como premissa a exatidão dessas proposições, não será equivocado concluir que as bolsas de valores surgiram do interesse dos operadores de se organizarem, no mercado de capitais, como forma de diminuir os custos de transação, especialmente aqueles custos associados ao acesso às ofertas (com o fim de negociar o

ring (eds.), *Brookings-Wharton Papers on Financial Services*, 2002, p. 61 (pp. 63-65).

2. Cf. R. H. Coase, "The nature of the firm (1937)", in Oliver E. Williamson e Sidney G. Winter (eds.), *The Nature of the Firm: Origins, Evolution, and Development*, Nova York/Oxford, Oxford University Press, 1993, pp. 18-33.

3. Cf. M. Jensen e W. Meckling, "Theory of the firm: managerial behavior, agency costs and ownership structure", *Journal of Financial Economics* 3/305 e ss., Amsterdã, 1976; Oliver E. Williamson, "The modern corporation: origins, evolution, attributes", *Econ. Lit.* 19/1.537, 1981; Bengt Holmstrom, "The firm as a subeconomy", *The Journal of Law & Economics* 15, n. 1, Chicago, abril/1999.

melhor preço), ao monitoramento das trocas econômicas, à formalização jurídica e execução (liquidação) dos negócios, à autenticidade dos ativos, à informação sobre os emitentes desses ativos e sobre a maior ou menor probabilidade de serem satisfeitos os direitos subjetivos neles contidos, e assim por diante.

As bolsas, em decorrência de seu alto grau de especialização objetiva, afirmam-se, então, originariamente, por centralizar – sob a mesma organização econômica – o acesso a abrangente gama de "tarefas" capazes de diminuir todos esses custos de transação. Se para uma pessoa seria muito custoso ter acesso à informação e ao monitoramento adequado dos agentes e dos ativos, para várias pessoas – sob a forma da associação – esses custos se diluiriam.

Esses são, resumidamente, os fundamentos econômicos do aparecimento das bolsas de valores organizadas sob a forma de associações sem fins lucrativos ou de sociedades simples. Propomos que esse modelo organizacional seja aqui identificado como "bolsa-associação".

2.2 *Centralização e essencialidade: a "bolsa-associação" como organização monopolista*

A convergência de interesses – entre os administradores das bolsas de valores, seus membros e as companhias listadas –, aliada ao fato de que as bolsas surgem em decorrência do desejo de algumas empresas de diminuírem seus custos de transação, e não de, diretamente, auferirem lucro (uma vez que o lucro era o objetivo de suas atividades individuais como intermediários financeiros), tornou dispensável que se organizassem, com o intuito de perseguirem os fins atribuídos às bolsas de valores, como empresa societária ("bolsa-empresa"). A criação, nesse contexto, de qualquer outra organização a oferecer os mesmos serviços que a bolsa de valores determinaria a assunção de elevadíssimos custos de transação; e, por isso, até o final do século passado as bolsas estabeleceram-se como organizações monopolísticas.

Esses motivos, que afirmam o associacionismo como forma de organização originária das bolsas de valores, explicam também por que, no princípio, se organizaram sob uma estrutura capaz de centralizar toda a negociação de ativos no mercado secundário, e não como um conjunto de organizações empresariais a competir entre si. Se os interesses convergem, não há, então, razões para que sejam representados por várias organizações, ao invés de por apenas uma, capaz de alcançar os objetivos propostos.

2.2.1 *Os fundamentos da força vinculante do esquema de regulação privada produzido pela "bolsa-associação"*

A centralização e a essencialidade funcional que caracterizam a atividade bursátil permitiram a criação de um importante esquema de regulação privada – a que se sujeitam companhias emissoras, intermediários e investidores – coordenado e supostamente submetido a regulação pública.[4]

4. As bolsas decorrem da autonomia privada dos seus instituidores, assim como dela decorrem as ordens jurídicas parciais que instituem e que vinculam seus instituidores e seus futuros membros. O que, por outro lado, parece relevante são a força e a importância sistêmicas crescentes dos mecanismos bursáteis de auto-regulação na implementação de modelos próprios da política do Direito. A auto-regulação nada mais é que um dos possíveis efeitos das relações jurídicas decorrentes do exercício da autonomia privada, caracterizado – para diferençar-se de outras tantas relações que também decorrem da autonomia privada – exatamente pela capacidade de interferir na atividade econômica, para conformá-la a desígnios e a modelos preestabelecidos, sob a ameaça de sanções aplicadas com o emprego de mecanismos próprios de distribuição de justiça. Essa auto-regulação – que, a despeito de ser autorizada pela ordem jurídica, afirma-se, em princípio, segundo interesses privados – deve ser desenvolvida em cooperação com o Estado e seus órgãos e em res-

Desse modo, a atividade bursátil caracterizou-se pela homogeneidade entre seus membros, pelo monopólio na organização e administração – nos mercados secundários – de trocas econômicas de valores mobiliários emitidos por companhias listadas e por um esquema de auto-regulação coordenado e submetido às agências ou órgãos regulatórios da Administração Pública.[5]

2.3 As causas do aparecimento da "bolsa-empresa"

O advento de novas tecnologias, entretanto, reduziu os custos atuais e potenciais experimentados pelos agentes nas trocas econômicas realizadas no mercado de capitais e, desse modo, contribuiu não apenas para um acesso facilitado à informação, mas também – em vista da internacionalização e dos *cross borders investments* – para um drástico aumento do âmbito do mercado.

Essas ocorrências foram determinantes para que as organizações bursáteis centralizadas perdessem a essencialidade que outrora as caracterizava. Permitiram e mesmo incentivaram, em muitos casos, a entrada de novos operadores no que se pode chamar de mercado de organização e administração de trocas econômicas de valores mobiliários no mercado de capitais.

peito e atenção às prescrições da política do Direito. A doutrina especializada insere a auto-regulação entre as múltiplas facetas da chamada regulação privada, tomando-as como sistemas ou conjuntos regulatórios criados por particulares, dentro dos quais se distinguem subsistemas ou subconjuntos diferençados uns dos outros em razão do tipo de relação que entretêm com sistemas de regulação pública, ou em vista da caracterização dos reguladores e dos regulados em questão. As atividades regulatórias insertas no âmbito da regulação privada – para além das formas mais puras de auto-regulação relacionadas à simples criação de normas convencionais por reguladores privados – podem ser: (i) a co-regulação (hipótese em que instituições privadas e pessoas são instadas a assumir o papel de reguladores e a participar em diferentes fases do processo regulatório; por exemplo, quando reguladores privados estabelecem padrões técnicos de acordo com princípios gerais definidos em lei, que são aplicados por uma agência governamental ou órgão da administração, e têm seu efetivo cumprimento monitorado por uma entidade privada independente); (ii) a regulação privada por delegação (que tem lugar quando o Poder Público identifica situações e fenômenos em que há a necessidade de uma atuação regulatória e reconhece que há reguladores privados mais bem posicionados para exercê-la); e (iii) a regulação privada normatizada *ex post* (caso em que a regulação privada é levada a cabo por reguladores privados, com o fim de disciplinar suas próprias atividades, mas que, subseqüentemente, tem seus comandos reconhecidos ou alçados à condição de norma jurídica, ou simplesmente incentivados por normas jurídicas). Cf. Alfred Légal e Jean Brethe de la Gressaye, *Le Pouvoir Disciplinaire dans les Instituitions Privées – son Organisation et ses Effects dans les Associations, Syndicats, Sociétés, Enterprises, Profissions: Étude de Sociologie Juridique*, Paris, Sirey, 1938, pp. 18 e ss.; Nelson Eizirik, "Regulação e auto-regulação no mercado de valores mobiliários". in Nelson Eizirik, *Questões de Direito Societário e Mercado de Capitais*, Rio de Janeiro, Forense, 1987, pp. 131 e ss.; Ian Ayres e John Braithwaite, *Responsive Regulation: Transcending the Regulation Debate*, Nova York/Oxford, Oxford University Press, 1992, pp. 158 e ss.; Vital Moreira, *Auto-Regulação Profissional e Administração Pública*, Coimbra, Livraria Almedina, 1997, pp. 52 e ss.; Fernando Zunzunegui, *Derecho del Mercado Financiero*, Madri, Marcial Pons, 1997, pp. 287 e ss.; Guido Ferrarini, "Exchange governance and regulation: an overview", in Guido Ferrarini (ed.), *European Securities Market: the Investment Services Directive and Beyond*, Londres, Kluwer Law International, 1998; Eddy Wymeersh, "The implementation of the ISD and CAD in national legal systems", in Guido Ferrarini (ed.), *European Securities Markets: the Investment Services Directive and Beyond*, Londres, Kluwer Law International, 1998, p. 34; Pierre-Henri Conac, *La Régulation des Marchés Boursiers par la Comissions de Opération de Bourse (COB) et la Securities and Exchange Comission (SEC)*, Paris, LGDJ, 2002; Fabrizio Cafaggi (ed.). *Reframing Self-Regulation in European Private Law*, The Netherlands, Kluwer Law International, 2006.

5. Cf. S. Roberta Karmel, "Turning seats into shares: causes and implications of demutualization of stock and futures exchanges", *Hastings Law Journal* 53/400 e ss., nota 5, 2002; Joel Seligman, "Cautious evolution or perennial irresolution: stock market self-regulation during the first seventy years of the securities and exchange commission", *Business Law Review* 59/1.347, 2004.

Nos Estados Unidos, por exemplo, as bolsas de valores e a NASDAQ já dividem esse mercado de organização e administração de trocas econômicas de valores mobiliários com vários e importantes concorrentes – a caracterizar o que Macey e O'Hara chamam de múltiplos *trading venues*[6] – em mesas de negócios das grandes distribuidoras e corretoras de valores, e, principalmente, com os chamados Sistemas Alternativos de Negociação (*Alternative Trading Systems – ATSs*), como as *Eletronic Communications Networks* (*ECNs*) (*e.g.*, Brut ECN, Instinet e Inet ATS).[7]

2.3.1 O mercado de organização e de administração de trocas econômicas de valores mobiliários: a concorrência entre os múltiplos canais de negociação

Se, no passado, as bolsas compartilhavam com as agências reguladoras a condição de mananciais exclusivos de informações sobre as emissoras e seus ativos, hoje essas informações são levadas ao investidor por meio de inúmeras fontes alternativas, a exemplo das considerações de analistas financeiros reveladas em boletins (em geral facilmente acessados na *Internet*) fornecidos pelas corretoras e bancos de investimento aos seus clientes, entrevistas e informações veiculadas em canais de televisão, cuja programação é exclusivamente dedicada ao fornecimento e à análise de informações relevantes ao mercado de capitais.

Essa divulgação reduz o espectro de tarefas assumidas pela bolsa de valores e as resume, embora atualmente compartilhada com concorrentes, à importante tarefa de conferir liquidez aos valores mobiliários, objeto de distribuição pública. Bem por isso, com acerto, Macey e O'Hara, em estudo acerca do mercado bursátil, afirmaram que "as trocas econômicas envolvendo valores mobiliários tornaram-se um produto, um processo estandardizado, cujo sucesso é, cada vez mais, aferido pela simples métrica do custo de transação".[8]

3. O aparecimento da "bolsa-empresa": influências no conteúdo, na importância e na confiabilidade do modelo regulatório atribuído às bolsas de valores

A concorrência nesse mercado de organização e administração de trocas econômicas de valores mobiliários – acirrada pelas razões expostas – obrigou, conseqüentemente, as bolsas de valores a reestruturarem sua forma de organização jurídico-econômica.[9] Essas profundas transformações não permitem que rema-

6. Sugerimos que a expressão, empregada por Macey e O'Hara, seja traduzida como "canais de negociação", de forma a designar a segmentação do que chamamos de mercado de organização e administração de trocas econômicas de valores mobiliários no mercado de capitais (cf. Jonathan R. Macey e Maurren O'Hara, "From markets to venues: securities regulation in an evolving world", *Stanford Law Review* 58/563, novembro/2005. Sobre esse fenômeno, que caracteriza o mercado de capitais atual, cf. também Yakov Amihud e Haim Mendelson, "A new approach to the regulation of trading across securities markets", *New York University Law Review* 71/1.411 e ss., 1996).

7. Os *ECNs* são livros eletrônicos de ordens que permitem às corretoras negociar entre si, sem a intermediação de um distribuidor ou formador de mercado. Os *ATSs* incluem um conjunto de mecanismos de negociação, a exemplo de redes cruzadas (*e.g.*, ITG's e POSIT), que permitem que as grandes corretoras recebam ordens transmitidas eletronicamente e as conectem, a um preço determinado, com outros canais de negociação, como as próprias bolsas. Esses canais de negociação (*trading venues*) são sigilosos e impedem que as grandes corretoras exponham suas ordens a outros agentes no mercado, divulgando-se apenas os negócios celebrados. Cf. Larry Harris, *Trading and Exchanges: Market Microstructure for Practitioners*, 2003, pp. 49-50, 531.

8. Cf. Jonathan R. Macey e Maureen O'Hara, "From markets to venues: securities regulation in an evolving world", *Stanford Law Review* 58/564.

9. A primeira bolsa de valores a se organizar sob a forma de sociedade por ações e a emitir e distribuir publicamente suas ações foi a Bolsa de Valores de Estocolmo. Desde então, as maiores e mais importantes bolsas de valores do mundo, inclusive a

nesça intocado – em conteúdo, importância e confiabilidade – o modelo regulatório privado até agora vigente.

A detenção de um monopólio do mercado de organização e administração de trocas econômicas de valores mobiliários incentivava as bolsas, até mesmo para maximizar os ganhos com emolumentos,[10] a criar regras que fomentassem o aumento do próprio mercado, com a inclusão de novos ativos emitidos por novas companhias. A homogeneidade e a convergência de interesses entre as bolsas, seus membros, as companhias listadas e os investidores criavam, adicionalmente, um ambiente propício ao cumprimento da regulação privada levada a cabo pelas bolsas.

A transição de um ambiente de homogeneidade e convergência para o atual cenário de concorrência entre canais de negociação, que inaugura uma disputa por porções do mercado de organização e administração de trocas econômicas de valores mobiliários, expõe também uma mudança no relacionamento entre as bolsas e os agentes, antes pautado na comunhão de interesses negociais, e agora estritamente centrado em trocas econômicas (de serviços por emolumentos).

Os membros das bolsas e mesmo os investidores, inspirados por razões estritamente negociais, nos mercados mais desenvolvidos, já passam a alinhar os serviços bursáteis entre tantos outros canais de negociação, e, com mais ou menos freqüência, no futuro próximo, poderão preteri-los, por divergirem, em vista de suas conveniências pontuais, acerca da maneira ideal – dentre as várias disponíveis – de organizar e de administrar as trocas econômicas de valores mobiliários.[11]

A regulação privada, estabelecida pelas bolsas, nesse novo contexto, não parece fadada ao mesmo sucesso de outrora. Não havendo mais a absoluta convergência de interesses entre elas e os demais agentes – o que é agravado pela menor essencialidade dos seus serviços e pela quebra de seu monopólio –, perdem-se, em grande parte, os principais incentivos ao cumprimento das normas convencionais, e o argumento escorado na ameaça de "cumpra ou está fora" deixa de ser tão temido.

3.1 A "bolsa-empresa" como reguladora e regulada: as conseqüências de um distúrbio de dupla personalidade

As bolsas, em vista da desmutualização seguida de abertura de capital, passaram a ocupar, simultaneamente, a condição de reguladas e de reguladoras. E, nesse contexto, o que parece mais perigoso é que remanescem munidas de poderes para regular seus competidores.[12]

BOVESPA (em 2007), aderiram à desmutualização seguida de abertura de capital.

10. Termo empregado para designar o preço cobrado pelos serviços bursáteis.

11. As palavras de David Brown, diretor da Comissão de Valores Mobiliários de Ontário, são particularmente elucidativas: "Ninguém, inclusive os agentes do mercado, sabe para onde o mundo novo da concorrência entre bolsas de valores, ECNs e ATSs irá nos levar. As participações cruzadas (*cross-ownerships*) entre ECNs e ATSs ilustram a questão. Seu quadro societário assemelha-se a uma teia de aranha, em vista das participações detidas por bancos, corretoras e mesmo por empresas de comunicação. Incluem-se entre os investidores das ECNs a rede de televisão a cabo – a CNBC –, uma corretora de valores *on line* – a E*Trade –, outra ECN – a Instinet –, bem como a Merrill Lynch e a Goldman Sachs. Essas, aliás, juntamente com a Morgan Stanley Dean Witter, têm participação na Brut e na OptiMark (que também tem a Paine Webber como sócia). A Dow Jones controla o *Wall Street Journal* e o Softbank detém participação significativa no E*Trade... Todos, enfim, parecem fazer pequenas apostas em cada cavalo no páreo, na esperança de que ao menos um deles alcance a linha de chegada" (nossa tradução: David A. Brown, "Relevant regulation in a global economy", discurso proferido no *Financial Services Institute National Club*, em 27.9.2000, disponível em *http://www.osc.gov.on.ca/About/Speeches/sp_20000927_db_global-econ.jsp*).

12. Tome-se, nesse sentido, para avaliar as possíveis conseqüências, o exemplo de companhias listadas na NASDAQ e igualmente qualificadas a ter seus ativos negociados na NYSE. A NYSE – em vista dos proveitos que poderia auferir, fossem tais ativos negociados sob sua organização e adminis-

Ainda no que concerne ao impacto da desmutualização sobre a regulação privada do mercado de capital e, em especial, do mercado de serviços de bolsas de valores,[13] não se deve olvidar que a estrutura organizacional adotada no passado – e fundada na convergência de interesses e na cooperação entre membros e clientes – era especialmente isenta de altos custos de agência, mas incapaz de absorver e de administrar os elevados riscos inerentes às transformações experimentadas pela atividade bursátil.

A empresa societária é, por excelência, um tipo de organização mais eficiente – em vista de sua capacidade de mitigar riscos (mormente por meio da externalização de custos) – e apresenta maior capacidade de se moldar às novas características do mercado de organização e de administração de trocas econômicas de valores mobiliários. Os controles societário e empresarial da empresa societária estão, entretanto, predominantemente centrados nas mãos de pessoas e grupos cujos interesses egoísticos tendem a se harmonizar menos com aqueles ostentados pelos demais detentores-fornecedores de recursos (*constituencies*).[14]

O controlador não é movido pelo mesmo espírito de cooperação que caracteriza os tipos associativos predominantes nas bolsas no passado,[15] e, bem por isso, estará provavelmente menos disposto a se sujeitar à auto-regulação, em especial à auto-regulação que obstaculize a plena satisfação de seus interesses.[16]

Do mesmo modo, a desmutualização e a abertura de capital das bolsas criam o que a doutrina norte-americana chama de *market for corporate control*, isto é, um mercado que tem por objeto o controle societário e empresarial de uma dada companhia e que, em vista das pressões que constantemente exerce sobre os órgãos de administração, cria, em tese, um ambiente de incentivo aos administradores para adotarem estratégias empresariais capazes de maximizar os lucros dos acionistas sob a ameaça de perderem seus cargos.[17]

As tentativas – primeiramente do grupo sueco OM, em seguida da Deutsche Börse, e mais recentemente da bolsa pan-européia Euronext – de adquirir a Bolsa de Londres demonstram a existência desse "mercado de controle societário e empresarial". Essa situação tende, em geral, a manter os administradores sob estrita vigilância e disciplina, bem como a maximizar o desenvolvimento e o emprego de novas tecnologias e a promover a eficiência das bolsas desmutualizadas.[18] O problema, todavia, é saber se a eficiência empresarial das bolsas desmutualizadas corresponde a uma eficiência regulatória.

Aqueles que afirmam haver um ganho de qualidade regulatória apóiam-se na

tração – será grandemente incentivada a atraí-los, enquanto, por outro lado, algumas importantes corretoras membros da NYSE preferirão que tais companhias continuem a não ser listadas na NYSE, de forma que seu papel de formadoras de mercado não se desloque da NASDAQ.

13. É necessária uma distinção entre a regulação reflexa dos mercados de capitais, como efeito colateral da regulação privada da organização e administração bursátil do mercado de trocas econômicas de valores mobiliários, e a regulação privada do mercado de serviços bursáteis propriamente dita.

14. Essa é a constatação que permite identificar elevados custos de agência nas organizações empresariais. Cf. Henry Hansmann, "Ownership and firm", *Economy & Organization*, 1988, pp. 267 e ss.

15. Nesse sentido, note-se o que se afirmou acerca da estrutura organizacional da Bolsa de Nova York (NYSE): "A estrutura *[da NYSE]* procura maximizar a eficiência e integridade do mercado, ao invés de maximizar lucros, como ocorre entre as companhias abertas" (nossa tradução: cf. *NYSE Euronext. Governance of the New York Stock Exchange, Inc. 5*, maio/2003, *White Paper*, disponível em *http://www.nyse.com/pdfs/governancewhitepaper.pdf*).

16. Cf. Jonathan R. Macey e Maureen O'Hara, "From markets to venues: securities regulation in an evolving world", *Stanford Law Review* 58/574.

17. Cf. Roberta Romano (ed.), *Foundations of Corporate Law*, Oxford University Press, 1993, pp. 229-266.

18. Cf. Heather Timmons, "Europe ponders how best to trade stocks", *New York Times*, 21.12.2004, W1.

capacidade da "bolsa-empresa" de incrementar a liquidez dos ativos e, portanto, de atrair um número cada vez maior de agentes voluntariamente submetidos às suas competências regulatórias.[19] Isso ocorre porque os investidores, sob a expectativa de que estarão protegidos, irão, em tese, investir mais; as companhias, crendo que, nesse ambiente, os investidores tenderão a adquirir mais ativos, pretenderão ter seus ativos negociados em bolsa, e os intermediários os seguirão inevitavelmente, não apenas porque sua participação em todo o processo de distribuição pública é obrigatória, mas especialmente porque buscam auferir os lucros que decorrem de sua atuação nesses mercados.

Esses argumentos nos parecem falaciosos, tanto em virtude da suposta força vinculante e da abrangência dessa regulação privada produzida pela "bolsa-empresa" quanto em razão da existência de incentivos e, portanto, da expectativa de que a "bolsa-empresa" respeite os padrões regulatórios estabelecidos pela política do Direito em matéria de mercado de capitais.

3.1.1 *Os altos custos da regulação privada, a "free-riding"*

A atividade regulatória das bolsas desmutualizadas, em particular nos mercados mais desenvolvidos como o norte-americano, não apenas beneficia – no que concerne à sua capacidade de inculcar e conferir maior proteção aos investidores e, portanto, de gerar a adesão de novos agentes e a ocorrência de um maior volume de negócios no mercado – as bolsas reguladoras, mas também leva seus concorrentes a organizar e administrar outros canais de negociação de valores mobiliários.

Esses *free riders* aproveitam-se dos muitos milhões de Dólares gastos pelas bolsas de valores com desenvolvimento, criação, aplicação, supervisão e concreção da regulação privada.[20] Essa economia reverte-se, por certo, em serviços menos custosos e, portanto, capazes de atrair (e mesmo de subtrair) os clientes das bolsas para os canais de negociação concorrentes.

Diante dessa ocorrência, parte do incentivo à produção de uma regulação privada abrangente e efetiva se esvai, e a atribuição de uma competência regulatória às bolsas, que se mostre frágil e displicentemente supervisionada pelas agências e órgãos estatais de regulação, figura, no mínimo, como perigosa.

3.1.2 *A ausência da essencialidade dos serviços bursáteis e a perda de força vinculante da regulação privada de autoria da "bolsa-empresa"*

A força vinculante da regulação bursátil tende ainda, em hipótese, a ser mitiga-

19. Bem por isso, Mahoney pondera: "(...) as bolsas devem ter grande incentivo em adotar regras que beneficiem os investidores (...). As bolsas são tradicionalmente controladas por seus membros, que são corretoras e outros intermediários profissionais. Sabendo que suas receitas crescem na medida em que cresce o volume de negócios, os intermediários criam mercados bursáteis, que atraem os investidores por ofertar-lhes liquidez. Como provedor de liquidez, uma bolsa compete com outras e com os mercados de balcão, todos a querer listar novas companhias (inserir novos ativos no mercado) e a levar investidores a comprar os ativos que elas emitem. O mercado de capitais, como um todo, compete pelo dinheiro do investidor a aplicá-lo em bens imóveis, metais preciosos etc." (nossa tradução: Paul Mahoney, "The exchange as regulator", *Va. L. Rev.* 83/1.457 e ss., 1997).

20. Macey e O'Hara, acerca da importância da atividade regulatória das bolsas e do efeito-carona de que se aproveitam outros canais de negociação, afirmam que "essa regulação é um importante bem público, uma vez que claramente beneficia outras entidades além daquelas que a custeiam. Assim como outros bens públicos, as atividades regulatórias produzidas pela NYSE e por outras bolsas estão sujeitas aos problemas causados pelo efeito-carona. Os canais rivais de negociação, particularmente as companhias que operam ATSs e ECNs, podem aproveitar-se desses esforços regulatórios, já que se relacionam com a NYSE e com a NASDAQ, abrigando negócios que têm por objeto ativos de companhias listadas, sem experimentar, contudo, os custos

da com o aparecimento de novos canais de negociação que ostentam uma capacidade similar de conferir liquidez aos ativos.

Entre nós, o "Novo Mercado" e os canais de negociação de Nível 1 e 2, sob a promessa de maior liquidez aos ativos, inspiraram a conformação de uma quantidade surpreendente de companhias emissoras a um modelo de organização e a um governo corporativo. Nada impede que, sob o mesmo raciocínio, canais de negociação disciplinados por regras menos exigentes – mas caracterizados por bons índices de liquidez – venham conferir, ao menos, uma alternativa às companhias ameaçadas de exclusão ou efetivamente excluídas dos mercados bursáteis, e ainda incentivar uma condução mais laxista das atividades corporativas.

Esse vaticínio ganha força, até mesmo para antecipar uma resposta a argumentos que pretendam contrariá-lo, pelo fato de que não foi cabalmente demonstrado que um modelo de governo voltado à satisfação exclusiva dos interesses dos acionistas é – em vista de seu potencial para, no longo prazo, danar a higidez da organização (contrariando a premissa de que a empresa apta a maximizar lucros distribuíveis é a mais eficiente) – o único responsável por preservar seus interesses últimos (isto é, a própria existência dos direitos creditórios que decorrem das ações e demais valores mobiliários[21]) e por promover, como conseqüência, a liquidez dos ativos de dada companhia.

Isso significa que, se, no médio e no longo prazos, a adoção desses modelos não se mostrar de algum modo relacionada com o aumento (nem mesmo com a existência) de lucros distribuídos aos acionistas, a liquidez nos canais de negociação que os empregarem como pressuposto regulatório tenderá a diminuir. Essa tendência de diminuição de liquidez prosseguirá até que se encontrem outros pressupostos regulatórios vocacionados a melhor promover e proteger os interesses dos investidores, ou até que os negócios sejam transferidos para outros canais em que os ativos negociados levem a crer, por quaisquer razões, em melhores expectativas de ganho.

3.1.3 *A competência regulatória como vantagem competitiva*

Esses fatos e expectativas compõem um quadro de franca e acirrada concorrência entre as organizações responsáveis pelos vários canais de negociação (isto é, entre os vários agentes do mercado de organização e administração das trocas econômicas de valores mobiliários). Para os fins da concorrência, como já vimos, as atribuições regulatórias das bolsas podem vir a ser um inconveniente fardo ou, então, podem estimular o exercício abusivo dos poderes que delas decorrem. Mantida, diante de tudo isso, a competência regulatória das bolsas, não será absurdo imaginar que a empregarão para prejudicar ou, no mínimo, para obter vantagens competitivas sobre seus "adversários".[22]

4. Conclusões: a desmutualização e a abertura de capital das bolsas de valores como pressupostos da redefinição dos papéis regulatórios atribuídos às agências e aos órgãos reguladores estatais

É pouco provável, especialmente entre nós – visto que muitos de nossos es-

decorrentes desses esforços" (nossa tradução: Jonathan R. Macey e Maureen O'Hara, "From markets to venues: securities regulation in an evolving world", *Stanford Law Review* 58/576).

21. Extinta a companhia, uma vez que foi inviabilizada sua atividade, perecerão os direitos creditórios atribuídos aos acionistas, seja porque se tornou impossível sua satisfação (como nos casos de falência), seja porque simplesmente deixaram de existir, em vista do desfazimento da própria relação jurídico-societária (decorrente da regular dissolução e liquidação da sociedade).

22. Cf. Jonathan R. Macey e Maureen O'Hara, "From markets to venues: securities regulation in an evolving world", *Stanford Law Review* 58/576.

tudos atribuem à CVM, no que concerne à eficiência de suas iniciativas regulatórias à promoção e ao desenvolvimento do mercado de capitais, um papel secundário (especialmente se comparado ao exercido pela BOVESPA)[23] –, que se possa esperar, das agências e dos órgãos estatais de regulação, a criação de políticas compensatórias e mecanismos destinados a evitar os desajustes regulatórios que podem, em tese, ser causados pelo surgimento da "bolsa-empresa".[24]

A força regulatória de nossa principal Bolsa de Valores e a importância que lhe é atribuída não devem impedir (muito pelo contrário) que se conclua pelos imperiosos fortalecimento, especialização e aparelhamento dos órgãos estatais reguladores dos mercados financeiros e de capitais. Essa situação, em verdade, nos preme a constatar que, conferida às bolsas de valores – e à regulação privada – a primazia de planejar os rumos e efetivamente disciplinar o mercado de capitais, por melhores que sejam as intenções e por mais competentes que sejam seus administradores, o provável é que sucumbam diante das forças econômicas e dos argumentos de conveniência decorrentes da necessidade de alcançar os fins próprios da "bolsa-empresa".

Parece mais certo, diante da controvérsia, que a decisão política acerca de como alocar a autoridade e a competência regulatória em matéria de mercado de capitais deva ser, no geral, revista, para que se identifiquem, no presente e no futuro próximo, as instituições sujeitas aos melhores incentivos para regular em prol do interesse público.[25]

As reflexões a escorar essa decisão devem, todavia, levar em conta os argumentos que desfavorecem um plano regulatório muito dependente e centrado na plena autonomia da "bolsa-empresa"; devem, sobretudo, considerar toda a sorte de influências e interesses a que está sujeito o Poder Público, diante dos quais freqüentemente sucumbe.

23. São particularmente emblemáticas, para coroar a boa impressão da atuação regulatória da BOVESPA em face da claudicante regulação de autoria da CVM e do Poder Judiciário brasileiro em matéria de mercado de capitais, as conclusões dos artigos que alcançaram as duas primeiras colocações no prêmio de monografias promovido conjuntamente pela Faculdade de Direito da FGV e pela BOVESPA (cf. Andréa Di Sarno Neto e Felipe Taufik Daud, "Por que obedecer? O desenvolvimento do mercado de capitais em ambiente de incerteza jurídica", pp. 33 e ss., e Rafael de Almeida Rosa Andrade, "Uma visão teórica e empírica da relação entre Judiciário e o desenvolvimento do mercado de capitais", pp. 32 e ss., ambos disponíveis em *http://www.bovespa.com.br/investidor/juridico/071207NOtA.asp*).

24. A capacidade putativa, atribuída ao Estado, de resolver externalidades ou falhas de mercado foi chamada por Harold Demsetz de *nirvana fallacy* (cf. Harold Demsetz, "Information and efficiency: another viewpoint", *Journal of Law and Economics* 12/1 e ss., 1969).

25. Cf. Jonathan R. Macey, "Administrative agency obsolecence and interest group formation: a case study of the SEC at Sixty", *Cardozo Law Review* 15/909, 913-914 e 922-923, 1994.

Atualidades

RESPONSABILIDADE POR OBRIGAÇÕES E DÍVIDAS DA SOCIEDADE EMPRESÁRIA NA RECUPERAÇÃO EXTRAJUDICIAL, NA RECUPERAÇÃO JUDICIAL E NA FALÊNCIA

JORGE LOBO

I – Direito da economia. II – Distinção entre "sociedade" e "empresa" na doutrina e na Lei de Responsabilidade Fiscal: A) Na doutrina – B) Na Lei 11.101/2005. III – Empresa, estabelecimento, filial e unidade produtiva: A) Na Lei 11.101/2005 – B) No Código Civil e na doutrina: B.1) Conceito de "empresa" – B.2) Conceito de "estabelecimento" – B.3) Conceitos de "filial" e "unidade produtiva". IV – Responsabilidade por obrigações e dívidas da sociedade empresária: A) Na recuperação extrajudicial – B) Na recuperação judicial: B.1) Alienação de empresa – B.2) Alienação de estabelecimento, filial e unidade produtiva: B.2.1) Alienação extrajudicial – B.2.2) Alienação judicial – C) Na falência. V – Resumo.

I – Direito da economia

1. O direito comercial, codificado, no começo do século XIX, sob a inspiração das idéias de Grocio, Locke, Rousseau e outros e do direito natural racionalista, que fez do homem titular de direitos pessoais, intangíveis e inalienáveis, primava pelo caráter eminentemente liberal e individualista, alicerçado nos princípios da liberdade (de contratar) e da igualdade (ainda que meramente formal), por isso era considerado um direito especial em relação ao direito civil, parte, portanto, do direito privado, embora com metodologia e técnica próprias, oriundas da *aequitas mercatoria*.[1]

2. Na Europa, a partir do término da I Guerra Mundial, nos Estados Unidos da América, com o *crash* da Bolsa de Nova York, e no Brasil, sob o comando do 1º Governo Militar, contudo, o direito comercial experimentou uma revolucionária transformação, eis que o Estado passou a intervir no funcionamento do mercado, quer como agente da atividade econômica, quer como órgão regulador.

3. A propósito do assunto, Orlando Gomes, ao discorrer sobre "aspectos do dirigismo econômico" e das "mudanças na estrutura política, na constituição econômica e na experiência jurídica", ensina, com maestria: "Na área econômica, a mudança capital deu-se pela substituição da economia liberal pela economia dirigida. Implicou essa mudança a limitação do conteúdo do princípio básico da constituição econômica: a liberdade de iniciativa. A modificação verificou-se em dois sentidos: (1º) a atividade econômica dos particulares passou a ser limitada, fiscalizada e controlada

1. A *aequitas mercatoria* era um processo rápido, simples e econômico, consoante as regras da verdade sabida e da boa-fé, presidido por juízes experientes em negócios.

pelo Estado (intervencionismo estatal); (2º) as pessoas de direito público entregaram-se ao exercício de atividades econômicas e o Estado se tornou empresário".[2]

4. Por isso, pode-se dividir o direito comercial em três ciclos ou fases, o da pré-codificação, o da codificação e o da pós-codificação, havendo imperado nos dois primeiros, com ou sem "lei escrita", o princípio da livre iniciativa, e no terceiro o princípio do dirigismo econômico. Daí falar-se, cada vez mais, em *publicização do direito comercial,*[3] que eu prefiro denominar de *transformação do direito comercial em direito da Economia.*[4]

5. A "recuperação judicial da empresa" é um instituto do direito da Economia,[5] que se pauta pela *idéia de eficácia técnica,* e não pela *idéia de justiça* – o que salta aos olhos quando se examina o tema "responsabilidade por obrigações e dívidas da sociedade empresária na recuperação extrajudicial, na recuperação judicial e na falência", eis que o Estado, no exercício pleno de seu poder de dispor e regular a atividade econômica do particular, em especial das sociedades empresárias em estado de crise, lança mão de *normas de política legislativa* que visam a atender precipuamente aos interesses sociais, ainda que, por vezes, em detrimento de direitos individuais, inalienáveis e intangíveis.

2. Orlando Gomes e Antunes Varela, *Direito Econômico,* São Paulo, Saraiva, 1977, p. 54.

3. Bruno Nubens Barbosa Miragem, "Do direito comercial ao direito empresarial – Formação histórica e tendências do Direito Brasileiro", *Revista de Direito Privado* 17/75, Ano 5, São Paulo, Ed. RT, janeiro-março/2004.

4. Sobre as diferentes teorias quanto ao direito econômico e seus defensores, leia-se Modesto Carvalhosa, *Direito Econômico,* São Paulo, Ed. RT, 1973.

5. Conforme sustentei no artigo "Recuperação judicial da empresa", in Fátima Bayma de Oliveira (coord.), *Recuperação de Empresas – Uma Múltipla Visão da Nova Lei,* São Paulo, Pearson Prentice Hall, 2006.

II – Distinção entre "sociedade" e "empresa" na doutrina e na Lei de Responsabilidade Fiscal

A) Na doutrina

6. Em alentado e excelente estudo, Jean Paillusseau,[6] no capítulo dedicado às "Dificuldades da Percepção da Empresa",[7] após exclamar que "nada é mais desconcertante que falar da empresa",[8] afirma que a noção de "empresa está obscurecida e deformada por análises filosóficas, visões ideológicas e discussões políticas"[9] – e creio poder acrescentar, com segurança, por dúvidas e controvérsias quanto à sua *natureza jurídica.*

7. A propósito desse intrincado e polêmico tema, a doutrina, pátria e alienígena, divide-se, fundamentalmente, em três correntes:[10] a subjetivista ou personalista, a objetivista ou materialista e a unitária.[11]

6. Jean Paillusseau, "Qu'est-ce que l'entreprise?", in *L'Entreprise: Nouveaux Apports,* Paris, Economica, 1987, pp. 11-87.

7. Idem, p. 11.

8. Idem, ibidem.

9. Idem, p. 12.

10. Sobre o assunto, meu estudo "A empresa: novo instituto jurídico", *Revista da EMERJ* 17/94-110. Na França: Claude Champaud, "Prospective de l'entreprise", in *Connaissance Politique, L'Entreprise,* Paris, Dalloz, fevereiro/1983, pp. 8 e ss. Na Itália: Ravà, "Il sistema del diritto civile di fronte all'azienda", *Riv. Dir. Com.* I/1 e ss., 1970, e nos *Studi in Onore di Francesco Santoro Passarelli,* vol. IV, Nápoles, 1972, p. 81.

11. Há, ainda, os que pensam que a empresa não é nem sujeito nem objeto de direito, mas um simples fato. Eis a lição de Barbero: "Pode parecer curioso que o Código fale de empresa, mas não a defina, e, ao invés, defina o 'empresário'. Isso, entretanto, é significativo: não é uma extravagância, mas um produto espontâneo da natureza das coisas. (...). A empresa 'não existe', mas 'se exerce'; não é 'um ser', nem sujeito, nem objeto, mas 'um fato'; o que é, o que existe, são 'o empresário', como sujeito, e o 'estabelecimento', como objeto. O exercício que o 'empresário' faz do estabelecimento constitui exatamente a 'empresa'" (*apud* Waldírio Bulgarelli, *A Teoria Jurídica da Empresa,* São Paulo, Ed. RT, 1985, p. 143).

8. Para os *subjetivistas* a empresa é sujeito de direito, decorrência natural e necessária de sua personificação, titular de direitos, interesses e obrigações próprios, distintos e autônomos dos de seus sócios.

9. Para os *objetivistas* a empresa é objeto de direito, pois ela consiste apenas na afetação de certos bens e direitos, de propriedade de uma ou mais pessoas físicas ou jurídicas, a determinada atividade organizada dos fatores de produção, não existindo nem ativa nem passivamente, não respondendo nem por obrigações nem por dívidas, por carecer de personalidade jurídica.

10. A propósito, na monografia *Cessão da Empresa*, Jean Paillusseau, Jean-Jacques Caussain, Henry Lazarski e Philippe Peymaure doutrinam: "A empresa não tem personalidade moral, ela não é uma pessoa jurídica. A própria noção de empresa não é uma noção jurídica. A empresa pertence ao domínio das realidades econômicas e sociais. A simples observação da empresas demonstra que a empresa é: (1) uma atividade econômica; (2) um conjunto de meios afetados à atividade; (3) uma organização; (4) uma comunidade humana organizada; (5) um centro de decisão e de poder; (6) um 'acionariado'; (7) um centro de interesses; (8) um objeto de organização jurídica".[12]

11. Para os *unitaristas* há equiparação entre *sociedade* e *empresa*[13]

B) Na Lei 11.101/2005

12. Entre as inúmeras inovações da Lei de recuperação judicial, extrajudicial e falência do empresário e da sociedade empresária (LRF) destaca-se a nítida distinção entre *sociedade* e *empresa*, pois, para a LRF: (i) a sociedade é ser; a empresa, atividade produtiva economicamente organizada; (ii) a sociedade é sujeito de direito; a empresa, objeto de direito; (iii) a sociedade é ficção jurídica; a empresa, realidade social; (iv) a sociedade é forma;[14] a empresa, conteúdo; (v) a sociedade é instituto jurídico; a empresa, fenômeno econômico; (vi) a sociedade alicerça-se na teoria do contrato plurilateral; a empresa, na teoria da organização;[15] (vii) a sociedade é a personificação da empresa; a empresa, a concretude da sociedade.

13. A distinção entre *sociedade* e *empresa* começa no art. 47, o primeiro do Capítulo III da LRF, ao ficar patente que o *objeto* da ação de recuperação judicial é "viabilizar a superação da situação de crise econômico-financeira do devedor" – *rectius*, da sociedade;[16] a *finalidade imediata*, "permitir a manutenção da fonte produtiva" – *rectius*, da empresa; e a *finalidade mediata*, promover a "preservação da empresa e sua função social".

14. E prossegue no art. 50, quando ora usa a palavra "sociedade", expressa ou implicitamente, conforme se verifica dos incisos II, que regula a "cisão, incorporação e fusão da *sociedade*", III, que cuida

12. "L'entreprise n'a pas la personnalité morale, elle n'est donc pas une personne juridique. La notion même d'entreprise n'est pas une notion juridique. L'entreprise appartient au domaine des réalités économiques et sociales (...). La simple observation des entreprises montre que l'entreprise est: (1) une activité économique; (2) un ensemble de moyens affectés à l'activité; (3) une organisation; (4) une communauté humaine organisée; (5) un centre de décisions et de pouvoir; (6) un 'actionnariat'; (7) un centre d'intérêts; (8) un objet d'organisation juridique" (Jean Paillusseau, Jean-Jacques Caussain, Henry Lazarski e Philippe Peymaure, *Cession d'Entreprise*, 4ª ed., Paris, Dalloz, 1999, pp. 1-2).

13. Como, por exemplo, sustenta Philippe de la Chapelle, *L'Évaluation des Entreprises*, 2ª ed., Paris, Economica, 2004, p. 14. Para o ínclito Waldírio Bulgarelli, "o novo Código Civil (...) suprimiu o dualismo *comerciante/empresário*, distinguindo unicamente entre os sujeitos de direito aqueles que são empresários daqueles que não são" (*A Teoria Jurídica da Empresa*, p. 84).

14. Para Mossa "a sociedade não é senão uma organização formal da empresa" (*Società per Azioni*, Pádua, 1957, pp. 68 e ss., *apud* Fábio Konder Comparato, *Aspectos Jurídicos da Macroempresa*, São Paulo, Ed. RT, 1970, p. 57).

15. Cf. a excelente monografia de Bulgarelli, *A Teoria Jurídica da Empresa*, pp. 123 e ss.

16. Conforme se verifica do art. 1º da LRF, a palavra "devedor" engloba a expressão "sociedade empresária" e o vocábulo "empresário".

da "alteração do *controle societário*", e VI, que prevê "aumento do *capital social*"; ora o vocábulo "empresa", consoante o inciso XIII, que versa sobre o "usufruto da *empresa*", para se completar no Capítulo V, que disciplina a falência do devedor, em especial na Seção XI, arts. 140 e 141, que contêm a palavra "empresa" três vezes, e, ainda, nos arts. 142, § 1º, e 145, § 2º.

III – Empresa, estabelecimento, filial e unidade produtiva

A) Na Lei 11.101/2005

15. A LRF, em quatro artigos, calcada no perfil patrimonial da empresa, trata de *estabelecimento* (art. 50, VII, e art. 140, I e III), *filial* (art. 60, *caput*, art. 140, II, e art. 141) e *unidade produtiva* (art. 60, *caput*, e art. 140, II).

16. Da leitura desses artigos e incisos constata-se que, para a LRF, a *empresa* pode ser: (a) um *todo único* (arts. 50, XIII, e 141, *caput*); (b) formada por um ou mais *estabelecimentos* (art. 140, I); (c) constituída por uma ou mais *filiais* (arts. 60, *caput*, 140, II, e 141, *caput*); e (d) composta por uma ou mais *unidades produtivas* (arts. 60, *caput*, e 140, II).

17. Verifica-se, ademais, que a LRF permite: (a) o usufruto e a alienação da *empresa* como um *todo único* (arts. 50, XIII, e 141, *caput*); (b) a alienação da *empresa* com a venda de seus *estabelecimentos* em bloco (art. 140, I); (c) a alienação da *empresa* com a venda *isoladamente* de suas *filiais* ou *unidades produtivas* (art. 140, II); e (d) a alienação de *filiais* ou de *unidades produtivas isoladas* (art. 60, *caput*), segundo as normas do art. 142, desde que previsto o "trespasse de estabelecimento" (art. 50, VII, c/c o art. 60, *caput*) no plano de recuperação, aprovado pela assembléia-geral de credores e homologado pelo juízo.

B) No Código Civil e na doutrina

B.1) *Conceito de "empresa"*

18. A empresa – ensinou Asquini, ao profligar o conceito jurídico unitário de Vivante – é um fenômeno poliédrico com quatro perfis: o subjetivo (a empresa como propulsora da atividade econômica, isto é, a empresa como empresário); o funcional (a empresa como organização produtiva); o patrimonial (a empresa com seu próprio patrimônio, composto por um ou mais estabelecimentos); e o corporativo (a empresa como a união entre o empresário, titular da empresa, e seus colaboradores).[17]

B.2) *Conceito de "estabelecimento"*

19. Como já acentuei, "o art. 60, *caput*, da LRF, sob a denominação 'Alienação Judicial de Filiais ou de Unidades Produtivas Isoladas do Devedor', trata, em verdade, do decantado 'trespasse de estabelecimento empresarial',[18] cabendo destacar que a LRF peca, às vezes, por desprezar vocábulos e expressões consagradas,[19] como ocorre *in casu*, ao empregar a palavra 'filiais' e a expressão 'unidades produtivas isoladas' ao invés do clássico 'estabelecimento', hoje, inclusive, objeto de minuciosa disciplina no CC, arts. 1.142 e ss.".

20. *Ex vi* do art. 1.142 do CC, "estabelecimento" é "todo complexo de bens organizado, para exercício da empresa, por empresário, ou por sociedade empresária". Vale dizer, é uma "*universitas* ou,

17. Desenvolvi o tema no meu livro *Sociedade Limitada*, 1ª ed., vol. I, Rio de Janeiro, Forense, 2003, pp. 20-30.

18. Meus comentários ao art. 60 da LRF na obra coordenada por Paulo F. C. Salles de Toledo e Carlos Henrique Abrão, *Comentários à Lei de Recuperação de Empresas e Falência*, São Paulo, Saraiva, 2005, pp. 160-163.

19. Por exemplo, entre outros, no art. 47, ao substituir "estado de crise econômico-financeira", de uso corrente no país e no exterior, por "situação de crise econômico-financeira".

mais precisamente, uma *universitas facti*, portanto um 'conjunto de objetos de direito''',[20] composto de coisas corpóreas (bens imóveis, móveis e semoventes) e incorpóreas (nome empresarial, insígnias, marcas, patentes de invenção, *know-how*, aviamento etc.)". Ou, como elucida Oscar Barreto Filho, ao discriminar "'os elementos imateriais' do estabelecimento: (...): (1º) os sinais distintivos: o nome comercial objetivo; o título e a insígnia do estabelecimento; as marcas de indústria, de comércio e de serviço; a expressão ou sinal de propaganda; (2º) as recompensas industriais; (3º) os privilégios industriais: as patentes de invenção; os modelos e desenhos industriais; (4º) as obras literárias, artísticas ou científicas; (5º) o ponto ou local de negócio; (6º) os serviços do pessoal; (7º) a clientela ou freguesia". Lecionando, ainda, que "essa enumeração não é limitativa, pois inclui apenas os institutos mais característicos, que são regulados de modo especial pela lei comercial, e se encontram presentes com maior freqüência no estabelecimento; não foram arroladas, por exemplo, as concessões de serviços públicos, as autorizações administrativas etc., que também representam valores econômicos",[21] que mantêm entre si uma "relação funcional de complementaridade ou interdependência".[22]

B.3) *Conceitos de "filial" e "unidade produtiva"*

21. O Código Civil, no Livro II da Parte Especial, que tem como epígrafe "Do Direito da Empresa", não faz referência alguma a "unidade produtiva", mas apenas a "filial", "agência" e "sucursal" (arts. 969 e 1.152, § 2º), espécies do gênero "estabelecimento", disciplinado exaustivamente – repito – nos arts. 1.142 a 1.149 – razão pela qual o conceito jurídico de "estabelecimento" do art. 1.142 do CC, com os supedâneos ministrados pela doutrina, deve ser utilizado para definir "filial" e "unidade produtiva" e o sentido e alcance das normas da LRF que delas se ocupam.

20. Oscar Barreto Filho, *Teoria do Estabelecimento Comercial*, 2ª ed., São Paulo, Saraiva, 1988, p. 45, n 31.

21. Idem, p. 158, n. 120.

22. Idem, p. 100, n. 75.

IV – Responsabilidade por obrigações e dívidas da sociedade empresária

A) Na recuperação extrajudicial

22. A alienação de empresa, de estabelecimento, de filial e de unidade produtiva, seja a venda conjunta ou separada, sujeita o adquirente às normas do Código Civil (art. 1.146), da Consolidação das Leis do Trabalho (arts. 10 e 448) e do Código Tributário Nacional (art. 133).

B) Na recuperação judicial

B.1) *Alienação de empresa*

23. A LRF não trata da alienação extrajudicial ou judicial da empresa no processo de recuperação judicial, devendo, em conseqüência, aplicar-se a ambas as hipóteses, quando se tratar de obrigações e dívidas em geral, o regime instituído pelo CC no art. 1.146;[23] quando versar sobre dívidas trabalhistas, os arts. 10 e 448 da CLT; e sobre dívidas fiscais, o art. 133 do CTN.

B.2) *Alienação de estabelecimento, filial e unidade produtiva*

B.2.1) Alienação extrajudicial

24. Durante o processo de recuperação judicial, antes ou após a aprovação do plano de reestruturação, o devedor pode alienar, *extrajudicialmente*, estabelecimento(s), filial(ais) e unidade(s) produtiva(s), devendo, para tanto, na forma do art. 56 da LRF, pedir autorização ao juízo.

23. Sobre o tema discorrerei minuciosamente, no item 25, infra.

25. Efetivada a alienação extrajudicial, *ex vi* do art. 1.146 do CC: (a) o adquirente responde por todas as obrigações e dívidas, de toda e qualquer natureza e espécie, vencidas e vincendas, contabilizadas nos livros da matriz ou nos livros do estabelecimento, da filial e da unidade produtiva, quando descentralizados os lançamentos contábeis; (b) o alienante responde solidariamente com o adquirente, pelo prazo de um ano: quanto aos créditos vencidos, da publicação do contrato de venda na Imprensa Oficial (art. 1.146 c/c o art. 1.144[24] do CC); quanto aos créditos vincendos, da data do vencimento; (c) o empregado, esteja ou não contabilizado seu crédito, pode ajuizar reclamação trabalhista contra o alienante, o adquirente ou ambos;[25] (d) o adquirente de estabelecimento, filial e unidade produtiva que continuar a exploração de atividade, sob a mesma firma social ou denominação ou em nome individual, responde integralmente pelas dívidas fiscais do alienante até a data da venda se esta cessar a exploração da atividade e subsidiariamente com o alienante se este prosseguir na exploração de atividade ou iniciar, dentro de seis meses, a contar da data da alienação, nova atividade no mesmo ramo ou em outro ramo de comércio, indústria ou profissão (art. 133 do CTN).

B.2.2) Alienação judicial

26. A partir da dicotomia entre sociedade – *uma realidade jurídica* – e empresa – *uma realidade econômica e social* – e do *perfil patrimonial* preconizada na definição de Asquini, e com a finalidade de preservar a empresa ou uma ou mais de suas partes integrantes, por ela denominadas "estabelecimento", "filial" e "unidade produtiva", a LRF institui *privilégios* para beneficiar o adquirente através de *normas excepcionais*, que não admitem, por conseguinte, *interpretação analógica* ou *extensiva*, como veremos a seguir.

27. A alienação ou trespasse judicial de estabelecimento, de filial e de unidade produtiva, se realizada durante o processo de recuperação em fiel observância à norma excepcional do art. 60 da LRF e das regras cogentes do art. 142 da LRF, livra o adquirente de ônus, gravames, obrigações e dívidas, vencidas e vincendas, contabilizadas nos livros da matriz ou de estabelecimento, de filial e de unidade produtiva, inclusive as de natureza tributária e trabalhista.

28. Anote-se, por oportuno, que, em virtude de os créditos tributários não estarem sujeitos à ação de recuperação judicial – e, portanto, não sofrerem os efeitos da sentença homologatória do plano de recuperação (art. 59, *caput*, da LRF) –, fez-se mister deixar patente no parágrafo único do art. 60 da LRF, e repeti-lo na Lei Complementar 118/2005, que alterou o art. 133 do CTN, que o adquirente de estabelecimento empresarial não responde pelas obrigações tributárias do devedor, não tendo havido necessidade de mencionar as de natureza trabalhista, eis que os empregados e ex-empregados são sujeitos passivos da ação de recuperação judicial da sociedade empresária.

29. Por conseguinte, verificando-se (1º) tratar-se de alienação de estabelecimento, filial ou unidade produtiva, (2º) estar a alienação prevista no plano de recuperação, (3º) ter sido o plano aprovado pela assembléia-geral de credores e homologado pelo juízo e (4º) haver sido observado o princípio da legalidade formal, ínsito no art. 142 da LRF, o adquirente não responde

24. "Art. 1.144. O contrato que tenha por objeto a alienação, o usufruto ou arrendamento do estabelecimento só produzirá efeitos quanto a terceiros depois de averbado à margem da inscrição do empresário, ou da sociedade empresária, no Registro Público de Empresas Mercantis, e de publicado na Imprensa Oficial."

25. Arts. 10 e 448 da CLT: "Art. 10. Qualquer alteração na estrutura jurídica da empresa não afetará os direitos adquiridos por seus empregados"; "Art. 448. A mudança na propriedade ou na estrutura jurídica da empresa não afetará os contratos de trabalho dos respectivos empregados".

por ônus, gravames, obrigações e dívidas, vencidas e vincendas, do vendedor.

30. Todavia, se qualquer desses requisitos não tiver sido preenchido, como, por exemplo, se a alienação não tiver sido de estabelecimento, mas da empresa, de seu *core business*, ou se a aprovação do plano de recuperação contiver vícios formais e/ ou materiais, ou se houver sido preterida qualquer das formalidades essenciais do art. 142, em especial as prescritas no § 1º do art. 142 da LRF, há sucessão universal e se deve aplicar, quando se tratar de obrigações e dívidas em geral, o regime instituído pelo art. 1.146 do CC; quando versar sobre obrigações tributárias, o art. 133 do CTN; e sobre obrigações trabalhistas, os arts. 10 e 448 da CLT.

31. A razão – frise-se – é simples, e decorre de consagrado cânone de hermenêutica jurídica: as disposições excepcionais, que criam privilégio – como o do parágrafo único do art. 60 da LRF –, interpretam-se restritivamente desde os romanos, que ensinaram, há milênios: *exceptiones sunt strictissimae interpretationis* ("interpretam-se as exceções estritissimamente").

32. Ressalte-se, ademais, que, caso o objeto da alienação judicial esteja gravado com ônus reais, o devedor será obrigado a substituir a garantia, com a concordância do credor (art. 50, § 1º, da LRF), a fim de que o arrematante, pago o preço, o receba livre e desembaraçado.

33. Observe-se, outrossim, por derradeiro, que só *não* haverá sucessão tributária se o devedor houver cumprido à risca o que dispõe o art. 57 da LRF,[26] pois o art. 60, parágrafo único, da LRF pressupõe que o devedor não tenha dívida tributária, prova que deve produzir com a juntada de certidões negativas, nos termos dos arts. 151, 205 e 206 do CTN.

C) Na falência

34. Ao disciplinar a realização do ativo da sociedade empresária falida, a LRF, com a finalidade de garantir a unidade da empresa e evitar a perda de valor, prevê duas modalidades de alienação: (a) "a alienação da empresa, com a venda de seus estabelecimentos em bloco" (art. 140, I), e (b) "a alienação da empresa, com a venda de suas filiais ou unidades produtivas isoladamente" (art. 140, II).

35. *Ex vi* do art. 141, II, da LRF, a alienação de empresa como um *todo único* (art. 141, *caput*), a alienação de empresa formada por um ou mais *estabelecimentos* (art. 140, I) e a alienação de empresa constituída por uma ou mais *filiais* ou *unidades produtivas* (art. 140, II), sejam as alienações realizadas em conjunto ou separadamente (art. 140, I e II, c/c o art. 141, *caput*), livram o adquirente de qualquer ônus ou gravame e de qualquer obrigação e dívida da sociedade falida, "inclusive as de natureza tributária, as derivadas da legislação do trabalho e as decorrentes de acidente de trabalho",[27] salvo se "o arrematante for sócio da sociedade falida, ou sociedade controlada pelo falido; parente, em linha reta ou colateral até o 4º grau, consangüíneo ou afim, do falido ou de sócio da sociedade falida; ou identificado como agente do falido com o objetivo de fraudar a sucessão" (art. 141, § 1º), ficando os credores sub-rogados no produto da realização do ativo (art. 141, I), de acordo com a ordem de preferência do art. 83 da LRF.

26. "Art. 57. Após a juntada aos autos do plano aprovado pela assembléia-geral de credores ou decorrido o prazo previsto no art. 55 desta Lei sem objeção de credores, o devedor apresentará certidões negativas de débitos tributários nos termos dos arts. 151, 205 e 206 da Lei n. 5.172, de 25 de outubro de 1966 – Código Tributário Nacional."

27. Atente-se para o disposto no § 2º do art. 141 da LRF, *verbis*: "Empregados do devedor contratados pelo arrematante serão admitidos mediante novos contratos de trabalho e o arrematante não responde por obrigações decorrentes do contrato anterior". Por conseguinte, o adquirente, mesmo contratando empregados da sociedade falida, não responde por obrigações e dívidas decorrentes do contrato de trabalho anterior.

V – Resumo

36. Em resumo, conclui-se que:

(1º) O adquirente *não é* responsável pelas obrigações e dívidas da sociedade quando houver alienação judicial de empresa, estabelecimento, filial ou unidade produtiva: (a) na recuperação judicial, se a alienação estiver prevista no plano de recuperação (art. 60, parágrafo único, da LRF); e (b) na falência (art. 141, II, da LRF).

(2º) O adquirente é responsável pelas obrigações e dívidas da sociedade quando houver alienação de empresa, estabelecimento, filial ou unidade produtiva (arts. 1.146 do CC, 10 e 448 da CLT e 133 do CTN): (a) na recuperação extrajudicial; (b) na recuperação judicial, quando a venda for extrajudicial, ou, se judicial, não tiver sido prevista no plano de recuperação ou não observar os arts. 60 e 142 da LRF; e (c) na falência, nas hipóteses do art. 141, § 1º, da LRF.

Atualidades

DA PRESCRIÇÃO DO CRÉDITO FAZENDÁRIO NA FALÊNCIA DO CONTRIBUINTE

VINÍCIUS JOSE MARQUES GONTIJO

1. Introdução. 2. A suspensão da prescrição na falência. 3. A falência e a ação de execução fiscal. 4. Conclusões.

1. Introdução

Quando o assunto é a cobrança judicial do crédito fazendário em caso de falência do contribuinte, enormes são as discussões de ordem teórica e prática, em sua maioria descabidas e resultado de reflexão pouco aprofundada sobre o tema. Pior: a perplexidade toma contornos verdadeiramente incríveis e redunda em uma confusão quase-completa, com procedimentos muitas vezes esdrúxulos e divorciados dos preceitos legais.

Neste nosso articulado pretendemos delinear e esclarecer os efeitos da falência na prescrição da cobrança judicial do crédito fazendário, em especial quanto à sua consumação.

2. A suspensão da prescrição na falência

Com a declaração da falência surge uma "relação jurídica processual falencial"[1] entre os credores (que devem habilitar seus créditos) e o devedor falido. Trata-se da indivisibilidade do juízo falimentar e da *vis atractiva* do processo de bancarrota, que determina que todos os credores, civis e empresariais, devem vir habilitar seu crédito na falência do devedor comum, concorrendo no produto de sua garantia: o patrimônio do falido – art. 76 da Lei 11.101, de 9.2.2005 (Lei de Falências/LF).

De fato, a sentença de falência inaugura procedimento semelhante ao da abertura pelos credores de execução coletiva, que perdura até "o encerramento da falência, quando, desaparecendo o impedimento legal, cada credor reassume a sua ação individual ou singular contra o falido".[2]

Diante disso, a declaração da falência acarreta diversos efeitos nas relações jurídicas do devedor com o credor, e que influirão na própria exigibilidade do objeto delas.

Para o objeto deste articulado, dentre os efeitos da falência merecem destaque a suspensão da prescrição[3] e das ações e

1. Francisco Cavalcanti Pontes de Miranda, *Tratado de Direito Privado*, t. 29, p. 443.

2. José Xavier Carvalho de Mendonça, *Tratado de Direito Comercial Brasileiro*, vol. 5, t. 1, p. 494.

3. Se houve período de discussão acerca do efeito, se seria *suspensão* ou *interrupção*, como muitos querem, o fato é que hoje, "dada a clareza

execuções havidas em face do falido, sendo que ambos os efeitos vêm fixados no *caput* do art. 6º da LF.[4]

A técnica empregada por nosso legislador de prescrever os dois efeitos em um mesmo dispositivo legal merece aplausos, uma vez que a suspensão da prescrição é a conseqüência lógica da suspensão das ações propostas contra o devedor.

As ações propostas antes da falência ficam suspensas, aquelas propostas contra o falido após a sentença de quebra devem ser extintas sem exame do mérito, na medida em que a ação deve ser volvida contra a massa falida, que não se confunde com a falida; obviamente, isso não significa que a falida não possa intervir nos processos em que a massa falida seja parte (ou, mesmo, atuar como parte autora em processo). Nesse sentido é a doutrina de J. X. Carvalho de Mendonça:

"Um dos elementos existenciais das prescrições é a *negligência contínua do credor*.

"Durante a falência, o credor fica impossibilitado de propor qualquer ato judicial e de acionar o falido ou os representantes da massa."[5]

Em suma, durante o processo de falência fica suspenso o prazo prescricional, na medida em que o credor não pode demandar a falida, mas apenas a massa falida.

Trata-se do *princípio da **actio nata***, segundo o qual o prazo prescricional somente tramita com a possibilidade do exercício do direito de ação; não haveria mesmo sentido em haver o transcurso da prescrição se o credor está proibido de, individualmente, acionar o falido, e mesmo as ações já propostas, não estando expressamente excepcionadas em lei, ficam suspensas até o encerramento do processo de falência.

Sobre o princípio da *actio nata*, colha-se na doutrina o esclarecimento: "*Critério da **actio nata*** – Desponta nesses dois preceitos do Código Civil (pendência de condição suspensiva e não-vencimento do prazo) o relevante critério da *actio nata*, prevalecente no Direito Brasileiro. É que a prescrição somente inicia seu curso no instante em que nasce a ação, em sentido material, para o titular do direito. Isto é, *antes de poder ele exigir do devedor seu direito, não há como falar-se em início do lapso prescricional*".[6]

No mesmo sentido, e na vigência da antiga Lei de Falências, mas ainda em tudo compatível com a atual,[7] Rubens Requião pontificava, *verbis*: "A falência é um fenômeno jurídico que vem, de certa forma, perturbar o decurso da prescrição. Não nos esqueçamos de que o credor não poderá acionar o devedor, pois todas as ações contra este ficam suspensas por imposição da Lei Falimentar. Assim, justifica-se o princípio legal de que durante o processo da falência fica *suspenso* o curso da prescrição relativa a obrigações de responsabilidade do falido (art. 47)."[8]

Conseqüentemente, encerrado o processo falimentar, não havendo mais o im-

da lei, não há mais razão para discutir sobre se a previsão é de interrupção ou de suspensão, visto que a lei é expressa no sentido de ocorrer a suspensão" (José da Silva Pacheco, *Processo de Recuperação Judicial, Extrajudicial e Falência*, p. 40).

4. De maneira semelhante àquela que também prescrevia o art. 47 da antiga LF (Decreto-lei 7.661, de 21.6.1945).

5. José Xavier Carvalho de Mendonça, *Tratado de Direito Comercial Brasileiro*, vol. 5, t. 1, p. 492.

6. Maurício Godinho Delgado, *Curso de Direito do Trabalho*, 3ª ed., p. 259.

7. "Esta disposição existia no art. 47 da lei anterior, sendo que o art. 134 daquela lei determinava ainda que a prescrição recomeçaria a correr no dia em que passasse em julgado a sentença de encerramento da falência. Da mesma forma, o art. 157 da lei atual estipula o recomeço do andamento do prazo prescricional quando ocorrer o trânsito em julgado da sentença de encerramento. A suspensão das ações e execuções, que era estabelecida em artigo diferente da lei anterior (art. 24), aqui foi incluída no mesmo art. 6º ora sob exame" (Manoel Justino Bezerra Filho, *A Nova Lei de Recuperação e Falências*, 3ª ed., p. 59).

8. Rubens Requião, *Curso de Direito Falimentar*, 14ª ed., vol. 1, p. 183.

pedimento de o credor acionar o próprio falido, seja ele uma pessoa jurídica (que não se confunde com seus sócios) ou natural (empresário individual), e não estando satisfeito seu crédito no concurso, ele poderá individualmente demandar o falido, e, por isso, a prescrição retoma o seu curso normal (art. 157 da LF).[9]

Portanto, a suspensão da prescrição está intimamente ligada à possibilidade, ou não, de se promover a paralisação da ação judicial de cobrança do crédito em relação ao falido (ou mesmo à proibição da propositura da ação).

Por analogia, e de maneira semelhante, os prazos prescricionais previstos na Lei 11.101/2005 são relativos aos créditos sujeitos ao processo de falência, cuja exigibilidade em face do falido estava legalmente obstada.

Veja-se:

"Vale acentuar que os prazos extintivos genéricos previstos na Lei de Falências absorvem os das obrigações sujeitas ao regime falimentar. Portanto, as obrigações fiscais, por não estarem sujeitas ao concurso de credores de acordo com a nova redação do art. 187 do CTN, por força da Lei Complementar 118, de 9.2.2005, não estão abrangidas nas hipóteses em tela, notadamente por ser o Código Tributário Nacional lei de natureza complementar, sendo vedado à lei ordinária tratar de matéria tributária".[10]

Assim, aqueles créditos que se sujeitam ao processo de falência têm sua prescrição suspensa enquanto houver a tramitação da ação, ou seja, desde a sentença que declara a falência até o trânsito em julgado da sentença que julga encerrado o processo falimentar. Por outro lado, isso não tem como ser aplicado aos processos que não sofrem limitação ou sustação em decorrência da ação de falência.

3. A falência e a ação de execução fiscal

Costuma-se afirmar que a Fazenda Pública não se sujeita ao processo falimentar. De dizer ordinário, a frase, em que pese a ser verdadeira, é mal-compreendida, uma vez que a maioria das pessoas olvida o fato de que a Lei de Falências tanto dispõe de normas de cunho processual quanto material.[11] Logo, se é verdade que o Fisco não se sujeita ao processo de falência (normas de natureza processual), também é verdade que ele se sujeitará a todas as normas de natureza substantiva estabelecidas na legislação de quebras.

Com efeito, o art. 187 do Código Tributário Nacional prescreve de maneira muito clara que a "cobrança judicial" do crédito fazendário não se sujeita ao concurso de credores. Portanto, a ação, ou seja, as normas de cujo processual. "Noutras palavras, as Fazendas Públicas executam diretamente os seus créditos no juízo especializado, mediante ação de execução fiscal."[12]

Reitere-se e destaque-se: a *cobrança* do crédito fiscal não está sujeita ao concurso de credores; portanto, o Fisco não se sujeita ao *processo* de falência, em que pese a se sujeitar às normas de direito *material* falimentares (art. 187 do Código Tributário Nacional).

Como resultado disso tem-se a Súmula 44 do extinto Tribunal Federal de Recursos, segundo a qual a declaração da quebra

9. "A Lei 11.101, de 9.2.2005, delimita em seu art. 157 que o prazo prescricional relativo às obrigações do falido recomeça a correr a partir do dia em que transitar em julgado a sentença do encerramento da falência" (Celso Marcelo de Oliveira, *Comentários à Nova Lei de Falências*, p. 562).

10. Marcos Lima Alves, in Paulo Penalva Santos (coord.), *A Nova Lei de Falências e de Recuperação de Empresas*.

11. "A complexidade da lei reguladora da situação jurídica – falência – é visível. Há nela disposições substantivas e disposições adjetivas" (Trajano de Miranda Valverde, *Comentários à Lei de Falências*, 4ª ed., vol. 3, pp. 123-124).

12. Sacha Calmon Navarro Coêlho, *Curso de Direito Tributário Brasileiro*, 3ª ed., p. 752.

do contribuinte não impede que a Fazenda Pública promova a ação executiva de seu crédito tributário (= o Fisco não se sujeita ao *processo* falimentar). Essa é a pacífica jurisprudência dos Tribunais brasileiros. Podem ser citados, a título de exemplos e visando à demonstração do afirmado:

"Executivo fiscal contra massa falida – Penhora.

"A penhora, em tal caso, far-se-á no rosto dos autos do processo de quebra (Súmula n. 44 do extinto TFR).

"Recurso não conhecido."[13]

"Conflito de competência – Execução fiscal – Massa falida – Não-sujeição da cobrança de débitos fiscais à habilitação em falência – Permanência da execução fiscal no juízo onde foi proposta – Art. 29 da Lei n. 6.830/1980 – Exegese – Penhora – Bem arrecadado pelo síndico – Universalidade da massa falida – Impossibilidade – Precedentes.

"1. Segundo a nova Lei de Falências (Lei n. 11.101/2005), os processos de falência ou de concordata ajuizados anteriormente ao início da sua vigência serão concluídos nos termos do Decreto-lei n. 7.661/1945. Por sua vez, o art. 24 do retromencionado decreto-lei dispõe que ficam suspensas as execuções individuais dos credores, sobre direitos e interesses relativos à massa falida, desde que seja decretada a falência até o seu encerramento.

"2. Entretanto, conforme estabelece o art. 29 da Lei de Execuções Fiscais, que segue a determinação do art. 187 do CTN, a cobrança judicial da dívida da Fazenda Pública não se sujeita à habilitação em falência, mas submete-se à classificação dos créditos.

"3. Consoante a parte final do enunciado da Súmula n. 44 do extinto TFR, '(...) proposta a execução fiscal contra a massa falida, a penhora far-se-á no rosto dos autos do processo de quebra, citando-se o síndico'.

"4. Conflito conhecido para declarar a competência do Juízo de Direito da 3ª Vara Cível da comarca de Uruguaiana/RS, o segundo suscitado, para processar e julgar a execução fiscal ajuizada contra a empresa falida."[14]

Desse último precedente do Superior Tribunal de Justiça já se constata o que, linhas volvidas, afirmamos.

Em que pese a não se sujeitar ao *processo* falimentar, a Fazenda Pública sujeita-se às normas materiais falimentares. Tanto isso é verdade que o bem penhorado no executivo fiscal não pode ser arrecadado para a massa falida pelo administrador judicial, mas, operada sua alienação judicial, o produto (= dinheiro) poderá ser arrecadado a fim de se pagar os credores que prefiram ao Fisco (ficando, assim, inviabilizada a adjudicação pela Fazenda Pública), sob pena de se vulnerar o próprio comando do parágrafo único do art. 186 do Código Tributário Nacional e a ordem de classificação do crédito na falência. Veja-se:

"Processo civil – Execução fiscal – Massa falida – Penhora anterior à decretação da falência – Crédito trabalhista – Preferência sobre crédito fiscal – Precedentes: EREsp n. 444.964-RS e REsp n. 188.148-RS.

"1. A decretação da falência não paralisa a execução fiscal, nem desconstitui a penhora, prosseguindo o processo executivo normalmente. Contudo, realizada a praça, os valores apurados na alienação dos bens penhorados devem ser postos à disposição do juízo falimentar para satisfação dos créditos trabalhistas, se houver, e, caso insuficientes para o seu atendimento, os bens arrecadados na falência.

"2. Conciliação dos arts. 186 e 187 do CTN com a Súmula n. 44/TFR e o prin-

13. STJ, 2ª Turma, REsp 2.956-PR, rel. Min. Ilmar Galvão, j. 6.6/1990, v.u., *DJU* 6.8.1990, p. 7.327.

14. STJ, 1ª Seção, CComp 45.805-RJ, rela. Min. Denise Arruda, j. 22.2.2006, v.u., *DJU* 27.3.2006, p. 138.

cípio constitucional da igualdade de todos perante a lei.

"3. Considerando que o crédito trabalhista tem precedência sobre o fiscal, não se pode privilegiar o foro do juízo da execução fazendária em detrimento do foro universal da falência a que todos estão obrigados.

"4. Recurso especial conhecido e provido."[15]

Destarte, tem-se por corolário que a declaração da falência do contribuinte, diversamente daquilo que ordinariamente se observa para os demais credores, não implica suspensão da ação de execução fiscal, bem como não impede a propositura desta ação pela Fazenda Pública; ao revés, o erário deverá, normalmente, proceder com sua execução como se não houvesse a falência do devedor, procedendo-se à penhora no rosto dos autos da falência e citando-se o administrador judicial para que este possa, no prazo legal e caso queira, opor os embargos do devedor.

Ora, como o crédito fazendário pode ser livremente executado mesmo na falência do devedor, e não sendo esta nem ao menos caso de suspensão da exigibilidade do crédito fazendário (art. 151 do CTN), em relação a este crédito, como existe a possibilidade de promover a ação, não há que se falar em suspensão do prazo prescricional, que continua a tramitar normalmente com a quebra do devedor, não havendo que se falar em suspensão do prazo prescricional.

Portanto, a consumação da pretensão de cobrança do crédito fazendário regula-se pelos prazos que se lhe aplicam e se consumam normalmente, como se não houvesse o processo de falência do devedor, inclusive a prescrição intercorrente.

15. STJ, 2ª Turma, REsp 541.945-RS, rel. Min. Francisco Peçanha Martins, j. 27.9.2005, v.u., *DJU* 7.11.2005, p. 191.

4. Conclusões

A suspensão do prazo prescricional fixada na Lei de Falências somente se aplica aos credores sujeitos ao processo de falência. E, como a Fazenda Pública não se sujeita ao processo falimentar, em relação ao seu crédito não há qualquer turbação no prazo prescricional, que continua a fluir normalmente e se consuma na forma ordinariamente determinada em lei, como se não existisse o processo de bancarrota.

Referências bibliográficas

ALVES, Marcos Lima. In: PENALVA SANTOS, Paulo (coord.). *A Nova Lei de Falências e de Recuperação de Empresas*. Rio de Janeiro, Forense, 2006.

BEZERRA FILHO, Manoel Justino. *A Nova Lei de Recuperação e Falências*. 3ª ed. São Paulo, Ed. RT, 2005.

CARVALHO DE MENDONÇA, José Xavier. *Tratado de Direito Comercial Brasileiro*. vol. 5, t. 1. Campinas, Russell, 2005.

COÊLHO, Sacha Calmon Navarro. *Curso de Direito Tributário Brasileiro*. 3ª ed. Rio de Janeiro, Forense, 1999.

DELGADO, Maurício Godinho. *Curso de Direito do Trabalho*. 3ª ed. São Paulo, LTr, 2004.

OLIVEIRA, Celso Marcelo de. *Comentários à Nova Lei de Falências*. São Paulo, IOB Thomson, 2005.

PACHECO, José da Silva. *Processo de Recuperação Judicial, Extrajudicial e Falência*. Rio de Janeiro, Forense, 2006.

PENALVA SANTOS, Paulo (coord.). *A Nova Lei de Falências e de Recuperação de Empresas*. Rio de Janeiro, Forense, 2006.

PONTES DE MIRANDA, Francisco Cavalcanti. *Tratado de Direito Privado*. t. 29. Campinas, Bookseller, 2004.

REQUIÃO, Rubens. *Curso de Direito Falimentar.* 14ª ed., vol. 1. São Paulo, Saraiva, 1991.

VALVERDE, Trajano de Miranda. *Comentários à Lei de Falências.* 4ª ed., vol. 3. Rio de Janeiro, Forense, 1999.

A DEFINIÇÃO LEGAL DE "EMPREGADOR" E O CONCEITO DE "EMPRESA" SEGUNDO OS PERFIS DE ASQUINI

UINIE CAMINHA

BEATRIZ RÊGO XAVIER

1. Introdução. 2. O conceito de "empresa" e os perfis de Asquini: 2.1 Perfil subjetivo – 2.2 Perfil funcional – 2.3 Perfil patrimonial e objetivo – 2.4 Perfil corporativo. 3. A definição de "empregador" segundo a Consolidação das Leis do Trabalho: 3.1 Os perfis de Asquini na Consolidação das Leis do Trabalho. 4. Conclusões.

1. Introdução

O presente trabalho tem por objeto a reavaliação da definição de "empregador" elaborada pela Consolidação das Leis do Trabalho – CLT, a partir da aplicação do conceito de "empresa" segundo os perfis de Alberto Asquini [Asquini 1996].

Grande parte da doutrina especializada no direito do trabalho tece críticas acerca do posicionamento adotado pela Consolidação das Leis do Trabalho no tocante à configuração de "empregador", seja porque a legislação confundiria os conceitos de "empresa", "estabelecimento" e "empregador", seja porque atribuiria à empresa a natureza de sujeito de direitos ou, ainda, porque adotaria um posicionamento institucionalista quanto à relação de emprego.

No entanto, as construções doutrinárias contrárias à corrente adotada pelo legislador trabalhista carecem da análise do conceito em tela, considerando a empresa a partir de sua compreensão como fenômeno econômico e sua definição de acordo com a doutrina do direito empresarial.

Diferentemente, o que ora se propõe é a elaboração de análise do conceito de "empregador" que avance os limites do direito individual do trabalho. Sabe-se que tal ramo do Direito é autônomo e especializado dentro do direito privado, uma vez que tem por objeto um contrato de natureza especial, que é o contrato de trabalho: pessoal, subordinado, oneroso, contínuo e mediante alteridade e que, portanto, tem estatuto próprio.

Contudo, apontar a especialidade e a autonomia do direito do trabalho como razões para o estudo do contrato individual dissociado de outros ramos do direito privado e mais ainda, de outros ramos do saber diretamente relacionados à atividade produtiva – como o são o Direito Empresarial e a Economia, por exemplo – é incorrer em grave equívoco de natureza epistemológica.

Justamente por compreender que o contrato individual de trabalho tem natureza privada e revela um acordo de vontades firmado entre dois dos sujeitos da produção e que se apresenta como um dos elementos essenciais à ordem econômica e social, especialmente protegida pela Constituição, é que se pretende reconstruir o conceito de "empregador" considerando a empresa e os perfis desenhados por Asquini.

A opção pela teoria de Asquini conjugada com a concepção econômica da empresa, representada pela noção de feixe de contratos proposta por R. H. Coase [Coase 1990], para a compreensão do conceito legal de "empregador" se fez porque a relação existente entre empregador e empregado é de tal forma complexa que um aspecto apenas da empresa seria insuficiente para contemplar todas as vicissitudes do contrato individual de trabalho.

Para a consecução dos objetivos do presente artigo, inicialmente proceder-se-á à análise do conceito de "empresa" a partir da clássica teoria de Asquini, especificando cada um dos perfis que compõem o fenômeno complexo e de contornos econômico-sociais e jurídicos.

Em seguida, a legislação trabalhista consolidada será analisada nos diversos momentos em que se refere à figura do empregador, assim como será feita abordagem crítica do posicionamento adotado pela majoritária doutrina trabalhista em relação aos dispositivos que definem e prevêem os relativos ao empregador, notadamente o art. 2º.

Por fim, conclui-se que a definição de "empregador" adotada pela Consolidação das Leis do Trabalho não apenas é coerente com a definição de "empresa" elaborada por Asquini, como se aplica perfeitamente à realidade dinâmica do contrato individual de trabalho.

2. O conceito de "empresa" e os perfis de Asquini

Ainda que não exista de fato um consenso acerca do conceito de "empresa", nem mesmo entre os especialistas em Economia, admite-se, para fins exclusivos do presente trabalho, que empresa é um feixe de contratos que estrutura a produção de bens e serviços para mercados, a fim de reduzir custos de transação [Coase 1990]. Nas palavras de Rachel Sztajn [Sztajn 2006: p. 199], a empresa seria constituída por contratos de "longa duração e execução continuada, comuns na organização da atividade econômica, que permitem atuar em mercados de forma eficiente, porque geram estabilidade na produção e na oferta de bens e serviços".

Vista dessa maneira, a empresa pode ser entendida por diversos ângulos: as partes nos contratos, o objeto dos contratos, as atividades resultantes dos contratos ou, ainda, a organização estruturada e regulada por tais contratos. Note-se, todavia, conforme ensina Evaristo de Moraes Filho [Moraes Filho 1993: p. 11], que "o fato social *empresa* é um só, em sua inteireza objetiva e exterior, mas pode ser surpreendido através de vários pontos de vista, segundo a especialidade de quem o observa".

No clássico artigo intitulado "Profili dell'impresa" ("Perfis da empresa"), Alberto Asquini[1] inspirou a maioria dos doutrinadores especializados em direito empresarial ao elaborar um conceito de "empresa" compatível com sua natureza econômica multifacetada. Asquini entende a empresa como um "fenômeno econômico poliédrico, o qual tem, sob o aspecto jurídico, não um, mas diversos perfis em relação aos diversos elementos que o integram. As definições jurídicas de 'empresa' podem, portanto, ser diversas, segundo o diferente perfil pelo qual o fenômeno econômico é encarado" [Asquini 1996: pp. 109-110].

1. É de se esclarecer que a aplicação dos aspectos jurídicos propostos por Asquini é efetuada de forma crítica, levando-se em consideração os ensinamentos de Rachel Sztajn [Sztajn 2004: pp. 184-185]: "Avançar na compreensão desse fenômeno sem cair no esquema proposto por Asquini, de repartição de um todo em frações, a contribuição dos economistas é imprescindível. Os estudos por eles já empreendidos na busca de compreender as várias formas de organizações predispostas para o exercício de atividades econômicas serviria de apoio para construções jurídicas e poderia contribuir no plano legislativo".

A construção do conceito de "empresa" contempla, portanto, quatro principais aspectos jurídicos de um fato de natureza econômica, que se passa a analisar. Na realidade, segundo Haroldo Malheiros Duclerc Verçosa [Verçosa 2004: p. 111], exatamente por se tratar de uma realidade econômica unitária, não é possível ter um conceito jurídico de "empresa" dissociado do econômico.[2]

2.1 Perfil subjetivo

O aspecto subjetivo identifica o fenômeno econômico da empresa com a figura do seu titular: o empresário. Toda atividade empresarial pressupõe o empresário – individual ou sociedade empresária –, como sujeito de direitos e obrigações [Pacheco 1979: p. 23].

"Empresário", para Asquini, é aquele que exerce profissionalmente uma atividade econômica organizada, tendo por fim a produção ou a troca de bens e serviços. Essa definição resulta da leitura do art. 2.082 do Código italiano de 1942, e é praticamente repetida pelo CC brasileiro no *caput* do art. 966, que diz: "Considera-se empresário quem exerce profissionalmente atividade econômica organizada para a produção ou circulação de bens ou de serviços".

Do dispositivo legal, portanto, extraem-se os elementos definidores do titular da empresa. Assim, é *empresário* quem: (i) pratica atividade econômica organizada, compreendida esta como um trabalho autônomo, de caráter organizador e criativo, assumindo os riscos técnicos e econômicos correlatos; (ii) profissionalmente e de modo reiterado; (iii) com o fim de produção ou circulação de bens ou serviços.

De acordo com Rachel Sztajn [Sztajn 2004: p. 13], a *intermediação*, noção própria do direito comercial, não é elemento essencial para a caracterização da figura do empresário. A organização da produção para promover atividade econômica, sim, configura o elemento nuclear do conceito de "empresário".

Ainda em relação ao perfil subjetivo, é relevante destacar que, segundo leitura do citado art. 966 do CC, não são considerados empresários os exercentes de profissões intelectuais, de natureza científica, literária ou artística, mesmo com o concurso de auxiliares ou colaboradores, exceto "se o exercício da profissão constituir elemento de empresa".

Acerca da exclusão dos referidos profissionais da condição de empresário, Rachel Sztajn [Sztajn 2004: p. 112] formula hipóteses que a justificam. Do exercício científico, a autora depreende que para caracterizar a empresa não são suficientes apenas a organização da atividade econômica, a profissionalidade no exercício desta atividade e a finalidade da produção ou circulação de bens e serviços. Pela letra da lei há, ainda, o "elemento de empresa" como condição essencial para a caracterização da empresa.

Citando Buonocore, Rachel Sztajn [Sztajn 2004: p. 118] reconhece o "elemento de empresa" pela assunção do risco da organização, pela economicidade e pela produtividade da atividade, esclarecendo que a economicidade se traduz pela procura do lucro e a produtividade pela criação de bens ou serviços, excluindo a simples fruição.

Haroldo Malheiros Duclerc Verçosa [Verçosa 2004: p. 141], por sua vez, entende que a expressão "elemento de empresa", "encontrada no art. 966, parágrafo único, do NCC, não apresenta sentido jurídico claro". Para o autor, "caberia pergun-

2. Os perfis enumerados por Asquini não podem ser considerados exaustivos, uma vez que outros estudiosos já identificaram outros aspectos da empresa. Tome-se, por exemplo, o conceito sociológico de "empresa" elaborado por Evaristo de Moraes Filho [Moraes Filho 1993: p. 15], como uma "forma unitária de organização humana, na qual se distinguem diversos tipos de realização concreta, desde o tipo cooperativo (*Genossenschaft*) até o tipo subordinativo (*Herrschaft*)".

tar – caso o intérprete já não tivesse uma informação nesse sentido, à luz do ordenamento jurídico italiano, no qual o nosso direito da empresa está declaradamente calcado – se a intenção do legislador teria sido incluir no rol dos empresários aqueles que exercessem atividade intelectual organizada (de natureza científica, literária ou artística), desde que ela correspondesse ao *objeto da empresa*, e qual *seria ele*, como finalidade econômico-lucrativa.

Haroldo Malheiros Duclerc Verçosa aponta duas interpretações possíveis, sendo a primeira a de que o *elemento de empresa* seria parte de uma organização mais complexa, que englobaria diversas atividades, inclusive algumas de cunho intelectual, que fariam parte da empresa, não sendo consideradas isoladamente, mas sim como parte da organização. Em uma segunda interpretação se entenderia aquele que exercesse atividade intelectual pura e simples – não inserida em uma organização da qual fosse uma parte, como empresário, pelo simples fato de organizar essa atividade. O objetivo desse "empresário" seria o *elemento da empresa*, ou seja, faria parte da atividade organizada [Verçosa 2004: p. 143].

Com propriedade, o autor conclui que a segunda interpretação não poderia prosperar, já que, por seu enunciado, bastaria se organizar qualquer atividade para que se pudesse considerar empresário – o que, claramente, não foi a intenção do legislador. Assim, resta como mais acertada a primeira interpretação, pela qual a atividade tipicamente não-empresarial se transmuta, se é exercida como parte de uma organização mais complexa, tipicamente empresarial.

Em suma, pode-se concluir que o perfil subjetivo da empresa, ou seja, o *empresário*, caracteriza-se como aquele que exerce atividade econômica organizada, de forma profissional, para a produção ou circulação de bens e serviços, assumindo os riscos a ela inerentes e com o escopo de lucro. É, assim, o empresário individual ou a sociedade empresária que, como sujeito de direitos, é titular da atividade empresarial.

2.2 Perfil funcional

A empresa é aqui revelada a partir da atividade empresarial.[3] A empresa, evoluindo a partir da teoria dos atos de comércio, tratar-se-ia de uma série ordenada de atos e que, assim, exigiria uma certa organização. Para Asquini [Asquini 1996: p. 117] "a atividade empresarial reduz-se, portanto, em uma série de operações (fatos materiais e atos jurídicos) que se sucedem no tempo, ligadas entre si por um fim comum". Nesse aspecto, para Rubens Requião [Requião 2005: p. 59] "é preciso compreender que a empresa, como entidade jurídica, é uma abstração", uma vez que não se pode ter senão uma idéia abstrata de "empresa", eis que se trata do exercício de uma atividade produtiva.

Assim como explicitado no item anterior acerca da caracterização do empresá-

3. Interessante o enfoque dado por José da Silva Pacheco [Pacheco 1979: p. 20] com relação às atividades empresariais, dividindo-as em *internas* e *externas*: "Organizando-se, a sociedade anônima, como os demais empresários, passa a exercer as suas atividades: A) operativas, tais como as (a) técnicas peculiares, de modo que a companhia que tem por objeto fabricar peças ou componentes de aeronave inicia a operação para fazê-lo; (b) comerciais, concernentes à aquisição e venda, que podem seccionar-se em atividades de compras, em relação aos fornecedores, atendendo-se ao controle de qualidade e quantidade, condições de pagamento, estoque e armazenagem, e em atividades de venda, atendendo-se ao mercado consumidor, rede de vendedores, clientela, distribuição, faturação etc.; (c) financeiras, condizentes com os fundos de recursos para a respectiva gestão; (d) contábeis, relativas ao acompanhamento da evolução patrimonial; (e) de segurança, referente aos bens e às operações; B) administrativas, referentes a planejamento, organização, chefia, coordenação e controle. Internamente, as atividades da sociedade anônima, uma vez constituída, como as dos demais empresários, reduzem-se às técnico-operativas e às administrativas, sendo estas de planejamento, organização, chefia e coordenação".

rio, a atividade empresarial distingue-se de outras atividades, mesmo que organizadas, tratando-se, para Waldírio Bulgarelli [Bulgarelli 1980: p. 6], de uma forma "aperfeiçoada de produção" em contraposição a técnicas rudimentares. O autor isola alguns elementos que caracterizam a empresa, quais sejam: produção para o mercado; atos em massa; organização; emprego do trabalho alheio; risco e intuito de lucro.

Com efeito, já nos anos 80 do século passado a atividade econômica sobrepõe-se ao titular da empresa. Nas palavas de Rachel Sztajn [Sztajn 2006: p. 196], "reduz-se a importância do sujeito e se concentra a atenção sobre os resultados das ações; prende-se atividade a risco econômico e a produtividade". A razão de ser dessa sobreposição tem estreita relação com a chamada *função social da empresa*, uma vez que se buscar manter a unidade produtiva, que gera empregos, tributos e cumpre contratos, ainda que se tenha que substituir a figura de seu titular, o empresário.[4]

"Atividade" é conceito dinâmico, que indica uma série de atos concatenados, visando a objetivo comum.[5] No dizer de Vera Helena de Mello Franco [Franco 2004: p. 43], "é um conjunto de atos, posto que movimento. Porém, não é qualquer conjunto de atos. Somente quando os atos são coordenados, conseqüentes e tendentes a um mesmo objetivo é que se pode visualizar a atividade".

Este objetivo é, de um lado, recolher e organizar a força de trabalho e o capital necessários para a produção ou distribuição dos determinados bens ou serviços e, de outro, realizar a troca dos bens ou serviços colhidos ou produzidos. Neste sentido, reconhecem-se na atividade empresarial as operações passivas, aquelas destinadas à contratação e à organização do trabalho; as operações ativas, voltadas para a troca dos bens e serviços colhidos ou produzidos; e as operações acessórias, operações auxiliares das precedentes.

Sob o perfil funcional, a empresa são é nem sujeito nem objeto de direitos, mas a própria atividade organizada pelo empresário, utilizando-se do conjunto de bens (estabelecimento, como adiante se verá) afetados a esse fim.

2.3 Perfil patrimonial e objetivo

Este perfil identifica a empresa com o patrimônio destinado a seu exercício. Ou seja, revela a empresa na condição de complexo de relações jurídicas de que se vale o empresário, no exercício de sua atividade empresarial. Alberto Asquini [Asquini 1996: p. 118] explica o chamado patrimônio *aziendal*: "O exercício da atividade empresarial dá lugar à formação de um complexo de relações jurídicas que tem por centro o empresário (direito sobre os bens de que o empresário serve-se, relações com os empregados, com os fornecedores de mercadorias e capitais, com a clientela); o fenômeno econômico da empresa, projetado sobre o terreno patrimonial, dá lugar a um patrimônio especial distinto, por seu escopo, do restante patrimônio do empresário"

Acrescente-se ainda que, em decorrência dessa compreensão, os próprios contratos individuais de trabalho constituem uma parcela desse patrimônio.

Ainda com Asquini, o estabelecimento é o complexo de bens (materiais e

4. Muito clara está essa concepção na Lei 11.101/2005, que disciplina a falência, a recuperação judicial e a recuperação extrajudicial. Além de em outros diversos dispositivos, os institutos da recuperação judicial e da falência têm, respectivamente, o objetivo de manter a fonte produtora, o emprego dos trabalhadores e os interesses dos credores, promovendo a preservação da empresa, sua função social e o estímulo à atividade econômica (art. 47) e promovendo o afastamento do devedor de suas atividades, preservar e otimizar a utilização produtiva dos bens, ativos e recursos produtivos, inclusive intangíveis da empresa (art. 75).

5. Deve-se atentar para a distinção entre *atividade* e *atos*, que repercute em todo o direito comercial. Rachel Sztajn [Sztajn 2006: p. 197] esclarece, por exemplo, que "atividade e atos não se confundem; a ilicitude de atos integrantes não a inquina de ilicitude".

imateriais, móveis e imóveis e, segundo alguns, também os serviços) que são os instrumentos de que o empresário se vale para o exercício de sua atividade empresarial.

O CC brasileiro partilha do entendimento quando disciplina o estabelecimento empresarial, no art. 1.142: "Considera-se estabelecimento todo o complexo de bens organizado, para exercício da empresa, por empresário, ou por sociedade empresária".

É relevante assinalar que o estabelecimento é um conjunto de bens, uma universalidade,[6] e não uma simples justaposição de bens. Seus elementos estão conectados em função da finalidade da empresa.

Ao proceder à análise daquilo que entende como "momentos ou expressões de um único fenômeno comercial, econômico-social e jurídico", Bomfim Vianna [Vianna 1969: p. 71] comunga do mesmo entendimento ao esclarecer que o estabelecimento é uma universalidade de fato, composta por um conjunto de coisas autônomas, todas ligadas à vontade do titular, que economicamente as unifica a um determinado fim.

Nota-se que os bens, corpóreos e incorpóreos, que integram o estabelecimento, além de heterogêneos, são singulares e obedecem a regime jurídico próprio. Enquanto compõem o estabelecimento, sujeitam-se às regras impostas pelo respectivo titular da empresa,[7] o que – repita-se – garante a noção de *universalidade*. Cessada a atividade empresarial, cada elemento do estabelecimento readquire sua individualidade originária.

Quanto ao estabelecimento, cabe, enfim, saber que não se confunde com o titular da atividade empresarial, não importando que este seja um empresário ou uma sociedade empresária, pessoa natural ou pessoa jurídica. Bomfim Vianna [Vianna 1969: p. 75] ensina que para distinguir *estabelecimento* e *titular da empresa* é necessário que se observem a constituição e a extinção de cada um: o titular da empresa constitui-se pelo adimplemento de formalidades legais, enquanto o estabelecimento nasce com o exercício da atividade empresarial, com a funcionalidade em relação ao exercício desta atividade.

Da mesma forma, a extinção do estabelecimento se dá em feição factual. Não depende de formalização jurídica, como se dá em relação ao fim da sociedade empresária, mas se caracteriza pela desintegração dos elementos que estão unidos pelo fim determinado pelo titular.

O estabelecimento, assim, não é sujeito, e sim objeto de direitos. A unicidade do estabelecimento confirma-se inclusive pelo fato de ele poder ser objeto unitário de negócios jurídicos, como o trespasse ou o arrendamento, conforme dispõe o art. 1.143 do CC.

6. Universalidade de fato, e não de direito, de acordo com Vera Helena de Mello Franco [Franco 2004: p. 144]; entendimento também esposado por Modesto Carvalhosa [Carvalhosa 2005: p. 632], que explica que, enquanto a universalidade de fato "consiste numa pluralidade de bens singulares que, pertinentes à mesma pessoa, tenham destinação unitária (...)", a universalidade de direito "é um complexo de relações jurídicas de uma pessoa dotadas de valores econômicos" – o que, ainda de acordo com o autor, muito mais se assemelha à noção de "patrimônio separado" [Carvalhosa 2005: p. 634].

7. De grande lucidez é a lição de Waldírio Bulgarelli [Bulgarelli 1980: p. 10] quando afirma que, apesar de serem de propriedade do titular da empresa, os bens que compõem o estabelecimento estão mais ligados à finalidade que lhes dá unicidade que à vontade discricionária do empresário: "Não era porém, mister grande esforço de análise para perceber a diferença de natureza existente entre esse tipo de propriedade (do empresário, sobre o estabelecimento) e o clássico *jus utendi, fruendi et abutendi*. No primeiro caso, os bens sobre os quais incide o poder jurídico do empresário não são objeto de simples fruição, nem se adquirem para consumo privado, mas se utilizam como instrumento de uma exploração determinada. Não são bens que se definam pela sua pertinência subjetiva a um titular, mas pela sua função ao destino, supondo, de conseguinte, não uma capacidade de fruição de seu proprietário, mas uma *atividade organizada* para sua exploração".

2.4 Perfil corporativo

Sob esse aspecto, tem-se a empresa compreendida como instituição. A empresa, em seu aspecto corporativo, é, para Alberto Asquini [Asquini 1996: p. 122], "aquela especial organização de pessoas que é formada pelo empresário e pelos empregados, seus colaboradores. O empresário e os seus colaboradores dirigentes, funcionários, operários, não são de fato, simplesmente, uma pluralidade de pessoas ligadas entre si por uma soma de relações individuais de trabalho, com fim individual; mas formam um núcleo social organizado, em função de um fim econômico comum, no qual se fundem os fins individuais de empresário e dos singulares colaboradores: a obtenção do melhor resultado econômico, na produção. A organização se realiza através da hierarquia das relações entre o empresário dotado de um poder de mando e os colaboradores, sujeitos à obrigação de fidelidade no interesse comum".

É válido ressaltar que o reconhecimento dos quatro perfis de Asquini leva ao problema da imputação da empresa. Em outras palavras, deve-se analisar se *empresa* é sujeito ou objeto de direitos [Sztajn 2004: p. 162].

Explica-se: é natural atribuir ao empresário (perfil subjetivo) a imputação das decisões da empresa. O poder de comando, administrativo, permanente e continuado, é exercido regularmente pelo titular da empresa, o chamado *agente*. Essa imputação – o exercício do poder de direção – está relacionada à assunção dos riscos da atividade econômica, e quem os assume é o organizador dos fatores da produção.

Assim, clara é a necessidade de tutela da figura do empresário. Na construção doutrinária, portanto, o empresário é tutelado pelo ordenamento jurídico – e, portanto, sujeito de direito.

Por sua vez, se considerado o perfil patrimonial e objetivo, a empresa é o complexo de relações jurídicas projetado sobre o campo patrimonial, sendo o estabelecimento uma universalidade de bens. Evidente que a empresa se comporta, neste aspecto, como objeto de direito.

Já, com base no perfil funcional, admitindo a empresa como o conjunto de atos convergentes a um mesmo objetivo, não se pode inferir que empresa é sujeito ou objeto. É atividade. E, sendo atividade, não se enquadra nas categorias jurídicas de sujeito ou objeto de direito. Assim, "tutelas predispostas para direitos reais e direitos de crédito são insuficientes como instrumento de empresa-atividade" [Sztajn 2004: p. 162].

Melhor seria, ainda segundo a autora, ampliar a tutela jurídica de modo a contemplar também a atividade organizada em e para mercados, dados sua utilidade social e os interesses coletivos envolvidos [Sztajn 2004: p. 162].

Nesse sentido a lição de Haroldo Malheiros Duclerc Verçosa [Verçosa 2004: p. 149], que explica que, sob o sentido institucional ou corporativo, a empresa "é tomada como significado de uma 'instituição', de 'organização de pessoas', voluntária ou coacta, em função de um objetivo comum. Tem existência duradoura no tempo, independe do empresário que a exerce e dos seus colaboradores".

Também nesse caso, assim como no perfil funcional, a empresa não seria sujeito nem objeto de direitos, mas a própria organização da operação empresarial, ou seja, a relação entre os diversos fatores componentes do fenômeno econômico "empresa".

3. A definição de "empregador" segundo a Consolidação das Leis do Trabalho

Muitas são as considerações elaboradas pela doutrina sobre o conceito de "empregador" enunciado pela Consolidação das Leis do Trabalho.

O *caput* do art. 2º define *empregador* como sendo a "empresa que, assumindo os riscos da atividade econômica, admite, assalaria e dirige a prestação pessoal de serviços".

A partir da definição legal, alguns autores entendem que o legislador se equivocou em caracterizar empresa como sujeito de direito. Seguindo a corrente citada, empresa seria objeto de direito, e, portanto, não poderia figurar como empregador [Maranhão 1999: p. 296].

Outro fundamento para crítica seria uma suposta confusão do legislador quanto aos conceitos de "empresa", "estabelecimento" e "empregador". Há quem afirme categoricamente que "a Consolidação das Leis do Trabalho comete o imperdoável erro de definir empregador como sendo a empresa" [Gomes/Gottschalk 2006: p. 102].

Ainda se aduz que, ao relacionar a figura do empregador com a empresa, a Consolidação das Leis do Trabalho sofreu "forte influência institucionalista e da teoria da relação de trabalho que se fez presente no contexto histórico de elaboração desse diploma justrabalhista" [Delgado 2003: p. 386].

Por fim, juslaboristas criticam a Consolidação das Leis do Trabalho também ao dispor que ao direito do trabalho interessa estudar a figura do empregador apenas como devedor de prestações sociais-assistenciais e como a figura central do poder hierárquico inerente às empresas [Gomes/Gottschalk 2006: p. 102].

Com a devida vênia, razão não assiste à doutrina dominante.[8] Se feita leitura do texto legal aplicando conhecimentos próprios da doutrina do direito empresarial, percebe-se que o legislador, ao inverso, acertou ao evidenciar cada um dos perfis da empresa descritos por Asquini, em acordo com a situação do empregador perante o empregado.

A norma disposta no artigo já referido afirma que empregador é a empresa. Enunciar que empregador é a empresa representa reconhecer este sujeito do contrato de trabalho como um conceito complexo, que tem contornos principalmente de natureza econômica. Tal opção do legislador é perfeitamente compatível com a complexidade do sujeito do contrato individual de trabalho que se relaciona com o empregado.

Sendo a empresa o feixe de contratos com o fim de organizar a produção (de bens e serviços), natural que se reconheça que o contrato individual de trabalho é um dos contratos que a compõem. Em outras palavras, o contrato de trabalho é um dos contratos que constituem o complexo fenômeno econômico que é a empresa. Pode-se, portanto, afirmar que, dentre outras características, empresa é empregadora, ou seja, mantém contratos individuais de trabalho, como um entre os elementos de seu núcleo essencial.[9]

No decorrer do texto celetista as atribuições de obrigações e direitos relativos ao empregador coadunam-se com o conceito de "empresa" e seus diversos perfis. A rigor, o texto desse diploma legal abrange, em diversas passagens, todos os perfis da empresa, reconhecendo sua complexidade.

3.1 Os perfis de Asquini na Consolidação das Leis do Trabalho

No próprio *caput* do art. 2º tem-se que empregador é aquele que admite, assalaria e dirige a prestação pessoal de serviços. Portanto, para o dispositivo em tela, empregador é a empresa em seu sentido subjetivo. Só o empresário, titular do empre-

8. Não se pode deixar de referir Francisco Meton Marques de Lima [Lima 2000: p. 62], que, em caminho oposto ao trilhado pelo restante da doutrina, afirma que "a definição da Consolidação vigente parece-nos mais consentânea com a natureza do direito do trabalho, porque abrange aspectos mais factuais que jurídicos".

9. Não é outra a conclusão de Evaristo de Moraes Filho [Moraes Filho 1993: pp. 268 e ss.] quando claramente considera o contrato de trabalho incorporado ao "organismo da empresa".

endimento, tem capacidade para firmar o contrato individual de trabalho com o empregado, através da expressão de vontade que define as condições gerais do pacto: ato da formação do contrato, remuneração e formas de subordinação e exercício do poder diretivo.

Interessante construção jurídica afigura-se na passagem do art. 2º ao art. 10. Se em um primeiro momento a Consolidação das Leis do Trabalho afirma que empregador é a empresa, em seguida diz que "qualquer alteração na estrutura jurídica da empresa não afetará os direitos adquiridos por seus empregados".

Para a legislação trabalhista a alteração na estrutura jurídica da empresa é instituto de ampla caracterização e envolve toda a modificação e a forma ou modo de uma sociedade se constituir, como, por exemplo, a transformação de firma individual para sociedade, de sociedade limitada para sociedade anônima, a alteração no número de sócios, modificação de nome, alteração de cláusulas do contrato social e outros [Nascimento 2006: p. 732].

Evidente se mostra que, para a legislação consolidada, *empresa* é de fato uma instituição multifacetada, que ora se relaciona com os empregados por meio do seu titular e ora vincula os contratos individuais de trabalho ao exercício da atividade econômica pelo empresário. Isto é, o empregador é identificado, aqui, com o perfil funcional da empresa.

Mencionado normativo é a expressão da relevância da continuidade da atividade econômica para os contratos de trabalho e, de toda sorte, para a própria empresa. É garantia de que, ainda que tomadas decisões de ordem jurídica, política e técnica no tocante à forma de constituição e transformação de sociedades empresariais, os contratos que compõem o núcleo da empresa não serão afetados, uma vez que se vinculam à atividade econômica, e não à forma jurídica da qual se reveste ou, mesmo, ao titular do empreendimento.

Assim, os contratos estão protegidos da instabilidade e da insegurança que cercam a atividade empresarial, naturalmente de risco. Adite-se que, notadamente em relação ao direito do trabalho, o art. 10 revela um princípio essencial e peculiar deste ramo do direito privado: o da continuidade do vínculo jurídico trabalhista.

Ainda como exemplo de empregador como empresa em seu perfil funcional tem-se o art. 448, que reza: "A mudança na propriedade ou na estrutura jurídica da empresa não afetará os contratos de trabalho dos respectivos empregados". Entende-se que a norma em tela prevê as situações de alteração na estrutura jurídica, sucessão de empresas e o chamado *trespasse*.

Conceituada com a mesma amplitude e certa imprecisão, a mudança na propriedade da empresa envolve as situações compreendidas como *sucessão de empresas*, previstas no CC, arts. 1.113 e ss.: incorporação, fusão e cisão, dentre outras. Apesar de não ser o foco do presente trabalho, passa-se a uma sintética explanação sobre esses institutos.

De acordo com a doutrina especializada, a figura da fusão é complexa e, portanto, de definição ampliada. Considera-se, de acordo com Waldírio Bulgarelli [Bulgarelli 2000: p. 198], a fusão como um gênero do qual decorreriam duas espécies: a fusão propriamente dita e a incorporação. Reconhece-se, ainda, que o instituto da fusão seria caracterizado por três elementos: a transferência global do patrimônio, com sucessão universal; a congeminação direta dos acionistas das extintas na nova ou na que permanece; e a extinção de ao menos uma das participantes.

A fusão propriamente dita consiste na "união de duas ou mais sociedades que se extinguem dando lugar à criação de uma nova, que as sucede em todos os direitos e obrigações" [Bulgarelli 2000: p. 219]. Já a incorporação é conceituada como a "operação pela qual uma ou mais sociedades são absorvidas por outra, que lhes sucede em todos os direitos e obrigações".

A cisão, por fim, pode ser total ou parcial. A cisão total é "a operação pela qual uma sociedade transfere parcelas do seu patrimônio a outras sociedades, existentes ou constituídas especialmente para esse fim, desaparecendo" [Bulgarelli 2000: p. 198]. Na cisão parcial, por outro lado, há a versão de uma parcela do patrimônio em outra ou outras sociedades, sem a extinção da cindida.

Nessas operações está clara a sucessão com relação aos contratos de trabalho, uma vez que, via de regra, há a extinção de uma ou mais pessoas jurídicas.

Distinto conceito é o de "trespasse". Haverá trespasse quando o estabelecimento for alienado como um todo. Ou seja, um empresário aliena seu complexo de bens, materiais e imateriais, a outro empresário, passando a "universalidade de fato", pertencente ao primeiro, a fazer parte do patrimônio do último. Nesse caso não há extinção da pessoa jurídica alienante, mas a atividade anteriormente exercida por ela passa a ser exercida por outrem, para quem o estabelecimento foi transferido.[10]

Bem verdade que, para efeitos do direito individual do trabalho, fundamental é que a atividade empresarial continue para que, configuradas as hipóteses previstas nos arts. 10 e 448, sejam mantidos intocados os contratos individuais de trabalho, numa clara afirmação da caracterização do empregador com o perfil funcional da empresa.

Ao tratar das normas de segurança e medicina do trabalho, a CLT dispõe no art. 160 que: "nenhum estabelecimento poderá iniciar suas atividades sem prévia inspeção e aprovação das respectivas instalações pela autoridade regional competente em matéria de segurança e medicina do trabalho". Neste ponto o legislador identificou, erroneamente, o estabelecimento como empregador. Melhor seria se houvesse atribuído diretamente ao empresário as obrigações relacionadas à segurança do trabalho. No entanto, razão assiste à Consolidação das Leis do Trabalho ao deixar claro que, no tocante às regras de proteção à saúde e integridade do trabalhador, manifesta o estabelecimento o aspecto objetivo da empresa. Do mesmo modo entende-se em relação ao disposto nos arts. 168 e 425, este último a disciplinar regras sobre a proteção do trabalhador menor.

Ao dispor sobre equiparação salarial e desvio de função, a CLT aborda no art. 461, § 2º, a faculdade de a empresa elaborar seu próprio regulamento. Apesar de não haver disposição expressa a respeito do regulamento de empresa, o ordenamento jurídico positivo recepciona as normas de origem privada estabelecidas no curso dos contratos de trabalho. Entre elas, o regulamento interno.

A norma em tela é, portanto, expressão da empresa como instituição,[11] uma reunião de pessoas em torno de um mesmo fim: o exercício da produção, em busca do melhor resultado econômico. Esta união de pessoas se dá a partir de regras de hierarquia e de organização, a cargo, geralmente, do empresário, titular da atividade empresarial que suporta os respectivos riscos.

10. Uma inovação trazida pela Lei 11.101/2005, que disciplina a falência, a recuperação judicial e a recuperação extrajudicial de empresas, foi a determinação da não-sucessão do arrematante de estabelecimentos da massa falida ou das sociedades em recuperação judicial. O intuito do dispositivo é trazer o preço pago para patamares de mercado, uma vez eliminados os riscos inerentes à situação do devedor, sendo expressa a compreensão nessa determinação de créditos tributários e trabalhistas. Em que pese a se considerar louvável o dispositivo, não se pode ainda determinar qual será o posicionamento dominante dos tribunais brasileiros a esse respeito.

11. O perfil corporativo recebe críticas por identificar a empresa com a doutrina institucionalista. Para o institucionalismo as relações de emprego(contratos de trabalho) configurariam um tipo de vínculo jurídico em que a vontade das partes não cumpriria papel relevante em sua formação ou seu desenvolvimento. Para esta corrente o empregador é uma instituição que impõe seu estatuto, suas regras, e recepciona o empregado, que apenas se insere na instituição, sem manifestar iniciativa pessoal [Delgado 2003: pp. 316-317].

No tocante às formas de extinção do contrato de trabalho, o legislador se manifesta no sentido de identificar o empregador com o perfil subjetivo da empresa. O art. 482 determina como hipótese de rescisão do contrato por justa causa praticada pelo empregado o "ato lesivo da honra ou da boa fama ou ofensas físicas praticadas contra o empregador e superiores hierárquicos, salvo em caso de legítima defesa, própria ou de outrem".

Da mesma forma, em relação à justa causa praticada pelo empregador como hipótese de rescisão do contrato quando "praticar o empregador ou seus prepostos, contra ele ou pessoas de sua família, ato lesivo da honra ou da boa fama", e outras situações.

Evidente que apenas o titular da atividade empresarial é capaz de praticar ofensas físicas ou atos lesivos de honra e boa fama contra seu empregado, ou sofrer ofensas físicas praticadas pelo empregado.

Acrescente-se, ainda, que a morte do empregador, naturalmente o empresário individual, que implique o fim da atividade econômica é motivo de extinção do contrato de trabalho, na conformidade do art. 485.

Por fim, é de se acrescentar ainda que o § 1º do art. 2º da CLT considera que sujeitos que não exercem atividade empresarial – tais como profissionais liberais ou instituições de beneficência, associações recreativas e outras sem fins lucrativos – serão equiparados ao empregador se admitirem trabalhadores na condição de empregados. Neste ponto, certa a oposição da doutrina trabalhista. Correto seria se a Consolidação das Leis do Trabalho equiparasse as citadas figuras à empresa, e não ao empregador (ainda que o Código Civil tenha excluído expressamente as profissões intelectuais, de natureza científica, literária ou artística, da previsão legal de empresa), para fins exclusivos de matéria trabalhista.

4. Conclusões

Após acurada análise da Consolidação das Leis do Trabalho, percebe-se que, ao contrário do que afirma a doutrina especializada, o legislador trabalhista acertadamente vinculou os contratos de trabalho aos diversos perfis da empresa reconhecidos pelo direito empresarial.

Identificar a figura do empregador com o conceito de "empresa" e seus aspectos subjetivo, funcional, objetivo e corporativo é reconhecer que o empregador, assim como o empregado, é sujeito de uma relação de natureza dinâmica, e, portanto, não pode ser expresso por meio de definições absolutas. O contrato individual de trabalho que celebram empregado e empregador é instituto que se alimenta de realidade. Traduz a vida cotidiana da atividade produtiva, e nada mais justo do que seja definido considerando as várias facetas desta relação.

Adite-se, ainda, que a Consolidação das Leis do Trabalho referir-se ao empregador como empresário, em determinadas situações, não representa que defenda que a empresa seja sujeito de direito. Representa apenas que nestas tais situações o legislador ressaltou o perfil subjetivo da empresa. Ademais, é de se destacar que se a empresa não pode ser considerada como sujeito de direito, como de fato não pode, tampouco será objeto de direito. Para Rachel Sztajn [Sztajn 2004: p. 162] "empresa não é objeto de direito, também não é pessoa, mas é produtora de utilidades".

Também não prospera a afirmação de que a definição de empregador para a Consolidação das Leis do Trabalho representa um posicionamento institucionalista do contrato de trabalho. É fato que a legislação obreira por vezes adota a corrente contratualista acerca da natureza jurídica do contrato de trabalho – como, por exemplo, quando dispõe, no art. 443, que "o contrato individual de trabalho poderá ser acordado tácita ou expressamente, verbalmente ou por escrito e por prazo determinado ou indeterminado" – e por outras vezes filia-se às correntes anticontratualistas (das quais é exemplo a teoria institucionalista), como no art. 29, em que dispõe que "a Carteira de Trabalho e Previdência Social será obrigatoriamente apresentada, contra recibo, pelo trabalhador ao empregador que o admitir, (...)".

Mas o chamado *perfil corporativo*, definido por Asquini como o aspecto da empresa enquanto instituição ou organização especial de pessoas com o objetivo de colaborarem todas para um fim comum, não significa que os empregados não manifestem vontade no surgimento, desenvolvimento e encerramento do contrato de trabalho.

Ainda no mesmo sentido, não há que falar em confusão entre *estabelecimento*, *empresa* e *empregador*. Como já reiterado, a empresa se manifesta juridicamente mediante seus perfis, dentre eles o objetivo ou patrimonial, definição da qual o estabelecimento é elemento.

Diante de tudo, feita a reavaliação da definição legal de *empregador*, pode-se afirmar que para a legislação trabalhista consolidada *empregador* é a empresa em seu sentido subjetivo, na medida em que o empresário se relaciona pessoalmente com seus empregados; no sentido funcional, eis que os contratos de trabalho se vinculam juridicamente à continuidade da atividade econômica; no sentido patrimonial ou objetivo, eis que muitas das obrigações do empregador se manifestam por meio do estabelecimento e os contratos de trabalho fazem parte da universalidade de bens que é o patrimônio da empresa; e, por fim, no sentido corporativo, na medida em que o empregador pode estatuir a organização e hierarquia dos empregados mediante os regulamento de empresa.

Portanto, para a Consolidação das Leis do Trabalho *empregador* é a empresa na manifestação dos conceitos de *empresário*, *patrimônio*, *estabelecimento*, *atividade* e *instituição*.

Ao final, não é demais ressaltar que o estudo de conceitos como o do "empregador", assim como todos os demais que fazem parte do estatuto do direito do trabalho e de todos os ramos do Direito, não pode se dar de forma isolada. Notadamente em relação ao direito do trabalho, que, sob uma perspectiva mais ampliada, se apresenta como o Direito que regula a relação de trabalho e, portanto, pode ser considerado como o Direito do Capitalismo, estatuindo regras não apenas de proteção ao trabalhador, mas também em favor do capital [Coutinho 2003: p. 172].

Adite-se que o direito do trabalho não está divorciado da disciplinação da ordem econômica constitucional. Os direitos sociais trabalhistas e a ordem econômica têm princípios comuns e seguem a orientação segundo a qual a finalidade do desenvolvimento será o progresso social e econômico [Süssekind 2001: p. 18]. Nada mais coerente que estudar seus institutos também sob a ótica de outros ramos do Direito, como o direito de empresa, e mesmo de outros ramos do conhecimento, como a Economia.

Referências bibliográficas

ASQUINI, Alberto [1996]. "Perfis da empresa". Trad. de Fábio Konder Comparato. *RDM* 104/109-125. São Paulo, Ed. RT.

BARROS, Alice Monteiro de [2006]. *Curso de Direito Do Trabalho*. 2ª ed. São Paulo, LTr.

BULGARELLI, Waldírio [1980]. *Estudos e Pareceres de Direito Empresarial (O Direito das Empresas)*. São Paulo, Ed. RT.

———— [2000]. *Fusões, Incorporações e Cisões de Sociedades*. 5ª ed. São Paulo, Atlas.

CARVALHOSA, Modesto [2005]. *Comentários ao Código Civil – Parte Especial do Direito da Empresa*. 2ª ed. São Paulo, Saraiva.

COASE, R. H. [1990]. *The Firm, the Market and the Law*. Chicago, University of Chicago Press.

COUTINHO, Aldacy Rachid [2003]. "A autonomia privada: em busca da defesa dos direitos fundamentais dos trabalhadores". In: SARLET, Ingo Wolfgang (org.). *Constituição, Direitos Fundamentais e Direito Privado*. Porto Alegre, Livraria do Advogado.

DELGADO, Maurício Godinho [2003]. *Curso de Direito do Trabalho*. 2ª ed. São Paulo, LTr.

FRANCO, Vera Helena de Melo [2004]. *Manual de Direito Comercial*. 2ª ed., vol. 1 ("O Empresário e seus Auxiliares, o Estabelecimento Empresarial, as Sociedades"). São Paulo, Ed. RT.

GOMES, Orlando, e GOTTSCHALK, Elson [2006]. *Curso de Direito do Trabalho*. 17ª ed. Rido de Janeiro, Forense.

LIMA, Francisco Meton Marques de [2000]. *Elementos de Direito do Trabalho e Processo Trabalhista*. 9ª ed. São Paulo, LTr.

MORAES FILHO, Evaristo de [1993]. *Do Contrato de Trabalho como Elemento da Empresa*. São Paulo, LTr, edição facsimilada.

NASCIMENTO, Amauri Mascaro [2006]. *Curso de Direito do Trabalho*. 21ª ed. São Paulo, Saraiva.

PACHECO, José da Silva [1979]. *Tratado de Direito Empresarial. Empresário: Pessoa e Patrimônio*. vol. 1. São Paulo, Saraiva.

PINHEIRO, Armando Castelar, e SADDI, Jairo [2005]. *Direito, Economia e Mercados*. Rio de Janeiro, Elsevier.

SÜSSEKIND, Arnaldo [2001]. *Direito Constitucional do Trabalho*. 2ª ed. Rio de Janeiro, Renovar.

————, e outros [1999]. *Instituições de Direito do Trabalho*. 18ª ed. São Paulo, LTr.

SZTAJN, Rachel [2004]. *Teoria Jurídica da Empresa: Atividade Empresária e Mercados*. São Paulo, Atlas.

———— [2006]. "Notas sobre o conceito de empresário e empresa no Código Civil brasileiro". *Revista Pensar* 11/192-202. Fortaleza.

VASCONCELOS, Arnaldo [2006]. "Exigências essenciais da teoria jurídico-científica". *Revista Pensar* 11/68-72. Fortaleza.

VERÇOSA, Haroldo Malheiros Duclerc [2004]. *Curso de Direito Comercial 1. Teoria do Direito Comercial e das Atividades Empresariais Mercantis. Introdução à Teoria Geral da Concorrência e dos Bens Imateriais*. São Paulo, Malheiros Editores.

VIANNA, Bomfim [1969]. "Perfil analítico-comparativo do estabelecimento". *RDM* 30/69-77. São Paulo, Ed. RT.

MEDIANDO CONFLITOS EM EMPRESAS

Lilia Maia de Morais Sales

Emanuela Cardoso Onofre de Alencar

1. Considerações iniciais. 2. O projeto de negociação da Universidade de Harvard e a construção de consenso. 3. A mediação de conflitos. 4. A mediação realizada na empresa. 5. Considerações finais.

1. Considerações iniciais

A mediação de conflitos vem se desenvolvendo há mais de três décadas no Brasil, sendo estudada por profissionais de várias áreas e desenvolvida por diversos escritórios especializados e instituições.

Nos últimos anos, tendo em vista a valorização da qualidade de vida no ambiente de trabalho e a valorização de clientes e colaboradores, percebe-se que vem crescendo também o número de empresas que escolhem a mediação como procedimento adequado para bem administrar os conflitos, buscando solucionar as divergências existentes de modo informal e célere e visando à manutenção dos vínculos de confiança, credibilidade e afetividade (no caso de colaboradores que convivem diariamente no ambiente de trabalho).

Como exemplo destaca-se a experiência das agências reguladoras, como a ANEEL – Agência Nacional de Energia Elétrica, que criou um núcleo de mediação destinada à solução de controvérsias, subordinado à sua Ouvidoria. Nesse núcleo as questões são resolvidas em prazo razoavelmente pequeno e no âmbito da própria Agência.

A mediação realizada nas empresas está marcada pelo fato de, nestas, expressiva parte de seus colaboradores ser já, em maior ou menor grau, de negociadores, em face das atividades que desenvolvem diariamente. Apesar disso, tendo em vista que os ambientes empresariais tendem a ser altamente competitivos, haja vista ser essa uma característica do universo corporativo atual, vem se desenvolvendo de forma expressiva um modelo de mediação que utiliza as técnicas de negociação desenvolvidas pelo *Projeto de Negociação de Harvard*, que se destaca por ser um procedimento que utiliza técnicas de negociação adequadas para ambientes e partes competitivos, somadas às características da mediação per si, que busca a valorização da inter-relação existente entre os envolvidos no conflito, a cooperação e o reconhecimento das responsabilidades destes.

Assim, ante a relevância que a mediação organizacional vem adquirindo nos últimos anos, o presente artigo objetiva analisar como a mediação, utilizando os métodos de negociação desenvolvidos pelo Projeto da Universidade de Harvard, pode contribuir para a adequada resolução de conflitos surgidos com clientes, parceiros e colaboradores das empresas, mantendo a credibilidade destas e um ambiente de trabalho saudável e motivador.

2. *O projeto de negociação da Universidade de Harvard e a construção de consenso*

A Universidade de Harvard, por meio de seu Projeto de Negociação, vem desenvolvendo técnicas que objetivam resolver conflitos buscando ressaltar os interesses das partes envolvidas, separar as pessoas dos problemas por elas vivenciados e criar critérios objetivos que possam auxiliar na elaboração de um acordo que satisfaça a todas as partes envolvidas.

Fisher, Ury e Patton afirmam que em um conflito é freqüente encontrar dois modos de negociar: com afabilidade ou com aspereza [Fisher/Patton/Ury 2005]. O negociador afável, para evitar conflitos pessoais, faz concessões prontamente para realizar um acordo. Por querer uma solução amigável, acaba sendo explorado e se sente insatisfeito com o acordo firmado. O negociador áspero vê o conflito como uma disputa de vontades na qual quem assume as posições mais extremadas e resiste por mais tempo acaba por obter os melhores resultados e a vitória. Por querer vencer a todo custo, acaba criando uma reação também áspera da outra parte, que prejudica a relação existente e a possibilidade de um acordo satisfatório.

Desta feita, buscando um meio de negociar que não seja nem áspero nem afável, foi desenvolvido o método da negociação baseada em princípios, pelo Projeto de Negociação de Harvard, que consiste em "decidir as questões a partir de seus méritos, e não através de um processo de regateio centrado no que cada lado se diz disposto a fazer e a não fazer. Ele sugere que você procure benefícios mútuos sempre que possível e que, quando seus interesses entrarem em conflito, você insista em que o resultado se baseie em padrões justos, independente da vontade de qualquer dos lados" [Fisher/Patton/Ury 2005: p. 16].

O método de negociação baseada em princípios é rigoroso quanto aos métodos e possibilita que se obtenha o que a parte tem de direito, agindo com decência e com imparcialidade.

Fisher, Ury e Patton apresentam os métodos da negociação baseada em princípios [Fisher/Patton/Ury 2005]:

* *Separar as pessoas dos problemas* – trata-se de um dos principais princípios do método, pois quando vivenciam um problema (seja em relações afetivas ou no trabalho) os litigantes tendem a confundir os problemas com as pessoas, o que dificulta a resolução do litígio e muitas vezes prejudica a relação existente.

Fisher, Ury e Partton argumentam que um ponto inicial para separar as pessoas dos problemas é perceber a outra parte, colocar-se em seu lugar, para compreender o problema sob o seu ponto de vista, evitando deduzir as intenções do outro por meio dos próprios medos ou culpando o outro pelo problema vivido [Fisher/Patton/Ury 2005: pp. 40-47]. É importante que sejam discutidas as percepções de cada um, explicitando-as e analisando-as de forma honesta e incentivando a participação ativa de todos os envolvidos na negociação, para que se sintam partes no processo e que contribuíram para a construção do melhor acordo.

* *Concentrar-se nos interesses, não nas posições* – a descoberta dos interesses envolvidos em um litígio permite que as partes sejam mais maleáveis, saindo das posições rígidas em que se colocavam, reflexo de comportamentos egoístas que buscavam privilegiar apenas a parte que os defendia.

Quando se descobrem os interesses de ambas as partes, é necessário que todos sejam valorizados e levados em conta durante a negociação [Fisher/Ertel 1995]. Como destacam Fisher, Ury e Patton:

"Cada um de nós tende a preocupar-se tanto com seus próprios interesses que presta muito pouca atenção aos interesses de outrem.

"As pessoas ouvem melhor quando sentem que você as compreende. Tendem a pensar naqueles que as entendem como pessoas inteligentes e solidárias cujas opiniões vale a pena ouvir. Portanto, se você quer que o outro lado reconheça seus interesses, comece por demonstrar que reconhece os dele" [Fisher/Patton/Ury 2005: pp. 69-70].

Conhecer o problema e os interesses envolvidos, de todas as partes, é um passo importante antes de buscar a solução mais adequada a solucioná-lo.

* *Inventar opções de ganhos mútuos* – por mais importante que seja contar com diferentes opções durante uma negociação, as partes envolvidas poucas vezes sentem necessidade delas, pelo quê Fisher, Ury e Patton [Fisher/Patton/Ury 2005: p. 76] chamam de "obstáculos fundamentais que inibem a invenção de uma multiplicidade de ações". São eles: o julgamento prematuro; a busca de uma resposta única; a pressuposição de um bolo fixo; e pensar que "resolver o problema deles é problema deles".

Para tanto, para que sejam criadas diferentes opções criativas que possam conduzir a um acordo satisfatório, recomendam [Fisher/Patton/Ury 2005: p. 79] separar o ato de inventar opções do ato de julgá-las; ampliar as opções em vez de buscar uma única resposta; buscar benefícios mútuos; e inventar meios de facilitar as decisões dos outros.

* *Insistir em critérios objetivos* – por mais que os negociadores mais hábeis tentem conciliar os interesses das partes, não se pode olvidar a realidade dos interesses conflitantes. Assim, Fisher, Ury e Patton defendem que, em uma negociação, o mais sensato a fazer é baseá-la em princípios que possam produzir acordos sensatos de forma eficiente.

"Quanto mais você aplicar padrões de imparcialidade, eficiência ou mérito científico a seu problema específico, maior será sua probabilidade de produzir uma solução final sensata e justa. Quanto mais você e o outro lado se referirem aos precedentes e à praxe na comunidade, maior será sua chance de beneficiar-se da experiência passada. E os acordos compatíveis com os precedentes são menos vulneráveis aos ataques" [Fisher/Patton/Ury 2005: p. 101].

Os autores então argumentam que, para conduzir uma negociação baseada em princípios, duas questões devem ser observadas: a elaboração de critérios objetivos e o emprego destes na negociação.

Na elaboração de critérios objetivos é necessária a busca tanto de padrões como de procedimentos que sejam justos. Segundos os autores [Fisher/Patton/Ury 2005: p. 103], os critérios objetivos precisam independer da vontade de qualquer dos lados. Idealmente, para garantir um acordo sensato, os critérios objetivos devem ser não apenas independentes da vontade das partes, como também legítimos e práticos.

Para a negociação com critérios objetivos, os autores [Fisher/Patton/Ury 2005: p. 106] ressaltam que, depois de identificar alguns critérios e procedimentos objetivos, devem ser observados três elementos básicos: formular cada questão como uma busca conjunta de critérios objetivos; ponderar e permanecer aberto às reflexões sobre quais são os padrões mais apropriados e como devem ser aplicados; e jamais ceder à pressão, mas tão-somente aos princípios.

Lawrence Susskind, por sua vez, desenvolveu o procedimento chamado de *construção de consenso*, por meio do qual objetiva que as partes envolvidas em uma disputa possam construir um acordo onde todas participem, sejam valorados os interesses envolvidos e todas saiam satisfeitas.

Susskind argumenta que: "Consensus building is a process of seeking unanimous agreement. It involves a good-faith effort to meet the interests of all stakeholders. Consensus has been reached when everyone agrees they can live with whatever is proposed after every effort has been made to meet the interests of all stakeholding parties. Thus, consensus building requires that someone frame a proposal after listening carefully to everyone's concern. Participants in a consensus building process have both the right to expect that no one will ask them to undermine their interests and the responsibility to propose solutions that will meet everyone else's interests as well as their own" [Susskind/McKearnan/Thomas-Larmer 1999: p. 6].

A construção de consenso trabalha com idéias-chave, como "interesses", "facilitação", "mediação", "criação de valores", entre outras.

Da mesma forma que o método apresentado por Fisher e outros, Susskind destaca a necessidade da busca dos interesses envolvidos na demanda das partes, em detrimento das posições nas quais se colocam cada uma delas. A busca desses interesses é importante porque, na medida em que eles se apresentam, torna-se mais fácil a negociação, pois as partes podem mudar suas posições na tentativa de realizar os interesses de todos.

Os interesses revelam as necessidades e os valores de cada parte, conforme salienta Susskind: "Interests are what each participant in a group process seeks to achieve. Interests are not the same as positions or demands. Demands and positions are what people say they must have, but interests are the underlying reasons, needs, or values that explain why they take the positions they do. Interests can change in light of new information or a deeper understanding of a problem. They often reflect deeply held beliefs".

O autor também incentiva na construção de consenso a "tempestade de idéias" (*brainstorm*), estimulando todas as partes a sugerir aqueles que poderiam ser os melhores termos de um acordo a ser firmado e que satisfaria a todos os envolvidos. Essa "chuva de idéias", além de gerar diversas opções que podem ser implementadas, possibilita a participação das partes, que se sentem satisfeitas por terem suas opiniões e necessidades ouvidas, entendidas, além de se sentirem inseridas no processo de construção do acordo [Susskind/McKearnan/Thomas-Larmer 1999: p. 4].

Na busca da construção do consenso, algumas perguntas são importantes para auxiliar na busca dos interesses envolvidos na disputa: "Por quê?"; "Para quê?"; e "Por quê isso é importante para você?".

Um exemplo clássico utilizado pelo Projeto de Negociação de Harvard é o conflito de duas meninas envolvendo uma laranja. Ambas desejam a fruta, e nenhuma delas está disposta a abrir mão da laranja em prol da outra. Ante este impasse, que seria o porquê da divergência, o negociador pergunta a ambas para quê querem a laranja. Uma responde que deseja fazer um doce com as cascas, enquanto a outra contesta que pretende fazer um suco com o sumo. O negociador ainda indaga por que ter a laranja é importante para cada uma delas. Uma afirma que tem fome e gosta do doce da laranja, enquanto a outra diz que tem sede e quer beber o suco. Nesse momento o negociador percebe que, apesar de a posição das meninas ser a mesma, ou seja, o desejo da laranja, os interesses e as motivações envolvidos são distintos, pois uma quer a fruta para fazer um doce com a casca porque está com fome, e a outra quer fazer um suco com o sumo porque tem sede. Desta feita, mostrando a ambas qual o real interesse delas no conflito, ele pergunta como elas poderiam resolver a divergência de modo a que ambas saiam satisfeitas, ao que elas argumentam que uma pode fazer o suco com o sumo da laranja, inicialmente, e depois entregar a casca à outra, para que possa fazer o doce e matar sua fome.

Esse exemplo demonstra que, em um conflito para o qual inicialmente poderia parecer inexistir uma solução adequada, ao se descobrir os reais interesses das partes envolvidas, essas podem apresentar soluções que satisfaçam a ambas e resolvam o problema.

Não obstante a potencialidade dos métodos de negociação desenvolvidos pelo

Projeto de Negociação de Harvard, entende-se que objetivar unicamente o acordo e a eliminação dos impasses em uma disputa não deve ser o objetivo máximo a ser atingido. Como destaca Vezzulla: "Como crítica aos conceitos desenvolvidos em Harvard, diremos que, na procura do acordo sobre o conflito objetivo, deixam-se de trabalhar os conflitos subjetivos, que retornam como perturbação, muitas das vezes, das próprias decisões tomadas. Os conflitos subjetivos, apenas neutralizados e separados do tratamento dos conflitos subjetivos, continuam a atuar no relacionamento entre os participantes da negociação ou mediação, manifestando-se na sobrevaloração das dificuldades ou mesmo na criação delas ao ficarem subjacentes e procurar sua expressão por meios sintomáticos" [Vezzulla 2006: p. 85].

Desta feita, deve-se também incluir como objetivo necessário a valorização das relações envolvidas no conflito, para que, sendo atingido um acordo satisfatório para todos os envolvidos, as relações existentes permaneçam. No caso de empresas, a manutenção dos vínculos de cordialidade, especialmente entre os colaboradores que convivem diariamente no ambiente de trabalho, revela-se imprescindível para que eles possam realizar suas atividades com satisfação, bem administrando os conflitos que podem surgir a cada momento. Tratando-se de conflitos com clientes ou parceiros, fornecedores, a mediação, utilizando as técnicas de negociação desenvolvidas pelo Projeto de Harvard, pode contribuir para a realização de um acordo satisfatório, onde todos os envolvidos participam, mantendo os vínculos existentes entre os parceiros, na medida em que valoriza as subjetividades.

3. A mediação de conflitos

A mediação é um procedimento consensual de solução de conflitos por meio do qual uma terceira pessoa imparcial – escolhida ou aceita pelas partes – age no sentido de encorajar e facilitar a resolução de uma divergência. As pessoas envolvidas nesse conflito são as responsáveis pela decisão que melhor as satisfaça. A mediação representa, assim, um mecanismo de solução de conflitos utilizado pelas próprias partes, que, movidas pelo diálogo, encontram uma alternativa ponderada, eficaz e satisfatória. O mediador é a pessoas que auxilia na construção desse diálogo [Six 2001; Vezzulla 1998 e 2001].

Por meio da mediação buscam-se os pontos de convergência entre os envolvidos na contenda que possam amenizar a discórdia e facilitar a comunicação. Muitas vezes as pessoas estão de tal modo ressentidas que nada conseguem visualizar de bom no relacionamento entre elas. A mediação estimula, através do diálogo, o resgate dos objetivos comuns que possam existir entre os indivíduos que estão vivendo o problema.

Na mediação procura-se evidenciar que o conflito é natural, inerente aos seres humanos. Sem o conflito seria impossível haver progresso, e provavelmente as relações sociais estariam estagnadas em algum momento da história [Morais 1999]. Se não houvesse insatisfação, as situações da vida permaneceriam iguais, constantes. Portanto, o conflito e a insatisfação tornam-se necessários para o aprimoramento das relações interpessoais e sociais. O que se reflete como algo bom ou ruim para as pessoas é a administração dos conflitos. Se for bem administrado, ou seja, se as pessoas conversarem pacificamente ou se procurarem a ajuda de uma terceira pessoa que as auxilie nesse diálogo, será o conflito bem-administrado. Se as pessoas, por outro lado, se agredirem física ou moralmente ou não conversarem, causando prejuízo para ambas, o conflito terá sido mal-administrado. Assim, não é o conflito que é ruim; pelo contrário, ele é necessário. Sua boa ou má administração é que resultará em desfecho positivo ou negativo [Warat 2001; Braga Neto 2003; Serpa 1999].

A premissa de que o conflito é algo importante para a formação do indivíduo e da coletividade faz com que as posturas antagônicas deixem de ser interpretadas como algo eminentemente mau, para se tornar algo comum na vida de qualquer ser humano que vive em sociedade. É fruto da convivência, e sempre ocorrerá sob diferentes aspectos. Quando se percebe que um impasse pode ser um momento de reflexão e, em conseqüência, de transformação, torna-se algo positivo.

Em síntese, o conflito, quase sempre tomado como algo negativo, é entendido pela mediação como algo positivo, natural e necessário para o aprimoramento das relações, e sua boa administração representa o caminho para o entendimento e para a harmonia entre as partes. A mediação, por suas peculiaridades, torna-se um meio de solução adequado a conflitos que envolvam relações continuadas, ou seja, relações que são mantidas apesar do problema vivenciado. Ressalta-se, também, que os conflitos que tratam de sentimentos e situações fruto de relacionamentos – mágoas, frustrações, traições, amor, ódio, raiva – revelam-se adequados à mediação [Grunspun 2000; Muszkat 2003]. Isso porque é nesses tipos de conflitos que se encontram as maiores dificuldades para o diálogo, em virtude da intensidade dos sentimentos. Na mediação há um cuidado, por parte do mediador, de facilitar esse diálogo entre as partes, de maneira a permitir a comunicação pacífica e a discussão efetiva dos conflitos.

A mediação apresenta algumas peculiaridades para a solução de divergências. A primeira delas refere-se a *conceber o conflito como um momento de possível transformação*. O termo "crise" é atribuído a situações caóticas, negativas. A mediação propõe desmistificar essas premissas, possibilitando que o conflito e a contradição sejam vistos como situações próprias das relações humanas, necessárias para seu aprimoramento. Por este motivo, deve ser tratado com tranqüilidade [Schnitman/Littlejohn 1999; Six 2001; Vezzulla 1998].

O conflito deve ser observado por lados diferentes de um mesmo prisma, que permitem verificar que *existem tanto conflitos aparentes como conflitos reais*. Os conflitos aparentes são aqueles falados mas que não refletem o que verdadeiramente está criando angústia, insatisfação, intranqüilidade ou outro sentimento que provoque mal-estar. Caso não haja um aprofundamento da discussão (especialmente em casos de relação continuada ou com sentimentos afetivos envolvidos) e não se consiga chegar ao conflito real, a solução superficial, aparente, poderá piorar a situação, e o conflito corre o risco de ser agravado.

O conflito real, por sua vez, é o verdadeiro motivo ou causa do conflito. Em muitas situações a dificuldade de se falar sobre o conflito real reside no fato de envolver sentimentos e situações da vida íntima.

O fim do perde/ganha à busca do ganha/ganha como resultado final é característico da mediação [Six 2001; Vezzulla 1998]. A proposta é fazer com que as partes envolvidas ganhem e ambas saiam satisfeitas. Para se alcançar esse sentimento de satisfação mútua é necessário discutir bastante os interesses, permitindo que se encontrem pontos de convergência dentre as divergências relatadas. O mediador deve estar apto a encontrar os interesses convergentes e discuti-los. Concentrar-se nos interesses, e não nas posições [Fisher/Ertel 1995; Fisher/Patton/Ury 2005; Susskind/McKearnan/Thomas-Larmer 1999], é imprescindível para se encontrar o caminho para o diálogo pacífico e construir soluções satisfatórias.

A *busca da cooperação em detrimento da competição* está presente na mediação. Cada um defende seu ponto de vista sem perceber, muitas vezes, que têm o mesmo interesse. A percepção de que devem e podem cooperar, e não competir, facilita o diálogo. O mediador deve estar preparado para fazer com que cada um veja a situação pelo lado do outro, colocar-se no lugar do outro. É uma estratégia importante para a cooperação.

Sair do individual para o coletivo. Tirar o foco de si mesmo e colocá-lo no todo é fundamental para facilitar a compreensão da responsabilidade de cada um para a solução do problema. Busca-se, aqui, a percepção da relação existente entre os atos individuais e seu resultado na relação com o todo. As pessoas geralmente agem sem a percepção real do impacto de sua atitude para um relacionamento. Se o diálogo se mantiver apenas nas posições, no egoísmo de cada um, ficará difícil a cooperação. Além de buscar os interesses, e não as posições, o mediador deve conseguir que as partes percebam a importância do todo envolvido nesse conflito. Quando se consegue desprender-se do que "é melhor para mim" e se passa a perceber o que "é melhor para toda a equipe de trabalho", por exemplo, consegue-se encontrar a importância do coletivo. Assim, ocorre o deslocamento do individual egoísta para o coletivo solidário.

A mediação procura *encontrar a responsabilidade* de cada pessoa em situação de conflito, e *não a culpa* destas. É comum que os indivíduos atribuam culpa uns aos outros e, com isso, retirem de si qualquer responsabilidade pelo que está acontecendo [Vezulla 1998; Six 1999; Schnitman/Littlejohn 1999]. Procura-se, então, por meio da mediação, deslocar o entendimento de culpa (que parece algo predeterminado, intencional) para a responsabilidade (atos e conseqüências). A discussão sobre a responsabilidade retira o determinismo que a noção de culpa carrega. A percepção de que todas as partes envolvidas em conflito são responsáveis permite uma participação maior na busca da melhor solução, permitindo uma mudança de comportamento.

São princípios desse procedimento a *liberdade das partes*, que devem ser livres para participar, ou não, da mediação; a *não-competitividade*; o *poder de decisão das partes*, que escolherão o melhor modo de resolver o litígio; a *participação de um terceiro imparcial*, que é o mediador; a *competência do mediador*, que deve estar capacitado para assumir essa função; a *informalidade do processo*, que não tem regras rígidas para sua realização; e a garantia da *confidencialidade no processo*, pois o mediador não poderá revelar para outras pessoas o que está sendo discutido na mediação.

A mediação pode ser trabalhada sob duas perspectivas: quando está baseada na melhor compreensão das inter-relações e na comunicação, a partir de conceitos sistêmicos, e a mediação conhecida como *transformativa*, quando o mediador age no sentido empoderar os mediados, preparando-os para resolverem os problemas e transformarem a relação, percebendo o conflito desde a perspectiva do outro, reconhecendo-se como co-responsáveis na resolução do litígio [Bush/Folger 1996].

A esses modelos de mediação podem – e é interessante quando assim é feito – ser incorporadas as técnicas de negociação de Harvard, ao investigar os interesses das partes que procuram ser satisfeitos e as técnicas de boa administração do conflito que procuram superar os impasses.

4. A mediação realizada na empresa

A mediação realizada em empresas pode apresentar duas características: ser uma mediação interna, realizada entre pares, ou ser uma mediação externa ou administrativa.

A mediação interna ou entre pares é aquela realizada entre os próprios colaboradores da corporação, na qual podem existir mediadores voluntários, membros da própria empresa, podendo atuar na área de recursos humanos ou em outros setores da empresa, ou mediadores externos, contratados. Destina-se à resolução cooperativa dos conflitos de trabalho surgidos internamente, como, por exemplo, questões disciplinares, relacionadas à gestão, surgidas de atividades inter ou intragrupais, diversidade cultural, assédio moral ou sexual, discriminações, entre outras.

A mediação administrativa ou externa, por sua vez, é aquela em que a empresa, preocupada com sua atuação junto a seus consumidores, clientes ou parceiros, mantém setores nos quais se realizam mediações para ouvir e resolver de forma amigável os conflitos surgidos.

Manfredi e Oliveira apresentam o caso[1] de uma empresa de médio porte na qual foi realizado procedimento de mediação para tentar administrar um conflito interpessoal existente entre seus gestores e uma pesquisa para avaliar os resultados [Manfredi/Oliveira 2007].

A empresa em referência oferece serviços de educação e saúde para clientes corporativos, com o objetivo de melhorar o bem-estar em seus ambientes de trabalho, bem como a integração social. É composta por diretoria administrativa e diretoria técnica, por coordenadores e por equipe administrativa, da qual participaram do procedimento 2, 12 e 5 participantes, respectivamente. Nas atividades foram realizadas observação exploratória, para caracterizar o espaço físico da empresa e coleta dos primeiros dados sobre as relações pessoais; observação participante, por meio da leitura de documentos e conversa com os participantes; pré-mediação, quando o mediador explica seu papel e os procedimentos da mediação; a mediação, quando a relação e o conflito vivido foram discutidos e as responsabilidades ressaltadas; e um Questionário de Fluência de Comunicação/QFC, objetivando a avaliação dos resultados da mediação na afetividade e fluência da comunicação nas equipes pesquisadas na empresa. Como métodos aplicados foram utilizadas técnicas de negociação do Projeto de Harvard, a mediação transformativa, o modelo circular-narrativo e a facilitação.

As autoras relatam [Manfredi/Oliveira 2007: P. 10] que já nos primeiros contatos se percebeu o processo conflitivo na empresa, manifestado verbalmente pelas duas diretoras, que, em separado, informaram as dificuldades de relacionamento entre si e ante a situação conflituosa. Segundo elas, o litígio estava prejudicando os negócios e tornando o ambiente de trabalho insuportável. Após o contato inicial foi realizada a pré-mediação, por duas horas, individualmente com cada uma das diretoras, na qual foi destacada a problemática emocional, externada por ambas por meio da raiva contida bem como de ressentimento mútuos, gerados por freqüentes atritos em face de comunicação inadequada. Apesar disso, ambas expressaram ter o desejo de restabelecer um bom relacionamento. Foram, então, realizadas seis sessões de mediação, com duração de duas horas cada.

Manfredi e Oliveira relatam que na mediação foi observada a transformação do relacionamento das diretoras, que passou da inimizade pessoal para um relacionamento profissional, com respeito mútuo, por meio da compreensão de direitos, deveres, possibilidades e limitações de cada uma. Onde se observavam reações automáticas carregadas de raiva e medo, pressionando ambas para o conflito entre elas – o que alterava a percepção da empresa de forma sistêmica –, passou a se verificar uma relação mais saudável, com relativa escuta mútua, sem desmerecimento pessoal, passando de um enfoque pessoal para outro profissional. A mediação possibilitou que as diretoras passassem a manifestar suas emoções de forma consciente em relação aos sentimentos da outra parte e fazer reflexões sobre a situação como um todo, bem como as conseqüências para todos os envolvidos, inclusive para o ambiente de trabalho.

Como destacam as mediadoras: "Com base nesta visão sistêmica, as partes me-

1. Referido trabalho foi apresentado no I Congresso Nacional sobre Novos Paradigmas na Solução de Conflitos: Mediação, Conciliação e Arbitragem, realizado em Fortaleza de 12 a 15.6.2007.

diadas, ao reorganizarem suas percepções, ampliando o contexto e a visão do conflito, iam manifestando comportamentos e interpretações diferentes, que eram trabalhadas pelo mediador sistemicamente e narrativamente, com foco no indivíduo, na relação e no objeto negociado" [Manfredi/Oliveira 2007].

Ao final dos procedimentos de mediação percebeu-se o desenvolvimento de comportamentos cooperativos de ambas as diretoras, bem como delas com suas respectivas equipes e com as equipes uma da outra, melhorando a comunicação e iniciando uma nova fase de reestruturação organizacional e pessoal.

Os resultados positivos aferidos com as sessões de mediação também foram confirmados pela aplicação dos questionários, pois, como relatam Manfredi e Oliveira, dos 19 participantes que responderam aos questionamentos, ao serem perguntados se perceberam alterações na empresa após a mediação, 51% responderam que sim, enquanto 23% responderam que não e 26% responderam "não sei" [Manfredi/Oliveira 2007: pp. 11-15].

"Durante a devolução dos resultados à equipe participante deste estudo, desenvolvida de modo interativo, foi verbalizada pelo grupo a percepção da mediação como ferramenta significativamente útil para o gerenciamento de conflitos empresariais, contribuindo para favorecer e ampliar a comunicação e assegurar inter-relacionamentos corporativos construtivos e geradores de resultados positivos, tanto nos aspectos financeiros como nos de relacionamento humanos" [Manfredi/Oliveira 2007: p. 15].

5. Considerações finais

A mediação realizada nas empresas reflete a importância do diálogo e da compreensão no ambiente de trabalho, com a finalidade de proporcionar sentimento de bem-estar entre as diversas categorias de funcionários e entre profissionais de empresas diferentes que se relacionam entre si. A partir do bem-estar sentido entre pessoas que convivem diariamente, possibilita-se o trabalho marcado pela cooperação contínua e otimizada, promovendo-se um ritmo de trabalho necessário para o atingimento das metas estabelecidos pelas empresas. O diálogo efetivo proporciona, assim, a satisfação individual e a coletiva. Deixa de ser perceptível apenas o interesse individual, atribuindo-se importância significativa ao coletivo, aprimorando inter-relacionamentos corporativos construtivos que espelham a solidariedade humana e, conseqüentemente, no âmbito empresarial, índices de produção positivos.

Referências bibliográficas

BRAGA NETO, Adolfo [2003]. "Alguns aspectos relevantes sobre mediação de conflitos". In: SALES, Lilia Maia de Morais (org.). *Estudos sobre Mediação e Arbitragem.* Rio de Janeiro/São Paulo/Fortaleza, ABC Editora (pp. 19-32).

BUSH, Baruch, e FOLGER [1996]. *La Promesa de la Mediación.* Buenos Aires, Granica.

FISHER, Roger, e ERTEL, Danny [1995]. *Getting Ready to Negotiate. The Getting to Yes Workbook.* Nova York, Penguin Books.

———, PATTON, Bruce, e URY, William [2005]. *Como Chegar ao Sim. A Negociação de Acordos sem Concessões.* 2ª ed. Rio de Janeiro, Imago.

GRUNSPUN, Haim [2000]. *Mediação Familiar – O Mediador e a Separação de Casais com Filhos.* São Paulo, LTr.

MANFREDI, Denise A., e OLIVEIRA, Vera Barros de [2007]. *Afetividade e Fluência na Interação Empresarial: um Estudo sobre Mediação.* Trabalho apresentado no I Congresso Nacional sobre *Novos*

Paradigmas na Solução de Conflitos: Mediação, Conciliação e Arbitragem, realizado em Fortaleza/CE no período de 12 a 15.6.2007 e vencedor do concurso de monografias realizado no mesmo evento.

MORAIS, José Luiz Bolzan de [1999]. *Mediação e Arbitragem – Alternativas à Jurisdição*. Porto Alegre, Livraria do Advogado.

MUSZKAT, Malvina Ester [2003]. *Mediação de Conflitos: Pacificando e Prevenindo a Violência*. São Paulo, Summus.

SALES, Lilia Maia de Morais Sales [2004]. *Justiça e Mediação de Conflitos*. Belo Horizonte, Del Rey.

———— [2005]. *Mediare – Um Guia Prático para Mediadores*. 2ª ed. Fortaleza, Secretaria de Justiça e Cidadania/Universidade de Fortaleza.

————, e VASCONCELOS, Mônica Carvalho [2006]. *Mediação Familiar. Um Estudo Histórico-Social das Relações de Conflito nas Famílias Contemporâneas*. Fortaleza, Expressão Gráfica.

———— [2007]. *Mediação de Conflitos. Família, Escola e Comunidade*. Florianópolis, Conceito Editorial.

SCHNITMAN, Dora Fried, e LITTLEJOHN [1999]. *Novos Paradigmas em Mediação*. Porto Alegre, ArtMed.

SERPA, Maria de Nazareth [1999]. *Teoria e Prática da Mediação de Conflitos*. Rio de Janeiro, Lumen Juris.

SIX, Jean-François [2001]. *Dinâmica da Mediação*. Trad. de Águida Arruda Barbosa, Eliana Riberti Nazareth e Giselle Groeninga. Belo Horizonte, Del Rey.

SUSSKIND, Lawrence, McKEARNAN, Sarah, e THOMAS-LARMER, Jennifer [1999]. *The Consensus Building Handbook. A Comprehensive Guide to Reaching Agreement*. California, SAGE Publications.

VEZZULLA, Juan Carlos [2006]. *A Mediação de Conflitos com Adolescentes Autores de Ato Infracional*. Florianópolis, Habitus.

———— [1998]. *Teoria e Prática da Mediação*. Curitiba, Instituto de Mediação e Arbitragem do Brasil.

A UNIFICAÇÃO DO DIREITO PRIVADO E AS RELAÇÕES ENTRE O CÓDIGO DE DEFESA DO CONSUMIDOR E O CÓDIGO CIVIL

ANTONIA ESPÍNDOLA LONGONI KLEE

1. Introdução. 2. Evolução histórica da tentativa de unificação do direito privado no Brasil: 2.1 O papel de Augusto Teixeira de Freitas para a unificação do direito privado no Brasil – 2.2 As demais tentativas de unificação do direito privado no Brasil. 3. Um exemplo de unificação do direito privado no Brasil: o Código Civil de 2002: 3.1 O Código Civil de 2002: unificação formal ou material? – 3.2 As relações entre o Código de Defesa do Consumidor e o Código Civil: por um "diálogo das fontes". 4. Conclusão.

"As opiniões alheias devem ser respeitadas, mas a certeza não é o mesmo que a dúvida. Se me negardes o brilho do sol, eu não direi que tendes uma opinião, direi que sois cegos". (Augusto Teixeira de Freitas)

1. Introdução

Para se ter uma idéia a respeito da unificação do direito privado no Brasil e a influência que este fenômeno tem sobre as relações entre o Código de Defesa do Consumidor e o Código Civil, optei por dividir o trabalho em duas partes. Na primeira parte (item 2) exponho a influência de Augusto Teixeira de Freitas no Direito Brasileiro e os aspectos históricos da tentativa de unificação do direito privado no Brasil. Na segunda parte (item 3) apresento a unificação do direito das obrigações no Brasil, com a entrada em vigor do Código Civil de 2002, e as relações deste diploma legal com o Código de Defesa do Consumidor.

O tema da unificação do direito das obrigações no Brasil é o resultado do desenvolvimento social, cultural e jurídico que ocorreu no Direito Brasileiro desde a recepção do Direito Romano em Portugal (1); passando pelos antecedentes do Código Civil de 1916 e o papel de Augusto Teixeira de Freitas na codificação (2); pela adoção da Parte Geral do Código Civil e sua função sistematizadora do direito privado (3); pelas idéias norteadoras do Código Civil de 1916 (4); e, finalmente, culminando com a edição do Código Civil de 2002 e as alterações em relação às matizes do Código de 1916 (5).

Devido à demora na aprovação do atual Código Civil, viu-se na promulgação da nova Constituição (1988) uma oportunidade para "modernizar" o Direito pátrio, inserindo na Carta os novos ideais com relação à família (por exemplo, a igualdade da mulher com relação ao homem e a consagração do instituto da união estável), à propriedade (por exemplo, o princípio da função social) e ao contrato (por exemplo, a determinação de se elaborar um Código de Defesa do Consumidor, para regular as relações entre sujeitos desiguais).

Depois da elaboração, aprovação e entrada em vigor do Código de Defesa do

Consumidor, trazendo em seu bojo uma nova forma de pensar os sujeitos de uma relação jurídica em que um é hipossuficiente em relação ao outro (consumidor e fornecedor) e, por isso, deve ser tratado de uma forma diferenciada, houve uma verdadeira alteração da doutrina e da jurisprudência brasileiras.

Mais tarde, com aprovação e a entrada em vigor do atual Código Civil, em 2003 – 12 anos depois de vigente o Código de Defesa do Consumidor –, houve a necessidade de se estabelecer um "diálogo" entre os dois sistemas: o macrossistema de direito civil e o microssistema de direito do consumidor, porque este trouxe muitas inovações àquele, como a aplicação do princípio da boa-fé objetiva nos contratos.

Mesmo que tenha havido a unificação do direito das obrigações no Brasil, não se pode negar que o direito comercial continua sendo disciplina autônoma, pois diferente histórica e substancialmente do direito civil. No aspecto formal, entretanto, atualmente ambos estão regulados por um mesmo sistema codificado, que é o Código Civil brasileiro de 2002.

2. *Evolução histórica da tentativa de unificação do direito privado no Brasil*

Foram muitas as tentativas de unificação do direito privado no Brasil, a pioneira iniciada pelo jurisconsulto Augusto Teixeira de Freitas, através de seus estudos para a preparação da *Consolidação das Leis Civis*, que deu origem ao que chamou de *Esboço do Código Civil*, no qual propunha a unificação das obrigações civis e comercias. Freitas faleceu sem ver sua vontade concretizada, como adiante se verá.

2.1 O papel de Augusto Teixeira de Freitas para a unificação do direito privado no Brasil

Afirma Antônio Chaves: "A grande variedade das leis herdadas desde os tempos da Colônia, a vigência das Ordenações que já haviam sido revogadas em Portugal, os difíceis conhecimento e interpretação deste conglomerado de normas, em que os próprios profissionais encontravam embaraços, deixaram desde logo patente a necessidade de um Código Civil que espancasse as dúvidas e servisse de orientação segura ao aplicador da lei".[1]

Foi por isso que, em 1855, Freitas foi contratado pelo Governo Imperial para organizar um novo Código Civil. Esse estudioso foi muito influenciado pelas idéias de sua época, que aprendeu por meio da leitura dos pensadores europeus do Direito, principalmente Savigny.[2] A concepção de totalidade[3] é tipicamente oitocentista, consagrada pelo Código Civil francês de 1804. Quando propôs a elaboração de um Código Geral de Direito Privado e um Código Civil, subjacente estava a *idéia de completude do ordenamento*,[4] para evitar uma "calamitosa duplicação de leis civis".[5] Além disso, é do estudo do Código de Na-

1. Antônio Chaves, *Lições de Direito Civil – Parte Geral 2*, vol. 1, p. 69.

2. Para uma análise aprofundada sobre a concepção de "sistema" adotada por Augusto Teixeira de Freitas, influenciado por Savigny, v. Judith Hofmeister Martins-Costa, "O sistema na codificação civil brasileira: de Leibniz a Teixeira de Freitas", *Revista da Faculdade de Direito da UFRS* 17/189-204.

3. Judith Hofmeister Martins-Costa já asseverou que: "No universo *craquelé* da Pós-Modernidade não tem sentido, nem função, o *código total*, totalizador e totalitário, aquele que, pela interligação sistemática de regras casuísticas, teve a pretensão de cobrir a plenitude dos atos possíveis e dos comportamentos devidos na esfera privada, prevendo soluções a variadas questões da vida civil em um mesmo e único *corpus* legislativo, harmônico e perfeito em sua abstrata arquitetura. Mas, se falta sentido hoje a esse modelo de código, isto não significa que *nenhum modelo de código* possa regular as relações jurídicas da vida privada" ("O direito privado como um 'sistema em construção': as cláusulas gerais no Projeto do Código Civil brasileiro", *Revista da Faculdade de Direito da UFRS* 15/131).

4. Judith Hofmeister Martins-Costa, *A Boa-Fé no Direito Privado: Sistema e Tópica no Processo Obrigacional*, p. 255.

5. Alfredo Calderale, "Alle origine della codificazione brasiliana: le fonti del diritto privato e

poleão que resultaram as célebres idéias de Freitas, quais sejam, a da necessária inclusão, num código, de uma parte geral e a da unificação das obrigações civis e comerciais.[6] O Código Civil de 1916 já continha uma Parte Geral, mas a unificação do direito obrigacional só se operou com o Código Civil de 2002.

Freitas considerava que "um Código Civil não seria suficiente para resolver o problema de uma perfeita estruturação da nossa legislação civil".[7] Por isso, propôs uma modificação no plano inicial: em vez de um só Código, seriam elaborados dois, um geral e outro especial, ao mesmo tempo em que propunha a unificação de todas as disposições do direito privado – idéia precursora de importância fundamental para o Direito Brasileiro, uma vez que almejava a unificação substancial ou jurídica de dois ramos do Direito, o civil e o comercial.

Freitas pretendia unificar o direito privado no Código Civil, trazendo, no código unificado, preceitos do direito comercial referentes aos contratos em geral.[8] Ademais, dizia que estariam presentes "no Código Geral as leis que ensinam, no Código Civil as leis que mandam; o Código Geral para os homens da ciência, o Código Civil para o povo".[9] Assim, o Código Geral conteria todas as noções preliminares que serviriam para a interpretação de quaisquer leis; e no Código Civil unificar-se-iam as regras de direito civil e de direito comercial.[10]

Por isso, já se afirmou que o espírito criador de Freitas "encontra particular relevância" nestes dois temas, "quais sejam, o da *unificação do direito privado* – no qual a questão da unidade sistemática da matéria privada é levada às últimas conseqüências – e do *caráter da Parte Geral*, que virá a reformular".[11]

"A unificação do direito privado ocorreu-lhe quase ao término da elaboração do *Esboço*, tendo, por ela, se desinteressado da conclusão do Projeto de Código Civil."[12] Como relata Martins-Costa: "(...)

Augusto Teixeira de Freitas", in *Diritto Privato e Codificazione in Brasile*, p. 49.

6. Clóvis Veríssimo do Couto e Silva, "O direito civil brasileiro em perspectiva histórica e visão de futuro", in Vera Maria Jacob de Fradera (org.), *O Direito Privado Brasileiro na Visão de Clóvis do Couto e Silva*, p. 18.

7. *Apud* Antônio Chaves, *Lições de Direito Civil – Parte Geral 2*, vol. 1, p. 74.

8. *Apud* Sílvio A. de Bastos Meira, "Teixeira de Freitas e a unificação do direito privado", in *O Direito Vivo*, p. 225. V. também, sobre o mesmo aspecto, Orlando Gomes, *Introdução ao Direito Civil*, 3ª ed., p. 82.

9. Palavras de Freitas em Carta escrita em 20.9.1867 ao Ministro da Justiça, Martim Ribeiro de Andrada, reproduzidas em Sílvio A. de Bastos Meira, "O drama da codificação civil no Império: José de Alencar e Teixeira de Freitas", *RF* 280/390.

10. José Carlos Moreira Alves, "A unificação do direito privado no Brasil", *Arquivos do Ministério da Justiça* 126/14-15. V. também Munir Karam, "O processo de codificação do direito civil brasileiro", *RF* 301/311. Reginald D. H. Felke afirma que na concepção de Freitas o Código Geral abrangeria regras de interpretação e aplicação das leis, computação de prazos e a Parte Geral (pessoas, coisas e fatos); e o Código Civil unificaria o direito civil e o direito comercial, "na primeira tentativa séria de unificação do direito privado em nosso país" ("O direito das obrigações e o Projeto do Novo Código Civil", in Tozzini, Freire, Teixeira e Silva Advogados (org.), *O Novo Código Civil: Artigos, Palestras, Teses e Resenhas*, "Série Atualize-se", vol. 1, p. 81.

11. Judith Hofmeister Martins-Costa, *A Boa-Fé no Direito Privado: Sistema e Tópica no Processo Obrigacional*, pp. 253-254. V. também Munir Karam, "O processo de codificação do direito civil brasileiro", *RF* 301/311.

12. Estudo crítico-bibliográfico, introdutório à edição realizada pelo Ministério da Justiça, Serviço de Documentação, Rio de Janeiro, 1952, ao *Código Civil – Esboço*, vol. 1, p. XVIII, *apud* Judith Hofmeister Martins-Costa, *A Boa-Fé no Direito Privado: Sistema e Tópica no Processo Obrigacional*, p. 254. V. também José Carlos Moreira Alves, "A unificação do direito privado no Brasil", *Arquivos do Ministério da Justiça* 126/16, em que o autor reproduz as palavras de Freitas, escritas na Carta de 20.9.1867 ao então Secretário dos Negócios da Justiça, Martim Francisco Ribeiro de Andrada: "O Governo espera por um Projeto de Código Civil no sistema desse *Esboço*, sistema traçado no meu contrato de 10.1.1859, e para mim já não há possibilidade de observar tal sistema, convencido, como estou, de que a empresa quer diverso modo de execução. (...) e hoje minhas idéias são outras, (...)". Ou seja: Freitas, ao elaborar o *Esboço*, convencera-se da necessidade

sistematizar a matéria civil separadamente da comercial repugnava-o, porque detinha uma concepção abrangente de sistema jurídico internamente considerado, que o conduziu, pioneiramente, a pôr a nu a arbitrariedade da divisão entre o direito civil e o comercial".[13]

Foi então que, em 1867, propôs a unificação do direito privado.

"Isso significaria a modificação profunda de tudo quanto se pensara àquele tempo sobre a legislação do direito privado. O Conselho de Estado, formado por três jurisconsultos de peso no cenário nacional de então, Nabuco de Araújo, Montezuma e Torres Homem, aprovou o plano, mas o Ministério da Justiça, à época a cargo de José de Alencar, não aceitou a proposta, por achar fruto prematuro."[14]

Entretanto, Meira afirma que não se tratava de fruto prematuro, "porquanto o tema vinha sendo objeto de estudos na Europa, especialmente na França e Alemanha. Já era preocupação constante dos jurisconsultos europeus a unificação do direito privado, a bipartição do civil e do comercial, tanto assim que na Suíça, (...) em 1881, promulgou-se o Código das Obrigações".[15]

Freitas pensava que: "Não há tipo para a arbitrária separação de leis, a que se dá o nome de direito comercial ou Código Comercial, pois que todos os atos da vida jurídica, excetuados os benéficos, podem ser comerciais ou não-comerciais, isto é, tanto podem ter por fim o lucro pecuniário como outra satisfação da existência".[16]

Ademais, acreditava que: "O meio de sair de tais embaraços, de sanar tantos inconvenientes, de reparar os erros do passado, de fixar os conhecimentos jurídicos, de estabelecer a unidade da legislação e de estremar os verdadeiros limites da codificação civil só o acharemos na composição de dois códigos (...)".[17]

A idéia de Freitas era a de que o Código Comercial fundir-se-ia, unificando-se o direito privado. Note-se que essa proposta foi feita em 1867 – antes, portanto, do Código Suíço das Obrigações, como observa Pontes de Miranda.[18]

de unificar o direito privado em um só Código Civil. No mesmo sentido: Antônio Chaves, *Lições de Direito Civil – Parte Geral 2*, vol. 1, p. 120. Mais recentemente manifestou-se nesse sentido Itamar Dias Noronha Filho, "Um resgate do pensamento jurídico brasileiro: a genialidade do jurisconsulto Augusto Teixeira de Freitas", *Revista da ESMAPE* 19/201.

13. Judith Hofmeister Martins-Costa, *A Boa-Fé no Direito Privado: Sistema e Tópica no Processo Obrigacional*, p. 254. V. também Orlando de Carvalho, "Teixeira de Freitas e a unificação do direito privado", *Boletim da Faculdade de Direito da Universidade de Coimbra* 60.

14. Essas são as palavras usadas pelo Min. Ruy Rosado de Aguiar Jr., "Prefácio", in Augusto Teixeira de Freitas, *Consolidação das Leis Civis*, vol. 1, p. XIV.

15. Sílvio A. de Bastos Meira, "O drama da codificação civil no Império: José de Alencar e Teixeira de Freitas", *RF* 280/392. Márcia Mallmann Lippert afirma que a experiência suíça começou em 1848, pela Constituição vigente na época, "que não atribuía ao governo central competência legislativa em matéria de direito privado" (*A Empresa no Código Civil: Elemento de Unificação do Direito Privado*, p. 109).

16. Palavras usadas por Freitas no Ofício que envia ao Ministério da Justiça, em 20.9.1867, submetendo sua intenção de abandonar o *Esboço do Código Civil*, reproduzidas pelo Min. Ruy Rosado de Aguiar Jr., "Prefácio", in Augusto Teixeira de Freitas, *Consolidação das Leis Civis*, vol. 1, p. XV. V. também José Carlos Moreira Alves, "A unificação do direito privado no Brasil", *Arquivos do Ministério da Justiça* 126/16. No mesmo sentido: Antônio Chaves, *Lições de Direito Civil – Parte Geral 2*, vol. 1, p. 120.

17. Palavras utilizadas por Freitas no Ofício que envia ao Ministério da Justiça, em 20.9.1867, submetendo sua intenção de abandonar o *Esboço do Código Civil*, reproduzidas pelo Min. Ruy Rosado de Aguiar Jr., "Prefácio", in Augusto Teixeira de Freitas, *Consolidação das Leis Civis*, vol. 1, p. XV

18. Francisco Cavalcanti Pontes de Miranda, *Tratado de Direito Privado*, 3ª ed., vol. 1, Rio de Janeiro, Borsói, 1970, p. XXIII, *apud* Ruy Rosado de Aguiar Jr., "Prefácio", in Augusto Teixeira de Freitas, *Consolidação das Leis Civis*, vol. 1, p. XVI. V. também Clóvis Veríssimo do Couto e Silva, "O conceito de empresa no Direito Brasileiro", *Revista da Ajuris* 37/50: "Muito antes do Código Suíço das Obrigações ou que o Código Civil da Itália consagrassem a unificação do direito obrigacional, Tei-

Importante ressaltar, por último, que muito antes do Código Civil de 2002, e com a vigência do Código de 1916, mesmo que Freitas não tivesse concretizado a unificação entre o direito civil e o direito comercial, como almejava, "o Código de 1916 incorporou, em larga medida, a noção de sistema formulada por Teixeira de Freitas".[19]

2.2 As demais tentativas de unificação do direito privado no Brasil

Antônio Chaves afirma: "O Direito Romano não estabelecia qualquer distinção entre atos de comércio e atos da vida civil em geral, porque a autoridade do legislador, o poder do juiz, eram suficientes para resolver as ocorrências que aos mesmos atos dissessem respeito, sem necessidade de qualquer discriminação".[20]

Foi na Idade Média, com o surgimento das corporações comerciais, que passou a se desenvolver o *jus mercatorum*, com regras especiais para os mercadores, pessoas que desenvolviam a atividade de comércio.[21]

Para se falar na unificação do direito privado, é preciso citar Ascarelli, que em muito colaborou para o desenvolvimento doutrinário do direito comercial e que reconheceu que "o primeiro fundador do movimento de unificação foi o grandíssimo civilista brasileiro Teixeira de Freitas, que precedeu de muitos anos a Vivante".[22] Este último, numa célebre aula inaugural proferida na Faculdade de Direito da Universidade de Bolonha, em 1892, defendeu a idéia da unificação do direito privado, despertando o interesse dos ouvintes. Entretanto, defende a idéia da unificação na primeira fase de sua produção científica, não conseguindo manter sua posição mais tarde.[23]

Em sua obra *Panorama de Direito Comercial*, Ascarelli aborda a questão do surgimento do direito comercial como sendo autônomo da atividade do Estado, pois servia para regular as atividades dos mercadores.[24]

Para o autor, o direito comercial distingue-se do direito comum no que diz respeito às suas fontes, porque residem na autonomia corporativa e nos costumes dos comerciantes, Direito elaborado pelos comerciantes, mas não somente a eles aplicável.[25]

xeira de Freitas, jurista brasileiro do século passado, ao propor um novo Código Civil para o Brasil insistia na unificação do direito obrigacional".

19. Judith Hofmeister Martins-Costa, *A Boa-Fé no Direito Privado: Sistema e Tópica no Processo Obrigacional*, p. 259. A autora assim se manifesta: "Preliminarmente ao exame de sua obra inacabada será importante fixar alguns pontos. Em primeiro lugar, os traços marcantes de sistema no direito civil, que endossa uma noção vincada fortemente pelo acento ao método, um método, contudo, que não é meramente externo, não é só clareza e uma ordenação mais ou menos arbitrária. Um método que inicia com a organização do imenso cipoal legislativo que havia resultado das Ordenações e das leis extravagantes, mas que segue adiante, e resulta, como havia ensinado Leibniz, do 'interior do ser' do Direito" (Judith Hofmeister Martins-Costa, "O sistema na codificação civil brasileira: de Leibniz a Teixeira de Freitas", *Revista da Faculdade de Direito da UFRS* 17/197-198).

20. Antônio Chaves, *Lições de Direito Civil – Parte Geral 2*, vol. 1, p. 116.

21. Para uma melhor exposição sobre as noções históricas do surgimento do direito comercial, v. João Eunápio Borges, *Curso de Direito Comercial Terrestre*, vol. 1, pp. 25 e ss.

22. Antônio Chaves, *Lições de Direito Civil – Parte Geral 2*, vol. 1, pp. 120-121. V. também Tullio Ascarelli, *Iniciação ao Estudo do Direito Mercantil*, pp. 155 e ss.

23. Bruno Nubens Barbosa Miragem, "Do direito comercial ao direito empresarial: formação histórica e tendências do Direito Brasileiro", *Revista da Faculdade de Direito da UFRS* 24/23. V. também Celso Marcelo de Oliveira, *Sociedade Limitada: à Luz do Novo Código Civil Brasileiro*, pp. 8-9. Para uma rápida abordagem, em tópicos, v. Reginald D. H. Felke, "O direito das obrigações e o Projeto do novo Código Civil", in Tozzini, Freire, Teixeira e Silva Advogados (org.), *O Novo Código Civil: Artigos, Palestras, Teses e Resenhas*, "Série Atualize-se", vol. 1, p. 82.

24. Tullio Ascarelli, *Panorama do Direito Comercial*, São Paulo, Saraiva, 1947, p. 24.

25. Tullio Ascarelli, "O desenvolvimento histórico do direito comercial e o significado da uni-

O autor afirma que a divisão do direito privado em direito civil e direito comercial era desconhecida no Direito Romano,[26] tornado-se particular aos sistemas europeus continentais que se espelharam no Direito Romano, bem como aos sistemas da América Latina, que derivaram dos sistemas europeus.[27]

Também afirma que "a bipartição do direito privado em civil e comercial se prende, fundamentalmente, à distinção entre relações agrícolas de um lado e relações comerciais e industriais de outro lado".[28] Entretanto – continuava –, "esse critério não explica a tendência à unificação entre o direito das obrigações da lavoura e o do comércio e indústria".[29]

Pensava Ascarelli que "o direito comercial não pode, realmente, distinguir-se dos demais ramos do Direito, (...) porque apresenta-se o direito comercial, *prima facie*, como uma subdivisão do direito privado",[30] mas que não possui, apenas, normas dessa espécie.[31]

Ascarelli afirma: "*[A unificação]* foi verificada na realidade dos fatos; a recepção no direito comum dos princípios elaborados no direito comercial, a transformação em princípios e institutos de caráter geral de princípios e institutos outrora peculiares apenas a determinadas atividades, acompanhou, afinal, a sucessiva transformação de toda a economia consoante aquela mentalidade que, de início, era peculiar apenas ao grande comércio transmarino e bancário".[32]

O mesmo autor assevera, em outra sede: "Pode-se até notar que quando o Código Comercial é de data muito anterior ao Código Civil, chegamos a encontrar no Código Civil princípios que, no terreno geral do Direito Comparado, são (...) considerados como tipicamente comercialísticos e, o contrário, no Código Comercial, princípios que (...) são considerados como civilísticos".[33]

Após essa primeira fase do desenvolvimento do direito comercial, ligada ao surgimento do comércio, sobreveio a formação dos Estados nacionais, em que o direito comercial passou a fazer parte do direito comum.[34]

ficação do direito privado", *RDM* 114/239. V. também, sobre o mesmo aspecto, manifestando-se mais recentemente acerca do assunto, Tullio Ascarelli, "A idéia de código no direito privado e a tarefa da interpretação", in *Problemas das Sociedades Anônimas e Direito Comparado*, pp. 148 e 150-151, no que defende a autonomia do direito comercial, por causa da sua origem e de seu desenvolvimento histórico, diversos do direito civil.

26. Tullio Ascarelli, *Panorama do Direito Comercial*, p. 16.

27. Idem, p. 17. V. também, reafirmando sua posição mais recentemente, Tullio Ascarelli, "A idéia de código no direito privado e a tarefa da interpretação", in *Problemas das Sociedades Anônimas e Direito Comparado*, p. 95. Da mesma forma: Itamar Dias Noronha Filho, "Um resgate do pensamento jurídico brasileiro: a genialidade do jurisconsulto Augusto Teixeira de Freitas", *Revista da ESMAPE* 19/202-203.

28. Tullio Ascarelli, *Panorama do Direito Comercial*, São Paulo, Saraiva, 1947, p. 21.

29. Idem, ibidem. O autor assim se manifesta: "A explicação da autonomia do direito comercial não está apenas em peculiaridades técnicas necessariamente inerentes à matéria por ele regulada, mas na peculiaridade dos seus princípios jurídicos, acolhidos de início em um âmbito limitado (o comércio, e especialmente o comércio transmarino e bancário), sucessivamente em um âmbito mais vasto, com a progressiva 'comercialização' do direito das obrigações em relação ao fato de terem-se progressivamente apresentado em toda a economia, à vista da sucessiva extensão de determinadas técnicas de produção, exigências econômicas antes peculiares apenas a alguns ramos da atividade econômica" (Tullio Ascarelli, "A idéia de código no direito privado e a tarefa da interpretação", in *Problemas das Sociedades Anônimas e Direito Comparado*, pp. 146-148).

30. Tullio Ascarelli, *Panorama do Direito Comercial*, p. 17

31. Idem, ibidem.

32. Tullio Ascarelli, "A idéia de código no direito privado e a tarefa da interpretação", in *Problemas das Sociedades Anônimas e Direito Comparado*, p. 149.

33. Tullio Ascarelli, *Panorama do Direito Comercial*, p. 38.

34. Tullio Ascarelli, "O desenvolvimento histórico do direito comercial e o significado da unificação do direito privado", *RDM* 114/239. Da mesma forma, o autor se manifesta: "O Código assenta, de

"Desde os primórdios da formação do direito comercial no Brasil, houve um movimento de unificação do direito privado, que não alcançou maior projeção, porquanto todas as codificações que surgiram no século XIX mantiveram a independência do direito comercial. E assim aconteceu com o Código Comercial do Brasil, introduzido pela Lei 556, de 25.6.1850, aceito e promulgado pelo imperador D. Pedro II. A tentativa de um direito privado único seguiu, e teve propagadores, como Teixeira de Freitas, que em 1867 chegou a falar em um Código Geral destinado a regular conjuntamente a matéria civil e comercial. Em movimentos posteriores, concentrouse a tendência na unificação do direito das obrigações, com a apresentação de projetos que não lograram aceitação."[35]

Ainda, Ascarelli chama a atenção a que no Brasil, devido ao fato de o Código Comercial ter sido editado antes do Código Civil, houve uma "civilização do direito comercial", e não o inverso, a "comercialização do direito civil", como ocorreu nos demais países, por influência européia.[36]

René David, quando menciona a unificação do direito civil e comercial, expressa a opinião de ser uma modificação puramente formal, cuja importância é limitada,[37] por se tratar de uma unificação legislativa,[38] apenas. Particularmente, compartilho desta opinião com relação ao que ocorreu no Brasil quando da entrada em vigor do Código Civil de 2002.

"O direito comercial não é o direito da distribuição e produção de riqueza, em contraposição ao direito do consumo, pois que, de um lado, não abrange a atividade agrícola e, com freqüência, o comércio imobiliário e, de outro lado, compreende os atos comerciais unilaterais (e por isso, afinal, também o momento do consumo) que estão integralmente sujeitos às disposições do direito comercial."[39]

A idéia de unificar o direito privado foi lançada por Freitas, mas não só por ele tentada.[40] Em 1888 – portanto, ainda durante o Império –, Costa e Silva, comercialista, sugeriu ao Instituto dos Advogados Brasileiros a elaboração de um projeto de código de direito privado.[41] Todavia, a opinião não foi adiante, porque Costa e Silva foi nomeado pelo Ministro da Justiça, Cândido de Oliveira, para integrar a comissão incumbida de elaborar o Código Civil. Essa comissão veio a ser dissolvida com a Proclamação da República, em novembro/1889.

Em 1890 foi contratado Coelho Rodrigues para elaborar novo Projeto de Código Civil. Apesar de ser favorável à unificação do direito privado, o contrato firmado com o Governo o proibia[42] de assim proceder.

Após ter sido rejeitado o Projeto de Coelho Rodrigues, foi contratado Beviláqua para elaborar outro Projeto, aproveitando, dentro do possível, os trabalhos já desenvolvidos. Em outubro/1899 Beviláqua concluiu a tarefa.[43] O idealizador do Código de 1916 aceitou a proposta de Freitas de dividir o Código Civil em Parte Ge-

um lado – desenvolvimento das 'Ordenações' anteriores –, na formação do Estado nacional centralizado; de outro lado, a necessidade de uma sistematização da profunda renovação que, iniciada com o Renascimento e a Reforma, tinha culminado com a Revolução Francesa" (Tullio Ascarelli, "A idéia de código no direito privado e a tarefa da interpretação", in *Problemas das Sociedades Anônimas e Direito Comparado*, p. 103).

35. Arnaldo Rizzardo, *Direito de Empresa: Lei 10.406, de 10.1.2002*, p. 9.

36. Tullio Ascarelli, *Panorama do Direito Comercial*, pp. 40-42.

37. René David, *Os Grandes Sistemas do Direito Contemporâneo*, 3ª ed., 2ª tir., p. 76.

38. Idem, p. 77.

39. Tullio Ascarelli, *Panorama do Direito Comercial*, pp. 17-18.

40. As tentativas são bem abordadas em Márcia Mallmann Lippert, *A Empresa no Código Civil: Elemento de Unificação do Direito Privado*, pp. 107-110

41. *Apud* José Carlos Moreira Alves, "A unificação do direito privado no Brasil", *Arquivos do Ministério da Justiça* 126/18.

42. Idem, *Arquivos do Ministério da Justiça* 126/19.

43. Idem, ibidem.

ral e Parte Especial,[44] mas não concordava com o critério de distribuição em classe das relações de direito civil, nem com a unificação do direito privado, pois defendia convictamente a autonomia do direito comercial, em relação ao civil.[45]

É de se notar que no final do século XIX os juristas brasileiros de maior renome eram todos a favor da unificação do direito privado: entre eles estava Carvalho de Mendonça.[46] Entretanto, a unificação do direito privado foi rejeitada pela comissão que revisou o Projeto elaborado por Clóvis Beviláqua, que não concordava com a unificação.

Em 1911 foi aprovada a Lei 2.318, de 4 de janeiro, autorizando o Governo a mandar organizar os Anteprojetos de Reforma dos Códigos Penal e Comercial. Para a elaboração do Anteprojeto de Código Comercial foi contratado Inglez de Souza, um dos grandes especialistas da época.[47]

Em 1912, quando terminou o trabalho, Inglez de Souza surpreendeu ao apresentar, além do Anteprojeto de Código Comercial, um segundo texto, o *Código do Direito Privado*, "unificando as normas jurídicas civis e comerciais sob o artigo do mesmo diploma legislativo".[48]

O Código de Direito Privado apresentado por Inglez de Souza foi afastado pelo Senado, "pela resistência de parte significativa do meio jurídico brasileiro à idéia de unificação, o que inviabilizava o debate teórico que preservasse a essência do Anteprojeto", e porque tramitava em últimas providências o Projeto do Código Civil de autoria de Beviláqua.[49]

No final do ano de 1915 foi aprovado pelo Congresso, e em 1.1.1916 foi publicado o Código Civil brasileiro, pela Lei 3.071,[50] que entrou em vigor no dia 1.1.1917 e vigorou até janeiro/2003.

Durante o período de vigência do Código de 1916 houve tentativas de mudança do Código, que não se realizaram. Algumas tentativas até mesmo previam a unificação do direito obrigacional,[51] como a de 1961, ano em que foi criada a Comissão de Estudos Legislativos, com a missão de dirigir e coordenar os trabalhos de reforma dos códigos brasileiros.[52] No terreno do direito privado foi estabelecida a diretriz da unificação, nos moldes da Suíça,[53]

44. Munir Karam, "O processo de codificação do direito civil brasileiro", *RF* 301/313.

45. Idem, *RF* 301/314.

46. *Apud* José Carlos Moreira Alves, "A unificação do direito privado no Brasil", *Arquivos do Ministério da Justiça* 126/19.

47. Para um estudo completo sobre as tentativas de reforma do Código Comercial, v. Bruno Nubens Barbosa Miragem, "Do direito comercial ao direito empresarial: formação histórica e tendências do Direito Brasileiro", *Revista da Faculdade de Direito da UFRS* 24/7-36; especificamente sobre Inglez de Souza, v. p. 21.

48. Bruno Nubens Barbosa Miragem, "Do direito comercial ao direito empresarial: formação histórica e tendências do Direito Brasileiro", *Revista da Faculdade de Direito da UFRS* 24/22.

49. Idem, ibidem.

50. José Carlos Moreira Alves, "A unificação do direito privado no Brasil", *Arquivos do Ministério da Justiça* 126/21.

51. Idem, *Arquivos do Ministério da Justiça* 126/24-25. Para uma recapitulação detalhada de todas as tentativas de modificação do Código Civil de 1916, v. Gustavo Tepedino, "Crise de fontes normativas e técnica legislativa na Parte Geral do Código Civil de 2002", *RF* 364/113-114. Para uma rápida abordagem, v. Reginald D. H. Felke, "O direito das obrigações e o Projeto do novo Código Civil", in Tozzini, Freire, Teixeira e Silva Advogados (org.), *O Novo Código Civil: Artigos, Palestras, Teses e Resenhas*, "Série Atualize-se", vol. 1, pp. 83-84.

52. José Carlos Moreira Alves, "A unificação do direito privado no Brasil", *Arquivos do Ministério da Justiça* 126/27. Para uma descrição detalhada, v. também Bruno Nubens Barbosa Miragem, "Do direito comercial ao direito empresarial: formação histórica e tendências do Direito Brasileiro", *Revista da Faculdade de Direito da UFRS* 24/24. Orlando Gomes trata da tentativa de alteração do Código Civil em 1942, ano em que entrou em vigor a Lei de Introdução ao Código Civil, Decreto-lei 4.657, de 4 de setembro (*Introdução ao Direito Civil*, 3ª ed., pp. 88-90).

53. Entretanto, afirma António Menezes Cordeiro que "as experiências unitárias suíça e italiana não conduziram, nos respectivos espaços, ao desaparecimento do direito comercial" como ramo autônomo da ciência jurídica (*Tratado de Direito Civil*

com a elaboração de um Código Civil e um Código das Obrigações. No Código das Obrigações ter-se-ia a unificação do direito privado.[54] O Projeto de unificação do direito privado ficou a cargo de Caio Mário da Silva Pereira, Sylvio Marcondes e Theófilo de Azeredo Santos. A Orlando Gomes coube a elaboração do Anteprojeto do Código Civil.[55]

Entretanto, essa tentativa de reforma não obteve êxito, devido às críticas feitas à parte em que se abordava o direito de família.[56]

Em 1969 o Governo mais uma vez designou comissão encarregada de elaborar um novo Projeto de Código Civil, sob a supervisão de Miguel Reale e integrada por José Carlos Moreira Alves, Clóvis Veríssimo do Couto e Silva, Luiz Antônio da Gama e Silva, Ebert Vianna Chamoun, Torquato Castro e Sylvio Marcondes. Essa comissão deveria elaborar Anteprojeto em que se preservasse tudo aquilo que já estivesse em vigor pelo Código Civil de 1916 e continuasse condizente com a sociedade brasileira. Assim, a Comissão só deveria modificar aquilo que já estivesse ultrapassado na ciência jurídica, promovendo, ao final, a unificação do direito privado.[57]

Mas não foi o Brasil o primeiro a tentar unificar formalmente o direito privado; esse fato realizou-se na codificação italiana de 1942,[58] no âmbito do direito das obrigações, devido ao triunfo dos princípios comercialistas, nas palavras de Ascarelli,[59] reconhecidos como princípios gerais de todo o direito privado. Assim, conservou-se o estatuto especial para os empresários comerciais e as sociedades comerciais. Na Suíça essa unificação formal do direito obrigacional já havia acontecido em 1881, com a entrada em vigor do Código Federal das Obrigações.[60]

É importante ressaltar que o *Esboço* elaborado por Freitas e o texto do Código Civil que entrou em vigor em 2003 variam em sua estrutura, primeiro, porque frutos de pensamentos diversos (um foi idealizado por uma única pessoa, outro foi escrito por uma comissão), segundo, porque procuram refletir seus respectivos momentos históricos, diversos não apenas nos séculos, mas também nos ideais que estão por trás de ambos os ordenamentos.

No Brasil, então, de 1917 a 2002 coexistiram o Código Civil e o Código Comercial, cada um regulando uma esfera específica do direito privado.

Em 2002 foi aprovado o novo Código Civil brasileiro, que entrou em vigor em 11.1.2003, após a *vacatio legis* de um ano (art. 2.044), unificando as obrigações em um só ordenamento. Com a entrada em vigor do novo Código Civil, foi revogada a Parte Especial do Código Comercial de 1850. Assim, pode-se dizer que no Brasil se abandonou a teoria dos atos de comércio e se implantou o conceito de "empresa" para caracterizar os negócios jurídicos de natureza econômica.[61] Essa mudança, en-

Português – Parte Geral: Introdução, Doutrina Geral e Negócio Jurídico, 3ª ed., vol. 1, t. 1, p. 170).

54. José Carlos Moreira Alves, "A unificação do direito privado no Brasil", *Arquivos do Ministério da Justiça* 26/27.

55. Idem, ibidem.

56. Idem, *Arquivos do Ministério da Justiça* 126/29.

57. Idem, *Arquivos do Ministério da Justiça* 126/29-30. É de se notar que a idéia de elaborar um Código das Obrigações separado do Código Civil já havia sido abandonada, porque repudiada pela maioria dos juristas brasileiros envolvidos na elaboração do Projeto de Código Civil (Miguel Reale, "Visão geral do Projeto de Código Civil", *Revista Literária de Direito* 23/10).

58. Márcia Mallmann Lippert expressa opinião diversa, segundo a qual o Código Civil italiano de 1942 foi mais longe, extinguindo a autonomia jurídica e substancial do direito comercial (*A Empresa no Código Civil: Elemento de Unificação do Direito Privado*, p. 170).

59. Tullio Ascarelli, "O desenvolvimento histórico do direito comercial e o significado da unificação do direito privado", *RDM* 114/248.

60. Itamar Dias Noronha Filho, "Um resgate do pensamento jurídico brasileiro: a genialidade do jurisconsulto Augusto Teixeira de Freitas", *Revista da ESMAPE* 19/203.

61. Arnaldo Rizzardo, *Direito de Empresa: Lei 10.406, de 10.1.2002*, p. 9. Nas palavras do

tretanto, e evidentemente, não modifica a origem do direito comercial, distinta historicamente da origem do direito civil.

A unificação do direito obrigacional no Brasil não implica a unificação do direito comercial com o direito civil. O direito comercial continua sendo uma disciplina autônoma e independente, distinta da disciplina de direito civil,[62] seja por seu aspecto histórico-cultural, seja por seu aspecto científico.

3. Um exemplo de unificação do direito privado no Brasil: o Código Civil de 2002

Ruy Rosado de Aguiar Jr. refere que a unificação das obrigações civis e comerciais é uma tendência universal, tendo ocorrido mais recentemente nos Códigos do Paraguai (1986), do Canadá (1994) e da Holanda (1992).[63] A última codificação européia do século XX – o Código Civil holandês de 1991 – também procedeu à unificação do direito das obrigações.[64]

A unificação do Direito pode ocorrer tanto no aspecto formal quanto no aspecto material.[65] A unificação formal é aquela que consiste na pura e simples reunião, em um único código, dos dois ramos do direito privado, como foi feito na Suíça e na Itália.[66] A unificação material, por seu turno, é aquela que visa à supressão de qualquer distinção entre comerciantes e não-comerciantes, entre atos civis e de comércio.[67]

Enzo Roppo, ao abordar a questão do Código Civil italiano de 1942 e a unificação do direito das obrigações e dos contratos, afirma: "É o que acontece em 1942: o Código de Comércio soçobra e resta só o Código Civil; mas as suas normas reproduzem, em matéria de contratos, o Código de Comércio revogado em 1882, muito mais que as do Código Civil pré-vigente: a 'unificação do direito das obrigações e dos contratos' resolve-se na sua 'comercialização'. Por outras palavras: não existe mais no âmbito do direito privado e do sistema dos contratos um 'direito do Capitalismo' *especial*, porque – tal como todo o mercado se tornou mercado capitalista – também assim todo o direito privado se tornou 'direito do Capitalismo'".[68]

Pode-se dizer que o novo Código Civil não se limitou a copiar o Código Civil italiano de 1942. Muito embora tenha incorporado a disciplina das obrigações sem distinção entre as civis e as mercantis, no Código Civil brasileiro não foi incorporada a disciplina jurídica do trabalho, como no Código Civil italiano.

"Não se procedeu a uma unificação de todo o direito privado, escapando à disciplina do novo Código Civil muita ma-

autor: "Com a entrada do Código Civil (...), houve a unificação do ramo do Direito que disciplina as atividades privadas, tanto as dirigidas para os negócios em geral como as que tratam especificamente da finalidade lucrativa. Ou seja, foi posto um fim à dicotomia histórica do direito privado, e ficou abolida a dualidade de regramento das obrigações e de diversos tipos contratuais" (ob. cit., p. 10).

62. João Eunápio Borges, *Curso de Direito Comercial Terrestre*, vol. 1, pp. 77 e ss. V. também António Menezes Cordeiro, *Tratado de Direito Civil Português – Parte Geral: Introdução, Doutrina Geral e Negócio Jurídico*, 3ª ed., vol. 1, t. 1, p. 169. Da mesma forma: Jarbas Andrade Machioni, "Novos fundamentos do direito comercial sob o Código Civil de 2002", in Adalberto Simão Filho e Newton de Lucca (coords.), *Direito Empresarial Contemporâneo*, 2ª ed., p. 327. Márcia Mallmann Lippert tem opinião contrária (*A Empresa no Código Civil: Elemento de Unificação do Direito Privado*, pp. 153 e ss.).

63. Ruy Rosado de Aguiar Jr., "Projeto de Código Civil: as obrigações e os contratos", *RT* 775/21.

64. António Menezes Cordeiro, *Tratado de Direito Civil Português – Parte Geral: Introdução, Doutrina Geral e Negócio Jurídico*, 3ª ed., vol. 1, t. 1, p. 171.

65. Para uma abordagem comparada da unificação do direito privado, v. Jarbas Andrade Machioni, "Novos fundamentos do direito comercial sob o Código Civil de 2002", in Adalberto Simão Filho e Newton de Lucca (coords.), *Direito Empresarial Contemporâneo*, 2ª ed., pp. 323 e ss.

66. Antônio Chaves, *Lições de Direito Civil – Parte Geral 2*, vol. 1, p. 122.

67. Idem, ibidem.

68. Enzo Roppo, *O Contrato*, pp. 62-63.

téria privatística. Procedeu-se, na verdade, a uma simples justaposição formal da matéria civil ao lado da matéria comercial (...)."[69]

Miguel Reale, supervisor da Comissão Revisora do Código Civil de 1916 e Elaboradora do novo Código Civil, "não teve por objetivo estabelecer a unidade do direito privado, mas consolidar e aperfeiçoar o que já estava sendo seguido no país, que era a unidade do direito das obrigações",[70] de maneira gradual mas intensa, por meio da Magistratura e do legislador especial, sobretudo depois da promulgação da Constituição de 1988.[71] Com isso se quer dizer que Reale levou consigo a idéia já existente de unificar o direito das obrigações civis e comerciais, "verdadeira vocação da experiência jurídica brasileira", retomando a idéia de Freitas.[72]

Nas palavras de Reale, ao expor a diretriz sistemática do Código Civil: "(...) o Código tem de ter uma unidade lógica. E nós resolvemos tomar uma posição clara: a de realizar a unidade do direito das obrigações. Não uma unidade do direito privado, porque esta unidade não foi posta como alvo a ser atingido. O Projeto realiza apenas a unidade da Parte Geral das obrigações. E desde logo se estabeleceu uma linha diretora fundamental: consagrar, no Código, aquilo que é duradouro; incluir na legislação civil aquelas regras dotadas de certa durabilidade".[73]

No Brasil adotou-se a unificação apenas do direito das obrigações, Parte "Especializada" em relação à Parte Geral, enquanto no modelo italiano, além de não conter uma Parte Geral, a unificação estendeu-se ao direito do trabalho.[74]

3.1 O Código Civil de 2002: unificação formal ou material?

Calderale afirma que "una delle più alte note di merito del legislatore brasiliano è aver unificato 'formalmente' tutto il diritto privato, realizzando l'idea che uno dei massimi giuristi del paese, Augusto Teixeira de Freitas, aveva espresso nel 1867 (...)".[75] Isso porque Miguel Reale, Presidente da Comissão encarregada de elaborar o Projeto, não cultivava a ambição de unificar todo o direito privado, pois almejava criar uma lei básica, não global, conservando no seu âmbito o direito das obrigações, sem distinção entre as obrigações civis e comerciais,[76] enriquecendo a

69. Francisco Wildo Lacerda Dantas, *Manual Jurídico da Empresa*, p. 315.

70. Norberto da Costa Caruso Mac-Donald, *O Projeto de Código Civil e o Direito Comercial*, pp. 5, 7 e 21. "É preciso (...) corrigir, desde logo, um equívoco, que consiste em dizer que tentamos estabelecer a unidade do direito privado. Esse não foi o objetivo visado. O que na realidade se fez foi consolidar e aperfeiçoar o que já estava sendo seguido no país, que era a *unidade do direito das obrigações*. Como o Código Comercial de 1850 se tornara completamente superado, não havia mais questões comerciais resolvidas à luz do Código de Comércio, mas sim em função do Código Civil" (Miguel Reale, "Visão geral do Projeto de Código Civil", *Revista Literária de Direito* 23/10).

71. Gustavo Tepedino, "Crise de fontes normativas e técnica legislativa na Parte Geral do Código Civil de 2002", *RF* 364/114.

72. Judith Hofmeister Martins-Costa, "O novo Código Civil brasileiro: em busca da 'ética da situação'", in Judith Hofmeister Martins-Costa e Gerson Luiz Carlos Branco, *Diretrizes Teóricas do Novo Código Civil Brasileiro*, p. 92.

73. Miguel Reale, *O Projeto de Código Civil: Situação Atual e seus Problemas Fundamentais*, p. 5.

74. Judith Hofmeister Martins-Costa, "O direito privado como um 'sistema em construção': as cláusulas gerais no Projeto do Código Civil brasileiro", *Revista da Faculdade de Direito da IFRS* 15/144.

75. Alfredo Calderale, "Alle origine della codificazione brasiliana: le fonti del diritto privato e Augusto Teixeira de Freitas", in *Diritto Privato e Codificazione in Brasile*, p. 12. Para mais uma opinião sobre a unificação das obrigações civis e comerciais no Brasil, segundo a ótica do Direito Italiano, v. Diego Corapi, "L'unificazione parziale del Codice di Commercio e del Codice Civile in Brasile", *Rivista del Diritto Commerciale e del Diritto Generale delle Obbligazioni* 11-12/801-811.

76. Alfredo Calderale, "Alle origine della codificazione brasiliana: le fonti del diritto privato e Augusto Teixeira de Freitas", in *Diritto Privato e*

codificação com novos elementos, frutos do desenvolvimento da ciência jurídica durante o século XX. Tanto que o Código Civil de 2002 revogou apenas a primeira parte do Código Comercial, e não todo ele. Permaneceu em vigor a segunda parte do Código Comercial, que trata do comércio marítimo.

No Brasil a unificação do direito privado operou-se formalmente, no campo das obrigações, com a entrada em vigor do Código Civil de 2002,[77] que inseriu na sua Parte Especial, separadamente dos livros sobre o direito das obrigações e os contratos, um livro dedicado exclusivamente ao direito de empresa, contendo, inclusive, a definição de "empresário" e o conceito de "empresa". É possível afirmar, portanto, que pelo Código Civil de 2002 houve a unificação das obrigações civis e comerciais mediante o conceito de "empresa".[78]

O direito comercial continua revestido de certo particularismo e autonomia, pela existência de princípios próprios, decorrentes de sua origem histórica,[79] ou, como afirma Cordeiro,[80] por razões mais históricas que dogmáticas.

Em 1986 afirmou Couto e Silva: "(...) a noção de empresa deve levar à superação da distinção entre o direito obrigacional comercial e civil, constituindo, portanto, um fator importante de unificação de ambos os setores do Direito".[81] O mesmo autor complementa: "Atualmente, a unificação resulta da própria noção de empresa, que transcende a disciplina comercial, em nome de uma visão mais realista do comércio e da produção".[82]

Judith Hofmeister Martins-Costa assevera: "O grande valor de nosso novo Código, mormente se comparado com o seu congênere italiano, está, nessa matéria, na adstrição à diretriz sistemática: não regulando o direito do trabalho, que no Brasil tem diploma próprio, o Código promove a sistematização da disciplina da empresa sem cindir as suas regras das demais normas de direito privado nem confundi-las

Codificazione in Brasile, p. 13. V. também Carlos Roberto Gonçalves, *Direito Civil Brasileiro: Parte Geral*, vol. 1, pp. 11-13, e *Direito Civil Brasileiro: Teoria Geral das Obrigações*, vol. 2, pp. 18-20. Da mesma forma: Munir Karam, "O processo de codificação do direito civil: inovações da Parte Geral e do Livro das Obrigações", in Tozzini, Freire, Teixeira e Silva Advogados (org.), *O Novo Código Civil: Artigos, Palestras, Teses e Resenhas*, "Série Atualize-se", vol. 2, p. 90.

77. Miguel Reale relatou brevemente suas impressões a respeito do primeiro ano de vigência do Código Civil de 2002 em "O Código Civil após um ano de vigência", in Miguel Reale, Miguel Reale Jr. e Eduardo Reale Ferrari (coords.), *Experiências do Direito*, pp. 1-9. Fernando Noronha adverte que "a unificação deixou patente que o novo direito de empresa é mero complemento do direito das obrigações, coisa que não era assim tão clara durante o século e meio de vida que teve o velho Código Comercial de 1850" (*Direito das Obrigações – Fundamentos do Direito das Obrigações: Introdução à Responsabilidade Civil*, 2ª ed., vol. 1, p. 121).

78. Judith Hofmeister Martins-Costa, "O novo Código Civil brasileiro: em busca da 'ética da situação'", in Judith Hofmeister Martins-Costa e Gerson Luiz Carlos Branco, *Diretrizes Teóricas do Novo Código Civil Brasileiro*, pp. 96 e 110. Em outra sede, a autora afirma: "E a unificação (...) das obrigações civis e comerciais – unificação que resulta da 'idêntica substância' (como se diria em linguagem oitocentista) destas atividades, centradas que estão na categoria geral do negócio jurídico – constitui eloqüente traço do legado sistemático que *[Teixeira de Freitas]* nos transmitiu" (Judith Hofmeister Martins-Costa, "O sistema na codificação civil brasileira: de Leibniz a Teixeira de Freitas", *Revista da Faculdade de Direito da UFRS* 17/204, 1999). O conceito de "empresa" sofreu forte influência do Direito Italiano, conforme Clóvis Veríssimo do Couto e Silva, "O conceito de empresa no Direito Brasileiro", *Revista da Ajuris* 37/43.

79. Ecio Perin Jr., "A teoria da vontade na formação dos contratos e a autonomia do direito comercial em relação ao direito civil, face ao Projeto do novo Código Civil brasileiro", in Tozzini, Freire, Teixeira e Silva Advogados (org.), *O Novo Código Civil: Artigos, Palestras, Teses e Resenhas*, "Série Atualize-se", vol. 2, p. 64.

80. António Menezes Cordeiro, *Tratado de Direito Civil Português – Parte Geral: Introdução, Doutrina Geral e Negócio Jurídico*, 3ª ed., vol. 1, t. 1, p. 169.

81. Clóvis Veríssimo do Couto e Silva, "O conceito de empresa no Direito Brasileiro", *Revista da Ajuris* 37/50.

82. Idem, ibidem.

com as especificidades da disciplina das relações de emprego".[83]

E Norberto da Costa Caruso Mac-Donald garante: "Nesses termos, admissível concluir que *[o Código Civil de 2002]* completa a superação da bipartição formal do direito privado característica da época moderna".[84]

Do ponto de vista metodológico, a unificação do direito das obrigações é uma das principais características do Código Civil de 2002. Ela se faz presente a partir do art. 966 do diploma legal, com a conceituação de "empresário" ("titular de atividade econômica profissionalmente organizada").[85]

"A unificação não importa desconsiderar os princípios e institutos próprios de cada ramo do Direito. Permanecem os desdobramentos peculiares, como o caráter econômico da atividade disciplinada, o maior grau de liberdade admitido na celebração das relações contratuais, observância da literalidade na exegese e aplicação da lei e a permanência de certos institutos peculiares e específicos, como a falência, a recuperação de empresas, a constituição e o registro das sociedades empresárias."[86]

E continua Rizzardo: "Uma nova dimensão do Direito passou a surgir (...). O Direito que trata da movimentação da Economia não mais é um direito do comerciante e dos atos de comércio, mas se alastrou para limites bem mais amplos, passando a constituir um direito dos negócios, das atividades econômicas".[87]

Também vale transcrever o pensamento de Perin Jr., segundo o qual: "Existem alguns pontos comuns entre a matéria civil e comercial que é o direito das obrigações. Todavia, como pertencentes ao direito privado, o direito comercial não é ramo de direito civil, que, por sua vez, é um ramo de Direito em geral. (...). Se o direito comercial não é ramo de direito civil, existem, em ambos, setores que atuam isolada e soberanamente (...)".[88]

E mais adiante afirma o autor, com razão: "(...) os tempos modernos não só ditam como impõem a fragmentação legislativa. A codificação foi um ideal de síntese, bem própria do idealismo do século passado, compatível com uma sociedade aparentemente estática e imóvel, de que foi Stuart Mill um dos mais convencidos enunciadores. O progresso e as transformações sociais rápidas, tendo em vista o acesso à informação mundial, via Internet, quando não violentas, atingindo a fundo as instituições jurídicas, fazem com que a unificação seja uma ilusória pretensão".[89]

A elaboração por juristas, a aprovação por legisladores, a entrada em vigor e a aplicação massiva do Código de Defesa do Consumidor pelos Tribunais brasileiros são prova da necessidade de fragmentação legislativa referida por Perin Jr., porque o Direito é estático, enquanto os fenômenos são dinâmicos.

Segundo Karam, deve-se "pensar no Código não como algo globalizante ou totalizante, senão como um elemento central do sistema jurídico, a agasalhar as normas mais estáveis, *standards*, que possibilitassem a harmonização dos demais microssistemas".[90]

83. Judith Hofmeister Martins-Costa, "O novo Código Civil brasileiro: em busca da 'ética da situação'", in Judith Hofmeister Martins-Costa e Gerson Luiz Carlos Branco, *Diretrizes Teóricas do Novo Código Civil Brasileiro*, p. 112.

84. Norberto da Costa Caruso Mac-Donald, *O Projeto de Código Civil e o Direito Comercial*, p. 6.

85. Gustavo Tepedino, "Crise de fontes normativas e técnica legislativa na Parte Geral do Código Civil de 2002", *RF* 364/115.

86. Arnaldo Rizzardo, *Direito de Empresa: Lei 10.406, de 10.1.2002*, p. 9.

87. Idem, p. 11.

88. Ecio Perin Jr., "A teoria da vontade na formação dos contratos e a autonomia do direito comercial em relação ao direito civil, face ao Projeto do novo Código Civil brasileiro", in Tozzini, Freire, Teixeira e Silva Advogados (org.), *O Novo Código Civil: Artigos, Palestras, Teses e Resenhas*, "Série Atualize-se", vol. 2, p. 65.

89. Idem, p. 70.

90. Muniz Karam, "O processo de codificação do direito civil: inovações da Parte Geral e do Livro das Obrigações", in Tozzini, Freire, Teixeira e Silva Advogados (org.), *O Novo Código Civil: Ar-*

Por isso, pode-se afirmar que o Código Civil consiste no macrossistema de direito civil, enquanto as demais legislações esparsas – como, por exemplo, a Lei 8.245, de 18.10.1991, que dispõe sobre as locações de imóveis urbanos, bem como a Lei 8.078, de 11.9.1990, que dispõe sobre a proteção do consumidor – consistem em microssistemas que regulam atividades mais específicas e precisam ter sua aplicação coordenada com a aplicação do Código Civil, em um verdadeiro "diálogo das fontes".

3.2 As relações entre o Código de Defesa do Consumidor e o Código Civil: por um "diálogo das fontes"

Conforme mencionado acima, a doutrina jurídica vem se desenvolvendo ao longo dos tempos. Quando do surgimento do direito comercial, este foi pensado como autônomo em relação ao direito comum (mais tarde, também chamado de direito civil), quer no aspecto histórico, quer no aspecto de suas fontes, quer no aspecto de sua jurisdição. Com o desenvolvimento, deixou, paulatinamente, de ser o direito dos comerciantes, centrado no sujeito, para se fixar no objeto, que passou a ser o comércio. Hoje, como se sabe, esse ramo do Direito está centrado nos conceitos de "empresa" e de "empresário".

A evolução social no Brasil reclamou leis que regulassem as novas relações que iam sendo travadas. Como o Projeto de Código Civil brasileiro tardava em ser aprovado, viu-se na década de 1980, com a instalação da Assembléia Constituinte, a oportunidade de inserir na Constituição da República matérias que eram reguladas pelo Código Civil de uma forma que não mais satisfazia às necessidades sociais (porque refletia as concepções individualistas da ideologia liberal em uma época em que esses ideais não eram mais aceitos), estabelecendo uma forma de pensar a família, a propriedade e o contrato segundo uma ordem mais social, mais ética e solidária.

O mesmo ocorreu com o Código de Defesa do Consumidor, que revolucionou a ordem jurídica brasileira, introduzindo novos princípios contratuais no ordenamento jurídico então vigente.[91] Assim como já o tinha feito Freitas – que no século XIX lançou as sementes da unificação do direito privado, inspirando juristas na América Latina (Argentina, Chile, Uruguai, Paraguai) e na Europa (Itália e Alemanha) –, os juristas brasileiros mais uma vez saíram à frente de seu tempo, editando, no final do século XX, um código específico para regular as relações de consumo, sendo posteriormente seguidos por quase todos os países latino-americanos, como a Argentina, o Uruguai, o Paraguai e a Venezuela.

Passados já mais de 17 anos da entrada em vigor da Lei 8.078/1990, é preciso refletir sobre o papel representado pelo Código de Defesa do Consumidor no sistema de fontes normativas. O Código de Defesa do Consumidor "desempenhou o papel deflagrador de um repensar crítico do direito privado, criando nos anos 90 um movimento conhecido como *consumerismo*, que procurava se afastar ao máximo da dogmática liberal e patrimonialista do direito civil original".[92] Em outras palavras, o Código Civil é o "tronco"[93] do qual advém o microssistema do Código de Defesa do Consumidor; o direito do consumidor "surgiu para reduzir a disparidade de

tigos, Palestras, Teses e Resenhas, "Série Atualize-se", vol. 2, p. 88.

91. Fernando Noronha afirma que o direito do consumidor nasceu da "necessidade de tutelar interesses que não eram adequadamente contemplados pelo direito das obrigações" (*Direito das Obrigações – Fundamentos do Direito das Obrigações: Introdução à Responsabilidade Civil*, 2ª ed., vol. 1, p. 117).

92. Gustavo Tepedino, "Código de Defesa do Consumidor, Código Civil e complexidade do ordenamento", *Revista de Direito do Consumidor* 56/9.

93. Márcia Mallmann Lippert, *A Empresa no Código Civil: Elemento de Unificação do Direito Privado*, p. 154.

poder entre os fornecedores e os consumidores, que resultava da aplicação das regras do direito das obrigações e do direito comercial".[94]

Por isso, surgiu a necessidade de se coordenar a atuação do Código de Defesa do Consumidor (lei especial) com o novo Código Civil (lei geral, com âmbito de abrangência maior), para que se tenha um sistema jurídico eficiente e justo.

"O Código Civil e o Código de Defesa do Consumidor não podem ser considerados diplomas contrastantes, senão complementares, no âmbito da complexidade do ordenamento, instrumentos para a promoção da solidariedade e do personalismo constitucionais."[95]

Marques, inspirada em Jayme, fala-nos na aplicação simultânea das duas leis, em que uma pode servir de base para a outra, pois uma é geral e a outra é especial. Também, uma lei pode completar a aplicação da outra, dependendo do caso concreto. Uma terceira hipótese seria a existência de influências recíprocas entre as duas leis, sendo possível, nesse caso, a redefinição do campo de aplicação de cada um dos Códigos.

Por meio da coordenação do macrossistema do Código Civil com o microssistema do Código de Defesa do Consumidor, este tende a ganhar maior efetividade, pois seus princípios básicos são quase os mesmos. Ademais, a opção legislativa pelas cláusulas gerais, adotadas no Código Civil, tende a facilitar essa coordenação, adequando os dois ordenamentos aos casos concretos.

"(...) a disciplina contratual do Código Civil de 2002, embora contenha diversos preceitos aparentemente sobrepostos ou colidentes com o Código de Defesa do Consumidor, jamais pode ser considerada revogadora da normativa de tutela do consumidor. Mais uma vez é preciso afirmar a unidade do ordenamento e compatibilizar as normas relacionadas aos contratos de adesão, de seguro, de corretagem, de transporte, e assim por diante, com as normas do Código de Defesa do Consumidor. O critério de vulnerabilidade (...) mais uma vez deverá servir para estabelecer os limites de incidência de ambos os diplomas."[96]

"A interpretação do Código Civil não pode, sob pena de se revelar desconforme à Constituição, excluir do âmbito de proteção do Código de Defesa do Consumidor os *consumidores contratantes*. Ao contrário, destinam-se os preceitos codificados a regular tipos contratuais que, quando inseridos em relações de consumo, avocam as disposições de ordem pública em defesa do consumidor."[97]

Compartilho com a opinião segundo a qual "enquanto estiver em vigor a Constituição da República, a promulgação de um Código Civil só pode representar acréscimo aos níveis de proteção da pessoa humana, nunca sua redução".[98]

4. Conclusão

> "(...) a codificação constituiu, tanto quanto uma ruptura (com o Antigo Regime), o ápice de um longo, complexo e absolutamente não-linear *processo*, iniciado tantos séculos antes, o processo de *unificação das fontes de produção jurídica*." (Judith Hofmeister Martins-Costa, *A Boa-Fé no Direito Privado: Sistema e Tópica no Processo Obrigacional*, p. 171)

As primeiras tentativas de unificação do direito privado no Brasil remontam ao século XIX, destacando-se o pioneirismo

94. Fernando Noronha, *Direito das Obrigações – Fundamentos do Direito das Obrigações: Introdução à Responsabilidade Civil*, 2ª ed., vol. 1, p. 119.

95. Gustavo Tepedino, "Código de Defesa do Consumidor, Código Civil e complexidade do ordenamento", *Revista de Direito do Consumidor* 56/10, São Paulo, outubro-dezembro/2005.

96. Gustavo Tepedino, "Código de Defesa do Consumidor, Código Civil e complexidade do ordenamento", *Revista de Direito do Consumidor* 56/11.

97. Idem, ibidem.

98. Idem, ibidem.

do jurisconsulto Augusto Teixeira de Freitas, que em 1867 preconizou o fim da bipartição entre o direito civil e o direito comercial.

Conquanto esse ideal não se tenha concretizado no Código Civil de 1916, o constituinte de 1988 viu a oportunidade de inserir na nova Carta Política matérias que eram reguladas pelo Código Civil de uma forma que não mais satisfazia às necessidades sociais, sobretudo em relação à família, à propriedade e ao contrato.

De outra parte, o Código de Defesa do Consumidor, de 1990, revolucionou a ordem jurídica brasileira, desenvolvendo-se como um microssistema do Código Civil, com principiologia e preceitos próprios, que tornaram o sistema jurídico mais eficiente e justo.

Finalmente, o Código Civil de 2002 representou mais um passo em direção à unificação do direito privado, ao inserir em sua Parte Especial (separadamente dos livros sobre o direito das obrigações e os contratos) um livro dedicado exclusivamente ao direito de empresa, contendo, inclusive, a definição de "empresário" e o conceito de "empresa".

Tal unificação, entretanto, além de se limitar ao direito das obrigações, operou-se apenas no aspecto formal, mediante a reunião, em um único Código, dos dois ramos do direito privado (civil e comercial). No aspecto material subsiste a bipartição, na medida em que o direito comercial continua revestido de certo particularismo e autonomia, pela existência de princípios próprios, decorrentes de sua origem histórica.

Por outro lado, o advento no Código Civil de 2002 não implicou derrogação dos preceitos e princípios introduzidos pelo Código de Defesa do Consumidor. Para que não houvesse e não haja retrocesso, nem diminuição do nível de proteção do consumidor que já se alcançou, tornou-se necessário coordenar a aplicação do Código de Defesa do Consumidor com o novo ordenamento. Isso porque o Código Civil ficou mais de 25 anos em tramitação no Congresso Nacional, o que tornou inevitável o descompasso da lei com o desenvolvimento jurídico ocorrido por meio da jurisprudência no campo do direito do consumidor.

Assim, por meio da coordenação do macrossistema do Código Civil com o microssistema do Código de Defesa do Consumidor, este tende a ganhar maior efetividade, pois seus princípios básicos são quase os mesmos.

Referências bibliográficas

AGUIAR JR., Ruy Rosado de. "Prefácio". In: FREITAS, Augusto Teixeira de. *Consolidação das Leis Civis*. vol. 1. Brasília, Senado Federal, 2003 (pp. XIII-XXIV).

——————. "Projeto de Código Civil: as obrigações e os contratos". *RT* 775/18-31. Ano 89. São Paulo, Ed. RT, maio/2000.

ASCARELLI, Tullio. "A idéia de Código no direito privado e a tarefa da interpretação". In: *Problemas das Sociedades Anônimas e Direito Comparado*. Campinas, Bookseller, 2001 (pp. 93-152).

——————. *Iniciação ao Estudo do Direito Mercantil*. Sorocaba, Minelli, 2007.

——————. "O desenvolvimento histórico do direito comercial e o significado da unificação do direito privado". *RDM* 114/237-252. São Paulo, Malheiros Editores, abril-junho/1999.

——————. *Panorama do Direito Comercial*. São Paulo, Saraiva, 1947.

BARRETO FILHO, Oscar. "O Projeto de Código Civil e as normas sobre atividade negocial". *RDM* 9/99-102. Ano 12. São Paulo, Ed. RT, 1973.

BENJAMIN, Antônio Herman de Vasconcellos, MARQUES, Cláudia Lima, e MIRAGEM, Bruno Nubens Barbosa. *Comentários ao Código de Defesa do Consumidor: Artigo por Artigo*. 2ª ed. São Paulo, Ed. RT, 2005.

BERCOVITZ Y RODRÍGUEZ-CANO, Alberto. "En torno a la unificación del derecho privado". In: *Estudios Jurídicos en*

Homenaje al Profesor Federico de Castro. vol. 1. Madri, Tecnos, 1976 (pp. 153-168).

BORGES, João Eunápio. *Curso de Direito Comercial Terrestre*. vol. 1. Rio de Janeiro, Forense, 1959.

BRANCO, Gerson Luiz Carlos, e MARTINS-COSTA, Judith Hofmeister. *Diretrizes Teóricas do Novo Código Civil Brasileiro*. São Paulo, Saraiva, 2002.

CALDERALE, Alfredo. "Alle origini della codificazione brasiliana: le fonti del diritto privato e Augusto Teixeira de Freitas". In: *Diritto Privato e Codificazione in Brasile*. Milão, Giuffrè Editore, 2005 (pp. 1-59).

CARVALHO, Dora Martins de. "Orientação da doutrina brasileira na codificação do direito mercantil". *RT* 661/237-241. Ano 79. São Paulo, Ed. RT, novembro/1990.

CARVALHO, Orlando de. "Teixeira de Freitas e a unificação do direito privado". *Boletim da Faculdade de Direito da Universidade de Coimbra* 60/1-86. Coimbra, 1984.

CHAVES, Antônio. *Lições de Direito Civil: Parte Geral 2*. vol. 1. São Paulo, José Bushatsky Editor, 1972.

CORAPI, Diego. "L'unificazione parziale del Codice di Commercio e del Codice Civile in Brasile". *Rivista del Diritto Commerciale e del Diritto Generale delle Obbligazioni* 11-12/801-811. Ano 100. Roma, novembro-dezembro/2002.

CORDEIRO, António Menezes. *Tratado de Direito Civil Português – Parte Geral: Introdução, Doutrina Geral e Negócio Jurídico*. 3ª ed., vol. 1, t. 1. Coimbra, Livraria Almedina, 2005.

COUTO E SILVA, Clóvis Veríssimo do. "O conceito de empresa no Direito Brasileiro". *Revista da Ajuris* 37/42-59. Ano 13. Porto Alegre, julho/1986.

————. "O direito civil brasileiro em perspectiva histórica e visão de futuro". In: FRADERA, Vera Maria Jacob de (org.). *O Direito Privado Brasileiro na Visão de Clóvis do Couto e Silva*. Porto Alegre, Livraria do Advogado, 1997.

DANTAS, Francisco Wildo Lacerda. *Manual Jurídico da Empresa*. Brasília, Brasília Jurídica, 1998.

DAVID, René. "La unificación internacional del derecho privado". In: *Libro-Homenaje a la Memoria de Roberto Goldschmidt*. Trad. do Francês por Rogelio Perez Perdomo. Caracas, Universidad Central de Venezuela, 1967 (pp. 115-129).

————. *Os Grandes Sistemas do Direito Contemporâneo*. 3ª ed., trad. de Hermínio A. Carvalho. São Paulo, Martins Fontes, 1998.

DE LUCCA, Newton, e SIMÃO FILHO, Adalberto (coords.). *Direito Empresarial Contemporâneo*. 2ª ed. São Paulo, Juarez de Oliveira Editor, 2004.

FELKE, Reginald D. H. "O direito das obrigações e o Projeto do novo Código Civil". In: TOZZINI, FREIRE, TEIXEIRA e SILVA ADVOGADOS (org.). *O Novo Código Civil: Artigos, Palestras, Teses e Resenhas*. São Paulo, "Série Atualize-se", vol. 1, 2001 (pp. 80-86).

FERRARI, Eduardo Reale, REALE, Miguel, e REALE JR., Miguel (coords.). *Experiências do Direito*. Campinas, Millenium, 2004.

FRADERA, Vera Maria Jacob de (org.). *O Direito Privado Brasileiro na Visão de Clóvis do Couto e Silva*. Porto Alegre, Livraria do Advogado, 1997.

FREITAS, Augusto Teixeira de. *Consolidação das Leis Civis*. vol. 1. Brasília, Senado Federal, 2003.

GARRO, Alejandro Miguel. "Armonización y unificación del derecho privado en América Latina: esfuerzos, tendencias y realidades". *RDC* 65/39-78. Ano 17. São Paulo, Ed. RT, julho-setembro/1993.

GOMES, Orlando. "A comercialização do direito civil". *RF* 253/87-91. Ano 72. Rio de Janeiro, Forense, janeiro-março/1976.

————. *Introdução ao Direito Civil*. 3ª ed. Rio de Janeiro, Forense, 1971.

GOMES DA SILVA, Sérgio André Rocha. "Teoria da empresa: um retorno ao critério subjetivo". *RT* 783/16-41. Ano 90. São Paulo, Ed. RT, janeiro/2001.

GONÇALVES, Carlos Roberto. *Direito Civil Brasileiro – Parte Geral*. vol. 1. São Paulo, Saraiva, 2003.

GONÇALVES, Carlos Roberto. *Direito Civil Brasileiro: Teoria Geral das Obrigações*. vol. 2. São Paulo, Saraiva, 2004.

GRINOVER, Ada Pellegrini, e outros. *Código Brasileiro de Defesa do Consumidor: Comentado pelos Autores do Anteprojeto*. 8ª ed. Rio de Janeiro, Forense Universitária, 2004.

KARAM, Munir. "O processo de codificação do direito civil: inovações da Parte Geral e do Livro das Obrigações". In: TOZZINI, freire, TEIXEIRA e SILVA ADVOGADOS (org.). *O Novo Código Civil: Artigos, Palestras, Teses e Resenhas*. São Paulo, "Série Atualize-se", vol. 2, 2001 (pp. 85-108).

————. "O processo de codificação do direito civil brasileiro". *RF* 301/310-316. Ano 84. Rio de Janeiro, Forense, janeiro-março/1988.

————. "Teixeira de Freitas e o processo de codificação do direito civil brasileiro". *RDC* 29/95-112. Ano 8. São Paulo, Ed. RT, 1984.

LÉVAY, Emeric. "A codificação do direito civil brasileiro pelo jurisconsulto Teixeira de Freitas". In: *Justiça e História*. vol. 2, n. 3. Porto Alegre, 2002 (pp. 185-194).

LIPPERT, Márcia Mallmann. *A Empresa no Código Civil: Elemento de Unificação do Direito Privado*. São Paulo, Ed. RT, 2003.

MAC-DONALD, Norberto da Costa Caruso. *O Projeto de Código Civil e o Direito Comercial*. Porto Alegre, Síntese, 1999.

MACHIONI, Jarbas Andrade. "Novos fundamentos do direito comercial sob o Código Civil de 2002". In: DE LUCCA, Newton, e SIMÃO FILHO, Adalberto (coords.). *Direito Empresarial Contemporâneo*. 2ª ed. São Paulo, Juarez de Oliveira Editor, 2004 (pp. 309-362).

MARQUES, Cláudia Lima. *Contratos no Código de Defesa do Consumidor: o Novo Regime das Relações Contratuais*. 5ª ed. São Paulo, Ed. RT, 2005.

————, BENJAMIN, Antônio Herman de Vasconcellos, e MIRAGEM, Bruno Nubens Barbosa. *Comentários ao Código de Defesa do Consumidor: Artigo por Artigo*. 2ª ed. São Paulo, Ed. RT, 2005.

MARTINS-COSTA, Judith Hofmeister. *A Boa-Fé no Direito Privado: Sistema e Tópica no Processo Obrigacional*. São Paulo, Ed. RT, 1999.

————. "O direito privado como um 'sistema em construção': as cláusulas gerais no Projeto do Código Civil brasileiro". *Revista da Faculdade de Direito da UFRS* 15/129-154. Porto Alegre, 1998.

————. "O novo Código Civil brasileiro: em busca da 'ética da situação'". In: BRANCO, Gerson Luiz Carlos, e MARTINS-COSTA, Judith Hofmeister. *Diretrizes Teóricas do Novo Código Civil Brasileiro*. São Paulo, Saraiva, 2002 (pp. 87-168).

————. "O sistema na codificação civil brasileira: de Leibniz a Teixeira de Freitas". *Revista da Faculdade de Direito da UFRS* 17/189-204. Porto Alegre, 1999.

———— (org.). *A Reconstrução do Direito Privado: Reflexos dos Princípios, Diretrizes e Direitos Fundamentais Constitucionais no Direito Privado*. São Paulo, Ed. RT, 2002.

————, e BRANCO, Gerson Luiz Carlos. *Diretrizes Teóricas do Novo Código Civil Brasileiro*. São Paulo, Saraiva, 2002.

MEIRA, Sílvio Augusto de Bastos. "Teixeira de Freitas e a unificação do direito privado". In: *O Direito Vivo*. Goiânia, UFGO, 1984 (pp. 223-226).

————. "O drama da codificação civil no Império: José de Alencar e Teixeira de Freitas". *RF* 280/386-413. Ano 78. Rio de Janeiro, Forense, outubro-dezembro/1982.

MIRAGEM, Bruno Nubens Barbosa. "Do direito comercial ao direito empresarial: formação histórica e tendências do Direito Brasileiro". *Revista da Faculdade de Direito da UFRS* 24/7-36. Porto Alegre, dezembro/2004.

————, BENJAMIN, Antônio Herman de Vasconcellos, e MARQUES, Cláudia Lima. *Comentários ao Código de Defesa do Consumidor: Artigo por Artigo*. 2ª ed. São Paulo, Ed. RT, 2005.

MORAES FILHO, Evaristo de. "Teixeira de Freitas, a busca da perfeição e a dogmática jurídica". *RF* 291/1-22. Rio de Janeiro, Forense, 1985.

MOREIRA ALVES, José Carlos. "A unificação do direito privado no Brasil". *Arquivos do Ministério da Justiça* 126/14-31. Ano 30. Brasília, junho/1973.

NORONHA, Fernando. *Direito das Obrigações – Fundamentos do Direito das Obrigações: Introdução à Responsabilidade Civil.* 2ª ed., vol. 1. São Paulo, Saraiva, 2007.

NORONHA FILHO, Itamar Dias. "Um resgate do pensamento jurídico brasileiro: a genialidade do jurisconsulto Augusto Teixeira de Freitas". Revista da *ESMAPE* 19/191-208. Ano 9. Recife, janeiro-junho/2004.

OLIVEIRA, Celso Marcelo de. *Sociedade Limitada: à Luz do Novo Código Civil Brasileiro.* Campinas, LZN, 2003.

OLIVEIRA, Jorge Rubem Folena de. "A teoria da empresa como fenômeno de unificação das obrigações de direito privado e a autonomia do direito comercial". *ADV Advocacia Dinâmica: Seleções Jurídicas* 1/30-34. São Paulo, janeiro/2000.

PERIN JR., Ecio. "A teoria da vontade na formação dos contratos e a autonomia do direito comercial em relação ao direito civil, face ao Projeto do novo Código Civil brasileiro". In: TOZZINI, FREIRE, TEIXEIRA e SILVA ADVOGADOS (org.). *O Novo Código Civil: Artigos, Palestras, Teses e Resenhas.* São Paulo, "Série Atualize-se", vol. 2, 2001 (pp. 52-78).

REALE, Miguel. "O Código Civil após um ano de vigência". In: FERRARI, Eduardo Reale, REALE, Miguel, e REALE JR., Miguel (coords.). *Experiências do Direito.* Campinas, Millenium, 2004 (pp. 1-9).

————. *O Projeto de Código Civil: Situação Atual e seus Problemas Fundamentais.* São Paulo, Saraiva, 1986.

————. "Visão geral do Projeto de Código Civil". *Revista Literária de Direito* 23/8-13. Ano 4. São Paulo, maio-junho/1998.

————, REALE JR., Miguel, e FERRARI, Eduardo Reale (coords.). *Experiências do Direito.* Campinas, Millenium, 2004.

RIZZARDO, Arnaldo. *Direito de Empresa: Lei 10.406, de 10.1.2002.* Rio de Janeiro, Forense, 2007.

ROPPO, Enzo. *O Contrato.* Coimbra, Livraria Almedina, 1988.

SEABRA, Décio dos Santos. "A unificação do direito privado e o Projeto do Código das Obrigações". *RF* 212/5-9. Rio de Janeiro, Forense, outubro-dezembro/1965.

SIMÃO FILHO, Adalberto, e DE LUCCA, Newton (coords.). *Direito Empresarial Contemporâneo.* 2ª ed. São Paulo, Juarez de Oliveira Editor, 2004.

TEPEDINO, Gustavo. "Código de Defesa do Consumidor, Código Civil e complexidade do ordenamento". *Revista de Direito do Consumidor* 56/9-11. Ano 14. São Paulo, outubro-dezembro/2005.

————. "Crise de fontes normativas e técnica legislativa na Parte Geral do Código Civil de 2002". *RF* 364/113-123. Ano 98. Rio de Janeiro, Forense, novembro-dezembro/2002.

TOZZINI, FREIRE, TEIXEIRA e SILVA ADVOGADOS (org.). *O Novo Código Civil: Artigos, Palestras, Teses e Resenhas.* São Paulo, "Série Atualize-se", vol. 1, 2001.

WIEACKER, Franz. *História do Direito Privado Moderno.* 2ª ed., trad. de A. M. Botelho Hespanha. Lisboa, Fundação Calouste Gulbenkian, 1967.

Atualidades

INTERVENÇÃO E *STEP-IN RIGHTS*: Um Conflito de Poder entre Administração Pública e Agente Financiador nas Parcerias Público-Privadas Brasileiras

KLEBER LUIZ ZANCHIM

1. O problema. 2. Natureza jurídica da intervenção nas concessões. 3. Natureza jurídica dos step-in rights. *4. Intervenção,* step-in rights *e a composição de um conflito nas parcerias público-privadas.*

1. O problema

O presente trabalho tem por objetivo estudar a relação de poder entre a Administração Pública e os agentes financiadores dos projetos de parcerias público-privadas/PPPs no Brasil. Trata-se de uma nova dimensão de conflitos nas concessões: ao lado da tensão comum entre os interesses dos entes públicos e os dos concessionários, entram em cena interesses de sujeitos que, apesar de terceiros diante do contrato de concessão, são fundamentais para o sucesso das parcerias.

Esse novo contexto surgiu com a introdução no art. 5º, § 2º, I, da Lei 11.079, de 30.12.2004, de mecanismo desenvolvido no modelo inglês de PPPs conhecido como *step-in rights*: possibilidade de os agentes financiadores assumirem o controle da concessão no caso de o concessionário deixar de adimplir seus contratos de financiamento. No Brasil tal mecanismo é contraponto de um importante poder da Administração Pública, previsto no art. 32 da Lei 8.987, de 13.2.1998: possibilidade de intervenção na concessão quando a prestação do serviço estiver inadequada ou quando o concessionário não estiver cumprindo fielmente as normas contratuais, regulamentares e legais pertinentes.

Há no quadro normativo, portanto, interessante problema. Em determinadas situações, tanto o ente público como o agente financiador podem pretender exercer seus poderes sobre a concessão. Nessa hipótese, formar-se-ia um foco de conflito envolvendo o controle da Sociedade de Propósito Específico/SPE responsável pela PPP.[1]

Apesar disso, em artigo publicado no periódico *Gazeta Mercantil* de 6.12.2005, representantes do Governo Brasileiro parecem não ter vislumbrado referido con-

1. Segundo o art. 9º da Lei 11.079/2004, antes da celebração do contrato de PPP deverá ser constituída SPE, concessionário que terá a incumbência de implantar e gerir o objeto da parceria. O licitante vencedor será necessariamente sócio dessa sociedade, que poderá ser integrada também pela Administração Pública, desde que esta não titule a maioria de seu capital votante (art. 9º, § 4º). Tal limitação não se aplica a instituições financeiras controladas pelo Poder Público que, tendo financiado a PPP, pretendam assumir o controle da SPE exercendo seus *step-in rights* (art. 9º, § 5º). Nesse caso não deve haver conflito com a intervenção, pois não se presume que o ente público tenha interesses conflitantes consigo mesmo.

flito: "Os *step-in rights* não modificam o direito de a Administração intervir na concessão para garantir a segurança e a continuidade da prestação dos serviços nos casos previstos na Lei de Concessões. Cria, ao lado do direito de intervenção da Administração Pública, a possibilidade de o financiador, interessado em manter a concessionária em condições de pagar os empréstimos, contribuir para o interesse público reestruturando financeiramente a concessionária".[2]

É de se imaginar, todavia, que a Administração Pública e os financiadores tenham percepções diferentes sobre o modo de conduzir a sociedade responsável pela PPP, conforme seus interesses específicos: aquela tenderá a regularizar os serviços, enquanto estes tenderão a gerar recursos para pagar os financiamentos que concederam. As providências para alcançar essas duas ordens de objetivos podem não ser compatíveis, de modo que um conflito de governança é risco real, com repercussões para todos os envolvidos na PPP e também para a sociedade.

Dessa forma, a interação entre intervenção e *step-in rights* precisa ser bem compreendida, sendo úteis tentativas conciliatórias a fim de evitar que os investidores percam incentivos de patrocinar as PPPs. Para tanto, é importante fixar a natureza jurídica dessas figuras, trabalho que faremos tendo em vista apenas a legislação brasileira. Adiantamos que, para nós, ambas são formas de poder, mas cada qual com aspetos bastante próprios. Depois de analisarmos as figuras em separado, compararemos uma e outra e apresentaremos sugestão para compor o conflito entre elas. Comecemos, então, pela intervenção.

2. *Natureza jurídica da intervenção nas concessões*

A doutrina brasileira tem dedicado pouca atenção ao fenômeno da intervenção nas concessões. Limita-se normalmente a reproduzir o texto legal, sem refletir sobre sua extensão. Mesmo Hely Lopes Meirelles, sempre tão cuidadoso com a precisão conceitual, não foi longe no estudo do tema. Disse apenas que "é providência extrema que se justifica quando o contratado se revela incapaz de dar fiel cumprimento ao avençado, ou há iminência ou efetiva paralisação dos trabalhos, com prejuízos potenciais ou reais para o serviço público. Por isso mesmo, e por ser medida auto-executável pela Administração, exige *justa causa*, caracterizada pelo grave descumprimento do contrato ou pela ocorrência de fatos externos à conduta do contratado que ponham em risco a execução".[3]

Outro autor importante que ofereceu poucas linhas ao assunto foi José Cretella Jr., restringindo-se a dizer que: "É legítima a intervenção do Estado, sempre que os serviços públicos não recebam da parte do concessionário aquele andamento que estaria na mira do Estado ao transferir-lhe aquela responsabilidade pública".[4]

Frente ao "silêncio" da doutrina brasileira,[5] resta-nos o texto legal, notadamente o art. 32 da Lei 8.987/1995: "O poder concedente poderá intervir na con-

2. O texto é de autoria de Maurício Portugal, diretor de Programa da Unidade de PPP do Ministério do Planejamento, Orçamento e Gestão, Marcos Barbosa Pinto, assessor da Presidência do BNDES, e Lucas Navarro Prado, assessor da Unidade de PPP do Ministério do Planejamento, Orçamento e Gestão, e está disponível em *http://www.planejamento.gov.br/ppp/conteudo/noticias/noticias2005/outros/051206_serviço_publico.htm*.

3. Hely Lopes Meirelles, *Direito Administrativo Brasileiro*. 29ª ed., p. 226.

4. José Cretella Jr., *Tratado de Direito Administrativo*, 2ª ed., vol. III, p. 138.

5. Em Portugal e em muitos países de língua espanhola a intervenção é chamada de *seqüestro*, definido como "o poder de a Administração concedente se substituir ao concessionário sempre que se verifique ou esteja iminente uma interrupção total ou parcial da gestão do serviço ou existam graves deficiências na sua organização, regularidade ou continuidade" (cf. Pedro Gonçalves, *A Concessão de Serviços Públicos – Uma Aplicação da Técnica Concessória*, p. 253.

cessão, com o fim de assegurar a adequação na prestação do serviço, bem como o fiel cumprimento das normas contratuais, regulamentares e legais pertinentes".

O primeiro ponto que chama a atenção é o vocábulo "poderá". Em primeira leitura, ele sugere uma faculdade de agir da Administração Pública. Essa *facultas agendi* passaria por um juízo sobre a conveniência e a oportunidade da intervenção tendo em conta o que o ente coletivo entende por "serviço adequado" e por "fiel cumprimento" do regramento jurídico aplicável à concessão. Se tal juízo concluir pela necessidade da providência interventiva, expede-se o decreto respectivo, com definição do interventor, do prazo da intervenção e dos objetivos e limites da medida (parágrafo único do artigo acima transcrito).

Todavia, a despeito do que possa parecer, a intervenção não é ato livre da Administração Pública. Ao contrário, sujeita-se a duas condicionantes finalísticas: assegurar a prestação adequada de serviço e o cumprimento do regramento jurídico da concessão. Arriscamos dizer que referidas condicionantes cabem na noção de "interesse público", mormente diante de dois princípios do art. 37 da CF: o da eficiência e o da legalidade. Como o interesse público é indisponível, a intervenção não pode ser ato livre do poder concedente. Observe-se.

É intuitivo que o princípio da eficiência pressupõe que os serviços em concessão sejam prestados adequadamente (primeira finalidade da intervenção). Afinal, conforme o art. 6º da Lei 8.987/1995: "Serviço adequado é o que satisfaz as condições de regularidade, continuidade, *eficiência*, segurança, atualidade, generalidade, cortesia na sua prestação e modicidade das tarifas" (grifamos). Quanto ao princípio da legalidade, é razoável admitir que obriga os entes públicos a fazer cumprir as normas das concessões que outorgam (segunda finalidade da intervenção). Ora, se as finalidades do procedimento interventivo representam a concretização de dois princípios constitucionais que regem a Administração Pública, somos levados a entender que elas veiculam interesses públicos.

Por isso, a intervenção deve ser enquadrada como ato da função pública de fiscalização e tutela do objeto da concessão, valendo dizer que a Administração Pública tem o *dever* ou, melhor ainda, o *poder-dever* de nela intervir nas hipóteses previstas em lei. O caso não é de discricionariedade, mas de vinculação.

Essa vinculação tem, porém, temperamentos. Não é estrita, dada a dificuldade de se definir *a priori* o que seja "adequação" na prestação dos serviços e "fiel cumprimento" do contrato e da regulamentação aplicável.[6] O problema é comum mesmo em legislações estrangeiras. No Chile, por exemplo, apesar de a lei atribuir expressamente ao contrato e ao edital de licitação o papel de preencher o sentido daqueles conceitos, não indica parâmetros seguros para tanto.[7]

Sem claros anteparos contratuais ou legais para decidir a respeito da intervenção, a Administração Pública terá de utilizar certo juízo discricionário sobre a regularidade do comportamento do concessionário; ou, como quer Celso Antônio Bandeira de Mello, deverá realizar "exercício de apreciação discricionária em

6. Mesmo o citado § 2º do art. 6º da Lei 8.987/1995, que traz definição sobre "serviço adequado", utiliza-se de termos de difícil especificação: "regularidade", "continuidade", "eficiência", "segurança", "atualidade", "generalidade", "cortesia" e "modicidade".

7. O Decreto 900, de 18.12.1996, do Ministério de Obras Públicas do Chile disciplina a intervenção em concessões. Diz seu art. 28: "La declaración de incumplimiento grave del contrato de concesión deberá ser solicitada, *fundándose en alguna de las causales establecidas en el respectivo contrato de concesión o en las respectivas bases de licitación*, por el Ministerio de Obras Públicas a la Comisión Conciliadora establecida en el art. 36º de esta Ley. Ella resolverá la solicitud en calidad de Comisión Arbitral, conforme a lo preceptuado en el referido artículo" (grifamos).

relação a algum ou alguns dos aspectos que o condicionam ou que o compõem".[8] Isso conduz a que a natureza jurídica da intervenção seja de poder-dever da Administração Pública condicionado por uma verificação não-objetiva da conduta do concessionário, dada a indeterminação dos termos da hipótese legal que embasa a providência interventiva.

Daí resulta conseqüência importante para os entes privados que participam da concessão: esse poder-dever é-lhes um fator de risco, e, como tal, merece controle. Voltaremos ao tema quando compararmos intervenção e *step-in rights*. Antes, porém, cumpre analisar se a legitimidade da intervenção depende da presença simultânea de suas duas condicionantes finalísticas, ou se apenas uma delas já é suficiente. Qualquer conclusão depende da exegese do regime estabelecido pela Lei 8.987/1995.

Da leitura do art. 33 dessa lei percebe-se que a intervenção desencadeia um procedimento administrativo.[9] Pode-se-lhe aplicar, portanto, a Lei 9.784, de 29.1.1999, que rege os processos administrativos e traz, no art. 2º, parágrafo único, XIII, um critério para interpretação da norma administrativa – qual seja, interpretação "da forma que melhor garanta o atendimento do fim público a que se dirige".[10]

Como visto acima, pode-se admitir que os dois fins definidos no art. 32 da Lei 8.987/1995 (adequação na prestação do serviço e fiel cumprimento das normas contratuais, regulamentares e legais pertinentes) para legitimar a intervenção sejam fins públicos. Dessa forma, se pela Lei 9.784/1999 devemos interpretar citado artigo de modo a garantir o melhor atendimento a esses fins, é de se concluir que a expressão "bem como", nele constante, é uma "adição aglutinativa/alternativa", e não uma "adição simples" – ou seja, pode ser substituída por "e/ou", mas não apenas por "e". Logo, podemos redigir a regra em comento da seguinte forma: "O poder concedente *deverá* intervir na concessão, com o fim de assegurar a adequação na prestação do serviço *e/ou* o fiel cumprimento das normas contratuais, regulamentares e legais pertinentes". Basta, pois, uma única condicionante finalística para legitimar a intervenção.

Relembre-se, por fim, que o procedimento interventivo é, por natureza, temporário, mas pode levar à extinção da concessão se ela for irrecuperável. Se equipararmos o concessionário a um agente público, podemos comparar a intervenção ao fenômeno da *substituição da ação* dos franceses, definido como "um procedimento de coerção interna ao Poder Público e de luta contra sua própria inação, que tem por conseqüência, salvo circunstâncias excepcionais, perturbar a repartição de competências, ao permitir a uma autoridade administrativa agir no lugar de outra autoridade (...) que se recusa a exercer a competência que lhe é legalmente delegada para levar adiante a continuidade do Estado e dos serviços públicos".[11]

O concessionário seria a "autoridade" omissa cuja competência (prestação do serviço público) seria avocada provisoriamente pelo poder concedente.

8. Celso Antônio Bandeira de Mello, *Discricionariedade e Controle Jurisdicional*, 2ª ed., p. 18.

9. "Art. 33. Declarada a intervenção, o poder concedente deverá, no prazo de 30 (trinta) dias, instaurar procedimento administrativo para comprovar as causas determinantes da medida e apurar responsabilidades, assegurado o direito de ampla defesa."

10. "Art. 2º. A Administração Pública obedecerá, dentre outros, aos princípios da legalidade, finalidade, motivação, razoabilidade, proporcionalidade, moralidade, ampla defesa, contraditório, segurança jurídica, interesse público e eficiência.

"Parágrafo único. Nos processos administrativos serão observados, entre outros, os critérios de: (...) XIII – interpretação da norma administrativa da forma que melhor garanta o atendimento do fim público a que se dirige, vedada aplicação retroativa de nova interpretação."

11. Bénoît Plessix, "Une prérogative de puissance publique méconnue: le pouvoir de substitution d'action", *Revue du Droit Public* 119-2/612.

Vista a intervenção, passemos, agora, ao estudo dos *step-in rights.*

3. Natureza jurídica dos step-in rights

Se quase nada se escreveu no Brasil sobre intervenção nas concessões, menos ainda foi dito sobre os *step-in rights*, que são mecanismo recentemente importado. Não há mais que pequenas passagens de artigos de jornais e revistas apenas enfatizando a importância dessa novidade na legislação brasileira. Os textos costumam copiar a lei e, ao comparar os *step-in rights* com a intervenção, normalmente não vêem incompatibilidades: "Outra importante inovação trazida pela Lei de PPP é a possibilidade de prever, no contrato, os chamados *step-in-rights.* Trata-se do direito do financiador de intervir no controle da Sociedade de Propósito Específico, em caso de inadimplência dos contratos de financiamento ou de queda nos níveis de retorno a patamares que comprometam o cumprimento das obrigações futuras. O contrato definirá 'os requisitos e condições em que o parceiro público autorizará a transferência do controle da Sociedade de Propósito Específico para os seus financiadores, com o objetivo de promover a sua reestruturação financeira e assegurar a continuidade da prestação dos serviços'. *Tal dispositivo não altera a prerrogativa da Administração de intervir na concessionária para garantir a segurança e a continuidade da prestação dos serviços*"[12] (grifamos).

Para testar tais conclusões e firmar entendimento sobre a natureza jurídica dos *step-in rights*, vejamos o texto da Lei 11.079/2004, cujo art. 5º, § 2º, I, dispõe:

"Art. 5º. As cláusulas dos contratos de parceria público-privada atenderão ao disposto no art. 23 da Lei n. 8.987, de 13 de fevereiro de 1995, no que couber, devendo também prever (...).

"(...).

"§ 2º. Os contratos poderão prever adicionalmente: *I – os requisitos e condições em que o parceiro público autorizará a transferência do controle da Sociedade de Propósito Específico para os seus financiadores, com o objetivo de promover a sua reestruturação financeira e assegurar a continuidade da prestação dos serviços, não se aplicando para este efeito o previsto no inciso I do parágrafo único do art. 27 da Lei n. 8.987, de 13 de fevereiro de 1995*" (grifamos).

De início fica claro que os *step-in rights* são, *em termos jurídicos*, facultativos, pois os contratos de PPP "poderão" prevê-los adicionalmente às cláusulas necessárias. *Por razões econômicas*, porém, tudo leva a crer que essa figura estará presente em quase todos os contratos, pela própria função institucional destes.

As PPPs foram concebidas para viabilizar investimentos em infra-estrutura em setores considerados estratégicos pelo Governo Brasileiro, como segurança pública, habitação, saneamento básico, sistema viário e sistema elétrico.[13] Segundo o Projeto de Plano Plurianual do Governo encaminhado para vigorar entre 2004 e 2007, estima-se a necessidade de investimentos da ordem de 21,7% do PIB nesses setores até 2007 para que o país possa reduzir de modo sustentável as desigualdades sociais que o assolam.[14] Assim, as PPPs surgiram como veículo destinado a agregar com rapidez capital privado a projetos de alto interesse público.

Ocorre que o investimento esperado somente virá se houver garantias efetivas

12. Bárbara Moreira Barbosa de Birto e Antônio Henrique Pinheiro Silveira, "Parceria público-privada: compreendendo o modelo brasileiro", *Revista do Serviço Público* 56-1/15.

13. Exposição de Motivos 355/2003/MP/MF do Projeto de Lei que resultou na Lei 11.079/2004, disponível em *www.presidencia.gov.br/ccivil_03/EXPOMOTIV/EMI/2003/EMI355-MPMF-2003.htm.*

14. Cf. Mensagem Presidencial do Plano Plurianual 2004-2007, de 2003, pp. 59 e ss., disponível em *http://www.sigplan.gov.br/arquivos/portalppa/41_(menspresanexo).pdf.*

aos financiadores dos projetos, na maioria instituições financeiras. Stephen Harris descreveu o procedimento adotado por tais instituições para aplicarem recursos nas PPPs: "A maioria dos projetos de PPP é financiada por bancos ou outras instituições financeiras e, por isso, são monitorados regularmente por essas organizações. Antes de emprestar dinheiro a um projeto de PPP os bancos procuram confirmação independente a respeito de todos os estudos técnicos, ambientais, econômicos e comerciais sobre o projeto. Entrando em uma PPP, eles elaboram relatórios freqüentes e regulares sobre o desenvolvimento do projeto. Isso inclui revisões a cada três ou seis meses sobre as taxas esperadas de retorno para averiguar quão bem o projeto está indo. Analisa-se o fluxo de caixa do projeto para verificar sua capacidade de pagar seus débitos, bem como de fazer frente às suas despesas correntes. Se o projeto não está demonstrando a pujança necessária, os bancos esperam contar com ações rápidas para melhorar a saúde dele. (...). Eles também assegurarão ter *step-in rights* que lhes permitam adotar ações imediatas quando um problema do projeto é identificado".[15]

Nesse contexto, a experiência internacional mostra que os *step-in rights* são vistos como "an important issue relating to the bankability of the agreement",[16] ou seja, como importante mecanismo de atração de investimentos para as parcerias. Logo, acredita-se que, diante do amparo legal, o bom senso fará incluir *step-in rights* em todo contrato de PPP no Brasil, deixando eles de ser uma previsão meramente facultativa para ser um *uso contratual*. Sendo assim, vejamos que tipo de situação jurídica esse uso criará para os financiadores.

O § 2º, I, do art. 5º da Lei 11.079/2004 defere ao contrato de parceria a previsão dos requisitos e condições "em que o parceiro público autorizará" o exercício dos *step-in rights* nos projetos. Diante da necessidade de autorização, *a priori* poder-se-ia identificar os *step-in rights* como um direito subjetivo condicionado, porque não exercitável livremente pelos financiadores. Tal condição seria *simplesmente potestativa* (e, portanto, lícita),[17] vez que não dependeria somente do exclusivo juízo da Administração Pública, mas também de circunstâncias definidas no contrato.

Entendidos dessa forma, porém, os *step-in rights* perderiam muito de seu papel de atrair investimentos às PPPs, por um motivo simples: tendo de se sujeitar a uma autorização do Poder Público, os financiadores deixariam de ver naquele mecanismo algo que efetivamente resguardasse seus interesses. Em verdade, eles estariam, no mínimo, diante de um risco político relacionado ao modo de a Administração Pública interpretar as cláusulas do contrato e os fatos que envolvem a concessão para depois autorizar os *step-in rights*, o que pode variar de governo para governo.

Melhor interpretação é a que considera os *step-in rights* não como direito subjetivo condicionado, mas como *direito potestativo*: poder de promover alterações na esfera jurídica alheia independentemente de colaboração. Essa interpretação depende de que se compreenda a autorização da Administração Pública não como um ato livre, mas como um ato devido. Expliquemo-nos.

Tendo em vista o acima descrito sobre o papel dos *step-in rights* nos financia-

15. Stephen Harris, "Public private partnerships: delivering better infrastructure services", *Inter-American Development Bank – Sustainable Development Department Working Paper*, pp. 20-21.

16. Peter Swiecicki, "Negotiating a public private partnership: the Polish Tool Motorway example", *Michigan International Lawyer* XIV-3/11.

17. O art. 122 do CC veda as condições *puramente* potestativas, ou seja, aquelas que sujeitam os efeitos dos negócios "ao puro arbítrio de uma das partes".

mentos das PPPs, devemos interpretá-los com critérios um pouco mais amplos que os da dogmática estrita. É imperioso tomarmos em conta, além de sua estrutura, também sua função, atendendo às lições de Fábio Konder Comparato: "Curando-se de uma das mais nefastas seqüelas do Positivismo, a dogmática jurídica atual adota e desenvolve, sempre mais, a par de uma análise estrutural dos institutos, a sua compreensão funcional. *Quer isto dizer que os juristas hodiernos vão, aos poucos, se convencendo de que não basta, para entender e classificar um instituto jurídico, decompô-lo em seus elementos fundamentais; importa, também e sobretudo, verificar para quê ele serve na vida social*".[18]

Os *step-in rights* permitem que o controle da SPE da PPP seja transferido ao financiador do projeto. Somente o fazem, contudo, em razão de algo maior, que é a função econômico-social daquele mecanismo, prevista na norma que o instituiu: *promover a reestruturação financeira do empreendimento e assegurar a continuidade da prestação dos serviços.*

Ao contrário do texto já analisado do art. 32 da Lei 8.987/1995, que legitima a intervenção nas concessões por meio de uma "adição aglutinativa/alternativa" de duas finalidades (*assegurar a adequação na prestação do serviço* ***e/ou*** *o fiel cumprimento das normas pertinentes*), o § 2º, I, do art. 5º da Lei 11.079/2004 optou por uma "adição simples" ao tratar dos *step-in rights*. Ou seja, o financiador que os exercer deverá, conjunta e necessariamente, reestruturar as finanças da SPE ***e*** diligenciar para que os serviços continuem a ser prestados. Com isso, os *step-in rights* aparecem não só como mecanismo de simples tutela do crédito (sua função econômica), mas também como garantidor do interesse público (sua função social).

Perceba-se, porém, que, pela ordem dos termos da norma, primeiro vem a reestruturação financeira e depois a prestação dos serviços. Isso não quer dizer que o financiador deva cuidar antes de uma que da outra, mas revela que as duas tarefas têm naturezas diferentes.[19]

As finanças da SPE são, em termos imediatos, um problema de ordem privada, atinente à capacidade de pagamentos dela.[20] Essa índole privatista está refletida nas palavras do Min. Paulo Bernardo, comentando a Lei 11.079/2004: "A lei prevê, ainda, que os contratos possam conter os *step-in rights* dos financiadores. Esse dispositivo permite aos agentes financeiros reestruturarem projetos de concessões mal-administrados para, posteriormente, os colocarem nas mãos de gestores mais eficientes, *dando conforto aos financiadores e contribuindo para a redução do* ***spread*** *cobrado nos financiamentos*".[21]

A reestruturação financeira da PPP é, pois, o aspecto que realmente importa para o financiador, sendo possível dizer que se trata, *em sentido técnico*, da obrigação principal dele quando exerce seus *step-in rights*. Em outras palavras, o vínculo jurídico que esse mecanismo estabelece entre SPE e financiador tem por objeto (ou conteúdo) o rearranjo financeiro desta. Por conseqüência, enquanto houver possibilidade de sanear as finanças do projeto, o financiador deverá manter o controle da sociedade, sob pena de inadimplir obrigação contratual.[22] Portanto, o chamado *step-out*

18. Fábio Konder Comparato, "A cessão de controle acionário é negócio mercantil?", in *Novos Ensaios e Pareceres de Direito Empresarial*, p. 332.

19. A questão não está na dimensão temporal das condutas do financiador, vez que ele deverá, concomitantemente, diligenciar para ajustar as finanças do projeto e assegurar a prestação dos serviços. Existe, todavia, uma hierarquia de interesses na norma dos *step-in rights*, como se verá.

20. Mediatamente, é claro, o problema atinge a esfera pública, vez que um desarranjo financeiro no projeto pode inviabilizar o alcance de seus fins, violando o interesse público.

21. Paulo Bernardo, "Planejamento e parcerias público-privadas", *Estudos e Pesquisas n. 99*, p. 4.

22. Vale lembrar que os *step-in rights* são cláusula do contrato celebrado entre financiador e SPE,

(devolução do controle ou alienação dele a terceiros) somente poderá ocorrer quando completada tal reestruturação financeira ou quando ela for impossível.

Paralelamente, o financiador tem outra incumbência: resguardar os serviços prestados no projeto de PPP. Trata-se de aspecto que, imediatamente, é mais relevante para a Administração Pública, por envolver tutela do objeto da parceria. Desse modo, providências para assegurar a continuidade da prestação dos serviços não poderiam ser imputadas ao financiador, interessado secundário, como *obrigação principal*. Tais providências têm outra natureza: são um *múnus público*, decorrente de um dever geral de colaboração que, como escreve Marc Chardot, existe para todos os cidadãos em relação aos serviços públicos em todos os países e todos os regimes.[23] Se esse um *múnus* não for cumprido, a responsabilidade do financiador não deverá ser apurada em sede contratual como inadimplemento de *obrigação*, mas em sede de extracontratual como descumprimento de *ônus*, e tendo em vista a ocorrência de dolo ou culpa.[24]

Há ainda outra conclusão importante decorrente da estrutura da norma que define os *step-in rights*. O modo como os termos estão nela distribuídos indica uma ordem hierárquica de interesses. A previsão topológica da obrigação de reestruturação financeira do projeto *antes* do múnus de manutenção dos serviços indica que o que carreia a tomada de controle da SPE pelos financiadores são os problemas patrimoniais dela, sendo a prestação dos serviços uma questão subsidiária. Tanto é assim que a norma utiliza o conectivo "e" ao unir as duas funções dos *step-in rights*, e não o conectivo "para", que colocaria (de modo incoerente) os serviços como mote principal da decisão dos financiadores. Seria esse o caso se a norma tivesse a seguinte redação: *os requisitos e condições em que o parceiro público autorizará a transferência do controle da Sociedade de Propósito Específico para os seus financiadores com o objetivo de promover a sua reestruturação financeira* ***para*** *assegurar a continuidade da prestação dos serviços*. Não tendo a lei adotado essa opção, pode-se concluir que nos *step-in rights* tem mais relevo o interesse privado que o interesse público.[25]

Todo esse quadro repercute diretamente na natureza do ato autorizativo da Administração Pública. Como a obrigação principal dos *step-in rights* tem índole privada (reestruturação financeira do projeto), não se pode aceitar que aquela autorização decorra de juízo do ente público como se fosse uma condição simplesmente potestativa. Em verdade, o ato autorizativo deve ser entendido como ato devido da Administração,[26] ou seja, ato vinculado a causas pressupostas que serão definidas no contrato de financiamento.

Essas causas, que devem se limitar a hipóteses relacionadas à sanidade financeira da SPE, por ser esse o núcleo de in-

e, portanto, seu exercício tem base contratual. Tendo em vista a bilateralidade desse contrato, do mesmo modo que o financiador tem o direito de assumir o controle daquela sociedade para organizar-lhe as finanças, ela tem o direito a que, sendo possível, ele as organize.

23. Marc Chardot, *La Collaboration Financière des Administrations Publiques et des Enterprises Privées*, p. 10.

24. Essa responsabilidade poderá ser funcional, como veremos no próximo item.

25. A mesma regra dos *step-in rights* fornece outro argumento em favor dessa hierarquia de interesses quando, em sua parte final, exclui os financiadores da obrigação de, para tomarem o controle da concessão, atenderem às exigências de capacidade técnica, idoneidade financeira e regularidade jurídica e fiscal necessárias à assunção do serviço. Tais exigências, previstas no art. 27, § 1º, I, da Lei 8.987/1995, têm a clara finalidade de assegurar o interesse público, mas são, no caso dos *step-in rights*, colocadas de lado em razão do interesse privado que eles contemplam.

26. Para aprofundamento do conceito de "ato devido", cf. Antônio Junqueira de Azevedo, "Banco e fundo garantidor de crédito. Seguro. Invalidade de cláusula de sub-rogação. Cessão de crédito exigida para realizar ato devido", in *Estudos e Pareceres de Direito Privado*, p. 277.

teresses do financiador, não podem estar sujeitas a uma análise de conveniência e oportunidade pelos entes públicos: ocorrendo qualquer delas, o financiador deverá ser autorizado a intervir no projeto. Com base nesse raciocínio, pode-se dizer que os *step-in rights* são direito potestativo do financiador, cujo correlato é o ato devido de autorização pela Administração Pública.

Essa interpretação parece ter sido adotada na PPP da Linha 4 do Metrô de São Paulo, cujo contrato dispôs, na Cláusula 31.3, que: "31.3. Nas condições pactuadas diretamente com a Concessionária, as entidades que concederam financiamento para aquisição dos Trens Metroviários do Sistema de Material Rodante da Fase I e da Fase II poderão assumir o controle acionário da Concessionária, *independentemente de prévia autorização do Poder Concedente, que deverá ser apenas informado do fato*"[27] (grifamos).

A cláusula é interessante, porque evita trâmite burocrático para os *step-in rights*, qual seja, a necessidade de manifestação formal da Administração Pública. Como a autorização dela, nos casos previstos nos contratos de financiamento, é ato devido, não há por quê exigir do financiador que aguarde uma decisão autorizativa, bastando que ele informe o ente público sobre a assunção do controle da SPE do projeto.

Portanto, consolidando as noções sobre a natureza jurídica dos *step-in rights*, podemos dizer que se trata de direito potestativo cujo exercício se desdobra em (i) obrigação contratual do financiador de reestruturar as finanças da SPE e (ii) *múnus público* do financiador de assegurar a continuidade da prestação dos serviços da PPP. O correspectivo desse poder é o ato devido da Administração Pública de autorizar a execução dele.

Visto isso, é hora de passarmos à análise conjunta da intervenção e dos *step-in rights*.

27. Disponível em *https://extranet.metrosp.com.br/linha4*.

4. Intervenção, step-in rights *e a composição de um conflito nas parcerias público-privadas*

Pelo exposto até aqui, podemos dizer – como antecipado no início deste trabalho – que intervenção e *step-in rights* são duas modalidades de poder em rota de colisão, cujo ponto de encontro é o controle da SPE das PPPs. Note-se que o poder-dever de intervenção tem por fonte próxima a lei, enquanto o poder (direito potestativo) de *step-in rights*, mesmo tendo base legal, decorre dos contratos de financiamento da parceria. Apesar disso, o conflito entre Administração Pública e financiadores não surge nem no âmbito legislativo nem no contratual, mas no societário: quem controlará a SPE? É o que procuraremos responder.

De início, vale destacar que a intervenção e os *step-in rights* opõem sujeitos que normalmente não estão em relação entre si: tanto a Administração Pública quanto os financiadores têm vínculos apenas com o concessionário. Isso agrava o conflito em análise, porque esses sujeitos "não se conhecem" e não têm barganhas diretas um perante o outro. Seus poderes não estão em sistema de "freios e contrapesos", exercendo-se de forma independente.

Disso resulta um importante fator de risco ao financiador da PPP, caso o ente público resolva assumir o comando da concessão. No choque puro e simples entre os poderes, é possível que o cumprimento das obrigações financeiras do projeto fique sujeito à vontade do poder concedente. Essa possibilidade, dependendo do momento político por que passa o ente público, pode até inviabilizar o crédito à PPP, vez que – como lembram Noel e Brzeski – "os investidores são mais satisfeitos com as experiências de investimento quando estão livres para obter retornos de seus investimentos sem interferência governamental. Onde as experiências de investimento são bem-sucedidas, os investidores destacam sua possibilidade de exercer efetivo controle operacional e administrativo sobre seus investimentos como um fator-chave. Quando investidores consideram investir em um país, eles atribuem muito peso à independência do processo regulatório em relação a interferências do governo".[28]

A medida do temor dos financiadores é uma função do tamanho da área de impacto entre intervenção e *step-in rights*. Para conhecermos melhor essa área precisamos voltar aos textos normativos de cada um desses mecanismos, aproveitando o já analisado nos tópicos acima.

Vimos que o art. 32 da Lei 8.987/1995 justifica a intervenção em concessões com base em duas condicionantes finalísticas: assegurar a adequação da prestação do serviço e/ou o cumprimento das regras aplicáveis aos empreendimentos. Em complemento, vimos que o art. 5º, § 2º, I, da Lei 11.079/2004 prevê os *step-in rights* com o objetivo de promover a reestruturação financeira do projeto de PPP (obrigação principal do financiador) e assegurar a continuidade da prestação de serviços (*múnus público* do financiador).

Quanto aos interesses congregados em cada mecanismo, recorde-se que na intervenção prepondera o interesse público, orientado pelos princípios da eficiência e da legalidade, previstos no art. 37 da CF. Nos *step-in rights*, contudo, estão presentes tanto interesses privados como interesses públicos, enfatizando-se aqueles antes destes segundo a ordem topológica (e coerente) do art. 5º, § 2º, I, da Lei 11.079/2004. Considerar esse caldo de interesses é fundamental para identificarmos os limites de conflito entre os mecanismos em comento, apesar da dificuldade de se definir o que seja "interesse público" e até mesmo "interesse privado". Para contornar essa dificuldade, adotamos terminologia de mais fácil verificação: "interesses patrimoniais" e "interesses não-patrimoniais", cuja referência está nos sujeitos que os titulam.

Os interesses do primeiro tipo cabem aos financiadores. Na verdade, são os verdadeiros gatilhos dos *step-in rights*, pois os financiadores assumem o controle dos projetos fundamentalmente por pretenderem regularizar a capacidade de pagamentos destes, sendo secundário seu interesse na prestação do serviço. Do lado da Administração Pública, porém, o serviço é o interesse primário, de índole não-patrimonial, cuja tutela justifica a intervenção.

Aprofundando na distinção, o Departamento do Tesouro Britânico sugere uma interpretação restritiva das hipóteses de cabimento da intervenção, admitindo-a apenas "se for necessário prevenir ou mitigar sérios riscos de saúde, integridade (de pessoas ou de propriedades) ou de sistemático descumprimento de deveres legais".[29] Como fica evidente, o objetivo é concentrar tal mecanismo nos interesses não-patrimoniais. Da mesma forma, poderíamos limitar o cabimento dos *step-in rights* somente aos casos em que se tiver de tutelar interesses patrimoniais na PPP. Aliás, vimos que a própria norma que os prevê autoriza essa posição ao justificá-los apenas quando as fianças do projeto não andam bem (interesse primário dos financiadores).

Assim, alguém poderia dizer que, pela diferença de natureza dos interesses envolvidos, não haveria conflito real entre intervenção e *step-in rights*, pois aquela não caberia nas hipóteses de cabimento destes. Entretanto, uma tal conclusão é apressada. Existem "zonas de penumbra" em que interesses patrimoniais e não-patrimoniais estão intercruzados.

Imagine-se um caso de necessidade de adequação da PPP a regras ambientais

28. Michel Noel e W. Jan Brzeski, "Mobilizing private finance for local infrastructure in Europe and Central Asia – An alternative public private partnership framework", *Working Paper n. 46*, p. 9.

29. HM Treasury, *Standardisation of PFI Contracts, version* 3, p. 217.

de controle de poluentes. Pode ser preciso, por exemplo, instalar filtros ou construir tanques de contenção de resíduos – estruturas normalmente caras, que demandam aporte de recursos em algo que não constitui o escopo do empreendimento. Para a Administração Pública tratar-se-ia de investimento no meio ambiente, interesse público não-patrimonial que legitimaria um procedimento interventivo. Para o financiador, porém, seria mero gasto com o cumprimento da lei, de modo que, se a sanidade financeira da PPP fosse abalada, seria possível efetivar *step-in rights* em contraposição ao ente público.

Esse caso é interessante para um esclarecimento adicional sobre o jogo de poder nas parcerias. Apesar de ter aparecido primeiro uma causa de intervenção (adequação à legislação), e somente por decorrência dela ter surgido uma causa de *step-in rights* (problemas financeiros), não significa que a Administração Pública tenha a preferência na tomada do controle da SPE da PPP. Os dispositivos legais que contemplam tais mecanismos não os colocam de maneira *exclusiva*, admitindo um *ou* outro, mas dão margem a uma situação *inclusiva*, em que ambos podem se efetivar. Se não fosse assim, numa hipótese inversa em que primeiro surgisse causa de *step-in rights* e somente depois houvesse espaço para intervenção, a Administração Pública não poderia exercer sua função de fiscalização e tutela do objeto da concessão, porque os financiadores teriam prioridade na assunção do controle da sociedade do projeto. Isso não parece conforme aos ordenamentos jurídicos em geral, especialmente o brasileiro.[30]

Note-se que os exemplos citados ilustram bem o principal foco de conflito entre Administração Pública e financiadores. Não é a reestruturação financeira da parceria, mas a manutenção e a regularidade dos serviços. Este é o ponto de divergência, porque os interesses envolvidos não coincidem: para a Administração, os serviços são interesse primário; para os financiadores, são interesse secundário. Estes procurarão despender o mínimo possível com o cumprimento de seu *múnus público* diante dos objetivos da PPP, enquanto aquela procurará maximizar esses objetivos.

É a partir desse raciocínio que o Tesouro Britânico reconhece como cenário ideal aquele em que "o projeto pode ser restaurado com o mínimo de transtornos ao serviço e quando não for necessário que a autoridade se envolva para assegurar que isso ocorra".[31] Não fica descartado, porém, um cenário mais difícil, em que *step-in rights* e intervenção tenham atuação simultânea na PPP, caso em que a concessão ficaria sujeita ao controle compartilhado entre Administração Pública e financiadores, com natural conflito de interesses.

A experiência internacional indica saídas contratuais para resolver esse problema. Uma delas é o chamado "*ripartite agreement*: contrato entre o financiador, o concessionário e o ente público, celebrado simultaneamente ao contrato de concessão, que detalha o regime a ser seguido quando do exercício dos *step-in rights*. O modelo teve sucesso, por exemplo, no Estado de Vitória, na Austrália, que estruturou uma PPP para a instalação de infra-estrutura de telecomunicações. Os financiadores desejavam ter garantias sobre os ativos do projeto, e o Estado estava disposto a concedê-las. Propôs-se, então, que em caso de *default* nos pagamentos os financiadores teriam o direito de assumir o controle do projeto e entregá-lo a uma nova equipe de administradores. Até que isso ocorresse, os financiadores atuariam como agentes públicos, tomando provi-

30. O inciso III do art. 4º da Lei 11.079/2004 veda expressamente que nas PPPs o Estado seja privado "das funções de regulação, jurisdicional, do exercício do poder de polícia e de outras atividades exclusivas".

31. HM Treasury, *Standardisation of PFI Contracts, version* 3, p. 225.

dências para assegurar a continuidade do empreendimento.[32]

Outra saída contratual para a disputa pelo controle da SPE da PPP é o chamado *direct agreement*: contrato firmado entre financiadores e a Administração Pública no momento em que se vislumbram as hipóteses de intervenção ou *step-in rights*. Em relação ao *tripartite agreement*, o *direct agreement* tem a vantagem de ser firmado quando há informações concretas sobre a natureza dos problemas da concessão, podendo ser mais específico na disciplina dos interesses envolvidos.

Na padronização proposta para os contratos de PPP, o Tesouro Britânico admite os *direct agreements*, mas indica problema relevante ligado à dificuldade de negociação da extensão das responsabilidades dos financiadores. Estes podem resistir às tentativas da Administração Pública de lhes imputar certas atribuições relativas aos serviços da parceria.[33] Problema semelhante tende a aparecer também nos *tripartite agreements*, que deverão ser mais abertos que os *direct agreements*, dada sua distância temporal em relação ao conflito: é praticamente impossível que eles prevejam de antemão e em termos adequados as responsabilidades dos financiadores, de forma que estes procurarão defini-las de modo genérico, para dificultar sua aferição quando os *step-in rights* tiverem de ser executados.

Dado esse contexto de incerteza, os contratos citados têm pequeno potencial de diminuir o risco de confronto entre a Administração Pública e os financiadores pelo controle da SPE da PPP. Muitas vezes parecem não fazer mais que deslocar o conflito de interesses do âmbito societário para o âmbito contratual, no qual as discussões se demoram em torno da definição de cláusulas sobre obrigações e responsabilidades de parte a parte.

Além disso, as soluções contratuais para o conflito põem em segundo plano outro centro fundamental de interesses, integrado pelos sócios da SPE. Estes ficam sufocados entre, de um lado, os interesses do ente público de resguardar os serviços objeto da parceria e, de outro, os interesses dos financiadores de serem pagos pelo empréstimo concedido. Esse quadro desestimula tais sócios a colaborarem para recuperar o projeto,[34] pois eles não contam com instrumentos jurídicos capazes de fazer valer suas pretensões diante da intervenção ou dos *step-in rights*.

Dessa forma, é necessária uma solução que considere todos os interesses envolvidos na PPP. Uma alternativa seria a integração deles na própria SPE. O modelo estaria de acordo com teorias atuais sobre o interesse social, como a teoria organizativa e o institucionalismo integracionista. Segundo Calixto Salomão Filho, essas teorias "afirmam que o objeto societário principal, o próprio interesse social, está na integração de interesses e solução interna de conflitos entre os vários interesses envolvidos pela atividade social".[35]

Assim, o melhor caminho para compor os interesses públicos e privados que

32. Cf. David Ehrhardt e Timothy Irwin, "Avoiding customer and taxpayer bailouts in private infrastructure projects – Policy toward leverage, risk allocation and bankruptcy", *World Bank Policy Research Working Paper 3274*, p. 49.

33. HM Treasury, *Standardisation of PFI Contracts*, *version* 3, pp. 225-226.

34. Cristophe Destais descreve esse desestímulo como um risco das PPPs. Para controlá-lo, sugere que os *step-in rights* dos investidores possam ser exercidos sem qualquer direito de indenização aos sócios da SPE, fato que induziria os últimos a trabalhar pelo sucesso da parceria (cf. *Transaction Costs Theory, Asset Specificity and Risk Appraisal – An Analysis Based on the Example of Limited Recourse Project Finance*, p. 13). Essa solução, todavia, continua a desconsiderar os interesses daqueles sócios, aparecendo como uma penalidade que, ao invés de estimulá-los, pode ter efeito contrário. Estando sujeitos a um poder que a qualquer momento pode retirar-lhes tudo o que investiram, tais sócios tenderão a diminuir seus esforços em favor da PPP quanto mais graves forem os problemas financeiros dela.

35. Calixto Salomão Filho, *O Novo Direito Societário*, 2ª ed., p. 49.

orientam a intervenção e os *step-in rights* e, ainda, conciliá-los com os interesses dos sócios da SPE da PPP, é viabilizar que a Administração Pública e os financiadores sejam efetivamente representados dentro dessa sociedade. Com isso, eles se relacionarão a partir de vínculos institucionais, se conhecerão e poderão negociar *interna corporis* o resguardo de suas pretensões.

Tal solução materializaria o § 3º do art. 9º da Lei 11.079/2004, que determina que a SPE "deverá obedecer a padrões de governança corporativa". A disciplina da governança seria dada pelo documento constitutivo da sociedade, que definiria órgãos de representação dos três segmentos de interesse envolvidos na PPP. A partir desses órgãos, os sócios, o ente público e os financiadores poderiam compartilhar informações e cooperar para o bom andamento do projeto – o que já seria enorme vantagem em relação às soluções contratuais expostas acima. Outra vantagem está no regime de responsabilidade desses sujeitos, que passaria a ser responsabilidade funcional, afastando-se a possibilidade e o custo de negociá-la.

Nessa situação, é palatável conceber que intervenção e *step-in rights* estejam simultaneamente em ação na PPP sem que isso desestruture o projeto. O jogo desses poderes seria encetado de modo cooperativo, tendo em conta também os interesses dos sócios da SPE. Com isso não se nega a possibilidade de conflito, mas, ao menos, se abre um horizonte de soluções.

Referências bibliográficas

AZEVEDO, Antônio Junqueira de. "Banco e fundo garantidor de crédito. Seguro. Invalidade de cláusula de sub-rogação. Cessão de crédito exigida para realizar ato devido". In: *Estudos e Pareceres de Direito Privado*. São Paulo, Saraiva, 2004.

BANDEIRA DE MELLO, Celso Antônio. *Discricionariedade e Controle Jurisdicional*. 2ª ed. São Paulo, Malheiros Editores, 1998.

BARBOSA DE BIRTO, Bárbara Moreira, e PINHEIRO SILVEIRA, Antônio Henrique. "Parceria público-privada: compreendendo o modelo brasileiro". *Revista do Serviço Público* 56-1/7-21. 2005.

BARBOSA PINTO, Marcos, NAVARRO PRADO, Lucas, e PORTUGAL, Maurício. "Serviço público e concessões". Disponível em *http://www.planejamento.gov.br/ppp/conteudo/noticias/noticias2005/outros/051206_serviço_publico.htm*.

BERNARDO, Paulo. "Planejamento e parcerias público-privadas". In: *Estudos e Pesquisas n. 99*. Rio de Janeiro, Instituto Nacional de Altos Estudos, 2005.

BRZESKI, W. Jan, e NOEL, Michel. "Mobilizing private finance for local infrastructure in Europe and Central Asia – An alternative public private partnership framework". *World Bank Working Paper n. 46*. World Bank, 2004.

CHARDOT, Marc. *La Collaboration Financière des Administrations Publiques et des Enterprises Privées*. Paris, Recueil Sirey, s/d.

COMPARATO, Fábio Konder. "A cessão de controle acionário é negócio mercantil?". In: *Novos Ensaios e Pareceres de Direito Empresarial*. Rio de Janeiro, Forense, 1981.

CRETELLA JR., José. *Tratado de Direito Administrativo*. 2ª ed., vol. III. Rio de Janeiro, Forense, 2003.

DESTAIS, Cristophe. *Transaction Costs Theory, Asset Specificity and Risk Appraisal – An Analysis Based on the Example of Limited Recourse Project Finance*. Paris, ATOM, 2000.

DI PIETRO, Maria Sylvia Zanella. *Parcerias na Administração Pública: Concessão, Permissão, Franquia, Terceirização, Parceria Público-Privada e outras Formas*. 5ª ed. São Paulo, Atlas, 2005.

EHRHARDT, David, e IRWIN, Timothy. "Avoiding customer and taxpayer bailouts in private infrastructure projects – Policy toward leverage, risk allocation and bankruptcy". *World Bank Policy Research Working Paper 3274*. 2004.

GONÇALVES, Pedro. *A Concessão de Serviços Públicos – Uma Aplicação da Técnica Concessória*. Coimbra, Livraria Almedina, 1999.

HARRIS, Stephen. "Public private partnerships: delivering better infrastructure services". *Inter-American Development Bank – Sustainable Development Department Working Paper*. Washington, s/d.

HM Treasury. *Standardisation of PFI Contracts. Version* 3. 2004.

IRWIN, Timothy, e EHRHARDT, David. "Avoiding customer and taxpayer bailouts in private infrastructure projects – Policy toward leverage, risk allocation and bankruptcy". *World Bank Policy Research Working Paper 3274*. 2004.

MEIRELLES, Hely Lopes. *Direito Administrativo Brasileiro*. 29ª ed. São Paulo, Malheiros Editores, 2004.

NAVARRO PRADO, Lucas, BARBOSA PINTO, Marcos, e PORTUGAL, Maurício. "Serviço público e concessões". Disponível em *http://www.planejamento.gov.br/ppp/conteudo/noticias/noticias2005/outros/051206_serviço_publico.htm*.

NOEL, Michel, e BRZESKI, W. Jan. "Mobilizing private finance for local infrastructure in Europe and Central Asia – An alternative public private partnership framework". *World Bank Working Paper n. 46*. World Bank, 2004.

PINHEIRO SILVEIRA, Antônio Henrique, e BARBOSA DE BIRTO, Bárbara Moreira. "Parceria público-privada: compreendendo o modelo brasileiro". *Revista do Serviço Público* 56-1/7-21. 2005.

PLESSIX, Benoît. "Une prérogative de puissance publique méconnue: le pouvoir de substitution d'action". *Revue du Droit Public* 119-2/579-629. 2003.

PORTUGAL, Maurício, BARBOSA PINTO, Marcos, e NAVARRO PRADO, Lucas. "Serviço público e concessões". Disponível em *http://www.planejamento.gov.br/ppp/conteudo/noticias/noticias2005/outros/051206_serviço_publico.htm*.

SALOMÃO FILHO, Calixto. *O Novo Direito Societário*. 2ª ed. São Paulo, Malheiros Editores, 2002.

SWIECICKI, Peter. "Negotiating a public private partnership: the Polish Tool Motorway example". *Michigan International Lawyer* XIV-3/10-11. 2002.

O FUNDO GARANTIDOR DAS PARCERIAS PÚBLICO-PRIVADAS

MARCOS BARBOSA PINTO
MARCOS VINICIUS PULINO

O Fundo Garantidor das Parcerias Público-Privadas/FGP, criado nos termos da Lei 11.079, de 30.12.2004/Lei das PPPs, é instrumento de garantias inovador, que se destina a aumentar as possibilidades de cooperação entre os setores público e privado em projetos de infra-estrutura essenciais ao desenvolvimento do Brasil, no âmbito do programa federal de parcerias público-privadas/PPPs.

PPPs são contratos de prestação de serviços de longo prazo celebrados entre a Administração Pública e um parceiro privado escolhido em licitação, sendo a prestação do serviço geralmente precedida da execução de obra pública. A Lei 11.079/2004 define dois tipos de PPPs (art. 2º): (i) *concessão patrocinada*, assim entendida a concessão de *serviço público*[1] em que o parceiro público se compromete a pagar ao parceiro privado remuneração adicional à tarifa por este cobrada dos usuários do serviço; e (ii) *concessão administrativa*, em que a Administração Pública é usuária direta ou indireta dos serviços, responsabilizando-se integralmente pelo seu pagamento.[2]

Em ambos os casos o parceiro privado deve contar com contrapartida do setor público. Ocorre que essa contrapartida somente pode ser paga à medida que os serviços forem prestados (parágrafo único do art. 7º).

Essas regras deixam transparecer uma importante característica das PPPs: o parceiro privado fica responsável por realizar, com capital próprio ou de terceiros, os investimentos necessários para construir a infra-estrutura que lhe permitirá prestar os serviços (por exemplo, uma linha férrea ou um presídio). Esses investimentos são amortizados à medida que o parceiro privado recebe pagamentos do parceiro público e, se for o caso, tarifas cobradas dos usuários finais. Em outras palavras, o retorno dos investimentos depende, no todo ou em parte, do efetivo pagamento das obrigações assumidas pelo parceiro público durante o prazo contratual, que pode estender-se por até 35 anos.

Para que esse modelo seja viável, é preciso que o parceiro privado e seus financiadores tenham segurança de que as

1. "Concessão de serviço público é o contrato administrativo pelo qual a Administração Pública delega a outrem a execução de um serviço público, para que o execute em seu próprio nome, por sua conta e risco, assegurando-lhe a remuneração mediante tarifa paga pelo usuário ou outra forma de remuneração decorrente da exploração do serviço" (Maria Sylvia Zanella Di Pietro, *Direito Administrativo*, 17ª ed., São Paulo, Atlas, 2004, p. 275). Como exemplos de concessão de serviço público podemos citar a distribuição de energia elétrica à população ou a operação e manutenção de estradas e rodovias.

2. Como exemplo de PPP administrativa poderia ser citada a gestão de novas instalações de um órgão público, construídas pelo parceiro privado.

obrigações da Administração Pública serão pagas, independentemente da vontade dos ocupantes de cargos públicos à época do pagamento. É nesse contexto que se insere o FGP.

Previsto no art. 16 da Lei das PPPs, o FGP tem por finalidade garantir o cumprimento de obrigações assumidas por seus cotistas em virtude de PPPs. Contará, para tanto, com patrimônio de até R$ 6.000.000.000,00, a ser integralizado por meio do aporte de diversas modalidades de ativos (por exemplo, dinheiro, títulos públicos, ações ou imóveis). Podem ser cotistas do FGP a União, suas autarquias e fundações públicas federais.

O FGP terá "natureza privada, patrimônio separado do patrimônio dos cotistas, e será sujeito a direitos e obrigações próprios" (art. 16, § 1º). Poderá prestar garantias tradicionais, a que os parceiros privados estão já habituados – como fiança, penhor, hipoteca e alienação fiduciária –, ou constituir *patrimônio de afetação* para vincular determinados ativos ao pagamento de uma única PPP (art. 18, § 1º, VI).

No mercado financeiro a expressão "fundo" é geralmente associada a uma comunhão de recursos em regime de *condomínio*,[3] em que a propriedade dos bens pertence a uma pluralidade de partes, que estabelecem regras para sua administração conjunta (arts. 1.314 e ss. do CC). Isso e o fato de a Lei das PPPs não se ter referido ao FGP como "pessoa jurídica" poderiam levar à conclusão de que o FGP é simples comunhão de recursos cuja titularidade permanece com os cotistas. Entretanto, análise atenta da Lei das PPPs demonstra que o legislador concebeu o FGP como autêntico sujeito de direito, autônomo em relação a seus cotistas e titular da propriedade sobre os ativos que o integram.

A aptidão do FGP para ser titular de direitos e obrigações é revelada pelo § 1º do art. 16, que diz ser aquele "sujeito a direitos e obrigações *próprios*" (grifamos), ou seja, a ele pertencentes. Também o § 5º desse artigo distingue obrigações e responsabilidades dos cotistas daquelas pertencentes ao FGP, dispondo que este "responderá por *suas obrigações* com os bens e direitos integrantes de seu patrimônio, não respondendo os cotistas por qualquer *obrigação do Fundo*, salvo pela integralização das cotas que subscreverem" (grifamos).

Entre os direitos de que o FPG é titular estão os de propriedade sobre os ativos transferidos a seu patrimônio por ocasião da integralização de cotas. A condição de titular do direito de propriedade sobre tais ativos legitima a aptidão do FGP para sobre eles constituir direitos reais de garantia típicos do direito privado, como o penhor, a hipoteca e a alienação fiduciária (art. 18, § 1º, da Lei das PPPs). Se assim não fosse haveria, aí, inconsistência com o disposto no art. 1.420 do CC, segundo o qual "só aquele que pode alienar *[ou seja, o proprietário]* poderá empenhar, hipotecar ou dar em anticrese (...)".

Como visto, interpretação sistemática da Lei das PPPs demonstra que o FGP é *sujeito de direito*, titular da propriedade sobre os ativos que lhe são transferidos, que efetivamente deixam de pertencer aos cotistas. Estes, por sua vez, adquirem cotas representativas de frações do patrimônio do FGP, à semelhança do que se passa com as ações ou cotas representativas do capital de uma sociedade.

As conclusões precedentes não são prejudicadas pelo fato de o legislador não se referir ao FGP como pessoa jurídica, ou por este não se enquadrar numa das espécies de pessoas jurídicas de direito privado ou de direito público interno, previstas, respectivamente, nos arts. 44 e 41 do CC. A expressa qualificação como *pessoa jurídi-*

3. As normas regulamentares que disciplinam fundos de investimentos atribuem-lhes expressamente a forma condominial (por exemplo, art. 2º da Instrução 409, de 18.8.2004, da Comissão de Valores Mobiliários/CVM; art. 3º, I, da Instrução CVM-356, de 17.12.2001).

ca não é requisito para que se reconheçam os efeitos da personalidade jurídica. Esta é *atributo jurídico* cuja manifestação requer tão-somente aptidão genérica para ser titular de direitos e obrigações próprios,[4] como se passa no caso do FGP. Por outro lado, a Constituição Federal não determina quais as espécies possíveis de pessoas jurídicas, de modo que nova espécie pode ser criada por lei ordinária federal, no exercício da competência atribuída ao Congresso Nacional no inciso I do art. 22 da CF.

Interessante questão pode ser colocada a respeito de eventual criação de uma classe de credores privilegiados da União por meio do FGP, em violação ao art. 100 da CF. Esse dispositivo estabelece sistema especial de execução dos débitos das Fazendas Federal, Estadual e Municipal, sob o regime dos precatórios, obedecendo-se à "ordem cronológica de apresentação". Tem-se entendido que, em razão dessa regra, os bens públicos são impenhoráveis, sendo, por extensão, defesa a constituição de qualquer ônus real sobre tais bens.[5] Ocorre que o credor de obrigações contra a Fazenda Federal garantidas pelo FGP pode ter seu crédito satisfeito por meio da execução de suas garantias, inclusive ônus reais constituídos sobre bens do FGP, sem recorrer ao regime dos precatórios.

Não há contradição entre o mencionado dispositivo constitucional e a prestação de garantias pelo FGP. O art. 100, inserto no capítulo que trata do Poder Judiciário, tem por escopo criar um processo especial de execução forçada dos bens da União. A execução forçada é uma forma de *agressão institucionalizada* ao patrimônio do devedor, para a liquidação do vínculo obrigacional.[6] Isso significa que o processo especial de execução descrito no art. 100 tem como pressuposto básico a apropriação judicial de bens do patrimônio da União. Ocorre que não há apropriação de bens da União quando o FGP é acionado, pois, como já visto, há autonomia patrimonial entre este e seus cotistas. Os bens pertencentes ao FGP não se sujeitam ao disposto no art. 100, sendo regidos pelo direito privado.

Também não caberia objeção ao FGP com fundamento no art. 165, § 9º, II, da CF, que preceitua ser matéria de lei complementar estabelecer "condições para a instituição e funcionamento de fundos". O dispositivo citado insere-se no capítulo que trata das finanças públicas, especificamente na seção que disciplina o orçamento. O termo "fundos", nesse contexto, aplica-se a *fundos orçamentários*, ou seja, fundos que estabelecem a afetação de determinadas receitas públicas a finalidades específicas. O STF já decidiu que esse dispositivo foi regulamentado pela Lei 4.320, de 17.3.1964, recepcionada como lei complementar pela Constituição Federal.[7] A Lei 4.320/1964 estabelece regras para instituição de *fundo especial*, assim entendido "o produto de receitas especificadas que por lei se vinculam à realização de determinados objetivos ou serviços" (art. 71). Essa espécie de fundo é inteiramente distinta do FGP, cuja constituição não passa pela vinculação de receitas.

O FGP insere-se na ordem constitucional como sujeito autônomo de direitos e obrigações, titular da propriedade sobre

4. "Personalidade é a aptidão reconhecida pela ordem jurídica a alguém para exercer direitos e contrair obrigações" (Clóvis Beviláqua, *Teoria Geral do Direito Civil*, 6ª ed., São Paulo, Livraria Francisco Alves, 1953, p. 80). Nesse sentido, v. também Fábio Konder Comparato, *O Poder de Controle na Sociedade Anônima*, 3ª ed., Rio de Janeiro, Forense, 1983, pp. 258 e ss.

5. Nesse sentido: Maria Sylvia Zanella Di Pietro, *Direito Administrativo*, 17ª ed., p. 574 ; Hely Lopes Meirelles, *Direito Administrativo Brasileiro*, 34ª ed., São Paulo, Malheiros Editores, 2008, p. 550; e Celso Antônio Bandeira de Mello, *Curso de Direito Administrativo*, 25ª ed., São Paulo, Malheiros Editores, 2008, p. 900.

6. "É possível, portanto, definir a execução (...) como o conjunto de atos jurisdicionais materiais concretos de invasão do patrimônio do devedor para satisfazer a obrigação consagrada num título" (Vicente Greco Filho, *Direito Processual Civil Brasileiro*, vol. 3, São Paulo, Saraiva, p. 8).

7. STF, ADI/MC 1.726-DF, 16.9.1998.

os ativos transferidos por seus cotistas e apto a prestar garantias reais e pessoais sob regime de direito privado. Por essas características, o FGP apresenta-se como poderoso instrumento para construção de um novo paradigma de cooperação entre os setores público e privado no programa federal de PPPs.

Atualidades

ATAQUE AOS "PIRATAS" DA FIBRA DE VIDRO
Novo Conceito sobre Propriedade Intelectual

KRIS WILLIAMSON

1. O caso "Bonito Boats, Inc. vs. *Thunder Craft Boats, Inc.". 2. Lei de Proteção ao Projeto de Cascos de Embarcações. 3. Revisão do papel da Lei de Proteção ao Projeto de Cascos de Embarcações (VHDPA). 4. Conclusão. 5. Sugestão.*

Como sabemos, avanços tecnológicos vêm provocando uma mudança estrutural em nossa economia e sociedade. No entanto, tais avanços tecnológicos, novos conhecimentos, novas técnicas, procedimentos e metodologias precisam de proteção adequada. A era digital traz com ela uma variedade crescente de produtos que são de cara produção, mas que são positivamente vulneráveis a imitações baratas e rápidas.

A ausência de uma proteção legal atua como desestímulo ao investimento em desenvolvimento de certos produtos. As leis de patentes protegem as pesquisas e o desenvolvimento para elaboração de novos produtos, no sentido mais abrangente, e requerem, na maioria das vezes, grandes investimentos. Proteger produtos através de uma patente significa evitar que competidores copiem e vendam esse produto por um preço mais baixo, uma vez que os produtos não são onerados com os custos da pesquisa e desenvolvimento. A proteção conferida pela patente é, portanto, um valioso e imprescindível instrumento para que a invenção e a criação industrial se tornem um investimento rentável. As leis tradicionais de direitos autorais ou *copyright* voltam-se à forma das respectivas criações, e não ao conteúdo destas – e muito menos ainda ao seu conteúdo utilitário. Desta maneira, a utilização industrial de qualquer tecnologia *funcionalmente* equivalente àquela que foi patenteada é restrita segundo a lei pertinente, ainda que os conhecimentos técnicos intrínsecos na patente possam ser livremente utilizados em qualquer propósito intelectual, científico ou não-industrial.[1]

O *copyright* e os direitos de autor não podem ser utilizados para restringir obras funcionalmente equivalentes: por definição, as obras literárias, artísticas ou científicas não têm qualquer funcionalidade além do seu objetivo de expressão. Tais criações são produzidas com a finalidade de expressar idéias, conceitos e sensações, todas elas com circulação livre de qualquer restrição jurídica.[2] Os produtos resultantes da atividade intelectual humana, que fogem destes dois regimes primários de proteção, foram historicamente deixados à própria sorte, sujeitos aos segredos de negócios e às leis de concorrência desleal ou aos caprichos do livre mercado.[3]

1. Denis Borges Barbosa, *Apostila IV, Propriedade Intelectual, Direitos Autorais e Conexos*, LL.M. em Direito Empresarial IBMEC.

2. Idem.

3. Dennis S. Karjala (*Professor of Law, Arizona State University*), "Misappropriation as a third

A questão à nossa frente é se um terceiro paradigma geral pode ser construído para produtos protegidos inadequadamente ou inapropriadamente, através de patentes ou leis de direitos autorais que melhor equilibrem incentivos à criação/invenção contra o uso livre e desenvolvimento eficiente.

Nos Estados Unidos a abordagem deste problema tem sido uma série aleatória de casos *sui generis*, cada um focalizando em objetos específicos de proteção. Como, por exemplo, em 1972, com relação a terceiros que copiam indevidamente o desenho original de uma outra pessoa, as legislaturas de certos Estados, e em particular da Califórnia, promulgaram leis proibindo a duplicação e venda de produtos através do processo chamado de *moldagem direta*.[4] Esta lei criou um novo direito em propriedade intelectual, proibindo a fabricação ou venda de produtos feitos de moldagem direta de um produto de um concorrente.

Isto é de particular interesse para a indústria de barcos de recreação, que utiliza este processo na fabricação de cascos de barco. A indústria de barcos de recreação nos Estados Unidos, assim como no Brasil, tem sido infestada por fabricantes de barcos de baixo custo que nada vêem demais em pegar um projeto de um casco de barco de um concorrente e utilizar este desenho como um *plug* para fazer um molde para sua própria fabricação desautorizada, uma técnica de contrafação conhecida comercialmente como *splashing*. "Molhar o casco" (*splashing*) ocorre quando um construtor de barcos faz uma cópia sem autorização do projeto de um casco de barco e se apropria do projeto. Tal fenômeno existe desde a invenção da *fibra de vidro*, um material comum na fabricação de barcos de recreação. Os "piratas" usam o casco completo da embarcação para fazer um molde e com usinagem especial o molde copiado é, então, usado para produzir múltiplos cascos do mesmo projeto.

1. O caso "Bonito Boats, Inc. vs. *Thunder Craft Boats, Inc."*

Essa discussão veio à tona no caso "Bonito Boats, Inc. *vs.* Thunder Craft Boats, Inc.".[5] Entretanto, antes de discutir a matéria deste caso propriamente dita, é importante compreender que, ao contrário do Brasil, nos Estados Unidos os Estados podem criar suas próprias leis de propriedade intelectual. No entanto, quando uma lei estadual está em conflito com uma lei federal, a lei federal se sobrepõe à lei estadual.[6] Portanto, a questão crucial que surgiu com a proteção que certos Estados estavam dando à moldagem direta era se o estatuto estadual referente à moldagem direta conflitava com a lei de patente federal, a ponto de minar o esquema federal.

O assunto havia sido discutido no caso "Interpart Corp. *vs.* Italia",[7] ocasião

intellectual property paradigm", *94 Colum. L. Rev. 2594 (1994)*.

4. *Cal. Bus. & Prof. Code § 17300* (*West* 1987), uma Lei da Califórnia intitulada *Unlawful Acts; Duplication For Sale* ("Atos Ilegais; Duplicação para Venda") estabelece: "(a) será ilegal para qualquer pessoa duplicar, para fins de venda, qualquer item manufaturado, produzido por outra pessoa, sem a permissão de tal outra pessoa, usando o processo de moldagem direta (...)".

5. U.S. Supreme Court, "Bonito Boats, Inc. *vs.* Thunder Craft Boats, Inc.", *489 U.S. 141 (1989) 489 U.S. 141*, decidido em 21.2.1989.

6. "Pacific Gas & Elec. Co. *vs.* State Energy Resources Conservation & Dev. Comm'n", *461 U.S. 190 (1983)*: "(...) se uma lei estadual é suplantada por uma lei federal, uma tentativa de executar a lei estadual é uma violação inconstitucional da Cláusula de Supremacia".

7. O Superior Tribunal Federal dos Estados Unidos no caso "Interpart Corp. *vs.* Itália" aceitou a aplicação da lei da Califórnia contra a "moldagem direta" na duplicação de espelhos automotivos sem patente, onde a Vara Federal declarou: "A lei evita que competidores sem escrúpulos obtenham um produto e o usem como o *plug* para fazer um molde. A lei não proíbe a cópia de desenho do produto de nenhuma outra forma; se o desenho for de domínio público, ele estará livre para que qualquer um o produza, use ou venda" (*777 F.2d, em. 685*). O Tribunal continuou, dizendo que: "(...) as leis de

em que se determinou que o estatuto da Califórnia evita que concorrentes inescrupulosos obtenham um produto e o utilizem como *plug* para fazer moldes. Entretanto, a lei não proibia copiar o desenho do produto de uma outra maneira. Isto porque, se o produto for de domínio público, qualquer pessoa pode fazê-lo, usá-lo ou vendê-lo. Entretanto, neste caso específico o Supremo Tribunal dos Estados Unidos confirmou que as leis federais sempre prevalecerão.

O caso "Bonito Boats", que surgiu em setembro/1976, marcou um momento decisivo na área. *Bonito Boats, Inc.* ("Bonito"), uma empresa da Flórida, tinha desenvolvido o projeto de um casco de fibra de vidro para um barco de recreação, comercializado com o nome comercial de *Bonito Boat Model 5VBR*. Projetar o casco exigiu esforço substancial da parte de "Bonito" e um conjunto de projetos de engenharia foi preparado, dos quais um modelo de madeira maciça foi criado. O modelo de madeira maciça foi posteriormente banhado com fibra de vidro para criar um molde, que depois serviu para produzir os barcos de fibra de vidro acabados que foram colocados à venda. O *5VBR* foi lançado no mercado em meados de setembro/1976. Não há indicação de que um pedido de patente tenha sido feito para proteção dos aspectos utilitários ou do projeto do casco ou para proteção do processo pelo qual o casco foi fabricado. O *5VBR* foi recebido favoravelmente pelo público náutico e foi desenvolvido um "amplo mercado interestadual" para sua venda.

Neste meio tempo, respondendo às críticas levantadas pelo *lobby* náutico, à procura de uma proteção mais ampla para seus projetos de embarcações, a legislatura do estado da Flórida sancionou uma lei, *Fla. Stat. 559.94*,[8] que tornou "ilegal para qualquer pessoa usar o processo de moldagem direta para duplicar, com o propósito de venda, o casco de qualquer embarcação fabricada ou qualquer componente de uma embarcação fabricada por outro sem a permissão por escrito daquela pessoa". A lei estabelece que é ilegal uma pessoa "intencionalmente vender um casco de embarcação ou um componente de embarcação duplicada (...)". "Qualquer pessoa que sofra prejuízo ou dano como resultado da violação da lei" poderia pleitear indenização, requerer uma liminar e custas advocatícias. A lei tornou-se aplicável a cascos de embarcações ou componentes duplicados através da utilização da moldagem direta depois de 1.7.1983.

Em 21.12.1984, depois do modelo *Bonito 5VBR* estar disponível ao público por mais de seis anos, "Bonito" iniciou um processo no Tribunal de Primeira Instância do Condado de Orange, na Flórida, alegando que *Thunder Craft Boats, Inc.* ("Thunder Craft"), uma empresa do Ten-

patente nada dizem sobre o direito de copiar ou o direito de usar, elas discorrem somente em termos do direito de excluir" (idem, citando "Mine Safety Appliances Co. *vs.* Electric Storage Battery Co.", *56 C. C. P. A. (Pat.) 863, 864, n. 2, 405 F.2d 901, 902, n. 2 (1969))*.

8. Lei da Flórida, § 559.94 (1987), art. 559.94, intitulada "Duplicação de Peças de Barcos; Ação Liminar Contra Duplicação Ilegal ou Contra Venda de Peças de Barcos Ilegalmente Duplicadas" que estabelece:

"(1) A expressão de forma como é usada neste artigo:

"a) 'Processo de moldagem direta' significa qualquer processo de moldagem direta onde o casco de barco originalmente fabricado ou partes componentes de um barco são usadas como um *plug* para fabricação do molde, molde, este, que é então usado para fabricar um item copiado.

"b) 'Molde' significa uma matriz ou fôrma na qual a substância ou material é moldado.

"c) '*Plug*' significa um dispositivo ou modelo usado para fazer um molde para fins de duplicação exata.

"(2) É considerado ilegal para qualquer pessoa o uso do processo de moldagem direta para duplicar, com propósito de comercializar, qualquer casco de barco ou parte componente de um barco fabricado por terceiro, sem a permissão escrita de tal terceiro.

"(3) É considerado ilegal para qualquer pessoa intencionalmente vender um casco de barco ou parte componente de um barco duplicado em violação da subseção (2)."

nessee, havia violado a lei da Flórida ao usar o processo de moldagem direta para copiar o casco de fibra de vidro do *Bonito 5VBR* e que intencionalmente havia vendido tais cópias, violando, assim, a lei. "Bonito" requereu uma "liminar temporária e permanente, proibindo 'Thunder Craft' de continuar a ilegalmente duplicar e vender os cascos do *Bonito Boat* ou seus componentes", assim como lucros perdidos, indenização tripla, indenização punitiva e honorários advocatícios.

"Thunder Craft" apresentou uma contestação baseada nos argumentos de que as decisões da Suprema Corte dos Estados Unidos nos casos "Sears, Roebuck & Co *vs.* Stiffel Co." e "Compco Corp. *vs.* Day-Brite Lighting, Inc." (1964)[9] estabeleciam que o estatuto da Flórida conflitava com a lei federal, e que a Magna Carta deveria sempre prevalecer, e que, portanto, era inválida, de acordo com a cláusula de supremacia da Constituição Federal. O Tribunal acatou a contestação da "Thunder Craft" e o dividido Superior Tribunal Federal da Flórida confirmou o indeferimento da reclamação de "Bonito".

"Bonito" apelou ao Supremo Tribunal da Flórida, que proferiu uma decisão, porém não por unanimidade, em que a maioria dos juízes concordava com a conclusão dos tribunais inferiores de que as leis da Flórida interferiam de forma inaceitável com o esquema estabelecido pela lei federal de patentes. A maioria concordou com as decisões anteriores da Suprema Corte dos Estados Unidos nos casos "Sears" e "Compco" no sentido de que, "quando um artigo entra em domínio público, somente uma patente pode eliminar o risco inerente de concorrência, e ainda assim somente por um tempo limitado". Contudo, os três juízes dissidentes argumentaram, com o suporte da decisão do Tribunal Federal no caso "Interpart", que as "provisões antimoldagem direta" da Flórida "não proibiam a cópia de um item sem patente. *Elas proíbem um método de cópia*; o item permanece em domínio público" (*515 So.*

9. Nos casos "Sears, Roebuck & Co. *vs.* Stiffel Co.", *376 U.S. 225 (1964)* e "Compco Corp. *vs.* Day-Brite Lighting, Inc.", *376 U.S. 234 (1964)*, ambos decididos no mesmo dia, o Supremo Tribunal Federal dos Estados Unidos julgou que desenhos e idéias utilitárias publicamente conhecidos que eram desprotegidos por patente ocupavam a mesma posição que a matéria de uma patente expirada. O caso "Sears" envolvia uma luminária de poste projetada originalmente pela reclamante "Stiffel", que tinha obtido patentes tanto do desenho quanto da mecânica da luminária. A "Sears" comprou cópias não autorizadas da luminária e pode vendê-las a um preço de varejo praticamente equivalente ao preço de atacado do fabricante original (supra, *a 226*). A "Stiffel" entrou com uma ação contra a "Sears" na Corte da Vara Federal, alegando infração de duas patentes federias e concorrência desleal sob a lei de Illinois. A Vara Federal julgou que as patentes da "Stiffel" eram inválidas, por causa da antecipação do estado da arte, mas, contudo, proibiu a "Sears" de vender as luminárias duplicadas, baseada no fato de haver confusão entre os consumidores, de acordo com a lei de concorrência desleal. O Tribunal de Apelação afirmou, chegando à conclusão que a lei de concorrência desleal de Illinois proibia simulação de produto mesmo na falta de prova, que o réu promoveu ações adicionais para induzir confusão quanto à origem.

O Supremo Tribunal Federal reverteu a decisão, julgando que a proteção ilimitada contra cópia que a lei de Illinois concedia a um item não-patenteável cujo desenho havia sido plenamente divulgado através de vendas públicas conflitava com a política federal incorporada nas leis de patente. O Supremo afirmou: "No presente caso a luminária de poste vendida pela 'Stiffel' é considerada não-merecedora de proteção nem de patente mecânica, nem de patente de desenho. Um artigo não-patenteável, como um artigo cuja patente expirou, está em domínio público e pode ser feito e vendido por quem quer que decida fazê-lo. O que a 'Sears' fez foi copiar o desenho da 'Stiffel' e vender luminárias quase-idênticas àquelas vendidas pela 'Stiffel'. Isto ela tinha todo direito de fazer sob as leis federais de patentes" (*376 U.S., a 231*).

Chegou-se a uma conclusão similar em "Compco", onde a Vara Federal tinha estendido a proteção da lei de concorrência desleal de Illinois aos aspectos funcionais de um sistema de luz fluorescente. A liminar contra a cópia de um artigo não-patenteado, livremente disponível ao público, de forma não permitida "interfere com a política federal, encontrada no art. I, 8, cl.8, da Constituição e nas leis federais suplementares, de permitir livre acesso a cópia de qualquer coisa que as leis federais de patentes e direitos autorais deixem em domínio público" (Compco, supra, *a 237*).

2 d, em 223 (Shaw, J., discordante) (grifos nossos).

Ao chegar à Suprema Corte dos Estados Unidos havia a percepção de que a lei da Flórida dotava o fabricante original de cascos de embarcação de direitos contra o mundo, parecidos em escopo e operação com os direitos concedidos a uma patente federal. Tal como o título da patente, o benefício da lei da Flórida impede que um concorrente "faça" o produto no que é evidentemente a maneira mais eficiente disponível e que "venda" o produto quando este for produzido daquela maneira. O esquema da Flórida oferece esta proteção por um número indeterminado de anos para todos os cascos de embarcações e seus componentes, sem considerar seu mérito ornamental ou tecnológico.

A Suprema Corte concluiu que o estatuto da Flórida reduzia substancialmente o incentivo competitivo, desta forma minando a regra geral de livre concorrência. Pelo sistema da Flórida o futuro inventor está ciente desde o início dos seus esforços de que os direitos contra o público estão disponíveis, independentemente de sua habilidade em satisfazer os rigorosos padrões de patenteabilidade. Portanto, as mudanças mais simples e óbvias no projeto de um casco de embarcação dão origem à proteção legal.

2. Lei de Proteção ao Projeto de Cascos de Embarcações

Respondendo de uma maneira aparentemente contrária à condenação da Suprema Corte ao tratamento que o Estado da Flórida dá aos projetistas de cascos de embarcações, o Congresso criou a *Lei de Proteção ao Projeto de Cascos de Embarcações* (VHDPA).[10]

Tal lei estabelece que um projeto é "original" se ele for o resultado do "empenho criativo do projetista que apresente uma variação distinta em relação a projetos anteriores de artigos similares, que seja mais que meramente trivial e que não tenha sido copiado de uma outra fonte". A lei garante ao proprietário de um desenho original de casco de embarcação certos direitos exclusivos, desde que seja feito um pedido de registro do desenho junto ao Escritório de Direito Autoral dos Estados Unidos (*The United States Copyright Office*) dentro de dois anos, a partir do momento em que o desenho tenha se tornado público. A proteção somente é oferecida a projetos de cascos de embarcações executados em barcos de verdade que são exibidos publicamente, distribuídos publicamente ou postos à venda ou vendidos ao público em ou após 28.10.1998.

O Escritório de Direito Autoral criou regras para registrar projetos de cascos de embarcação. Para se candidatar ao registro, um pedido de registro deve incluir os seguintes elementos: (i) formulário de pedido de registro devidamente preenchido e assinado; (ii) material de depósito – desenhos ou fotografias do projeto. Como os desenhos ou fotografias constituem a divulgação visual integral do projeto, eles devem ser claros e completos e incluir um número suficiente de vistas para que o projeto seja mostrado adequadamente; (iii) taxa apropriada. A taxa básica de registro para cada desenho cobre até três páginas do material do depósito.

Um aviso de que o desenho é protegido deve ser colocado na embarcação, preferivelmente contendo as palavras "Projeto Protegido" (abreviação *Prot'd Des. – Protected Design*) , ou a letra "D" com um círculo, ou o símbolo "*D*", o ano em que se iniciou a proteção do projeto e o nome do proprietário. Uma vez registrado, o número do registro pode ser usado em lugar do aviso. Tal aviso de desenho protegido deve estar localizado de forma a in-

10. *Vessel Hull Design Protection Act, Title* 17, *Chapter 13* do *United States Code*, assinado como lei em 28.10.1998.

formar razoavelmente sobre a proteção do desenho, enquanto o projeto/casco/barco estiver sendo usado normalmente.[11] A data efetiva do registro do desenho do casco de uma embarcação é a data na qual o Escritório de Direito Autoral publica o registro no seu *site* e é válida por um período *não* renovável de 10 anos.

O proprietário de um desenho tem o direito de entrar com uma ação pela violação de seu desenho, desde que ele tenha um certificado de registro do Escritório de Direito Autoral. Uma ação de violação pode ser proposta em uma Vara Federal ou pode ser julgada por arbitragem, se as partes envolvidas na disputa concordarem. As medidas de reparação disponíveis na violação do desenho incluem indenização, lucros do infrator, custas advocatícias, medida cominatória, mandado de busca e apreensão e cassação dos produtos infratores. As penalidades aplicam-se também para qualquer um que entrar com uma ação de violação sabendo que o registro do projeto foi obtido através de uma apresentação falsa ou fraudulenta.

A violação ocorre quando uma pessoa, sem o consentimento do proprietário, fabrica ou fabricou, importa, coloca à venda ou utiliza no comércio qualquer artigo que infrinja os direitos do proprietário de acordo com as normas definidas, ou venda, distribua ou utilize no comércio tal artigo. A lei inclui o direito de excluir outros de fabricar, importar, oferecer à venda ou utilizar em comércio qualquer casco de embarcação que apresente o desenho do casco protegido.

A lei estabelece indenização por danos, assim como medida cominatória e mandado de busca e apreensão, e oferece uma forma de proteção à propriedade intelectual efetiva e de baixo custo para fabricantes de embarcações de recreação que produzem cascos. Entretanto, a proteção ao projeto sob a VHDPA *não* está disponível, e o registro não pode ser feito, para os projetos que receberam proteção de patente sob Título 35 do Código dos Estados Unidos.

As pesquisas demonstram, no entanto, que a lei federal tem sido pouco utilizada, devido em grande parte às conseqüências não pretendidas da definição de "casco", que inclui características do "convés", e à dificuldade de provar a violação. O número total de registros emitidos desde 1.1.2003 até 6.3.2005 foi de somente 95. Um projeto de lei foi apresentado em 2005 direcionado especificamente a esclarecer como "casco" deveria ser definido, eliminando qualquer inclusão de características do "convés". Entretanto, a lei não foi promulgada.

3. Revisão do papel da Lei de Proteção ao Projeto de Cascos de Embarcações (VHDPA)

O Escritório de Direito Autoral dos Estados Unidos e o Escritório de Marcas e Patentes dos Estados Unidos publicaram um relatório conjunto em 3.11.2003 que revisava o papel da VHDPA. A conclusão foi que era necessário mais tempo para avaliar seu impacto na indústria de embarcações. Na época em que o relatório foi feito a VHDPA tinha somente cinco anos de uso, mas o relatório recomendava que a lei continuasse sob a administração do Escritório de Direito Autoral.

Além da falta de interesse ou, possivelmente, da falta de conhecimento dos fabricantes de embarcações a respeito da obtenção de registro, depositar um pedido de registro, particularmente em relação aos desenhos, é muito confuso. As diretrizes não são claras. Um estudo dos registros obtidos mostra que diversas grandes empresas utilizam a lei regularmente, e também fica aparente que há uma grande variedade de abordagens na preparação dos desenhos, desde desenhos técnicos de engenharia detalhados a simples gravuras das características externas de uma embarcação.

11. Art. 1.306 da VHDPA.

No momento, os grandes fabricantes nos Estados Unidos têm um forte *lobby* para proteger seus direitos de forma mais ampla na área de fabricação de embarcações recreativas. O Projeto de Lei 1.785 cria ainda mais barreiras para os infratores que utilizarem o sistema de *splashing* para produzir suas cópias de desenho fiel, e também tem por objetivo a simplificação do processo de registro. A lei já havia sido aprovada no Senado e aguardava debate no Câmara dos Deputados dos Estados Unidos quando este artigo estava sendo escrito.

Todavia, este caso e particularmente a legislação resultante são interessantes. A lei dá atenção a uma área específica, onde a cópia de desenhos é descontrolada e onde as medidas de curto prazo podem ser tomadas a fim de impedir o problema. Também demonstra que a lei de propriedade intelectual não é uma área perfeita e imutável. Muito pelo contrário, ela está permanentemente em estado de movimento, adaptando-se às novidades humanas, especialmente porque o poder de invenção humana está sempre amadurecendo e avançando.

A propriedade intelectual não abarca simplesmente as amplas áreas de patentes, modelos de utilidade, desenhos industriais, marcas registradas e direitas autorais. Outras áreas surgem sem um rótulo específico que possa ser anexado a elas, e somente podemos nos referir a elas como "híbridas". Neste caso, estamos examinando um desenho que não pode ser patenteado, que já foi totalmente exposto através de vendas públicas no domínio público e que pode ser feito e vendido por quem quer que queira fazê-lo.

4. Conclusão

A indústria de embarcações de recreação é um bom exemplo, porque demonstra como uma idéia, tal como um casco, pode ser facilmente reproduzida, fabricada e colocada no mercado antes mesmo que o verdadeiro proprietário pense no seu lançamento.

O professor H. Reichman[12] cunhou a expressão "falha de mercado" para descrever este fenômeno quando observou esta brecha entre patente e direito autoral, que não leva em conta que certos produtos têm alto custo inicial de produção mas que podem ser facilmente copiados a um custo bem baixo. A "falha no mercado" não ocorre simplesmente porque um produto é copiado por um concorrente e colocado no mercado, mas porque é uma reprodução da idéia do criador e em vista dos métodos baratos utilizados pelo "pirata", que permitem reduzir o preço original antes que o investimento inicial possa ser recuperado pelo fabricante original.

Dennis S. Karjala[13] considerou esta expressão limitada e propôs analisar esta questão sob um outro termo: "apropriação indébita". Embora parecida com o conceito de "falha no mercado", "apropriação indébita" refere-se a casos onde os avanços em tecnologia às vezes contrariam o equilíbrio cuidadosamente traçado entre as patentes e os direitos autorais, mesmo quando suplementadas pelas leis de concorrência desleal. A proteção de patente pode estar indisponível para certo produto desejável porque seu *know-how* representa meramente um avanço tecnológico, desprovido de atividade inventiva, enquanto a proteção do direito autoral pode também estar indisponível porque o produto é funcional, factual ou "não-criativo". Na ausência de proteção de propriedade intelectual no que se refere a informação ou *know-how* associado a tais produtos, poderá haver um desestímulo em produzi-los, pois o custo para copiar informação ou *know-how* utilizando novas tecnologias está abaixo do custo de criação de um produto original propriamente dito.

12. H. Reichman, "Legal hybrids between the patents and copyright paradigms", *94 Colum. L. Rev. 2432*.

13. Dennis S. Karjala, "Misappropriation as a third intellectual property paradigm", *94 Colum. L. Rev. 2594 (1994)*.

Talvez a cópia de cascos de embarcações na indústria de barcos de passeio no Brasil não tenha chegado ao ponto de agir como desestímulo aos produtores legítimos. Contudo, o problema se agrava, alcançando níveis desproporcionais com os fabricantes estrangeiros que procuram comercializar seus produtos no Brasil e que descobrem que seu barco foi copiado e lançado no mercado já há algum tempo, freqüentemente sob o pretexto de estar associado ao fabricante estrangeiro.

5. *Sugestão*

Desde que o Brasil foi retirado da *Priority Watch List* (Lista Negra) do USTR,[14] o país tem sido elogiado pelas ações de combate à "pirataria". A indústria de barcos de recreação é um setor de alta visibilidade, onde legislação suplementar poderia ser promulgada com certa rapidez, de forma semelhante aos Estados Unidos, com o objetivo de permitir que as companhias de fabricação de barcos recorram à Justiça contra os infratores. Nos Estados Unidos a maior parte do apoio para a promulgação da VHDPA foi baseada no fato de que há fortes incentivos aos "piratas" para infringir projetos de embarcações, em função dos enormes recursos que devem ser investidos no desenvolvimento de novos projetos ou de inovações.

O Brasil ainda está sendo monitorado pela chamada revisão "fora do ciclo" com relação aos seus esforços para combater a "pirataria". O Conselho Nacional de Combate à Pirataria e Delitos Contra a Propriedade, cujo objetivo principal é produzir normas, formular e propor planos nacionais de combate à "pirataria", evasão fiscal, bem como infrações contra a propriedade intelectual, poderia utilizar isto como uma sugestão legislativa.

14. *United States Trade Representative* (USTR) – Representativo de Comércio dos Estados Unidos –, que o art. 301 do *Trade & Tariff Act 1984* criou.

Havendo identificado uma "falha de mercado" ou "apropriação indébita", a tarefa que falta é como desenvolver uma estrutura legal efetiva para este novo conceito de proteção. Adotando este curso de ação, a legislação deve permanecer focada na noção de "falha de mercado" (ou "apropriação indébita"). Em outras palavras, nos métodos de reprodução fáceis e baratos em relação ao custo do desenvolvimento do original, em definir os produtos a serem protegidos, os termos da proteção, a disponibilidade das liminares e as atividades que constituem infração. A caracterização da infração deve ser baseada nos métodos de reprodução apropriativos, que, se permitidos, reduziriam severamente os incentivos de criar produtos vulneráveis a tais métodos.

Referências bibliográficas

Arguments to Court on Patent Law Preemption of Molding Statutes, 37 Pat. Trademark & Copyright J. (BNA) 163 (Dec. 8, 1988).

BARBOSA, Denis Borges. *Apostila IV Propriedade Intelectual Direitos Autorais e Conexos*. LL.M. em Direito Empresarial IBMEC.

CARSTENS, Dav M W. "Preemption of direct molding statutes: 'Bonito Boats *vs*. Thunder Craft Boats'". *Havard Law Review* 3. Spring Issue, 1990.

COPYRIGHT OFFICE. *Report Review* (*http://www.copyright.gov/reports/index.html*) e *Registration Information* (*http://www.copyright.gov/vessels*).

Digital Millennium Copyright Act, 105 P.L. 304; 112 Stat. 2860; 1998 Enacted H.R. 2281; Title V – Protection of Certain Original Designs, Sec. 501., Short Title. The Vessel Hull Design Protection Act . Sec. 502. Protection of Certain Original Designs. Title 17, United States Code, amended Chapter 13 – Protection of Original Designs.

FRYER, III William T. *Update on Vessel Hull Design Protection Act March 6, 2005* (*www.fryer.com/VHtes303.htm* and *www.fryer.com/wsbhtes1.html*)

KARJALA. Dennis. "Misappropriation as a third intellectual property paradigm". *S. 94 Colum. L. Rev. 2594 (1994).*

REICHMAN, J. H. "Legal hybrids between the patents and copyright paradigms". *94 Colum. L. Rev. 2432 (1994).*

SGANGA. "Direct molding statutes: potent weapons, but are they constitutional?". *71 J. Pat. & Trademark Off. Soc'y 70, 70 (1989).*

U. S. SUPREME COURT. "Bonito Boats, Inc. *vs.* Thunder Craft Boats, Inc.". *489 U.S. 141 (1989) Certiorari to the Supreme Court Of Florida n. 87-1346.*

UNITED STATES COPYRIGHT AND PATENT AND TRADEMARK OFFICES. *Report on the Vessel Hull Design Protection Act: Overview and Analysis.* Novembro/2003 .

ZAVASCKI, Teori Albino. "Tutela jurisdicional da propriedade industrial". Palestra proferida no *XVII Seminário Nacional da Propriedade Intelectual*, promovido pela ABPI. Porto Alegre, 30.9.1997.

DIREITO E ECONOMIA

RACHEL SZTAJN

1. Introdução. 2. Economia positiva e normativa. 3. Ampliação da aplicação da Economia ao estudo do Direito.

1. Introdução

Direito e Economia ou *Análise Econômica do Direito*, segundo alguns, uma corrente ou escola de pensamento que busca, para compreender e explicar efeitos de normas jurídicas, apoio em modelos e premissas desenvolvidos por economistas, é, para outros, apenas uma técnica de avaliação da eficácia das normas. Essa divergência parece insolúvel, ao menos no curto prazo, como se verá adiante.

Costuma-se afirmar que os economistas estão preocupados apenas com maximização e eficiência, enquanto ao jurista são caros outros valores, notadamente justiça e eqüidade.

Talvez incomodem o fato de a Escola de Direito e Economia ter, ao menos na fase dos anos 30/40 do século passado, forte relação com a linha de pensamento da Escola de Economia da Universidade de Chicago (conquanto não só nesta haja produção acadêmica na área) e o liberalismo esposado por membros daquela faculdade, a crença no funcionamento dos mercados e, por isso, a necessidade de pouca intervenção do Estado na economia, que não se coaduna com a visão de quem entende que o estímulo estatal e a intervenção direta do Estado na atividade econômica são imprescindíveis para o desenvolvimento nacional quadro no qual caberia aos particulares posição secundária ou de coadjuvantes no processo.

Demais disso, a formação do jurista na tradição romano-germano-canônica, apoiada no dogmatismo germânico, que trabalha a ciência do Direito do ponto de vista interno, e nem por outra razão se o imagina um sistema fechado e autopoiético, aderindo a princípios tomados como verdades absolutas, respeito às doutrinas dos mestres e formalismo exagerado. O Direito é entendido como disciplina autônoma independente de outras ciências sociais, e os métodos de interpretação das normas são sistematizados para explicar a lei.

A dogmática, de origem religiosa, está insculpida na doutrina jurídica, o que dificulta da discussão, porque certos princípios são considerados verdadeiros independentemente de qualquer demonstração.

A *common law*, mais próxima do Direito Pretoriano, trata as normas como sistema exógeno, e isto facilita a análise das regras de perspectiva semelhante a outras ciência sociais, e não rejeita, desde logo, o relacionamento com diferentes disciplinas, sejam elas ciências sociais, biológicas ou exatas.

O fato de parte significativa dos textos de *Law and Economics* ser de lavra de economistas, de conterem, por vezes, complexas formulações matemáticas no explicar ou demonstrar hipóteses, é outro elemento que, por estranho ao Direito, dificulta o diálogo.

Como conciliar as idiossincrasias do que se pode considerar "juristas puros", os adeptos da dogmática jurídica, e organizar debates de que participem, também, economistas?

Como superar as barreiras que restringem ou tentam conter o diálogo interdisciplinar?

Como estruturar base teórica que permita, ao menos, compreender se e como a Economia pode contribuir para a análise dos efeitos das normas jurídicas, dos comportamentos sociais, e se isso permitirá aperfeiçoar o sistema jurídico?

Law and Economics, ou Direito e Economia, pretendem oferecer esse instrumental teórico a partir de uma diferente abordagem da leitura das normas jurídicas, semelhante ao método ou modelo funcionalista tal como proposto por Norberto Bobbio. Por que fugir da idéia de que a forma deve seguir a função, deixando de privilegiar o formalismo? Importa o que se pretende, da meta eleita e dos meios disponíveis, chegar ao melhor resultado. Assim, a proposta de *Law and Economics*, ou ao menos uma das propostas, é utilizar procedimentos baseados em modelos econômicos para avaliar as relações entre pessoas que vivem em sociedade, bem assim as instituições sociais vigentes.

2. *Economia positiva e normativa*

Para explicar comportamentos humanos os economistas começam por descrever fatos passados e, mediante projeções, tentam predizer como serão os comportamentos das pessoas diante de fenômenos que podem ser similares, ou não. Essa é a denominada *Economia Positiva*.

Ao analisar os fenômenos sociais, regras morais e princípios éticos, particularmente quando observam as instituições sociais e as normas legais existentes, visando a recomendar, quando disso se tratar, alterações para aperfeiçoá-las, os economistas trabalham com a *Economia Normativa*.

A distinção entre as duas correntes de Economia remonta a John Stuart Mill, do final do século XIX, e está presa à distinção entre o *ser* e o *dever-ser*, entre fatos e valores, e não à formulação literal das idéias: resulta de alguma convenção baseada em procedimento científico ou regras que instruem as pessoas a considerarem uma dada declaração como verdadeira.

Para Milton Friedman[1] é inevitável certa confusão entre as duas vertentes da Economia, pois a matéria, importante para cada pessoa em função de sua experiência e formação, é fonte de contínua controvérsia, além de ser objeto de normas jurídicas.

A Economia Positiva trabalha com o que *é*, e não com o que *deveria-ser*, e por isso permite construir um sistema geral que pode ser utilizado para fazer projeções, predizer as conseqüências, se qualquer das circunstâncias mudar. É, ou pode ser, ciência objetiva, tal como a Física, por exemplo. As dificuldades da Economia Normativa têm que ver com o fato de se inserir no campo das ciências sociais, vale dizer, lidar com inter-relações de pessoas, além de quê o investigador é, ele mesmo, parte do objeto da ciência.

A Economia Normativa não é independente da Positiva, e qualquer conclusão de política econômica depende das previsões sobre as conseqüências da opção escolhida. E as previsões estão, de forma expressa ou implícita, baseadas na Economia Positiva. Mas a relação entre elas não é biunívoca. Duas pessoas podem ter a mesma opinião sobre os efeitos de uma dada norma, mas uma pode ser favorável e outra contrária à sua aprovação.

Ainda segundo Friedman, a meta de qualquer ciência positiva é desenvolver

1. Milton Friedman, *The Methodology of Positive Economics – An Essays in Positive Economics*, University of Chicago Press, 1953, pp. 3-43.

uma teoria ou hipótese que possa ser validada, não como truísmo, sobre fenômenos ainda não observados. Vê nesse tipo de conhecimento mescla de dois elementos: linguagem que provê o método sistemático e organizado de pensar, e um corpo de hipóteses que permita abstrair fatores essenciais da realidade complexa.

Portanto, é preciso que a descrição dos fenômenos seja suficientemente próxima da realidade para permitir alcançar o fim perseguido.

Diz Friedman que a Economia Positiva é ciência de adotar tentativas de generalizações dos fenômenos econômicos, usada para predizer conseqüências de mudanças das circunstâncias.

O alargamento das generalizações aumenta a confiança na sua validade e a qualidade das previsões, com o quê se ultrapassam obstáculos relevantes no campo das ciências sociais. Alerta no sentido de se evitar a confusão entre *análise objetiva* e *julgamento normativo*, e sobretudo para o fato de as presunções, na análise econômica, decorrerem de escolhas em que a clareza e a precisão na apresentação de hipóteses, na sua capacidade de incorporar evidências indiretas que validem a hipóteses e que possam ser observadas diante do fenômeno serem comuns.

Economistas separam os elementos da Economia Normativa daqueles da Positiva, o que lhes permite construir modelos ideais e abstratos, baseados na realidade empírica, nos fatos observados em dado período e sociedade, e fazer previsões se e quando houver mudanças em algum ou vários dos elementos considerados na modelagem. Comum ouvir-se que uma hipótese é relaxada, ou seja, que uma premissa que serviu para modelar a hipótese será alterada.

No campo das ciências sociais é possível separar escolhas que envolvem a matéria a ser investigada, o modo de se fazer a investigação, os critérios para julgar a validade das respostas, entre eles a aderência a padrões de lógica formal, seleção e confiabilidade de dados, por exemplo, no que se denomina *julgamento metodológico*. Julgamentos fundados em valores referem-se à avaliação e às afirmativas sobre o estado da Natureza, normas sociais que induzam comportamentos individuais desejáveis.

Partir do real para dizer quem tem direito era prática dos pretores. Também usual no Direito que se faça a seleção dos elementos comuns a uma dada operação ou prática social a fim de, em processo de abstração, formular a regra, a lei, o comando geral e abstrato. Economia e Direito estão próximos neste método. A economicidade dessa prática é evidente, vez que, quanto mais rentes à realidade, menor é a rejeição às normas positivadas. Instituições e institutos jurídicos que perduram no tempo são aqueles que aderem às práticas, usos e costumes da sociedade.

Já os comportamentos individuais resultam de convenções aceitas pelas pessoas, são frutos de acordos ou técnicas de persuasão que também dependem da comunhão de valores – o que evidencia a dificuldade de acordos, porque valores ou julgamentos normativos diferente não são, necessariamente, reconciliáveis, diferentemente de métodos científicos.

Se a Economia Positiva não se preocupa com a Ética, é meramente descritiva, a Normativa, o *dever-ser*, reflete valores prezados pela comunidade. No que diz respeito a valores, ao dever-ser, veja-se Hume, que, no *Treatise of Human Nature*, afirma que não se pode deduzir o *dever-ser* do *ser*, pois descrições não dão origem a normas ou a prescrições. A separação entre o que é positivo e o que é normativo aparece na denominada "Guilhotina" de Hume, em que agrupa e distingue, de forma lógica, fatos de valores. Positivo ou *ser* tem que ver com fatos, objetivo, descritivo, ciência, verdadeiro/falso; normativo ou *dever-ser*, valores, subjetivo, prescritivo, arte, bom/mau.

Porém, isso não reduz a dificuldade da relação entre Direito e Economia. De um lado, o parco conhecimento dos juristas sobre Economia, que se agrava com a formalização matemática das hipóteses e conclusões; de outro, o fato de economistas terem pouca aptidão para avaliar matérias estritamente jurídicas.

A cooperação parece mais fácil no plano da Economia Positiva visando-se à eficiência do sistema; quanto a mudanças e ao estudo dos seus efeitos sobre a distribuição da riqueza e renda, do ângulo da Economia Normativa, as propostas dos economistas nem sempre são aceitáveis. Aqui, diferenças metodológicas seriam o foco da disputa.

Ponto inicial e comum para apreciar a relação entre Direito e Economia será a aceitação do mesmo pressuposto, serem as pessoas racionais e maximizadoras de utilidades, o que não é bem visto (ou entendido) pelos juristas. Associar maximização da utilidade à justiça poderia ser um novo paradigma mais digerível, com o quê a maximização da riqueza fica mais opaca. Porém, parece-me, é a diferença na forma de propor alternativas para "corrigir" ou aperfeiçoar instituições e institutos jurídicos o elemento que distancia os operadores do Direito dos economistas; falta léxico comum.

Explico.

Modelar condutas com base no princípio da escolha racional corresponde aos critérios de avaliação da compreensão das pessoas em face das conseqüências de seus atos.

Esse o principal esquema de imputação de responsabilidade, de vinculação, acatado pelo ordenamento, em que a capacidade dos agentes determina a validade das ações. Essa capacidade pode ser equiparada à racionalidade econômica.

Possível que a discordância quanto à racionalidade dos agentes, das pessoas, esteja presa ao fato de que os economistas pensam em maximização de utilidade – que vem, em geral, entendida como maximização de lucros, de ganhos econômicos –, enquanto para o jurista a racionalidade se relacionaria com algum outro critério?

Mas o modelo ou princípio da escolha racional antecede, de muito, os estudos econômicos, como se comprova da leitura de textos de Filosofia e Política escritos nos séculos XVII e XVIII.

Análises do comportamento humano dessa perspectiva da escolha racional, ou do cálculo racional de custos e benefícios, na tomada de decisões, tanto na área de formulação de políticas públicas quanto no plano individual, aparecem em textos de Nicolò Macchiavelli e David Hume, contemporâneo de Adam Smith, o qual, em seu *Inquiry into the Nature and Causes of the Wealth of Nations*, cria as condições para pensar a cooperação em face da escassez e da pouca previsibilidade sobre o futuro.

Pensar a interação entre pessoas e de que forma, mediante convenções, está no cerne do debate entre Direito e Economia. Lembre-se que, ao analisar a ação coletiva, Adam Smith se detém no problema da drenagem de um campo e, para justificar a ação do Estado, parte da oferta de bens coletivos, isto é, bens não-rivais, mas excludentes.[2]

No plano das estratégias que fomentem a cooperação entre pessoas há quem diga que Rousseau teria entendido a base do "Dilema do Prisioneiro", jogo formalizado na primeira metade do século passado por John Nash.

Ainda no século XVIII o Iluminismo abriu caminho para Jeremy Bentham – influenciado por Voltaire e Cesare Beccaria – criticar proposições de William Blackstone, seu professor. Bentham não aceitava a idéia de "direito natural" e de "lei natural", pois entendia que o ser humano é racional e maximizador; assim sendo, agiria segundo o princípio da utilidade em bus-

2. Convém apontar que a noção de *bem público* em Economia não é idêntica à do Código Civil.

ca do máximo de felicidade, de prazer, de bem-estar, e procuraria minimizar a dor, o sofrimento.

A relação entre o prazer – mensurada pela intensidade, duração, certeza – e pela possibilidade de produzir prazer (ou dor) no futuro, pode ser analisada sob a perspectiva da relação custo/benefício. O ser racional agirá para maximizar o prazer e minimizar o sofrimento; por isso, a definição de padrões de "certo" e "errado", "lícito" e "ilícito", "legal" e "ilegal", "regular" e "irregular" e as respectivas sanções (positivas ou negativas) visam a incentivar o ser humano no processo decisório.

A visão de Bentham sobre a racionalidade e a relação custo/benefício é, no final do século XIX, retomada por Oliver Wendel Holmes, que entendia que, ao decidir agir desta ou daquela forma, optando, até, por não agir, as pessoas sopesam, avaliam o risco de enfrentarem alguém ou alguma coisa mais forte que elas. Novamente a noção de que as pessoas são movidas com base na relação custo/benefício.

Holmes exortava os juristas a se interessarem por Economia e Estatística, afirmando que o estudo racional da lei não é o literal, que é preciso considerar como as pessoas agirão no futuro.

No que concerne às normas jurídicas – dizia Bentham –, seu objetivo deve ser gerar a maximização da utilidade paro o maior número de pessoas. E, sobre a relação entre Direito e Moral, as via como duas forças opostas – prazer e dor – a moverem as pessoas. Já Holmes entendia que na relação entre Direito e Moral haveria alguma superposição, mas deveriam ser tratados separadamente; que a Moral poderia auxiliar na predição do que, em determinado pleito, seria acatado pelas Cortes.

Radicam nesses, entre outros pensadores – que, ao tratarem da natureza do Direito, tentaram explicar como as normas operam, ao empregarem instrumentos de Economia para compreender e justificar práticas e instituições sociais –, os fundamentos teóricos de *Law and Economics*.

Explicações sobre condutas, organizações, desenho de instituições sociais e legais variam ao longo do tempo, o que é próprio das ciências sociais, particularmente das aplicadas. Contudo, é preciso que a demonstração das hipóteses seja lógica e congruente, além de consistente, ainda quando se o faça por absurdo ou *a contrario sensu*.

Portanto, a racionalidade, central no pensamento econômico, serve ao Direito na medida em que, padrão de comportamento racional do agente, permite, com mais facilidade, prever condutas e construir modelos de interação social.

Estes fundamentos remotos de *Law and Economics* são retomados, de forma mais explícita, na primeira metade do século XX, por Aaron Director, professor de Economia na Escola de Direito da Universidade de Chicago, responsável pela cadeira de "Antitruste", um dos fundadores da "Nova Escola de Direito e Economia" (digo "Nova" para distinguir das discussões filosófico-políticas anteriores).

Director aplica conceitos econômicos, especialmente o que se denomina *organização industrial*, que é parte da Microeconomia, na discussão das normas *antitrust*, quando chama a atenção de seus alunos para o fato de que nem sempre a legislação atenta para a realidade; que as práticas empresariais deveriam ser avaliadas da ótica da relação custo/benefício. Dizia a seus alunos que a correta aplicação das leis *antitrust* dependia de compreender o processo econômico e a organização das empresas. Que para operar de forma lucrativa e competitiva as empresas devem ser eficientes e que, embora práticas para ampliar a participação em mercados e a busca de rentabilidade pudessem engendrar situações em que outras empresas e consumidores fossem prejudicados, antes de invocar violação das normas legais seria importante analisar cada situação, investigar que vantagens e que ônus a prática acarretaria para o agente.

Sobre a importância de Aaron Director na tarefa de reconstruir a relação das duas disciplinas invoca-se texto de Sam Peltzman[3] que explica que, a par de significativo, o papel de Director, ao associar Direito e Economia, marcando nesse campo o que se conhece como a *Escola de Chicago*, aparece nas discussões sobre prática negociais comuns em mercados.

No texto, Peltzman apresenta três das que seriam as mais expressivas contribuições de Director para o desenvolvimento da base teórica de *Law and Economics*, baseadas em matéria concorrencial: *prática de preços predatórios*, *fixação de preço na distribuição de produtos* e *vendas casadas*, que são resumidas abaixo.

(i) *Prática de preços predatórios*: discute-se a venda de produtos por preços inferiores ao custo de produção, entendida como ilegal e fonte de criação de monopólios. O caso apresentado é o da *Standard Oil*, e reproduz um suposto diálogo entre Director e John McGee, seu aluno, em 1953. Na conversa, Director afirma que o caso tinha sido mal-analisado e, recorrendo a argumentos lógicos, explica que a companhia não obtivera nem mantinha poder de monopólio mediante o uso de preços predatórios; que nunca recorrera, de forma sistemática, a essa prática.

Para Director o sucesso de qualquer prática predatória requer a geração, no curto prazo, de rendas de monopólio para, adiante, compensar perdas causadas pela redução do preço de venda do bem. Assim sendo, os concorrentes adotariam, como estratégia, comportamento igual ao do predador, e, precisando de recursos, obteriam empréstimos para financiar as perdas de curto prazo. Depois, bastaria esperar que o predador aumentasse o preço para acompanhá-lo, com o quê demonstrou que a prática só será viável se o predador tiver alguma vantagem comparativa, ou seja, custos de produção menores – hipótese em que alcançaria o monopólio sem reduzir preço.

As objeções de Director à leitura formal das normas passam a balizar outras discussões sobre preços predatórios, porém com base em fundamentos lógicos, explicando que essa decisão seria atípica na interação entre empresas, tal como a guerra não é resultado usual das negociações internacionais.

(ii) *Restrições verticais na distribuição*: comum que contratos de distribuição contenham previsão proibindo a revenda do bem a preços inferiores ao determinado ou ajustado entre produtor e distribuidor. Isso, diziam os juristas à época, reduzia a concorrência entre distribuidores em detrimento dos consumidores.

A análise de Director sobre tal restrição parte da especificação sobre o reflexo do comportamento suspeito no que concerne à maximização de lucros. Começa por separar a fixação de preços no caso de cartelização daquela resultante de contrato de distribuição, arranjo vertical, e acordada entre produtores e distribuidores. Seu argumento é que no cartel o que se pretende é a maximização do lucro dos produtores, enquanto no caso de acordos de distribuição isso não ocorre, vez que o interesse dos produtores é outro.

Claro que, se puderem, os produtores aumentarão o lucro, buscando obter renda de monopólio, para, depois, ceder um pouco, no interesse de revendedores ou distribuidores. Mas, se os revendedores praticarem preços diferentes entre si, o fato pode ser fonte de perdas para o produtor; portanto, nada mais razoável, lógico, que ele reduza ou suprima esse tipo de concorrência entre seus revendedores.

Partindo de um caso real – a distribuição de lâmpadas, no qual fabricantes estabeleceram, de maneira uniforme, preços a serem praticados pelos revendedores e ajustaram a divisão geográfica do mercado

3. Sam Peltzman, in *The Journal of Law and Economics* XLVIII, outubro/2005.

–, indica que havia um cartel combinado com a fixação de preços de revenda. Ao cartel interessava o preço de venda por atacado, preço, esse, que talvez fosse difícil de impor sem que se tornasse público. Mas a fixação do preço de revenda, uniforme, permitia verificar, de modo mais simples, eventuais desvios na venda por atacado refletidos na redução de preço no varejo.

Outro aspecto relacionado com a fixação de preço de revenda ou distribuição – dito *efeito de segunda ordem* – tem que ver com serviços e informação. Bons serviços oferecidos no ponto de venda elevam o valor do bem, mas o revendedor só se beneficia disso se o consumidor o adquirir em seu estabelecimento.

Ora, a qualidade do serviço cria um bem público, porque os revendedores que não incorrem em custos de prover serviços de qualidade ou informações podem auferir os benefícios associados ao produto ou à marca. Assim, nada os incentiva a deixar de oferecer desconto aos consumidores em seus estabelecimentos.

A concorrência desses *free riders*, "caronas", provocará a redução da oferta naqueles estabelecimentos que oferecem melhores serviços, e, portanto, prejudicará não apenas os consumidores, assim como o produtor.

Fixar preços é alternativa para reduzir o "carona" e garantir margem de lucro que remunere os serviços oferecidos. Ou seja, a fixação de preços, em certos casos, alinha interesses dos revendedores e garante a satisfação da demanda, que poderia ser prejudicada pelos "caronas".

(iii) *Venda casada ou* tie-in selling: a prática consiste em condicionar a venda de um produto à compra de outro, e pode aparecer sob diferentes modalidades. Exemplos são a venda do equipamento "A" que usa o bem "X" ao longo do processo (impressoras e cartuchos de tinta), em que se impõe ao adquirente que utilize cartuchos do mesmo fabricante, ou a compra de refrigerante para receber cerveja.

Os produtos podem ser complementares – e, nesse caso, diz o senso comum, se houver monopólio, o consumidor, que já é prejudicado pelo exercício do poder em relação a um bem, ficará pior se forem dois os bens sujeitos a esse poder. Director questiona a lógica e propõe análise que parte da complementaridade, forte ou fraca, entre os produtos. Explica que o monopolista pode vender um dos bens a preço mais baixo para estimular a venda do outro a preço mais elevado que os preços praticados em mercados concorrenciais.

Peltzman diz que o problema fático das "vendas casadas" está relacionado com a plausibilidade de haver monopólio do bem "A" e que isto garanta o monopólio do bem "X", cuja venda seria ligada à daquele, ou a prevalência de complementaridades entre os bens associados. Diz que o feito de Director foi trabalhar com diferença entre consumidores, sugerindo que a segunda melhor opção do produtor seria ofertar preço não-monopolista para qualquer um dos bens considerados.

O produtor poderia mensurar o uso que o consumidor faz de cada bem, e em que circunstâncias, para sobre esta escolha fazer recair a valoração maior sobre um ou outro bem na "venda casada". A complementaridade racional de Director serve para explicar muitos dos acordos que vê como *second best*, a segunda melhor opção para fixar valor se inviável discriminar os bens diretamente.

Segundo Peltzman há um fio condutor no pensamento de Director, fio, este, visível, na adoção do método socrático; que as perguntas focam problemas que precisam ser examinados com cuidado nas suas implicações sobre a maximização de lucros; que é preciso formular perguntas básicas, associadas ao rigor lógico das respostas e à análise de casos concretos, para avaliar e julgar estratégias das empresas, o que nem sempre se coaduna com a rigorosa aplicação das normas. Ressalta que o efeito das discussões propostas por Director é significativo, sua contribuição expressiva, sobretudo no que se refere a preços predatórios, o que dificulta, na invocação da prática nos Estados Unidos da América, obter êxito fácil frente aos tribunais. Afirma, ainda, que a influência de Director ultrapassa a matéria concorrencial, que está na rigorosa análise das práticas e questões relacionadas.

Antigos alunos de Director, utilizando modelos e princípios econômicos na interpretação e aplicação da lei, com base na racionalidade, na relação custo/benefício, ao discutir operações realizadas em mercados, influem sobre decisões judiciais. Isso serve tanto para as que envolvem mudança da estrutura quando as que se referem a condutas, marcando a inflexão da curva que afastava a aplicação, pelos operadores do Direito, de regras da Economia. Note-se que, quando se trata de concentração empresarial, mais que fixar a atenção apenas na criação de monopólios ou poder de mercado, importa considerar ganhos de eficiência.

Sobre essa discussão, atente-se para texto de George Stigler intitulado "Law or Economics".[4] Stigler diz que, para ele, o conceito de "eficiência" contém dois valores: um deles é o valor da meta, o outro é o valor dos meios ou *inputs* com os quais a meta possa ser alcançada. *Eficiência máxima* será, portanto, atingir o maior valor para a meta, o *output*, a partir de um dado valor de *inputs*. De outra forma, a eficiência será máxima quando a meta for alcançada dados os meios e as restrições ou constrangimentos.

Prossegue notando que o conceito convencional de "eficiência" para os economistas é a maximização do resultado do processo econômico ou da economia. Mas que a definição aceita a avaliação dos bens e serviços em mercados particulares, e que na análise das políticas (*policies*) pode-se empregar definições outras de "eficiência" que repousem sobre as metas aceitas por uma sociedade e seu governo. Quando se deseja aumentar a renda de um grupo de pessoas além do que o mercado gera, pode-se avaliar a eficiência com que isto é feito. E conclui que, em qualquer sociedade, as instituições que permanecem são aquelas consideradas eficientes em face das metas visadas, porque seria ilógico defender uma prática dispendiosa que não produzisse resultado.

Como que respondendo ao argumento dos que dizem que eficiência e justiça são inconciliáveis, Stigler propõe questão, em matéria de *antitrust*, indagando quando seria aplicável, na análise de comportamentos empresariais, o argumento de violação da regra *per se*, isto é, o fato é suficiente ou a regra da razão. Diz que o economista tentaria estabelecer as eficiências relativas dos dois métodos de interpretação da violação da lei, considerando, ainda, o custo de impor a norma e os de defesa da parte, além de levar em conta o grau de interferência ou prejuízos causados a práticas empresariais economicamente desejáveis.

Referindo-se a Antonin Scalia, juiz e professor de Direito, Stigler explica que o magistrado, ao tratar da relação entre normas e circunstâncias do caso, dá maior peso ao que chama de "aparência do tratamento igualitário", que seria a epítome da justiça mais que qualquer outra regra. Aborda a questão da previsibilidade, mas que a pedra-de-toque está na afirmativa de que o veredicto para as normas está na justiça. Suponha-se que justiça seja o *suum cuique tribuere*, para fins de argumentação.

Como conciliar eficiência e justiça? O problema é mais teórico que real, e as respostas dependem do enfoque que se dê à maximização. Se *maximização* representar o denominador comum entre utilitarismo e ações individuais, como pretende Richard Posner – aliás, criticado por Stigler –, tem-se uma resposta.

Na visão de Guido Calabresi, porém, *maximização da riqueza* só poderá ser entendida como avanço social se atender a critérios de utilidade ou igualdade, sendo

4. Georg Stigler, in *The Journal of Law and Economics* XXXV/455 e ss.

a eficiência e a distribuição elementos de justiça, meta, esta, diversa de qualquer das outras. Este jurista não é refratário a *Law and Economics*, aceitando que alguns elementos da justiça passem por este crivo.

A visão de Stigler, de que há uma barreira entre Direito e Economia, manifesta na resistência dos juristas em face do que vêem como invasão metodológica de sua ciência por um corpo de regras deduzidas para outro ramo do conhecimento, não é estranha à Economia, tanto que Ronald H. Coase entende que Economia e demais ciências sociais formam uma espécie de novelo, tão ligadas estão, e que o estudo dos efeitos ou reflexos gerados pelas outras ciências sociais sobre o sistema econômico deve, segundo ele, constituir parte da Economia.

3. Ampliação da aplicação da Economia ao estudo do Direito

As indicações anteriores estão centradas em matéria de concorrência, na qual predomina, do lado do agente, a formulação de estratégias visando à maximização de eficiência e lucros. Possível passar desse campo para outras áreas do Direito, como contratos e responsabilidade civil?

Artigo de Ronald H. Coase de 1937, em que investiga a emergência de empresas quando há mercados ("The nature of the firm"), questiona a posição clássica dos economistas sobre a inexistência de atritos nas relações em mercado. Para Coase há custos de operar em mercados, o que chama de "custos de transação", custos produzidos pelo uso do mecanismo de preços. São custos de transação, por exemplo: encontrar o bem que se deseja, negociar e celebrar contratos específicos e unitários por operação negocial, descobrir o preço relevante, precaver-se de inadimplementos, manter estável a produção (variação da oferta de algum insumo); são alguns deles.

Além disso – diz Coase –, os governos tratam de forma diferente operações realizadas dentro e fora da empresa, e isto pode influir no preço. Empresas são organizadas para reduzir custos de transação. Para Coase as empresas são feixes de contratos, enquanto outros economistas e alguns juristas as consideram nexo de contratos.

Em outro artigo, "The problem of social cost", de 1960, Coase discute a atividade econômica e como resolver problemas na hipótese de por conta dela serem produzidos efeitos que afetam, de forma negativa, outras pessoas. O trabalho contesta a proposta, até então dominante, de Pigou no tratamento da relação entre produtos social e particular derivados da atividade empresarial.

Segundo Pigou, se a atividade causasse danos, bastaria que o agente fosse responsabilizado, ou que se cobrassem tributos, sendo os montantes variáveis segundo o dano causado. Dessa forma, o peso da tributação ou a compensação dos danos serviriam para reduzi-lo ou, eventualmente, até determinar a mudança da atividade para outro local.

Coase demonstra o equívoco da proposta dizendo que, se para evitar danos a "A" se impõe dano ou custo a "B", o problema é recíproco. É preciso saber qual o valor gerado e qual o valor perdido ou sacrificado para obter o ganho, comparar ganhos e perdas e verificar se a parte ganhadora pode compensar a outra. Demais disso, custos de transação incorridos para que as partes cheguem a acordo são igualmente relevantes.

Assim – diz o economista –, é importante buscar o melhor arranjo social para acomodar os interesses quando houver danos derivados do exercício de atividade econômica, pois todas as alternativas têm custos.

Até mesmo a intervenção estatal, do governo, tem custos; mas, pensando como uma organização, uma superempresa, o governo tem poder para estimular certos arranjos, reduzindo custos de transação.

A partir desse trabalho, economistas passaram a dar atenção ao Direito como instrumento de organização social, e juristas voltaram o olhar para a Economia como instrumento auxiliar na formulação de normas legais.

Coase demonstrou que acordos voluntários são consumados se a relação entre custos e utilidades for positiva; que acordos cujos custos sejam elevados deixarão de ser celebrados sempre que a magnitude destes, os custos, ou a pouca expressão das vantagens forem consideradas, e que a não-celebração desses contratos impõe perdas para a sociedade. Logo, se a alocação ou atribuição da propriedade compete ao Direito, quando não há custos de transação, os bens circularão entre as pessoas e a distribuição original será pouco relevante no que concerne ao uso do bem. É que a maximização do valor da produção independe de quem seja o titular da propriedade dos bens de produção, desde que o sistema de preços opere sem custos.

Mas, em face de custos na realocação da propriedade, é preciso facilitar as relações entre proprietário e quem pretenda utilizar o bem; e, para isso, o sistema jurídico deve ter provisões que reduzam a insegurança e a incerteza na circulação da riqueza.

Ao jurista, em geral, interessa pouco compreender por que se reconhece a apropriação de certos bens por particulares, ou seja, se lhes atribui um direito que é exercitável *erga omnes*.

Guido Calabresi e Douglas Melamed discutem a matéria em artigo muito citado, "Property rules, liability rules and inalienability: One view of the Cathedral",[5] no qual abordam o problema sobre, havendo interesses conflitantes em que duas ou mais pessoas, ou grupos de pessoas, contendem e é preciso decidir qual lado favorecer, sem o quê se recorrerá à força, que espécie de atribuição de direitos pode ou deve ser feita.

Ultrapassada essa matéria, é preciso tomar decisões de segunda ordem que se referem à forma pela qual o direito (*entitlement*) será implantado, garantido, sem o quê a distribuição não terá eficácia. É preciso, ainda, determinar se o titular poderá, ou não, dispor do direito.

As escolhas dos direitos, os *entitlements*, são as constantes do título do artigo, propriedade, responsabilidade e inalienabilidade. Direitos protegidos pela regra de propriedade podem circular mediante acordos (contratos). A destruição ou dano causado ao bem por terceiro imporá o dever de indenizar; portanto, a regra aplicável é a da responsabilidade, a *liability*. Por fim, o direito será protegido por regra de inalienabilidade quando sua circulação, mesmo que voluntária, for proibida.

Uma das razões para a atribuição de direitos, dizem, resulta de busca por redução de custos administrativos da garantia de respeito ao direito; logo, é questão de eficiência que importa a escolha do tipo de direito, particularmente se, para tal, for indiferente a forma.

De acordo com o critério de eficiência econômica, deve ser escolhido o direito, ou conjunto de direitos, que gere a melhor alocação e o menor custo administrativo de garantia. Mas, alertam, a distribuição de direitos pode impactar motivações como, por exemplo, direitos atribuídos por mérito, ou se a política escolhida for paternalista.

Entendem que, apesar das inúmeras dificuldades, a definição dos direitos produz efeitos sobre a sociedade, ainda que se faça, inicialmente, distribuição igualitária da riqueza, pois outras preferências acabarão por redistribuí-la. E, no que tange a certos direitos vistos como essenciais, se se pretende dar a todos um mínimo deles – educação, saúde, segurança, por exemplo –, deve-se tutelá-los pela regra da inalienabilidade.

5. Guido Calabresi e Douglas Melamed, in *Harvad Law Review*, pp. 1.089-1.128.

Da perspectiva de justiça, as explicações de Calabresi e Melamed indicam que a opção por uma ou outra forma parte do princípio da escolha racional individual e, com isso, dada a liberdade de negociar certos direitos, se chega à meta de eficiência econômica.

Perguntam por que o direito de propriedade não seria suficiente para as decisões de política legislativa, o que é respondido pelo fato de o custo de estabelecer o valor inicial de um dado *entitlement* por meio de negociação poder ser tal que sua transferência não ocorreria. Reconhecem que no caso de direitos inalienáveis a intervenção social é mais ampla, porque se decide não apenas quem será deles titular, que preço deverá ser pago se o direito for atingido, destruído, mas, também, por que se dispõe sobre sua circulação, fixando condições para troca válida ou, até, impedindo-a.

"Direitos não-monetizáveis" são entendidos como custos externos (externalidades negativas, como, por exemplo, a emissão de poluentes) e denominados "custos morais"; porém, reconhecem, nem sempre esses danos externos impedem vendas (créditos de carbono são um instrumento recente em que se vende direito de poluir), por isso se referem a mercados para bens não-monetizáveis, e os *shadow prices* se destinam a lhes dar valor econômico.

No que concerne a sanções penais, os autores retomam a questão dos incentivos e a moralidade. Não basta que os crimes contra a propriedade e a pessoa sejam punidos com a restituição do valor perdido ou lesado, porque, se o criminoso for apenado dessa forma, o direito de propriedade perde sua característica, e a tutela será dos bens protegidos por regras de responsabilidade.

Portanto, sob o prisma da eficiência econômica, a propriedade é melhor que a responsabilidade, pois o criminoso não apenas prejudica a vítima, como corrói as regras e diferenças importantes que ultrapassam o caso individual.

Sobre comportamento humano, Gary Becker[6] parte da abordagem econômica em comparação com as adotadas por outras ciências sociais. A maximização de utilidades ou riqueza e o mercado como estrutura para alocar bens constrangem e coordenam as ações das pessoas diante de bens escassos. A presunção de estabilidade das preferências é definida com base em aspectos fundamentais da vida como saúde, prestígio, benevolência, para os quais nem sempre há mercado.

A combinação da maximização do comportamento com o equilíbrio de mercado e preferências estáveis está no cerne das previsões econômicas; é, para Becker, conjunto de medidas que pode ser utilizado para entender o comportamento humano e, na linha do que fora cogitado por Bentham e Marx, entre outros, afirma que todas as pessoas se comportam como maximizadoras de utilidades a partir de um conjunto estável de preferências e acumulação de nível ótimo de informação e outros *inputs*, em grande variedade de mercados.

Eficiência parece ser o elemento de discórdia no estabelecimento de relação entre Direito e Economia, quando não deveria ser assim. Admitido que normas legais podem reduzir custos de transação, gerar segurança nas relações sociais, por que não fazê-lo de forma eficiente? Onde a imoralidade de reduzir desperdícios?

Conforme Stigler, no texto citado,[7] ao explicar a aplicação da Economia ao Direito a partir da experiência de Director, foi significativa a mudança de abordagem nas discussões jurídicas, ao se analisar a concorrência, e a eficiência passou a integrar o paradigma jurídico. Sobre eficiência econômica, considera que são dois os valores: meta e meios para alcançá-la. Dizer "máxi-

6. Gary Becker, *The Economic Approach to Human Behavior*, University of Chicago Press, 1976.

7. Stigler, in *The Journal of Law and Economics* XXXV/455 e ss.

ma eficiência" significa atingir o maior valor para a meta fixada a partir de um dado valor dos meios.[8]

Dizem os economistas que as demandas são ilimitadas, mas os meios (recursos) para atender a elas são finitos, escassos. Em face disso (impossibilidade de atender a todas as demandas), é preciso alocar os bens de forma racional, maximizando o resultado do uso, reduzindo perdas ou desperdícios. Considerando os bens (ou os meios) escassos, perseguir o uso eficiente interessa a todos, também ao Direito.

Retomando a questão da eficiência, Stigler explica que instituições e organizações sociais que ultrapassam alguma barreira temporal são eficientes e que as novidades, propostas de mudanças, representam desafios ao estabelecido. Assim, pode-se afirmar que institutos como a propriedade privada e contratos são eficientes. A apropriação de certos bens, legalmente reconhecida, é facilmente justificada. Bastaria recordar o dito "o olho do dono engorda o boi" para compreender que a expressão tem relação tanto com a escassez quanto com a preservação das coisas. O dono tem interesse em cuidar do bem, mantê-lo em boas condições de uso ou de troca. Se os bens são escassos, interessa a todos que não sejam consumidos e/ou destruídos.

Basta ver o que se dá quando algum bem não tem proprietário. As pessoas tendem a, de forma utilitarista, usá-lo ou consumi-lo à exaustão. Mais ainda, a maximização fará com que os que primeiro tiverem acesso ao bem retirem para si mais que o necessário, visto que, se não o fizerem, outros farão. O brocardo *prima pars mea est quia suum leo* espelha o que os economistas afirmam. O uso ou consumo abusivos levam ao esgotamento dos bens que não têm proprietário. Eis o fundamento da recepção pelo Direito do instituto da propriedade particular.

8. Idem, p. 458.

Se o Direito garante e promove a conservação da coisa, o uso racional, como deve ser, e muitas das normas relacionadas à propriedade estão predispostas nesse sentido, a informação não faz parte dos textos jurídicos. Qual seria a função social do instituto "contrato", e como é analisada pelos dogmáticos do Direito?

Vincenzo Roppo, em *Il Contratto*, entende que contrato é a vestimenta jurídica de uma operação econômica, porém é raro ler que o contrato é instrumento fundamental para a voluntária e regular circulação da propriedade ou da riqueza, assim como à distribuição de riscos entre contratantes. Essa segunda função tem maior significado em contratos de execução diferida ou nos de longa duração, de execução continuada, porque, ao longo do tempo, as coisas não costumam permanecer constantes. "As coisas" podem ser entendidas como "os estados da Natureza", e estes são mutáveis. Que outra razão para que já os romanos criassem a cláusula *rebus sic stantibus*?

Igual natureza, roupagem de operação econômica e distribuição de riscos, têm as normas sobre organização de sociedades, as de reorganização ou recuperação de empresas em crise. Aqui, a função dos institutos de Direito é dar juridicidade a operações econômicas, criando as condições de certeza e segurança e, com isso, levando à redução dos custos de transação.

Ousaria afirmar que o sistema jurídico é eficiente quando contém regras que, ao disporem sobre efeitos das relações entre pessoas, reduzam custos de transação.

Seriam conciliáveis as duas visões do Direito, a dogmática e a proposta por *Law and Economics*? O cerne, fulcro, das grandes objeções à aceitação dessa nova corrente (filosófica) de pensar o Direito está nas diferentes visões da disciplina jurídica.

Se o Direito for sempre analisado como um sistema fechado, endógeno, da sua perspectiva interna, a probabilidade de a doutrina cogitar da aceitação de auxílio ou colaboração de outras ciências é remota, muito limitada.

Prevalecendo a concepção de ser o Direito um sistema aberto, ciência social aplicada, o cenário passa por transformação radical. Deixar-se-á de questionar e comparar eficiência com justiça distributiva, retornando ao *suum quique tribuere*, premiando o mérito, evitando ou reduzindo custos de transação e, sobretudo, pensando incentivos a que as pessoas reconheçam e pautem suas decisões de conformidade.

Não há razão para que a eficiência econômica não seja contemplada e implantada nos ordenamentos do sistema romano-germânico-canônico, os ditos de direito positivo, ou incorporada aos princípios gerais de Direito, auxiliares na interpretação das normas.

Há quem considere que aceitar essa maneira de interpretar as leis tem custos que os juristas formados na Escola Dogmática não estão dispostos a suportar. Trata-se de interesses vestidos que pretendem manter o *status quo*.

O realismo jurídico não teve na Europa a mesma sorte que nos Estados Unidos da América, e a filosofia de conceitos foi substituída pela filosofia dos interesses e dos valores, que excluem valores externos como meios de interpretação das normas. E a supressão da política, da formulação de *policies*, da área do Direito pôs uma pá de cal nas discussões. Nos Estados Unidos o realismo legal abriu espaço para a recepção de outras formas de pensar o Direito, firmando-se claramente a relação entre Direito e Economia, em que o utilitarismo é a base.

Douglas North e também Celso Furtado e Sérgio Buarque de Holanda, ao discutirem as instituições sociais, oferecem explicações que servem também ao tema da relação entre Direito e Economia. Instituições são – diz North – as regras que informam e modelam o jogo social, determinantes de escolhas e condutas. As européias são distintas das norte-americanas. A sociedade européia fora organizada sobre classes sociais com diferentes privilégios; portanto, as normas jurídicas devem, em larga medida, refletir essa tradição. Já os cidadãos dos Estados Unidos da América rapidamente se rebelaram e declararam sua independência da Inglaterra e se propuseram um país de igualdade com meritocracia.

Os colonizadores, ingleses que imigraram para a América, pretendiam construir um novo lar, permanecer no país. Os colonizadores que vieram para a América Latina, de outro lado, buscavam riquezas para, em seguida, retornar aos países de origem. Evidente que as instituições sociais nessas regiões são diferentes. O patrimonialismo, típico dos países latino-americanos inexiste tanto nos Estados Unidos da América quanto no Canadá. Os modelos de desenvolvimento social aparecem como mais eficientes.

Críticos da eficiência econômica dizem que a distribuição de bens e rendas acentua a desigualdade social e que substituir as obrigações no seu conteúdo ético pelo cálculo de utilidade do homem econômico discrimina os pobres, dificulta atingir as metas de eqüidade e justiça social – e, portanto, cabe ao Estado, desenhar políticas que reequilibrem a distribuição da riqueza. E concluem que a pretensão de dar algum tratamento econômico às normas jurídicas é inaceitável, dado o fato de que eficiência não se coaduna com redistribuição legal. A eficiência econômica incomoda, e o formalismo jurídico prevalece.

Redução de custos de transação não faz parte do ideário na formulação de políticas públicas em que predominam o patrimonialismo e o assistencialismo. E, como se entende que a maximização de riqueza não corresponde à meta de economia do bem-estar (*welfare economics*) se não acompanhada de processo de distribuição no processo normativo, o caldo de cultura é desfavorável até mesmo à oitiva de argumentos favoráveis à colaboração entre Direito e Economia.

Sobre o binômio eficiência/justiça afirma-se que, se a eficiência é fundamental para o economista, a justiça é o elemento que rege a discussão jurídica; que a dificuldade está em ajustar a eficiência econômica, que parte de comportamentos racionais, com a busca por justiça (talvez se referisse à justiça distributiva) baseada no comportamento humano, e que este, o comportamento humano, não é determinado de forma tão rigorosa como se predica em Economia, pois há pessoas para as quais riqueza importa pouco ou nada, outras que não detêm informações, e que tais pessoas nunca celebrarão acordos ótimos, notadamente se operarem em situações novas ou não-familiares.

Assim a conclusão de Stigler de que, a par da dificuldade de comunicação entre as duas áreas, a sensação de invasão do Direito pelos economistas é incômoda e que, embora a Economia possa atuar em colaboração com os juristas, nem mesmo se pensa em perseguir a justiça com eficiência.

E, apesar da negação, os economistas têm muito que oferecer como colaboração aos juristas. Note-se que "The problem of social cost" foi, durante muito tempo, mais citado por juristas que por economistas. Talvez porque se relacione ao direito de propriedade e à responsabilidade por danos, enquanto se exerce atividade econômica; Coase descreve diferentes circunstâncias – o agricultor e o criador de gado, a estrada de ferro e os agricultores lindeiros, o médico e o ruído da atividade industrial –, demonstrando que a atribuição da propriedade compete ao Direito; o que cada proprietário faz com seu bem é decisão individual, mas, quando o uso da propriedade por uma pessoa causa danos ou prejuízos ao vizinho, o problema passa a ser recíproco, e é preciso encontrar uma solução que satisfaça a todos. *Propriedade* e *responsabilidade civil* entram, portanto, na pauta de interesses comuns ao Direito e à Economia.

Guido Calabresi, ao tratar da propriedade e responsabilidade civil, trabalha com o pressuposto da racionalidade, com princípios e modelos econômicos. No que diz respeito à responsabilidade civil, *The Cost of Accidents*, desse mesmo jurista, de 1961, é emblemático quando explica a importância de estimular a adoção de precauções no exercício de atividades das quais possam resultar danos impostos a outras pessoas.

Matéria na qual a Economia pode colaborar com a formulação de políticas públicas é a da saúde. Grande dificuldade nesse campo é a alocação de verbas de forma a obter a maior utilidade social. Quando privilegiar "A" significa causar danos a "B", o que se deve fazer? O custo social gerado por esse tipo de escolha, em que vida ou qualidade de vida são o resultado final, não é simples, ou trivial.

Tome-se a norma constitucional que dispõe ser a saúde direito de todos e dever do Estado. Dessa leitura pode-se concluir que saúde é bem público, não-excludente e não-rival.

Mas sabe-se o Estado não provê saúde para todos, entendida a provisão como oferta de serviços de Medicina, leitos hospitalares e medicamentos. Qual seria, entre várias alternativas de prestação desses serviços, a menos pior? Que critério utilizar na distribuição de verbas para atender, ao menos, a parcela significativa da demanda?

Remeto os interessados ou curiosos ao texto de Calabresi, *Tragic Choices*, de que há tradução italiana. À guisa de conclusão, gostaria de ressaltar que, dispositivos da lei do consumidor e, mais recente, da função social da propriedade, porque os legisladores não acreditaram na racionalidade dos agentes, no oportunismo das pessoas, e tem geraram efeitos de segunda ordem indesejáveis.

No caso do consumo, lembro as decisões sobre o *leasing* de veículos automotores com cláusula de reajuste pela variação da paridade entre moeda nacional e moeda estrangeira. O produto deixou de ser oferecido. No caso da função social da propriedade, a constante invasão e a destruição de áreas rurais, quando não de centros de pesquisa, sem que medidas de desestímulo a essa prática sejam consistentemente adotadas, poderão ter impactos sobre o agronegócio.

Espaço Discente

MICROCRÉDITO: PECULIARIDADES E A DEMOCRATIZAÇÃO DO CRÉDITO NO SISTEMA FINANCEIRO NACIONAL*

Emanuelle Urbano Maffioletti

1. Introdução. 2. Noções introdutórias do sistema de crédito e delineamentos jurídicos do microcrédito: 2.1 Caracterização do sistema tradicional de crédito – 2.2 Aspectos jurídicos do microcrédito: conceito, metodologia e público-alvo: 2.2.1 A metodologia e contornos jurídicos do microcrédito – 2.2.2 Público-alvo do microcrédito – 2.3 As instituições autorizadas para oferecer microcrédito no Brasil – 2.4 O atual contexto do acesso ao crédito pelos microempreendedores. 3. O apoio institucional e a democratização do crédito: 3.1 A adequação do apoio institucional à operação de microcrédito – 3.2 O apoio institucional adequado: perspectivas de acesso. 4. Conclusão.

1. Introdução

A evolução das práticas comerciais de empréstimo concentrou a realização da operação de crédito nos bancos, que captavam moedas (depósitos) do público e as repassavam, sob a sua responsabilidade, a outrem, mediante empréstimos. Tais instituições passaram a exercer função essencial para o desenvolvimento das atividades econômicas, tornando suas operações cada vez mais complexas, até que, no século XIX, foi necessária a intervenção do Estado para criar formas de controles quantitativos e qualitativos das condições de concessão e garantias do crédito, entre outros aspectos. Na atualidade o acesso ao crédito constitui elemento essencial ao desenvolvimento sustentado da economia, como já afirmava Schumpeter, e que vem sendo reiterado pela literatura desenvolvimentista mais recente, como, por exemplo, Amartya Sen.

Em função de tudo isto, a disciplina do crédito é complexa e altamente institucionalizada, influenciando, ainda, a disciplina de outros institutos econômicos, como os da oferta e procura de bens, da poupança, de depósitos, da moeda, da inflação, dos juros e da distribuição de renda.

No Brasil o crédito e a moeda são controlados pelo Sistema Financeiro Nacional/SFN, por força do artigo 192 da CF e da Lei 4.595/1964. Com essa base, o Conselho Monetário Nacional/CMN e o Banco Central do Brasil/BACEN executam as diretrizes de programas públicos de crédito, estabelecem a disciplina do crédito e buscam manter a estabilidade monetária com vistas ao desenvolvimento.

* Artigo produzido a partir de texto de Dissertação de Mestrado em Direito Comercial realizado na Faculdade de Direito da USP, sob a orientação do Professor Dr. Haroldo Verçosa, com conclusão em 2006.

Apesar dessa previsão legal e de o SFN ser muito desenvolvido, sofisticado e complexo, o sistema tradicional de crédito até pouco tempo caminhava num sentido de restrição a um público especialíssimo.

Recentemente essa deficiência no sistema de crédito foi posta em foco, pois a incompatibilidade entre os requisitos de acesso ao crédito e as características da sociedade brasileira privilegiava apenas uma menor parcela dos agentes produtivos. Diante de tal realidade, a democratização do crédito e de outros serviços financeiros tornou-se uma questão nuclear para a efetividade do desenvolvimento econômico brasileiro, uma vez que existe hoje a compreensão indispensável da sustentabilidade do modelo de desenvolvimento de médio e longo prazos.

Nesse sentido, seguindo uma tendência internacional, o microcrédito começou a ser promovido e divulgado no Brasil, inicialmente por algumas organizações não-governamentais/ONGs e depois, com o apoio regulamentar, por outras instituições financeiras. Foram adotadas políticas públicas e encaminhadas regulamentações com o objetivo de favorecer o oferecimento do microcrédito no Brasil, modalidade de crédito com metodologia diferenciada, cujo público-alvo é composto justamente por agentes produtivos até então excluídos do SFN.

Em virtude disso, o microcrédito surge como uma alternativa de acesso ao crédito às unidades produtivas que se concentram no campo da informalidade, com metodologia compatível com as instituições prestamistas (instituições ofertantes), conquanto é desenvolvida com base em garantias diretas e indiretas que atribuam segurança quanto à adimplência.

Hoje, já verificada alguma abertura do Sistema Financeiro aos microempreendedores, a questão que se põe é sobre a adequação do institucional e de sua relevância para a democratização do crédito, com o objetivo de atingir o desenvolvimento econômico e social.

Considerando a relevância dessa temática e a oportunidade de estudo jurídico, o presente trabalho tem por objeto analisar aspectos jurídicos relacionados ao microcrédito e as medidas institucionais adotadas com o fim de se estabelecer um processo de democratização do crédito com vistas ao desenvolvimento econômico e social sustentável.

O tema será desenvolvido em três capítulos. O primeiro é dedicado ao sistema tradicional de crédito e aos conceitos básicos sobre o crédito, microcrédito e metodologia; o segundo tratará sobre a institucionalização do crédito, os fundamentos do microcrédito e a evolução da regulamentação no Brasil; e o terceiro será reservado ao estudo do apoio institucional, com vistas à consolidação e ao aprimoramento do microcrédito no Brasil, a fim de contribuir à sua democratização e ao desenvolvimento econômico e social.

2. Noções introdutórias do sistema de crédito e delineamentos jurídicos do microcrédito

O vocábulo "crédito" tem origem no Latim (*credere*), traduzido nos vocábulos "acreditar", "confiar". Paolo Greco[1] explica que o crédito tem várias acepções, entre elas a moral, que está presente em todas as relações de crédito, tendo em vista que o crédito vale: boa reputação, favorável consideração na qual alguém é reconhecido pela sua qualidade moral, pela sua habilidade profissional ou pela sua posição patrimonial, ou, mais ainda, pelo conjunto desses fatores. Envolve, então, relações jurídicas nas quais se destacam a fidúcia, honestidade, boa-fé, uma favorável consideração desfrutada por determinada pessoa na coletividade ou regularidade do cumprimento de determinadas obrigações.

1. Paolo Greco, *Le Operazioni di Banca – Appunti delle Lezioni di Diritto Commerciale Tenute nell'Anno Academico 1929-1930 dal Professore Paolo Greco*, pp. 8-11.

Demais disso, o crédito diz respeito ao ato de emprestar, de transferir a propriedade de um bem, ou à disposição deste para a transferência da propriedade em um momento sucessivo, considerando-se a devolução deste bem ao proprietário original após um termo.[2]

Mais: o crédito envolve a transferência da propriedade do bem.[3] O proprietário do bem deixa de ter sua posse e a transmite para outrem, que se compromete a devolvê-la posteriormente em determinado termo. No caso de o objeto do empréstimo ser a moeda, há duas situações: primeiro, a moeda é transferida de um titular (proprietário) para uma instituição financeira (instituição intermediária); a instituição intermediária, por sua vez, registra a entrada dessas moedas e as transfere para um terceiro a crédito (devedor final), que adquire bens de sua necessidade; e assim por diante. Os devedores (instituição intermediária e devedor final) assumem a obrigação de devolver o valor representativo das moedas (bem fungível) no termo pactuado.

Os caracteres envolvidos no negócio jurídico de crédito, dentre os quais se destacam o termo (prazo para recebimento do crédito) e a circulação de riquezas (há transferência da propriedade de bens), fazem com que seu estudo envolva noções interdisciplinares, especialmente localizadas nas ciências da Economia e do Direito.

Para o Direito são conceitos relevantes ao desenvolvimento desse estudo: a forma (os contornos) que se ajusta para a transferência da propriedade e devolução do bem objeto de empréstimo e as garantias de retorno desse bem.

O retorno do crédito (moedas), portanto, aparece como um relevante ponto de proteção jurídica e de particular interesse dos credores, o que fundamentaria a premissa de as instituições intermediárias só fornecerem crédito àqueles que disponham de garantias suficientes quanto à devolução das moedas emprestadas.

Mas, além dessa visão privatista do negócio jurídico de crédito, há valores econômicos e sociais que transcendem os efeitos particulares dessa relação. O crédito envolve a circulação de riquezas, fornecendo aos empresários o poder de compra antecipado de um bem essencial para contribuir e incrementar sua atividade econômica e produtiva. O fechamento deste ciclo permite o crescimento da economia, aumenta o potencial de produção dos empresários, cria mais condições de emprego, de concorrência, eficiência, e aumenta as variáveis de bens de consumo, permitindo o desenvolvimento econômico, como já afirmava Schumpeter.[4]

2. Nesse sentido, G. C. Vidigal (*Teoria Geral do Direito Econômico*, p. 191) fala que o crédito é formado por "atos pelos quais alguém transfere ou promete transferir coisas, presta ou promete prestar serviços, mediante estipulação de contraprestação futura, caracterizando-se pelo hiato de tempo entre o momento de estipulação e o da exigibilidade das prestações".

3. Além do elemento "fidúcia", F. Messineo (*Operazioni di Borsa e di Banca*, p. 551) ensina que o crédito é caracterizado também pela transferência atual da propriedade de um bem, ou a mera disposição deste bem para a transferência da propriedade em um momento sucessivo.

4. O crédito pode ser fornecido para fins de investimento – fornecido ao empresário para que o mesmo dedique à sua atividade produtiva – ou para consumo. J. A. Schumpeter (*Teoria do Desenvolvimento Econômico – Uma Investigação sobre Lucros, Capital, Crédito, Juro e o Ciclo Econômico*, pp. 72-73) considera que o crédito ao consumo não é um elemento essencial ao processo econômico. Para ele, apenas o empresário precisa de crédito e apenas o crédito concedido ao empresário contribui para o desenvolvimento industrial, justificando: "O crédito na rotina ordinária do negócio estabelecido deve sua importância prática somente ao fato de que há desenvolvimento e de que esse desenvolvimento carrega consigo a possibilidade de empregar somas de dinheiro que estão temporariamente ociosas. Assim, todo homem de negócios tirará proveito dessas receitas tão pronto quanto possível e depois tomará emprestado o poder de compra que possa requerer. Se não houvesse desenvolvimento nenhum, então, as somas de dinheiro necessárias à realização de transações normalmente precisariam ser mantidas durante o tempo em que delas não se necessitasse. É o desenvolvimento que altera isso. Logo varre para longe os tipos cujo orgulho era o de nunca terem

Essa associação do crédito como instrumento do desenvolvimento econômico persiste com o passar dos tempos. Aliás, atualmente concebe-se o direito ao crédito associado ao princípio da dignidade da pessoa humana, assegurando-lhe a liberdade. Isto porque o tomador pode negociar com o vendedor (distribuidor de bens de capital e/ou consumo) a aquisição dos bens necessários, exercer suas escolhas sociais com mais facilidade e adquirir a propriedade de bens no momento que julgar oportuno, além de gerar sustento próprio e para outras famílias.[5]

Tendo em vista os fundamentos da teoria jurídica do crédito, mais a função de contribuir ao desenvolvimento econômico sustentado, o Estado intervém nessa atividade econômica. Assim, há de atuar com o intuito de harmonizar todos os interesses e valores, protegendo o interesse privado do credor quanto ao retorno do bem emprestado e evidenciando a função social do crédito, caracterizando o crédito como instituto altamente institucionalizado no Brasil.

2.1 Caracterização do sistema tradicional de crédito

No Brasil o sistema de crédito é historicamente marcado como um sistema fechado. Ou seja, com o acesso ao crédito restrito a um público especialíssimo, disponibilizado mediante a cobrança de altos encargos e concedido após análise criteriosa dos riscos da operação, das informações do devedor e das garantias apresentadas, sendo estas prioritariamente representadas na forma de bens.

Durante muito tempo as instituições financeiras agiram com base nas oscilações econômicas e nas tendências do mercado interno, aproveitando os cenários econômicos mais favoráveis para aumentar a oferta do empréstimo, quando disponibilizavam a maioria das operações de empréstimo a curto prazo, cobrando juros altos e para os clientes antigos, com histórico bancário positivo; ou concedendo empréstimos de altos valores a médio e longo prazos para os fins de investimento, mediante a exigência de garantias reais e pessoais, a análise das informações pessoais e documentais, da viabilidade do projeto relativo à aplicação de recursos na unidade produtiva e, ainda, remuneração alta.[6]

demandado crédito. E no fim, quando todos os negócios – antigos como novos – são lançados dentro do círculo do fenômeno do crédito, os banqueiros até preferirão essa espécie de crédito, por envolver menor risco".

5. Amartya Sen (*Desenvolvimento como Liberdade*, pp. 41-42) trata a respeito de liberdade quando analisa o desenvolvimento econômico. Explica que um dos principais problemas do mercado é a negação de oportunidades de transação por meio de controles arbitrários, que podem levar a uma redução de liberdades, por privar pessoas de oportunidades econômicas. Em relação à expansão de rendas e oportunidades econômicas trazidas pelo mercado, sustenta o autor: "De um modo geral, esse argumento sem dúvida é influente, e existem muitas evidências empíricas de que o sistema de mercado pode impulsionar o crescimento econômico rápido e a expansão dos padrões de vida. Políticas que restringem oportunidades de mercado podem ter o efeito de restringir a expansão de liberdades substantivas que teriam sido geradas pelo sistema de mercado, principalmente por meio da prosperidade econômica geral". E, adiante, complementa: "No entanto, esse argumento é totalmente diferente do argumento de que as pessoas têm o direito de fazer transações e trocas. Mesmo se esses direitos não fossem aceitos como invioláveis – e inteiramente dependentes de suas conseqüências –, pode-se ainda argumentar que há uma perda social quando se nega às pessoas o direito de interagir economicamente umas com as outras. Caso aconteça de os efeitos dessas transações serem tão danosos para terceiros que essa presunção *prima facie* de permitir às pessoas transacionar como bem entenderem possa sensatamente ser restringida, ainda assim existe alguma perda direta quando se impõe essa restrição (mesmo se ela for mais que compensada pela perda alternativa dos efeitos indiretos dessas transações sobre terceiros)".

6. Neste sentido, cf. C. E. Carvalho e R. Abramovay, "O difícil e custoso acesso ao Sistema Financeiro", in Carlos Alberto dos Santos (org.), *O Sistema Financeiro e as Micro e Pequenas Empresas – Diagnósticos e Perspectivas*, 2ª ed., p. 17. E, ainda, Haroldo Malheiros Duclerc Verçosa, *Bancos*

Demais disso, as instituições também agiam de acordo com as normas e o apoio institucional existente à época. Assim, eram apontados como justificativas para as poucas opções de crédito: o ambiente macroeconômico, a rentabilidade dos títulos públicos, os riscos elevados de crédito, os problemas de assimetria de informação, o nível cultural da população, com conseqüência na qualidade do gerenciamento das empresas, os encargos tributários estabelecidos para as instituições financeiras privadas, as dificuldades existentes nos processos de cobrança do crédito, os altos custos operacionais das instituições financeiras, o nível de concentração das instituições bancárias e o panorama institucional inadequado.

Com isso, os agentes produtivos de pequeno porte vinham sendo excluídos do sistema de crédito do SFN, especialmente aqueles sem constituição jurídica, que não tinham condições econômicas para remunerar o custo do crédito nem de cumprir os requisitos exigidos pelo atual sistema de crédito. O sistema formal de crédito tendia à restrição.[7]

No entanto, analogamente a essa exclusão, tais atividades produtivas precisam de linha de crédito específica para iniciar uma atividade econômica, aumentar a capacidade de investimento ou se inserir nos mercados produtivos, além de se tornarem auto-sustentáveis. A ausência de oportunidade de crédito formal e de contratação de outras operações bancárias fez com que esses agentes recorressem às diversas modalidades alternativas de crédito, submetendo-se às condições impostas por cada prestamista e aos juros muitas vezes mais altos que os cobrados pelo SFN.[8]

Mais: esses empreendedores desempenham função social relevante à economia brasileira, sendo considerados como elementos definitivos na ocupação e geração de renda no Brasil, de modo que a distância do Sistema Financeiro formal representava um dos fatores de empobrecimento.[9]

Todo esse contexto e a busca pelo constante desenvolvimento econômico e social sugeriram a necessidade de alterar o sistema tradicional de crédito para ampliar o acesso ao SFN. Diante de tal realidade, a democratização do crédito tornou-se uma questão nuclear para a efetividade do desenvolvimento econômico brasileiro, uma vez que existe hoje a compreensão indispensável da sustentabilidade do modelo de desenvolvimento de médio e longo prazos.

Centrais no Direito Comparado – O Sistema Financeiro e o Banco Central do Brasil – O Regime Vigente as Propostas de Reformulação, pp. 140-154.

7. Considere-se que naquele momento os agentes produtivos de pequeno porte eram maioria na estrutura econômica produtiva brasileira, de acordo com as informações extraídas das pesquisas "Economia Informal Urbana/ECINF", realizada pelo IBGE e Observatório SEBRAE em 2005, disponível em *http://www.mte.gov.br/pnmpo/conteudo/arquivos/Economia_Informal_Urbana.pdf* (acesso em 4.1.2006), do "Boletim Estatístico de Micro e Pequenas Empresas", desenvolvido pelo Observatório SEBRAE em 2005, disponível em *http://www.dce.sebrae.com.br/bte/bte.nsf/03DE0485DB219CDE0325701B004CBD01/$File/NT000A8E66.pdf*(acesso em 16.1.2006), e do "Boletim de Conjuntura do Instituto de Pesquisa Econômica Aplicada/IPEA", realizado em 2005 e disponível em *www.ipea.gov.br* (acesso em 20.1.2006). Em números, havia 10,3 milhões de empreendimentos informais e apenas 4.918.370 milhões de empresas formais, dentre as quais 99,2% eram constituídas do regime de micro e pequenas empresas e 0,8% eram empresas de médio e grande porte. E no período compreendido entre 2003 e 2005 o percentual de crédito concedido à população brasileira variou entre 26,19% e 30,03% do PIB, considerando que em 2003 apenas 3,5% de atividades produtivas do sistema informal tiveram acesso ao crédito.

8. São exemplos dessas modalidades alternativas de créditos: os créditos concedidos por familiares; por agiotas; por outros agentes produtivos pequenos e de convívio; e por lojas, mediante sistema de crediário, as quais estão ligadas ao suporte indireto de instituições financeiras e repassam aos clientes (tomadores) as condições do empréstimo a que foram submetidas, mais as suas próprias condições.

9. Cf. Carlos Eduardo Carvalho e Ricardo Abramovay, "O difícil e custoso acesso ao Sistema Financeiro", in Carlos Alberto dos Santos (org.), *O Sistema Financeiro e as Micro e Pequenas Empresas – Diagnósticos e Perspectivas*, 2ª ed..

Nesse cenário, algumas ONGs, em conjunto com institutos de pesquisa e consultoria internacional, começaram a transpor para o Brasil noções e a sistemática do microcrédito, a exemplo da metodologia desenvolvida pelo economista Muhammad Yunus em Bangladesh.[10] Depois, o Banco Mundial e o Banco Interamericano de Desenvolvimento/BID incentivaram a divulgação da metodologia do microcrédito nos países da América Latina e em desenvolvimento, e a partir dos anos 1990 intensificaram-se os debates sobre regulamentações. Nesse caminho, o Governo Brasileiro também iniciou com políticas públicas e regulamentações de estímulo ao microcrédito.

O microcrédito surge, então, como uma alternativa de acesso ao crédito às unidades produtivas informais e que demandam crédito de pequeno valor,[11] embora não disponham de patrimônio, garantias reais, nem renda. Sua metodologia diferenciada permite que os objetivos econômicos sejam atingidos, contribuindo à distribuição e ao crescimento da renda, pois proporciona às unidades produtivas informais a oportunidade de tomar crédito formal e direcionado, a um custo compatível com a rentabilidade esperada de seu negócio. E, por outro lado, também não conflita com os fins das instituições prestamistas, pois há garantias diretas e indiretas que auxiliam no controle à adimplência.

Hoje já se reconhece o microcrédito como uma alternativa de crédito, tendo contribuído à popularização dos serviços financeiros.

2.2 Aspectos jurídicos do microcrédito: conceito, metodologia e público-alvo

O microcrédito está inserido no âmbito de microfinanças, serviços financeiros sustentáveis destinados à população de baixa renda, envolvendo produtos, serviços e gestão diferenciados.[12] É o crédito de pequena quantia, destinado aos microempreendedores dos segmentos formal e informal da economia, com estrutura diferenciada quanto à forma de concessão, à finalidade do empréstimo e ao público beneficiado.

Trata-se de uma modalidade de negócio jurídico de crédito pela qual uma das partes é instituição oficial, devidamente autorizada pela legislação. É formalizado em consonância com as normas aplicáveis ao microcrédito, ao crédito, às garantias contratuais e às regras da instituição, compondo o sistema de crédito produtivo com potencial contribuição ao desenvolvimento econômico sustentável.

Corresponde, enfim, a um crédito outorgado com base no caráter (disposição de pagar) do solicitante e na análise do fluxo de caixa combinado pelo negócio e lugar, pois nem todos os tomadores têm registros formais, controles financeiros, nem dispõem de bens para fornecer como garantias reais. Com essa metodologia, o elemento "pessoalidade" retorna às relações contratuais de crédito, impactando na proximidade e informalidade entre os agentes de crédito (representantes das instituições prestamistas) e os tomadores do crédito. A boa-fé e confiança são elementos intrínsecos a essa relação.[13]

10. Para maior detalhamento dessa metodologia, cf. Muhammad Yunus, *O Banqueiro dos Pobres*, 2001.

11. No plano internacional, consideram-se *microcrédito* os valores até 500 Dólares, e no Brasil até R$ 10.000,00 (cf. Carlos Eduardo Carvalho e Ricardo Abramovay, "O difícil e custoso acesso ao Sistema Financeiro", in Carlos Alberto dos Santos (org.), *O Sistema Financeiro e as Micro e Pequenas Empresas – Diagnósticos e Perspectivas*, 2ª ed., p. 3.

12. Cf. Sérgio Darcy e Marden Soares, "Democratização do crédito no Brasil – Atuação do Banco Central", in *2º Seminário Banco Central sobre Microfinanças, Anais*, Fortaleza, 2003, p. 6 (3ª ed., Brasília, BACEN, 2006).

13. É, enfim, como observam Sérgio Darcy e Marden Soares ("Democratização do crédito no Brasil – Atuação do Banco Central", in *2º Seminário Banco Central sobre Microfinanças, Anais*, Fortaleza, 2003, pp. 2-3 (3ª ed., Brasília, BACEN, 2006),

2.2.1 *A metodologia e contornos jurídicos do microcrédito*

A metodologia do microcrédito foi construída para facilitar o acesso do microempreendedor ao crédito e, ao mesmo tempo, assegurar o retorno do capital emprestado às instituições prestamistas. Em virtude dessas premissas, o sistema de garantias do microcrédito também é peculiar, sendo edificado para um público que não possui renda, nem bens. Apenas a "palavra" e a "disposição" para pagar.

O "ter" bens materiais para assegurar o retorno do crédito deixa de ser prioridade em detrimento da apresentação de informações e de garantias diferenciadas que demonstram compromisso com as obrigações contratuais. Em virtude disso, há um contato mais direto entre o tomador e a instituição prestamista, com uma metodologia calcada na confiança e num detalhado processo de captação de informações.

Um traço peculiar dessa metodologia é a atuação dos agentes de crédito, que são responsáveis por ir até o microempreendedor e por conduzir essa relação, sendo de alta relevância no investimento a capacitação desses profissionais.[14]

As garantias formam outro pilar essencial. As relações jurídicas de crédito, com natureza jurídica de mútuo (art. 586 do CC),[15] são formalizadas por contratos bancários diversificados, de acordo com a opção institucional. Em geral são de adesão, podendo ser representados na forma de cédula de crédito bancário, desconto bancário, contrato de mútuo etc. Considerando o contexto normativo e também o risco da inadimplência, as instituições financeiras se valem dos mais variados artifícios contratuais para garantir o adimplemento da prestação principal.

Demais disso, nos contratos são estipuladas as garantias, sendo elas: garantias pessoais (fidejussórias), em que a obrigação de garantir surge por um terceiro garantidor e depende da confiança nos atributos pessoais do garantidor, podendo ser na forma de aval ou fiança; e reais, em que a obrigação é garantida pelo proprietário ou possuidor de um bem e o enfoque da obrigação transmuta-se para o bem apresentado, dentre as quais são exemplos a alienação fiduciária em garantia ou o penhor.

Outro importante ponto da metodologia de microcrédito é a utilização de grupos de financiados. São vários os modelos adotados, alternando-se a forma de constituição do grupo, pois em alguns é formado pela própria instituição, e em outros pelos microempreendedores; a forma de concessão do crédito, eis que ora cada microempreendedor recebe uma linha de crédito e garante os microcréditos dos demais membros, ora é concedido um crédito para todo o grupo e eleito um coordenador; ou, ainda, o empréstimo é concedido de forma individual, com garantia individual, mas com a referência do grupo no ato de celebração do empréstimo.

Independentemente da forma de constituição, a vantagem dos grupos pode ser resumida em três ordens: a jurídica, pois

uma modalidade de crédito desenvolvida com base nas características dos agentes produtivos que pertencem a uma classe social de baixo IDH, sendo eles pessoas pobres que trabalham por conta própria ou formam negócios muito pequenos, apesar de as características sócio-econômicas e definições oficiais variarem de um país a outro.

14. Os agentes de crédito visitam a unidade produtiva antes de conceder o crédito e colhem informações referentes às dívidas e receitas profissionais e pessoais do microempreendedor, com base nas quais estimam o grau de risco e indicam se o crédito deve ser aprovado ou não, bem como o valor estimado. Ademais, acompanham o cliente e fazem outras visitas posteriormente à concessão, fiscalizando o cumprimento das obrigações contratuais, prestando as orientações devidas e apontando as renovações do crédito.

15. Trata-se do empréstimo de coisas fungíveis, em que o mutuário é obrigado a restituir ao mutuante o que dele recebeu em coisa do mesmo gênero, qualidade e quantidade.

o grupo funciona como garantia quanto ao recebimento do pagamento do crédito; a operacional, tendo em vista a facilidade de captação de informações, de realização de cobranças e de racionalização dos custos; e a psicológica, que trata a formação de redes e relações sociais estáveis, baseadas no capital social de grupos selecionados que pressionam o outro para cumprir as obrigações contratuais.[16]

Mais: o pagamento do crédito é realizado em pequenas quantias e em periodicidade diária, semanal, quinzenal ou mensal, pois facilita o planejamento do tomador. A remuneração do microcrédito, aliás, é um dos pilares mais importantes dessa modalidade de crédito, pois permite que as instituições oficiais ofereçam crédito de forma profissional, potencializando os lucros, cobrindo custos financeiros e operacionais e administrando os riscos. A auto-sustentabilidade da operação é um fator importante para diferenciar o microcrédito de um programa decorrente de política assistencialista, e as instituições têm constantemente buscado aprimorar metodologia de diminuição de riscos e de captação de recursos.

Os valores dos empréstimos são pequenos e os custos operacionais são altos, em virtude de gastos com agentes de créditos, os gastos financeiros, tributários e encargos decorrentes da regulação inadequada pesam na contabilidade das instituições. Assim, é indispensável a cobrança de juros para remunerar todos os custos, incluindo a reserva para perdas e o perfil financeiro da demanda.[17] A despeito dessa liberalização

16. A primeira das vantagens (jurídica) diz respeito à solidariedade passiva dos membros do grupo quanto à totalidade da dívida. Isto porque o contrato é celebrado com a assinatura de todos os integrantes do grupo como contratantes ou pela vinculação de apenas um deles como contratante principal e os demais integrantes como garantidores solidários, fiadores ou avalistas. A vantagem operacional está na maior facilidade de monitoração pelas instituições financeiras, que apreciam as informações do proponente no ato de concessão dos empréstimos e fiscalizam o desenvolvimento das atividades do tomador com vistas ao pagamento dos empréstimos; além de ser realizada pelos próprios tomadores, o que implica redução de custos e diminuição do risco de inadimplência. Sem contar que, se um dos tomadores não conseguir pagar seu empréstimo, o grupo poderá colaborar ou exercer pressões sociais para forçá-lo a cumprir o contrato – o que resulta na auto-seleção entre os membros do próprio grupo e na atenuação da problemática da seleção adversa, tão constante no mercado de crédito. Por fim, o efeito psicológico é traduzido pela teoria do capital social, que seria definido como o conjunto de recursos disponíveis para um indivíduo a partir de sua posição em uma rede de relações sociais estáveis. Nesse sentido, cf. Priscilla Maria Villa Lhacer, *Acesso ao Crédito pela População de Baixa Renda – A Experiência do Microcrédito e o Mecanismo de Aval Solidário*, pp. 14-24. Os laços sociais e a vinculação dos integrantes refletem na confiança e reciprocidade no comportamento, como aponta. No plano internacional consideram-se microcrédito os valores até 500 Dólares, e no Brasil até R$ 10.000,00 (cf. Carlos Eduardo Carvalho e Ricardo Abramovay, "O difícil e custoso acesso ao Sistema Financeiro", in Carlos Alberto dos Santos (org.), *O Sistema Financeiro e as Micro e Pequenas Empresas – Diagnósticos e Perspectivas*, 2ª ed., p. 10). A proximidade desses laços (cultural, geográfico e comportamental) tende a contribuir para o desenvolvimento de modelos alternativos de crédito, pois tais membros estão vinculados psicologicamente aos demais e têm o fim comum de desenvolver suas atividades produtivas, de ter novos conhecimentos e contatos que aumentem suas oportunidades de negócios, de dividir as informações, de compartilhar os riscos e se fortalecer para contratar com instituições financeiras e de se inserir no mercado produtivo e creditício. Por fim, é importante registrar que em algumas instituições o grupo passa por treinamentos para conhecer a filosofia da instituição e se capacitar, havendo reuniões semanais nas quais os agentes de crédito verificam o espírito empreendedor do membro. Afinal, não se pode esquecer que também faz parte da filosofia do microcrédito a idéia de acompanhar o microempreendedor e fazer com que hoje ele adquira o microcrédito para se organizar e estabelecer, e num momento posterior passe a adquirir uma outra modalidade de crédito maior e outros serviços da instituição financeira.

17. Em relação aos juros, apesar de o Código Civil limitar as taxas de juros do contrato de mútuo (arts. 591 e 406), essas limitações não se aplicam ao mútuo oferecido pelas instituições financeiras, tendo em vista que é assunto de competência do CMN, em face do disposto no art. 4º da Lei 4.595, de 31.12.1964 (Súmula 596 do STF). E o CMN, por sua vez, através da Resolução 1.064, de 5.12.1985, liberou os juros, para as operações ativas dos bancos comerciais, de investimento e desenvolvimento, dos

legal para cobrança dos juros, os princípios da função social do contrato, da isonomia e da boa-fé contratual devem imperar, para evitar lesões a uma das partes, sem contar a função social existente nessas relações, que é pano de fundo para as operações.

Esses são os principais pilares do microcrédito, com uma estrutura que privilegia as garantias extracontratuais, até mesmo porque os microempreendedores não têm bens materiais para garantir o pagamento do crédito. Trata-se de uma alternativa metodológica com vistas a suprir uma deficiência do sistema de crédito e atender a uma camada com real necessidade, com destacada função educativa, social e econômica.

Demais disso, não há como desconsiderar o fato de ser uma metodologia que propõe mudança de paradigmas à forma de trabalho dos operadores do tradicional sistema de crédito. Não só pelo fato de o crédito ser de menor valor, pelas peculiaridades da demanda, mas por requerer uma plataforma diferenciada na estrutura das instituições prestamistas, o que justifica até certo ponto o receio das instituições financeiras de aderirem a esse mercado e aponta para a importância do apoio governamental para a consolidação desse sistema.

2.2.2 *Público-alvo do microcrédito*

O público-alvo do microcrédito (microempreendedor) é composto por agentes produtivos peculiares, os quais estão predominantemente inseridos no segmento informal da economia e que não apresentam qualquer espécie de constituição jurídica.[18]

Seu negócio é desenvolvido em pequena escala, de modo desorganizado, com ocupação precária de espaço e confusão entre o trabalhador e o bem de produção. Ademais, atuam no pequeno comércio ou serviços de baixa qualificação e dispõem de recursos financeiros escassos para se constituírem juridicamente e cumprirem as obrigações decorrentes, respeitadas as suas peculiaridades.

Os microempreendedores desenvolvem mecanismos de sobrevivência com seus próprios recursos e oferecem serviços ou produtos de acordo com suas habilidades manuais, atuando no pequeno comér-

financiamentos concedidos no âmbito do Sistema Financeiro Imobiliário e dos financiamentos concedidos sob cédulas de crédito bancário, cédulas de crédito rural, à exportação e comercial. Além disso, a Medida Provisória 2.172-32, de 23.8.2001, livrou as instituições financeiras e demais instituições autorizadas a funcionar pelo BACEN da nulidade contratual das estipulações usurárias, permitindo a cobrança de juros acima do limite legal estabelecido no Código Civil e na Lei de Usura (Decreto 22.626, de 7.4.1933). Cabe lembrar, ainda, a observação de E. Salomão Neto (*Direito Bancário*, p. 192) no sentido de que a Medida Provisória 2.170-36, de 23.8.2001, autorizou as instituições financeiras a realizar a capitalização de juros em período inferior a um ano nas operações creditícias.

18. A 15ª Conferência de Estatísticos do Trabalho, promovida pela Organização Internacional do Trabalho/OIT e pelo IBGE, conceitua os *agentes produtivos informais* como as unidades produtivas de até cinco empregados ou trabalhadores por conta própria, independentemente de se constituírem juridicamente, com baixa escala de produção e nível de organização e quase nenhuma separação entre o capital e o trabalho (cf. nos resultados da pesquisa do SEBRAE, "Economia Informal Urbana/ECINF", realizada pelo IBGE e Observatório SEBRAE em 2005, disponível em *http://www.mte.gov.br/pnmpo/conteudo/arquivos/Economia_Informal_Urbana.pdf* (acesso em 4.1.2006). Demais disto, Sílvia Helena Di Rienzo Marrey (*A Juridicidade da Economia "Informal" no Domínio Econômico Brasileiro da Década de 90*, p. 109) destaca que há várias concepções que caracterizam o estado de informalidade. A primeira delas consiste em considerar o informal como a pobreza que se ocupa, ou, melhor, como o trabalho desenvolvido pela população pobre em ocupações de natureza precária e de baixa remuneração. A segunda identifica o informal justamente como um tipo de produção específica, representado pelas atividades consideradas atrasadas ou pré-capitalistas, que se caracterizam pela escala reduzida, pouca organização e quase-inexistente separação entre o trabalhador e os meios de produção. A terceira define o informal pelo tipo de atividade desenvolvida, notadamente o pequeno comércio e os serviços de baixa qualificação. E, finalmente, a quarta estabelece o informal como o ilícito ou o ilegal na economia, ou seja, o informal seria aquele que exerce atividade produtiva em desconformidade com o Direito.

cio ou serviços de baixa qualificação. As unidades produtivas são menores em termos de escala, operando com a média de cinco empregados ou ajudantes, inclusive agricultores, familiares e autônomos de pouca renda, que geralmente não são registrados, têm baixo índice de escolaridade e de proteção social.

A produção dos microempreendedores é desenvolvida de forma ambulante ou em suas próprias residências, tendendo à confusão entre os fluxos de caixa pessoal e profissional. Ademais, é imprescindível a participação diária do proprietário, com função produtiva e gerencial.

Esse segmento da atividade econômica é marcado por heterogeneidade, dispondo de vários tipos de atividades, tamanhos e níveis, além de atender aos mais diversificados setores da economia,[19] inclusive alimentando uma cadeia produtiva composta pelos informais e por pessoas físicas pobres, para quem presta serviços com facilidades de pagamento.

No Brasil são responsáveis pela renda e pela sobrevivência de grande parte da população, sendo empreendedores que precisam de crédito para crescer e se tornar auto-sustentáveis. O fenômeno social de explosão de desempregados e da economia informal tem redundado no reconhecimento da necessidade de ações políticas e de apoio econômico a esses agentes como meio de desenvolvimento econômico sustentado, sendo o crédito uma das prioridades.

No que atina à qualificação jurídica dessas unidades produtivas, a figura que mais se aproxima das suas características é a do pequeno empresário, que em medida mínima chega a trabalhar no mercado ou "para o mercado".[20] Nesse sentido, o Código Civil estabelece que lei especial ordenará tratamento favorecido, diferenciado e simplificado ao pequeno empresário quanto à inscrição e aos efeitos decorrentes (art. 970).[21]

Portanto, os microempreendedores (pequenos empresários) atuam em negócios em menor escala profissional e, mesmo que de modo familiar e artesanal, integram a cadeia produtiva. Tão-somente requerem tratamento diferenciado para poder crescer, se estruturar e enfrentar a concorrência dos maiores. E o fato de muitos microempreendedores não serem registrados em órgãos públicos não retira o caráter negocial de suas atividades. Pelo contrário, seus negócios movimentam um grande segmento da cadeia produtiva e seus titulares detêm responsabilidades e assumem obrigações totais perante suas relações contratuais.

Eles existem e atuam economicamente. Preenchem o plano da existência (efetivamente existem), o da validade (operam com continuidade e prestam os serviços e

19. As atividades econômicas são as mais variadas possíveis, prestadas nos setores de comércio, agricultura, construção, indústria, manufatureira, transporte e serviços. Em relação aos ofícios e ocupações, são exemplos: cabeleireiros, esteticistas, cambistas, produtores de cigarros, sapatos, mecânicos, vendedores de latinhas de cerveja, refrigerantes, cachorros-quentes, sanduíches e legumes, costureiras, vendedores de roupas usadas, artesãos, marceneiros, relojoeiros, serviços de limpezas e domésticos, entre outros.

20. Mesmo sendo pequeno o porte da empresa, qualifica-se como empresário aquele que exerce atividade econômica organizada, objetivando a produção e/ou circulação de bens e/ou serviços no e/ou para o mercado (art. 966 do CC) (cf. Haroldo Malheiros Duclerc Verçosa, *Curso de Direito Comercial 1 – Teoria Geral do Direito Comercial e das Atividades Empresariais Mercantis – Introdução à Teoria Geral da Concorrência e dos Bens Imateriais*, pp. 137-168, que observa também que o termo "atividade" implica uma pluralidade de negócios exercidos pelo empresário e que caracterizam a empresa e a inserem no plano de existência, sendo a atividade econômica aquela com resultados lucrativos e organizada com profissionalismo, exercício coordenado e reiterado de atos voltados à produção e circulação de bens ou serviços).

21. Atualmente, a Lei Complementar 123/2006 prevê tratamento diferenciado para a microempresa e a empresa de pequeno porte, mas os microempreendedores objeto deste estudo não se enquadram nas definições legais.

produtos) e, se o objeto é lícito, o da eficácia, apenas não suprindo o plano da regularidade, razão pela qual perdem os favores gerais do direito comercial, como o de requerer a falência de devedores, pedir a autofalência e fazer prova em seu favor.

O microcrédito concedido a esses informais pode ser tido como mais um mecanismo social que pode legitimar e estimular a ausência de registros e descumprimento de outra série de deveres legais, especialmente se for oferecido com uma metodologia que prime pela orientação. Com isso, negócios podem ser aprimorados com técnicas gerenciais, organização, regularização e planejamento financeiro, tendendo a crescer de forma estruturada e a obter, cada vez mais, acesso aos serviços financeiros.

2.3 As instituições autorizadas para oferecer microcrédito no Brasil

Nesse segmento de microcrédito há grande participação de instituições do Terceiro Setor. A despeito da importância da participação desses agentes não-financeiros, as instituições financeiras têm maior suporte financeiro e estrutural para oferecer microcrédito, além de serem as responsáveis pelo oferecimento de crédito. Ultimamente o Governo vem tentando sincronizar a atuação entre as instituições financeiras e não-financeiras.

O respaldo normativo dessa questão está na Lei 4.595, de 31.12.1964, ao estabelecer linhas gerais sobre a operação de crédito e formas de controle. Depois, a referida norma fixa, em seu art. 12, que o BACEN operará exclusivamente com instituições financeiras públicas e privadas, sendo vedada a realização de operações bancárias de qualquer natureza com outras pessoas de direito público ou privado, salvo se expressamente autorizadas por lei.

As instituições financeiras, por sua vez, são aquelas relacionadas pelo BACEN e pelo CMN, e que estão sujeitas a autorização e supervisão desses órgãos, devendo, portanto, obediência à sua regulamentação. O art. 17 da Lei 4.595, de 31.12.1964, estabelece conceito legal pelo qual qualquer pessoa jurídica pública ou privada que tenha como atividade principal ou acessória a coleta, a intermediação ou aplicação de recursos financeiros próprios ou de terceiros, em moeda nacional ou estrangeira, e a custódia de valor de propriedade de terceiro, ou, ainda, qualquer pessoa física que exercesse essas atividades de forma permanente ou eventual, será considerada instituição financeira e terá competência privativa e lícita para o exercício da operação de crédito.

Fora isso, a própria lei e a regulamentação designam expressamente como *instituições financeiras*: (i) os bancos, englobando todas as suas modalidades; (ii) as sociedades de crédito, financiamento e investimentos; (iii) as cooperativas de crédito; (iv) as sociedades de crédito ao microempreendedor/SCMs; e (v) as agências de fomento.

Portanto, considerando esse contexto legal, o exercício das operações bancárias só pode ser realizado por instituições financeiras sob a disciplina e o controle estabelecidos pelo BACEN e pelo CMN, salvo se dispositivo legal autorizar outras instituições.

Tendo em vista que o microcrédito é uma modalidade de crédito, o qual está sob o controle do BACEN e do CMN, as instituições financeiras teriam, então, competência privativa para operá-lo em todas as suas modalidades e de acordo com a regulamentação do SFN, e as que não forem financeiras só poderiam exercê-lo mediante autorização de lei. No entanto, ao implementar as políticas públicas de microcrédito, o Poder Público elegeu algumas instituições como "instituições de microcrédito" e, com isso, permitiu o oferecimento de microcrédito, nos termos dos programas respectivos, por instituições financeiras e não-financeiras, embora essas últimas não estejam sujeitas ao controle direto desses órgãos reguladores. São "instituições de microcrédito", assim: os bancos múltiplos com carteira comercial, os bancos comerciais e a Caixa Econômica Federal, as cooperativas singulares de crédito, as agências de fomento, as SCMs e as OSCIPs (Lei 11.110/2005, Decreto 5.288/2004 e Resolução 3.310/2005).

2.4 O atual contexto do acesso ao crédito pelos microempreendedores

No Brasil até recentemente o acesso ao crédito pelos microempreendedores não era concedido, até que novo contexto econômico e social gerou as condições necessárias à ampliação do crédito, de modo a alcançar os vários segmentos dos setores produtivos, inclusive o financiamento dos investimentos dos microempreendedores.

Contribuíram para essa modificação o estímulo dado pelo Governo para garantir o acesso dos microempreendedores às operações bancárias, o contexto macroeconômico brasileiro, definido por índices de inflação em queda e estáveis, a saturação do mercado de alta renda, o crescimento do comércio exterior brasileiro, com o *superávit* da balança comercial, e o aumento da capacidade do setor produtivo, considerando a participação das pequenas e microempresas, o aumento dos agentes produtivos informais na economia e reestruturação do mercado bancário brasileiro.

Com isto, as sociedades financeiras privadas começaram a buscar novas áreas de expansão além do microcrédito, concentrando em instituições financeiras subsidiárias o oferecimento de linhas de crédito pessoal aos clientes e às pessoas físicas assalariadas e com carteira assinada, que compunham um público mais pobre.

E, aliado a isso, os microempreendedores, que já atuavam como agentes produtivos e buscavam otimizar os resultados dos seus negócios, aproveitavam as alternativas de crédito acessíveis para compor seu capital de giro e bens de capital. Desse modo, esse segmento, que já recorria a formas de crédito alheias ao SFN e sem consistir em uma modalidade de crédito específica, passou a ter acesso a outras formas de crédito, remodelando suas técnicas para compor o volume de crédito que precisava de forma rápida e desburocratizada, independentemente de os juros incidentes serem ou não conformes às taxas definidas pelo mercado.[22]

Recente estudo promovido pela Organização Internacional do Trabalho/OIT[23] demonstra as fontes de crédito de que esse público faz uso, o nível de conhecimento quanto às condições de fornecimento do crédito e a opinião dos mesmos em relação às formas de concessão.

De acordo com os resultados dessa pesquisa, uma das principais linhas de crédito usadas pelos microempreendedores é o crédito direto ao consumidor/CDC, que é um financiamento concedido por financeiras e bancos com carteira de crédito, financiamento e investimento para compra de produtos e serviços. Além de os tomadores adquirirem crédito diretamente nas instituições financeiras, esse crédito poderá ser adquirido por intermédio de empresas de varejo, que se associam àquelas e financiam os bens de consumo ou serviços aos seus consumidores.

O CDC é uma modalidade de crédito fornecida no prazo de 3 a 24 meses, com taxa de juros prefixada para operações acima de 30 dias e que exige como garantia o próprio bem financiado, aval ou somente as informações cadastrais para análise de risco (*credit score*). O financiamento é fornecido rapidamente e sem burocracia e cobre a média de 20% a 80% do valor do bem, sendo o crédito fornecido para aquisição de determinados bens de consumo indicados ou não. Aliás, os clientes apontam na pesquisa que essa modalidade de

22. V. Jaime Mezerra e Ivan Guimarães, *Créditos para Pequenos Empreendimentos no Brasil*, 2003.

23. Referência ao estudo de Jaime Mezerra e Ivan Guimarães, *Créditos para Pequenos Empreendimentos no Brasil*, 2003.

crédito é bastante procurada em virtude de sua praticidade e facilidade, bem como as taxas de juros são, muitas vezes, menores que as cobradas nas demais operações de crédito.

As operações de crédito pessoal/CP também são uma das opções de crédito acessíveis a essa demanda e consistem na modalidade de CDC fornecida sem direcionamento, podendo ser usada para fins diversos do pagamento de bens e serviços. São oferecidas por bancos e financeiras e disponibilizadas mediante a concessão de crédito pré-aprovado na conta corrente do cliente, a taxa de juros prefixada, ou na forma consignada.

Em paralelo, outras práticas comerciais que não eram oferecidas por instituições financeiras também surgem como forma de crédito a essa população, como, por exemplo, o crescimento de redes de lojas varejistas que financiam seus clientes por meio de carnês – com recursos próprios ou de instituições financeiras –, de *factorings* ou das facilitações fornecidas pelos próprios fabricantes dos equipamentos.

Um modelo diverso de crédito e reiteradamente usado pelos microempreendedores é o crédito direto do fornecedor, quando a compra de produtos é operacionalizada nas lojas mediante cheques pré-datados ou outros títulos de crédito. Essa modalidade passou a ser utilizada com mais freqüência diante da abertura de contas bancárias com o fornecimento de cheques e a concessão de limites especiais, pois os empresários parcelam suas vendas em cheques ou títulos diversos e podem negociar esses por recebíveis mediante operação de faturização[24] ou por créditos fornecidos diretamente pelo fabricante dos equipamentos em operações de *vendor*.[25]

Os serviços de *factoring*, aliás, também aparecem como fontes alternativas para obtenção de crédito dos microempreendedores. Mesmo não tendo esses microempreendedores acesso aos serviços bancários, eles se valem dos serviços de *factoring* por meio da troca de cheques que seus clientes emitiram nas compras a prazo, bem como de duplicatas recebidas por dinheiro em espécie, descontando a remuneração, apenas. Essa operação não consiste em operação bancária, sendo oferecida por empresas de *factoring*, que não estão sob a supervisão do BACEN e do CMN.

Os cartões de crédito também se apresentam como uma das opções de financiamento para essa população. Algumas instituições financeiras lançaram cartões de crédito com limites de crédito mais baixos para atender a esse público, e empresas de cartões de crédito regionais surgiram em todo o Brasil, oferecendo, além de serviços de cartão de crédito, linhas de crédito em espécie que facilitam o pagamento em estabelecimentos vinculados, parcelando os valores até mesmo sem juros diretos. Nada

24. Segundo E. Salomão Neto (*Direito Bancário*, pp. 262-263): "O *factoring* é modalidade negocial recente envolvendo a compra da totalidade dos créditos de um negócio por adquirente que também presta serviços ao cedente dos créditos". Adverte o autor que no Brasil o negócio de *factoring* não é objeto de definição legal específica, mas segue a definição do Instituto Internacional para a Unificação do Direito Privado/UNIDROIT, em convenção ocorrida em maio/1998, pela qual é o contrato concluído entre fornecedor de bens ou serviços e faturizador, em cujos termos: "I – o fornecedor poderá ou deverá ceder ao faturizador créditos nascidos da comercialização de mercadorias ou da prestação de serviços; II – o faturizador deve se encarregar de pelo menos duas dentre as seguintes funções: (a) financiamento do fornecedor, incluindo empréstimo e pagamento adiantados; (b) manutenção de contabilidade relativa aos créditos cedidos; (c) cobrança dos créditos; (d) proteção contra inadimplemento dos devedores; e III – a notificação da cessão dos créditos deve ser efetuada aos respectivos devedores".

25. O *vendor* é operação por meio da qual a loja recebe do fabricante produtos em consignação, com condições para venda a prazo, usando seu próprio capital de giro ou tomando uma linha específica de *vendor* nos bancos. O comprador final parcela e os documentos garantidores do pagamento são entregues ao fabricante, que os deposita em banco. O banco antecipa parte de recursos aos fabricantes, mediante taxa de desconto. Nesse sentido, cf. Jaime Mezerra e Ivan Guimarães, *Créditos para Pequenos Empreendimentos no Brasil*, p. 29.

obstante, os cartões de crédito ainda são apontados como mecanismos usados pelas atividades produtivas somente como produtos de emergência, pois as taxas de juros são muito altas e não há parcelas fixas no momento da compra, o que prejudica o controle da dívida.

Além dessas modalidades, os microempreendedores se valem de mecanismos diversos para arrecadar recursos para suas unidades produtivas, organizando-se em cooperativas de crédito, usando o FGTS obtido em conseqüência da demissão e tomando dinheiro de agiotas e de familiares. Os programas governamentais são apontados como inexpressivos nessa pesquisa.

Quanto ao microcrédito, enfim, esse público observou que é uma modalidade de crédito acessível e que a relação com os agentes de crédito é melhor que com os gerentes de bancos, valorizando demasiadamente as orientações concedidas pelos agentes; no entanto, acham que os agentes poderiam ser mais capacitados para tecer tais orientações. Além do mais, em sua opinião o procedimento de concessão do microcrédito é demorado em face da urgência de suas necessidades e os juros cobrados são altos, o que os leva a recorrer a linhas de CDC. A renovação do crédito já é concedida com mais facilidade e o bom contato com os agentes também facilita esse fluxo.

O público aponta preferência de garantias pessoais em detrimento da formação de grupos, tendo em vista a responsabilidade assumida pela dívida coletiva, e sugere a diminuição de componentes dos grupos. Também dificultam o acesso ao microcrédito a restrição em sistemas de cadastro de crédito e a comprovação de renda.

Os microempreendedores demonstram ter conhecimento sobre as taxas de juros relativas a cada modalidade de crédito e apontam que os juros cobrados no microcrédito são altos, além da pouca flexibilidade para o pagamento da remuneração do microcrédito, inexistindo, inclusive, carência para o pagamento dessa dívida. Demais disso, reclamam que nem sempre é concedido o valor que foi solicitado, apesar de geralmente estarem contando com a aprovação do valor total do crédito.

Os dados da pesquisa informam, ainda, que as taxas de juros cobradas em cada modalidade de crédito muitas vezes não são fatores relevantes na hora da contratação do crédito, e sim a facilidade de acesso ao crédito, a flexibilidade em relação aos prazos de pagamento do crédito e a possibilidade de acumulação de várias modalidades de crédito, bem como a capacidade de pagamento das prestações frente à receita esperada do negócio após o investimento.

Além do mais, é costume dos microempreendedores utilizar vários artifícios para obter crédito, como, por exemplo, a prática de "emprestar o nome" para tomar crédito, aproveitando a credibilidade de familiares e de vizinhos que têm renda satisfatória para abertura de crediários em lojas e abrir contas em bancos; a aquisição de várias linhas de crédito ao mesmo tempo, para atingir maiores níveis de financiamento; a omissão de informações sobre seu índice de endividamento às instituições prestamistas; e a destinação do crédito a fins diversos daquele para o qual foi tomado.

Eis, portanto, uma amostragem do mercado de crédito aos microempreendedores: um sistema composto por modalidades de crédito com focos, normas e procedimentos diferenciados. E, apesar de todas essas modalidades existentes, o microcrédito destaca-se como uma das modalidades de crédito específicas para os agentes produtivos "microempreendedores" com objetivos institucionais diferenciados e adaptados às suas características sociais e econômicas, sendo oferecido por instituições financeiras, sujeitas aos rigores do controle do BACEN e do CMN e por instituições não-financeiras.

Se, por um lado, os microempreendedores estão tendo mais acesso aos serviços financeiros, embora ainda de uma forma insatisfatória, sob o ponto de vista institucional, há muito a ser desenvolvido no sentido de ampliar essas possibilidades de uma forma controlada e sob a supervisão do BACEN e do CMN. A despeito de não ser possível atender a todos os anseios dos microempreendedores, tendo em vista o risco da operação, para manter as linhas de microcrédito e, mesmo, aumentar os valores dos créditos, diminuir os juros e/ou simplificar o procedimento de concessão, é preciso trabalhar com uma metodologia que ofereça garantias às instituições financeiras, de modo a estimulá-las a operar com o microcrédito.

Os resultados dessa pesquisa denunciam vícios existentes também nesse sistema de crédito e justificam, de certa forma, o receio por parte de algumas instituições financeiras de investirem no microcrédito. Apesar de ser uma modalidade de crédito, o microcrédito requer uma plataforma diferenciada, com custos operacionais altos, e algumas instituições financeiras não julgam haver garantias suficientes para o risco que enfrentam no oferecimento de um crédito de valor tão baixo.

3. O apoio institucional e a democratização do crédito

O crédito é um dos instrumentos de desenvolvimento econômico e social, e seu regime é objeto de política econômica, tendo um alto nível de institucionalização. Aliado a isso, a Constituição Federal estabelece uma série de fundamentos e valores sociais que exigem a estruturação de modelos creditícios e a necessidade de ampliar as oportunidades de acesso aos serviços financeiros, oferecendo-os em igualdade de condições às unidades produtivas.[26]

A democratização do crédito é uma tendência internacional dos países em desenvolvimento, e o apoio institucional é indispensável ao estímulo e processo de adequação da sociedade para trabalhar com esse novo modelo creditício. Nesse sentido, no Brasil, em paralelo ao desempenho das ONGs quanto ao microcrédito, foram lançadas políticas públicas, com uma série organizada de ações que propiciaram a implementação do microcrédito.

Primeiramente, a ação política foi coordenada para inserir no sistema jurídico as OSCIPs (Lei 9.790/1999), pois, com isso, seria fornecido certificado às ONGs que cumprissem as exigências determinadas em lei e, naturalmente, haveria controle dessas organizações pelo Estado. Além disso, também foi concedido a tais organizações que ofereciam microcrédito o benefício de cobrar juros maiores que o limite permitido em lei (Medida Provisória 2.172-32/2001).

Depois, considerando a baixa profundidade financeira na economia brasileira, a estratégia foi direcionada ao acesso ao SFN pela população de baixa renda, com a previsão de abertura de contas correntes especiais e concessão de crédito. O mercado financeiro estava acostumado a operar com um sistema de crédito restrito, um custo do crédito alto, juros e *spreads* elevados e um reduzido nível de bancarização da população.[27]

Demais disso, o SFN disciplinou novas sociedades financeiras para o objetivo específico de oferecer microcrédito, tais como as SCMs e as cooperativas formadas por pequenos empresários, microempresários, responsáveis por negócios de natureza industrial, comercial ou de prestação de serviços, incluídas as atividades da

26. Cf. Carlos Eduardo Carvalho e Ricardo Abramovay, "O difícil e custoso acesso ao Sistema Financeiro", in Carlos Alberto dos Santos (org.), *O Sistema Financeiro e as Micro e Pequenas Empresas – Diagnósticos e Perspectivas*, 2ª ed., p. 19.

27. Segundo K. Anjali (*Brazil – Access to Financial Services*, 2004), em nove regiões metropolitanas do Brasil, 43% dos brasileiros ainda não tinham acesso a conta bancária.

área rural; alterou a estrutura dos bancos públicos, criando o Banco Popular do Brasil S/A (uma das empresas subsidiárias do Banco do Brasil S/A); e canalizou em bancos oficiais a prestação inicial de serviços microfinanceiros, como o depósito.[28]

Outras ações normativas também contribuíram à consolidação do microcrédito e ao acesso, tais como a permissão do crédito consignado em folha de pagamento (Lei 10.820/2003, Decreto 4.961/2004 e Resolução CMN-2.718/2000); a atuação dos correspondentes bancários como prestadores de serviços das instituições financeiras (Resoluções CMN-3.110/2003 e 3.156/2003); a permissão para que as operações financeiras fossem formalizadas sem "título adequado"; a possibilidade de renovação de empréstimos com a incorporação de juros e encargos de transação anterior e a realização de operações com clientes que têm restrições cadastrais ou sem ficha cadastral atualizada, contemplando a diversidade das variáveis envolvidas nas operações do mercado financeiro (Lei 11.110/2005, Decreto 5.288/2004 e Resolução 3.310/2005).

Posteriormente constatou-se que mesmo diante da adoção de todas essas medidas as ONGs e OSCIPs ainda concentravam as operações de microcrédito, mais até que as instituições financeiras.[29] Isso vem resultando em um mercado confuso, com interesses e metodologias diferenciadas, o que prejudica o controle regulatório e a unificação de um sistema de informações referentes às operações, clientes e carteira de microcrédito.

Em virtude desse contexto, aliado ao amadurecimento do microcrédito, à falência de alguns modelos produtivos de crédito e ao reconhecimento da importância de fontes estáveis de recursos para o oferecimento de microcrédito, as ações foram edificadas de modo a inserir as instituições financeiras nesse âmbito de microcrédito, abrangendo, além dos bancos públicos, as cooperativas de crédito, as SCMs, as agências de fomento e os próprios bancos privados.

Assim, as medidas foram implementadas com o objetivo de inserir o microcrédito no planejamento financeiro dos bancos comerciais, de carteira múltipla e na Caixa Econômica Federal, mediante a obrigatoriedade de essas instituições destinarem recursos ao microcrédito por sua própria estrutura, por outras instituições financeiras ou por OSCIPs. Além do mais, o Governo disciplinou a política pública de microcrédito, compreendendo o Programa Nacional de Microcrédito Produtivo Orientado/PNMPO e outras modalidades de microcrédito, o que trouxe mais visibilidade ao microcrédito, unificou o procedimento e a metodologia e garantias contratuais, delimitou o público-alvo, estabeleceu juros máximos e proporcionou um direcionamento ao programa com vistas aos pilares básicos da operação (Lei 11.110/2005, Decreto 5.288/2004 e Resolução 3.310/2005).

No que atina às instituições, os bancos públicos e as instituições financeiras conveniadas a bancos privados, tais como sociedades de crédito, financiamento e investimento e/ou SCMs vinculadas em regime de subsidiárias integrais, bem como em cooperativas de crédito, são os principais executores desses programas, ainda. As OSCIPs, a despeito da previsão normativa, ainda têm encontrado dificuldades em obter repasse de recursos dos bancos oficiais do PNMPO.

28. São referências normativas: Resolução CMN-2.627; Lei 10.194/2001; Resolução CMN-3.106/2003; Lei 10.738/2003; Medida Provisória 122/2003; Lei 10.735/2003; Resolução CMN-3.109/2003.

29. Estima-se que a composição é na base de 130 instituições operadoras de microcrédito e 428 agências em todo o país, sendo a grande maioria dessas instituições ONGs e OSCIPs (entidades sem fins lucrativos). Tais instituições atendem, em média, a 250 mil clientes ativos, para um montante emprestado de R$ 250.000.000,00, ou seja, apenas 4% da demanda potencial efetiva (disponível em *www.planetfinance.org.br*, acesso em janeiro/2006).

Todo esse contexto já trouxe benefícios à população de baixa renda das mais variadas ordens, como, por exemplo: o ingresso do microempreendedor no SFN, com histórico bancário; o planejamento de uma linha de crédito estável e específica; e o fornecimento do microcrédito sob o controle do Governo.

Outrossim, na atualidade ainda se verifica uma timidez dos bancos privados na inserção do microcrédito na plataforma ora estudada em sua carteira. Essa reação, acredita-se, é justificada pelo fato de o sistema de garantias de microcrédito ser apoiado em bases avessas ao sistema de garantias tradicionais, pelos riscos da operação em face do investimento e também, entre outras razões, por essas mudanças institucionais serem recentes, sendo natural, portanto, que ainda demore um tempo para que a sociedade responda a essas novas mudanças e para sentir os efeitos econômicos e sociais.

Diante disto, verifica-se que iniciativas governamentais foram tomadas para lançar um marco legal do microcrédito e para ampliar as bases de crédito no Brasil. E que muitas dessas iniciativas foram no sentido de: (i) tentar estruturar uma organização não-lucrativa sob as vistas do Governo; (ii) estimular as associações civis não-lucrativas (ONGs) para que obtivessem o registro como OSCIPs; e (ii) para aproximar essas instituições não-financeiras (ONGs e OSCIPs) das instituições financeiras (pelo PNMPO e pela criação da SMC, com possibilidade de ser controlada pela OSCIP). E essa ordenação de medidas, sem prejuízo de outros fundamentos de cunho econômico e social levantados, direciona a uma questão tênue do sistema de microcrédito: necessário suprimento de uma situação fática que houvera se instalado no mercado, ou seja, o oferecimento massificado das operações de microcrédito pelas ONGs de uma forma alheia ao controle exercido pelo SFN.

Já se constata uma abertura do sistema financeiro e do crédito. Mas, com o passar dos anos desde a adoção dessas medidas regulamentares e com base na reação do mercado, incluindo o comportamento das instituições financeiras e o enforcamento financeiro das ONGs e OSCIPs, a questão que se põe é sobre a suficiência e adequação desse apoio institucional e a necessidade de uma mudança, com vistas ao continuado processo de democratização do crédito.

3.1 A adequação do apoio institucional à operação de microcrédito

Tem-se que algumas ações políticas foram adotadas com o fim de criar uma conjuntura favorável ao crescimento e à consolidação do microcrédito no Brasil, as quais foram seguindo a tendência internacional e a própria evolução do microcrédito.

Nesse percurso foi sendo verificado que os programas bem-sucedidos de microcrédito ponderavam um criterioso planejamento financeiro para longo prazo, com a metodologia de crédito definida com vistas a um direcionamento e uma auto-sustentabilidade financeira. Para tanto, as instituições financeiras que atuavam na intermediação de recursos seriam as mais adequadas ao microcrédito, dada a eficiência de atenuar os elevados riscos que existem nas operações de crédito e seus elevados custos de transação.[30]

30. Para Carlos Eduardo Carvalho e Ricardo Abramovay ("O difícil e custoso acesso ao Sistema Financeiro", in Carlos Alberto dos Santos (org.), *O Sistema Financeiro e as Micro e Pequenas Empresas – Diagnósticos e Perspectivas*, 2ª ed., p. 6), vem sendo difundida entre os entre organismos internacionais, dentre eles a Agência do Banco Mundial especializada em microfinanças (CGAP – *Consultantive Group to Assist the Poorest*), a visão de que uma boa organização de microfinanças é aquela que apresenta princípios de um bom banco comercial e que terá a capacidade de crescer sem depender das políticas dos doadores. Essa organização será capaz de servir mais e melhor ao público-alvo que programas subsidiados, uma vez que considera o acesso ao crédito, e não propriamente quanto custa esse cré-

E, levando em consideração a sustentabilidade da operação e a premissa de que o profissionalismo e a durabilidade dessa linha de crédito favorecem a credibilidade do microcrédito, o planejamento dos microempreendedores e seu efetivo acesso ao SFN, o microcrédito deve ser visto como uma operação de crédito a ser explorada economicamente. Ou seja, para a evolução e a consolidação do microcrédito por um longo prazo, as instituições financeiras devem se sentir à vontade para oferecer essa modalidade de crédito em escala dentre seus produtos e serviços.

Mas para esse modelo ideal ser atingido há um longo caminho a se percorrer, e até mesmo a consolidação de um apoio institucional adequado, para que os bancos se sintam preparados a ingressar nesse mercado. A regulamentação específica sobre microcrédito existente até o momento estrutura um programa público de microcrédito, mas não abarca as práticas de microcrédito que sejam exercidas fora do âmbito da Resolução CMN-3.310/2005. E isso implica o fato de que as instituições financeiras que oferecerem microcrédito sem que seja na formatação dos programas públicos de microcrédito ainda estão submetidas à regulamentação das operações de crédito do sistema tradicional.

Dessa forma, essas instituições estão obrigadas a cumprir uma série de exigências do SFN, tais como: o cumprimento de planos contábeis próprios (COSIF); a obrigação de enviarem informações mensais ao BACEN; de manterem cadastro de clientes e de armazenarem documentação detalhada sobre cada um dos clientes ou operações; de utilizarem método de amostragem para avaliar as carteiras de empréstimos com base no tradicional sistema de crédito; de seguirem o regime tributário aplicado às instituições financeiras; de manterem capital patrimonial mínimo; e, entre outras exigências pontuais, de não computarem como asseguradas para fins de limites operacionais as operações com garantias de grupo, pois tais garantias não são reconhecidas pelo SFN para o crédito.

Esse tratamento resulta em custos incompatíveis com a operação, que é mais simplificada e com valor do crédito menor que a de crédito tradicional. As garantias são diferenciadas e influenciam na qualidade da carteira e de desempenho das atividades gerenciais, além de haver altos custos operacionais; mas as taxas cobradas pelo sistema regulatório e a caracterização do período de mora são iguais, independentemente da modalidade de crédito. Ou seja, o tratamento atribuído às operações de microcrédito ainda não considera suas peculiaridades em comparação às demais operações de crédito.

Tais questões podem ser objeto de medidas regulamentares e compor um quadro normativo mais favorável a essa operação bancária,[31] além das regulamentações já existentes.

Além do mais, em paralelo, há outras questões de ordem conjuntural que dificultam a ampliação do oferecimento do microcrédito, tais como: a instabilidade macroeconômica; a rentabilidade de títulos públicos e acomodação dos bancos privados quanto aos níveis de lucro; os vícios de informações e de mensuração de riscos pelos bancos, agravados pelo baixo nível cultural dos microempreendedores, pelo

dito. Ou seja, existe a demanda por crédito, e não exclusivamente por crédito barato com taxa de juros subsidiadas.

31. De acordo com Paulo Haus Martins, Renata de Carvalho Salles e Andrei Winograd (*Manual de Regulamentação das Microfinanças – Programa de Desenvolvimento Institucional*, p. 65), a falta de regulamentação específica tem sido justificada no pequeno peso das operações das instituições microfinanceiras no SFN, argumentando-se que dificilmente a crise de alguma instituição de microcrédito poderá contaminar o mercado com risco sistêmico. Em relação às instituições que não captam depósito do público há maiores argumentos para não serem reguladas, pois os riscos que apresentam seriam mais irrisórios ainda. E, por fim, argumenta-se que não teria fundamento envolver custos para regular esse segmento em face dos riscos apresentados, que poderiam induzir um processo de auto-regulação.

fornecimento de informações equivocadas, pela informalidade das unidades produtivas e pela deficiência de gerenciamento desses agentes produtivos; a deficiência institucional e legal, com moroso processo de cobrança no Judiciário; e a estrutura oligopolizada do Sistema Financeiro, com uma dificultosa concorrência, *spreads* altos e lucros elevados.[32]

Demais disso, nesse processo de popularização de serviços financeiros tende-se à disponibilização desorganizada de várias modalidades de crédito de baixo valor, oferecidas com procedimentos e focos diferenciados a esse segmento da população, a exemplo do cartão de crédito, *factoring*, crédito direto ao consumidor/CDC, cheques, *vendor*, carnês em lojas populares para aquisição de bens financiados etc. Sem contar que essa abertura desregrada de crédito ao microempreendedor vem ocasionando o uso de vários artifícios para obter o volume de crédito que necessita, tendo em vista que muitos deles não estão preparados culturalmente para o amplo acesso ao crédito.

Essa prática evidencia vícios comportamentais decorrentes do processo de segregação que os microempreendedores vivenciam em face dos poucos recursos de crédito disponíveis e, por outro lado, da assimetria de informações que existe nessa atividade econômica. As imprecisões de informações e a falta de controle quanto à aplicação do crédito das instituições prestamistas são fatores prejudiciais ao equilíbrio financeiro do mercado de microcrédito, pois os tomadores assumem obrigações de pagamentos de valores maiores que sua capacidade financeira, e a tendência é o inadimplemento.[33]

Ademais, os microempreendedores têm precários conhecimentos administrativos, gerenciais e culturais, o que pode interferir no ato de prestação das informações e na administração do negócio. Também o fato de não serem eles, em sua maioria, constituídos juridicamente pode refletir no inadimplemento, tendo em vista que a aplicação de sanções sociais, a negativação do nome em sistemas de informação e as próprias cobranças extrajudiciais e judiciais não surtem o mesmo impacto gerado para aqueles que são inscritos nos registros do Poder Público.

Assim, mesmo que as instituições prestamistas desenvolvam seus próprios mecanismos alternativos de seleção e monitoramento e de cobrança do crédito, a assimetria de informações e o risco do inadimplemento podem persistir nas relações de crédito e nas populações de baixa renda em face do nível cultural dos tomadores caso medidas políticas não sejam adotadas para auxiliar no combate a esse quadro.

Diante desse panorama, consta-se que há políticas e regulamentações que são afinadas com a etapa evolutiva do microcrédito, demonstrando interesse político. Outrossim, tais medidas ainda não são suficientes para implementar um ambiente regulamentar mais permissivo, de modo a assegurar o oferecimento profissional pelas instituições financeiras em geral e bancos privados em particular, o que requer a estruturação de políticas conjunturais e específicas para garantir a continuidade desse processo de acesso ao microcrédito em condições dignas.

3.2 O apoio institucional adequado: perspectivas de acesso

Tratar sobre o apoio institucional adequado com vistas às perspectivas de aces-

32. Cf. Carlos Eduardo Carvalho e Ricardo Abramovay, "O difícil e custoso acesso ao Sistema Financeiro", in Carlos Alberto dos Santos (org.), *O Sistema Financeiro e as Micro e Pequenas Empresas – Diagnósticos e Perspectivas*, 2ª ed., pp. 31-42.

33. O inadimplemento em série pode resultar no superendividamento, a exemplo do que ocorreu na França entre os anos de 1970 e 1980, diante de mudanças macroeconômicas. Na Bolívia, Nicarágua e Peru houve recentemente superendividamento, reforçando a necessidade de controlar o direcionamento e as condições de concessão do crédito, diante de acesso amplo à oferta de crédito.

so ao microcrédito é tarefa complexa, especialmente quando abrange o estudo específico de institutos da ciência econômica, de questões de ordem macro e conjunturais que envolvem instrumentos de política econômica, monetária e social. Mas, com a finalidade de elucidar a reflexão sobre a importância de um apoio institucional no processo de fortalecimento de garantias e de democratização do crédito, de acordo com os lindes deste trabalho, serão tratadas neste tópico algumas questões conjunturais e proposições pontuais.

Nesse sentido, para ampliar as operações de microcrédito é imperativo fortalecer as garantias do sistema, ainda que essas valorizem a pessoalidade, a confiança e as garantias indiretas e que contrariem as premissas do mercado de crédito tradicional.

Inicialmente, cabe constar que contribuiria para tal fim um trabalho concentrado nas bases da composição dos juros, com políticas para baixá-las, ações que conscientizassem as instituições financeiras quanto à função social desse crédito e os pilares metodológicos e, de igual modo, que evitassem práticas que redundassem em abusos ou lesão ao cliente, seja ao fixar os juros ou por outras formas, previamente, durante ou após a relação contratual. Ademais, também primassem pela atuação com transparência contratual, demonstrando-se o valor da remuneração, os juros e encargos contratuais incidentes e as taxas aplicadas.

Também serviria de estímulo às instituições financeiras quanto ao oferecimento do crédito a adoção de medidas tópicas no sentido de fortalecer os instrumentos contratuais e agilizar o recebimento da dívida, a exemplo da previsão da cédula de crédito bancário. E, ainda, de ordem cultural, no sentido de divulgar que a instituição financeira é uma empresa que oferece crédito e, como tal, necessita do retorno do crédito e da remuneração. Ademais, a cultura precisa ser reforçada em favor do crédito e do fato de as mesmas serem vistas como parceiras no desenvolvimento econômico e social.[34]

Um outro ponto relevante para o desenvolvimento econômico sustentável é o estímulo à regularização dos microempreendedores, contando com uma política de apoio, e não deixar que o microcrédito seja um mecanismo social que legitime a ausência de registros e descumprimento de outra série de deveres legais. Nesse aspecto, o microcrédito pode ser tido como um meio de suprir essa situação se for oferecido com a orientação de agentes de crédito capacitados aos microempreendedores, com vistas ao aprimoramento de técnicas gerenciais, organização e planejamento financeiro.

Demais disso, ações políticas são relevantes para estimular o aperfeiçoamento da produção e a constituição jurídica desses negócios, pois, quanto mais organização e profissionalismo o microempreendedor atribuir ao seu negócio, maior é a tendência de inseri-lo no mercado produtivo formal. O apoio institucional poderá surgir, nesse caso, mediante a edição de normas que garantam tratamento diferenciado a esses pequenos empresários que se constituam juridicamente e que tenham uma disciplina específica para eles, considerando o faturamento médio dessas atividades, simplificando o processo de constituição da pessoa jurídica e concedendo benefícios tributários.

Além disso, também poderia ser estruturada uma modalidade de sociedade com propósito específico de fornecer garantia solidária, a exemplo da sociedade de garantia solidária instituída pela Lei 9.841/1999;[35] sociedade com um projeto

34. V. estudo realizado pelo Departamento de Estudos e Pesquisas do Banco Central do Brasil, *Juros e **Spread** Bancário no Brasil*, pp. 14-16.

35. Conforme analisa Haroldo Malheiros Duclerc Verçosa (*Curso de Direito Comercial 1 – Teoria Geral do Direito Comercial e das Atividades Empresariais Mercantis – Introdução à Teoria Geral da Concorrência e dos Bens Imateriais*, p. 170), essa sociedade foi prevista para facilitar a concessão

especial; ou, ainda, poderiam ser estimuladas formas diversas de vinculação jurídica, como os consórcios, por exemplo, entre os vários microempreendedores que integram uma cadeia produtiva. Tal estímulo pode ser fornecido a partir do aproveitamento da prestação de serviço e de produto desenvolvida por cada microempreendedor, exigindo a capacitação e até mesmo vinculando a concessão de benefícios. Enfim, a organização de uma sociedade com características adequadas ao microempreendedor tende a estimular sua constituição como pessoa jurídica e agregar ganhos ao próprio e à sociedade.

Também não teria como deixar de mencionar a relevância de um apoio institucional ao microcrédito, considerando as peculiaridades. As medidas regulatórias voltadas à criação de um contexto que discipline o microcrédito especificamente, considerando a metodologia, as formas de aproximação dos microempreendedores às instituições financeiras e as garantias alternativas.

Carlos Eduardo Carvalho e Ricardo Abramovay[36] reforçam a necessidade de uma constante orientação política que estimule os bancos a criar mecanismos capazes de abrir suas portas à população de baixa renda, bem como a aproximar o público dos serviços bancários, mediante: a ampliação do acesso a contas bancárias em bancos estatais; a ampliação de ações de organização voltadas ao oferecimento de microcrédito com estrutura organizacional especificamente destinada a atingir esse objetivo (agentes de crédito); e o apoio às cooperativas de crédito.

Além disso, pontua-se o estímulo à formação de fundos garantidores que complementem as garantias em favor dos microempreendedores na tomada do crédito, mediante pagamento de um percentual ao fundo, o que torna as instituições financeiras menos vulneráveis às flutuações. Faltam políticas de estímulos e regulamentações pelas quais sejam priorizadas as formas de alavancagem de recursos para sua constituição, a criação de mecanismos para operacionalizar pequenos créditos com reduzidos custos bancários e que definam uma base jurídica para a criação e o funcionamento desses fundos.[37]

Também é importante priorizar a concepção de que os serviços financeiros são essenciais ao desenvolvimento de toda e qualquer atividade produtiva, especialmente os serviços de crédito, poupança e seguros. Com isto, há uma programação e prevenção de imprevistos; e, sob outro ângulo, serve de garantias às instituições financeiras, as quais, pelas poupanças, têm como auferir o histórico do cliente e, pelo seguro, como socializar os efeitos de um inadimplemento.

Além de tais pontos, é importante estabelecer o controle do mercado de crédito desenvolvido pelas ONGs e OSCIPs, estimulando-se, inicialmente, a conversão de ONGs em OSCIPs e a inserção das OSCIPs no âmbito do PNMPO. Posteriormente, um caminho natural é o desenvolvimento de novos mecanismos que permitam o estreitamento dos laços entre as instituições financeiras e OSCIPs e o desenvolvimento de mecanismos de controle.

O controle governamental sobre o microcrédito oferecido por tais organizações poderá permitir o aprimoramento do sistema unificado de informações, reunin-

de crédito às microempresas e empresas de pequeno porte, sendo um tipo de sociedade anônima formalizada com o objetivo específico de favorecer seus acionistas microempresários ou empresários de pequeno porte.

36. Carlos Eduardo Carvalho e Ricardo Abramovay, "O difícil e custoso acesso ao Sistema Financeiro", in Carlos Alberto dos Santos (org.), *O Sistema Financeiro e as Micro e Pequenas Empresas – Diagnósticos e Perspectivas*, 2ª ed., p. 42.

37. Um exemplo é o Fundo de Aval às Microempresas e Empresas de Pequeno Porte/FAMPE, criado pelo SEBRAE e com recursos institucionais, tendentes a viabilizar a concessão de avais aos microempreendedores com a facilitação de acesso ao crédito.

do informações contábeis e financeiras referentes às carteiras de microcrédito e às suas formas de oferecimento. Tal medida já contribuiria para a inclusão de novas informações à Central de Risco de Crédito e ao desenvolvimento de um banco de dados unificado a respeito do microcrédito.[38]

O desenvolvimento de bancos de dados favorece a expansão do crédito e a diminuição de juros, na medida em que informações de pessoas físicas e jurídicas potenciais tomadoras de crédito vão sendo propagadas ao mercado. Porém, tais sistemas devem ser rigorosamente edificados, de modo a não expor os tomadores, invadir sua privacidade e se tornar mais uma atividade econômica de exploração dos bancos de dados, comprometendo a disciplina do CDC, de proteção constitucional aos dados e ao sigilo bancário.

Demais disso, a edição de normas que disciplinem o microcrédito como modalidade de crédito e como ativo de risco para as instituições financeiras seriam importantes medidas institucionais, bem como a criação de normas decorrentes dos programas governamentais. Assim, uma regulamentação que considere as principais bases metodológicas da operação de microcrédito pode contribuir à consolidação dessa modalidade de crédito (embora sem engessar a operação).

Isso tudo poderá ser acompanhado de um trabalho de estímulo junto às instituições financeiras, demonstrando a rentabilidade dessa modalidade de crédito, o controle à inadimplência propiciado pela metodologia aplicada e a importância de investimentos em plataformas diferenciadas de crédito, para que seja concedido em condições igualitárias a todos os tomadores. O acesso ao crédito de forma facilitada e com garantias baseadas na relação próxima com o cliente implica relativização dos comportamentos decorrentes do processo de segregação, a partir de uma relação de confiança entre as partes. E o investimento em arranjos produtivos com laços sociais aproximados pode se apresentar como um importante mecanismo para tanto.

Apesar de os fundamentos apresentados para a ausência regulatória serem calcados na falta de suporte físico e estrutural do atual SFN, a construção de uma regulação adequada pode apresentar redução de custos de transação[39] para as instituições

38. O BACEN tem uma Central de Risco de Crédito em funcionamento desde 1997. Inicialmente o sistema mostrava apenas o débito da pessoa física ou jurídica, e a partir de 2004 foi substituído pelo Sistema de Informações de Crédito do Banco Central do Brasil, sistema mais completo e estruturado para divulgar informações sobre operações de crédito concedidas em valores acima de R$ 5.000,00. Por esse sistema são divulgadas as informações referentes ao tipo do empréstimo, as garantias, os custos, os vencimentos e o histórico de pagamentos correspondentes aos últimos 13 meses, as quais são transmitidas ao BACEN mensalmente pelas instituições financeiras, com a expressa autorização do cliente. Ademais, as instituições financeiras podem consultar tais informações de pessoas físicas e jurídicas por meio da Internet, bem como o próprio cliente, se quiser, poderá ter acesso aos dados a seu respeito. Esse sistema ainda está em aprimoramento, para atingir um grau satisfatório de eficiência e de utilização pelas instituições financeiras ofertantes de microcrédito. Mas seria importante contribuição a diminuição do limite das operações de crédito, tendo em vista que o valor de R$ 5.000,00 exclui do sistema grande parte das operações. Tais evoluções tendem a atrair ganhos diretos para as operadoras de crédito, que poderiam verificar informações reais a um custo baixo, além de atribuir mais segurança na concessão de crédito, demonstrando os limites de endividamento do tomador e diminuindo os riscos do inadimplemento, inclusive com a facilidade de oferecer crédito aos que não sejam clientes da instituição.

39. Conforme definição de D. North (*Custos de Transação, Instituições e Desempenho Econômico*, p. 10), *custos de transação* são "aqueles a que estão sujeitas todas as operações de um sistema econômico", sendo que as informações, os diferentes níveis de acesso e altos custos são objetos de transação que aumentam os custos. Os mercados com custos de transação são ineficientes, sendo importante que as instituições políticas e econômicas atuem de forma organizada para se proporcionar mudanças, pois, quanto mais baixos os custos, maior o estímulo à flexibilidade e descentralização das decisões das instituições.

microfinanceiras, promover o desenvolvimento do mercado e preparar as instituições para agir com eficiência e ética, com adequados padrões contábeis e de prestação de informações.

Estas são algumas proposições que podem ser estruturadas, dentro do respectivo grau de preferência, em favor do acesso ao microcrédito, fortalecendo-o como modalidade de crédito direcionada aos microempreendedores e com instrumentos especiais tendentes a ampliar e baratear a oferta do crédito. As medidas institucionais adotadas até o momento consideram um mercado incipiente e tendem a ordená-lo para integrá-lo ao SFN, sendo disciplinado dentro do contexto específico desse subsistema regulatório. Mas ainda é deficiente o apoio institucional no sentido de firmar o microcrédito no mercado financeiro, garantir a supervisão e a regularidade das práticas comerciais e favorecer o acesso ao crédito equânime a toda população, de uma forma justa.

4. Conclusão

O crédito é um instituto especialíssimo que conjuga institutos do Direito e da Economia, por estabelecer uma relação jurídica firmada a termo e que resulta na circulação de riquezas, além de interferir na emissão de moedas, nas condições da oferta e procura, na poupança, na inflação, nos juros e no desenvolvimento econômico. Em virtude disso, torna-se patente sua importância na estruturação e no funcionamento da economia e da sociedade, o que tem justificado o alto nível de institucionalização e de intervenção do Estado, através do SFN, para controlar e tutelar o interesse público e a relação entre o tomador e o prestamista. Dessa forma, o crédito está sob a supervisão do SFN e é considerado como uma das atividades privativas de instituições financeiras ou de outras especificamente autorizadas por lei.

Até a última década, dentre outros fatores macroeconômicos, o custo do crédito, associado à regulação inadequada e ao atuar com uma metodologia de crédito tradicional, gerava a exclusão dos microempreendedores do mercado de crédito, tendo em vista que são eles pequenos empresários – em boa parte informais, com pouco ou quase-nenhum grau de organização, sem constituição jurídica e uma escala de produção mínima.

Por outro lado, seguindo a tendência internacional de combater os índices de pobreza e de priorizar a dignidade da pessoa humana, nos últimos 10 anos nova orientação política e econômica começou a permitir a implementação de um modelo de crédito produtivo e com fins educativos destinado a esse público – *microcrédito* – e abrir o Sistema Financeiro a esse segmento da população.

No Brasil verifica-se já uma popularização dos serviços financeiros e do microcrédito. Conta-se, em seu favor, com medidas institucionais favoráveis para tanto, tais como programas públicos de microcrédito, a regulamentação de correspondentes bancários, a previsão de pagamentos realizados na forma de descontos compulsórios, criação de contas especiais de depósito e reestruturação de instituições operantes.

A despeito de hoje se ter uma grande adesão de ONGs, OSCIPs e de algumas instituições financeiras públicas e privadas, estas últimas ainda demonstram cautela para investir nesse segmento, considerando os altos custos operacionais, a ausência de renda dos tomadores e uma regulamentação cujos parâmetros ainda são os do tradicional sistema de crédito.

Apesar disso, os efeitos sociais e econômicos positivos demonstrados pelo microcrédito justificam a atenção para reformular o apoio institucional com vistas ao processo de abertura de crédito e aprimorar o sistema de crédito no Brasil. A adoção de medidas institucionais sintonizadas e que valorizem o crédito concedido de forma direcionada, com primor pela metodologia e com compromisso social, tende a garantir o acesso ao crédito no Brasil.

E o oferecimento de microcrédito de forma segura pelas instituições financeiras e com apoio institucional adequado significa a aceitação completa de um novo modelo de crédito que atua com um público específico e que está comprometido com o desenvolvimento econômico sustentável. O processo de democratização do crédito e de serviços financeiros já foi iniciado e apresenta efeitos sociais e econômicos, aguardando-se, agora, uma revisão normativa e uma série de medidas políticas que realizem os ajustes necessários à continuidade desse processo.

Referências bibliográficas

ABRAMOVAY, Ricardo, e CARVALHO, Carlos Eduardo. "O difícil e custoso acesso ao Sistema Financeiro". In: SANTOS, Carlos Alberto dos (Org.). *O Sistema Financeiro e as Micro e Pequenas Empresas – Diagnósticos e Perspectivas.* 2ª ed. Brasília, SEBRAE, 2004 (pp. 17-45).

ABRAMOVAY, Ricardo, e JUNQUEIRA, Rodrigo Gravina Prates. "A sustentabilidade das microfinanças solidárias". *Revista de Administração da USP* 40/19-33. São Paulo, 2005.

ANJALI, Kumar. *Brazil – Access to Financial Services.* Washington, The World Bank Group, 2004.

AZEVEDO, Antônio Junqueira. "Caracterização jurídica da dignidade da pessoa humana". *Revista Trimestral de Direito Civil/RTDC* 9/3-22. Ano 2. Rio de Janeiro, Padma, janeiro-março/2002.

BANCO CENTRAL DO BRASIL. "1º Seminário Banco Central sobre Microfinanças". *Anais do Seminário do Banco Central sobre Microfinanças.* Curitiba, julho/2003.

————. "2º Seminário Banco Central sobre Microfinanças". *Anais do Seminário do Banco Central sobre Microfinanças.* Fortaleza, novembro/2003.

————. "3º Seminário Banco Central sobre Microfinanças". *Anais do Seminário do Banco Central sobre Microfinanças.* Goiânia, junho/2004.

————. "4º seminário Banco Central sobre Microfinanças". *Anais do Seminário do Banco Central sobre Microfinanças.* Salvador, julho/2005.

————. "I Encontro Internacional sobre Regulação e Supervisão em Microfinanças". *Anais do Encontro Internacional sobre Regulação e Supervisão em Microfinanças.* Salvador, julho/2005.

————/Departamento de Estudos e Pesquisas – DEPEP. *Juros e **Spread** Bancário no Brasil.* Brasília, 1999 (28 pp.).

BARRETO, Lauro Muniz. *Direito Bancário.* São Paulo, Universitária de Direito, 1975.

CARVALHO, Carlos Eduardo, e ABRAMOVAY, Ricardo. "O difícil e custoso acesso ao Sistema Financeiro". In: SANTOS, Carlos Alberto dos (org.). *O Sistema Financeiro e as Micro e Pequenas Empresas – Diagnósticos e Perspectivas.* 2ª ed. Brasília, SEBRAE, 2004 (pp. 17-45).

COMPARATO, Fábio Konder. *A Afirmação Histórica dos Direitos Humanos.* 2ª ed. São Paulo, Saraiva, 2001.

————. *O Seguro de Crédito – Estudo Jurídico.* São Paulo, Ed. RT, 1968.

————. "Um quadro institucional para o desenvolvimento democrático". In: *Coleção Documentos Brasileiros – Brasil, Sociedade Democrática* 196/394-432. 1985.

DANTAS, Valdi de Araújo. "A tecnologia do Microcrédito". Disponível in *www.portaldomicrocredito.com.br.*

DARCY, Sérgio, e SOARES, Marden. "Democratização do crédito no Brasil – Atuação do Banco Central". In: *2º Seminário Banco Central sobre Microfinanças, Anais.* Fortaleza, 2003, e *Anais do Seminário do Banco Central sobre Microfinanças.* 3ª ed. Brasília, BACEN, 2006.

GRECO, Paolo. Le Operazioni di Banca – Appunti delle Lezioni di Diritto Commerciale Tenute nell'Anno Academico 1929-30 dal Professore Paolo Greco. Instituto Superiore di Scienze Economiche e Commerciali di Bari/Padove/CEDAM/Già Litotipo, 1930.

GUIMARÃES, Ivan, e MEZERRA, Jaime. *Crédito para Pequenos Empreendimentos no Brasil*. Brasília, OIT, 2003.

INSTITUTO DE PESQUISA ECONÔMICA APLICADA/IPEA. "Boletim de Conjuntura" 2005. Disponível em *www.ipea.gov.br*.

JUNQUEIRA, Rodrigo Gravina Prates, e ABRAMOVAY, Ricardo. "A sustentabilidade das microfinanças solidárias". *Revista de Administração da USP* 40/19-33. São Paulo, 2005.

LHACER, Priscilla Maria Villa. Acesso ao Crédito pela População de Baixa Renda – A Experiência do Microcrédito e o Mecanismo de Aval Solidário. São Paulo, Dissertação, Faculdade de Economia da USP, 2003.

MAFFIOLETTI, Emanuelle Urbano. *A Democratização do Sistema Brasileiro de Crédito Bancário – Uma Abordagem Jurídica do Acesso e das Garantias do Microcrédito no Direito Brasileiro*. São Paulo, Dissertação, Faculdade de Direito da USP, 2006.

MARREY, Sílvia Helena Di Rienzo. *A Juridicidade da Economia "Informal" no Domínio Econômico Brasileiro da Década de 90*. São Paulo, Dissertação, Faculdade de Direito da USP, 2004.

MARTINS, Paulo Haus, SALLES, Renata de Carvalho, e WINOGRAD, Andrei. *Manual de Regulamentação das Microfinanças – Programa de Desenvolvimento Institucional*. Rio de Janeiro, BNDES, 2002.

MESSINEO, F. *Operazioni di Borsa e di Banca*. Milão, Giuffrè Editore, 1966.

MEZERRA, Jaime, e GUIMARÃES, Ivan. *Crédito para Pequenos Empreendimentos no Brasil*. Brasília, OIT, 2003.

NORTH, Douglas. *Custos de Transação, Instituições e Desempenho Econômico*. Trad. de Elizabete Hart. Rio de Janeiro, Instituto Litoral, 1992.

PARENTE, Silvana. *Microfinanças – Saiba o que é um Banco do Povo*. Brasília, Agência de Educação para o Desenvolvimento, 2002.

SALLES, Renata de Carvalho, MARTINS, Paulo Haus, e WINOGRAD, Andrei. *Manual de Regulamentação das Microfinanças – Programa de Desenvolvimento Institucional*. Rio de Janeiro, BNDES, 2002.

SALOMÃO NETO, Eduardo. *Direito Bancário*. São Paulo, Atlas, 2005.

SANTOS, Carlos Alberto dos (org.). *O Sistema Financeiro e as Micro e Pequenas Empresas – Diagnósticos e Perspectivas*. 2ª ed. Brasília, SEBRAE, 2004 (pp. 17-45).

SCHUMPETER, Joseph A. *Teoria do Desenvolvimento Econômico – Uma Investigação sobre Lucros, Capital, Crédito, Juro e o Ciclo Econômico*. Trad. de Maria Sílvia Possas. São Paulo, Abril Cultural, 1982 ("Os Economistas" – Trad. de Redvers Opie).

SEBRAE. "Boletim Estatístico de Micro e Pequenas Empresas". 2005. Disponível em *http://www.dce.sebrae.com.br/bte/bte.nsf/03DE0485DB219CDE0325701B004CBD01/$File/NT000A8E66.pdf*.

————. "Economia informal urbana (ECINF)". 2005. Disponível em *http://www.mte.gov.br/pnmpo/conteudo/arquivos/Economia_Informal_Urbana.pdf*.

————. "Microcrédito". *Revista Temática* 2005. Disponível em *www.sebrae.com.br*.

SEN, Amartya. *Desenvolvimento como Liberdade*. Trad. de Laura Teixeira Motta e revisão de Ricardo Doniselli Mendes. São Paulo, Cia. das Letras, 2000.

SILVA, José Afonso da. "A dignidade da pessoa humana como valor supremo da Democracia". *RDA* 212/89-94. 1998.

SINGER, Paul. "Direito ao trabalho e o desemprego". In: *Anais do 1º Encontro Brasileiro de Direitos Humanos de São Paulo* (1-4.12.1999). São Paulo, Centro de Estudos da Procuradoria-Geral do Estado, 2001 (pp.167-184).

SOARES, Marden, e DARCY, Sérgio. "Democratização do crédito no Brasil – Atuação do Banco Central". In: *2º Seminário Banco Central sobre Microfinanças, Anais*. Fortaleza, 2003, e *Anais do Seminário do Banco Central sobre Microfinanças*. 3ª ed. Brasília, BACEN, 2006.

VERÇOSA, Haroldo Malheiros Duclerc. *Bancos Centrais no Direito Comparado – O Sistema Financeiro Nacional e o Banco Central do Brasil – O Regime Vigente e as Propostas de Reformulação*. São Paulo, Malheiros Editores, 2005.

————.*Curso de Direito Comercial 1: Teoria Geral do Direito Comercial e das Atividades Empresariais Mercantis – Introdução à Teoria Geral da Concorrência e dos Bens Imateriais*. São Paulo, Malheiros Editores, 2004.

VIDIGAL, Geraldo de Camargo. *Teoria Geral do Direito Econômico*. São Paulo, Ed. RT, 1977.

WINOGRAD, Andrei, MARTINS, Paulo Haus, e SALLES, Renata de Carvalho. *Manual de Regulamentação das Microfinanças – Programa de Desenvolvimento Institucional*. Rio de Janeiro, BNDES, 2002.

YUNUS, Muhammad. *O Banqueiro dos Pobres*. São Paulo, Ática, 2001.

VIOLAÇÃO DO DEVER DE INFORMAR NO MERCADO DE CAPITAIS – A MANIPULAÇÃO DE MERCADO E A PRÁTICA DO *INSIDER TRADING*

Comentários de

José Marcelo Martins Proença

ao acórdão do TJSP na AC com revisão 461.050-4/5-00, da Comarca de Osasco/SP

Origem: Processo 580/2001 do 8º Ofício Cível

ACÓRDÃO

Vistos, relatados e discutidos estes autos de Apelação Cível com revisão n. 461.050-4/5-00, da Comarca de Osasco, em que são apelantes e reciprocamente apelados POSTALIS – Instituto de Seguridade Social dos Correios e Telégrafos e Outras e Banco BRADESCO S/A: Acordam, em 2ª Câmara de Direito Privado do Tribunal de Justiça do Estado de São Paulo, proferir a seguinte decisão: "Deram provimento parcial à apelação, prejudicado o recurso adesivo, votação unânime", de conformidade com o voto do Relator, que integra este acórdão.

O julgamento teve a participação dos Des. *Morato de Andrade*, revisor, e *Ariovaldo Santini Teodoro*.

São Paulo, 14 de agosto de 2007 – *Boris Kauffmann*, relator, com a seguinte declaração de voto:

VOTO 14.598

Ação de indenização por danos materiais cumulada com pedido de danos morais – Julgamento antecipado da lide – Admissibilidade – Conjunto probatório suficiente para o deslinde da causa – Demonstração do dano material – Indevido o dano moral – Sentença reformada – Recurso provido em parte, prejudicado o recurso adesivo.

1. POSTALIS – Instituto de Seguridade Social dos Correios e Telégrafos, CERES – Fundação de Seguridade Social dos Sistemas EMBRAPA e EMBRATER, e FUNDIÁGUA – Fundação de Previdência da Cia. de Saneamento do Distrito Federal ajuizaram ação de conhecimento em face de Banco BRADESCO S/A, buscando a sua condenação no pagamento de indenização pelos danos materiais, avaliados em 20.3.2001 em R$ 27.910.643,44, corrigidos a partir dessa data e acrescidos dos juros não pagos, além dos resultantes da mora, bem como pelos danos morais, estimados em 50% do valor apontado para os danos materiais, também atualizados e acrescidos dos juros de mora.

A sentença de fls. 656/656-M, cujo relatório fica aqui incorporado, julgou improcedentes os pedidos com apoio nos incisos V e X do art. 5º da CF e art. 159 do revogado CC, impondo aos autores os ônus da sucumbência, dentre os quais os honorários advocatícios fixados em R$ 5.000,00.

Os autores apresentaram apelação sustentando a nulidade da sentença por ter cerceado o direito de produzirem provas comprovadoras dos fatos em que se apoiaram os pedidos indenizatórios, aduzindo ocorrer a hipótese prevista no art. 330, I, do CPC, de sorte que deveria a Magistrada designar audiência preliminar e, não obtida a conciliação, determinar as provas a serem produzidas (CPC, arts. 331 e 130). Salientaram a necessidade dessas provas, até porque a sentença fundamentou a improcedência na ausência das mesmas. Depois, apoiando-se na própria confissão desses fatos, reclamaram a reforma da sentença, com o acolhimento dos pedidos formulados (fls. 672-706), comprovando o recolhimento do preparo (fls. 707).

O recurso foi admitido (fls. 708). Nas contra-razões o apelado sustentou a desnecessidade da abertura da fase instrutória e a conclusão da sentença, sem argüir matéria preliminar (fls. 714-742).

O apelado apresentou recurso adesivo reclamando a elevação dos honorários advocatícios para, pelo menos, 10% do valor atribuído à causa, ou, ao menos, em valor compatível com o vulto, importância e complexidade da causa, além do trabalho desenvolvido (fls. 744-752), comprovando o recolhimento do preparo (fls. 753).

O recurso adesivo também foi admitido (fls. 754) e respondido, sustentada a fixação feita na decisão (fls. 755-763).

Com os autos nesta instância, o apelado juntou parecer de lavra do professor Dr. Paulo Fernando Campos Salles de Toledo (fls. 772-810). O processo foi distribuído em 26.10.2005 para a 28ª Câmara de Direito Privado – relator o Des. Celso Pimentel. No dia 30.5.2006 referida Câmara não conheceu do recurso (fls. 814-816), sendo os autos redistribuídos para esta 2ª Câmara em 25.7.2006 (fls. 820), sendo solicitadas informações à Secretaria (fls. 820).

Os apelantes juntaram documento relativo ao julgamento do processo administrativo pela Comissão de Valores Mobiliários (fls. 828-864), vindo manifestação do apelado a respeito (fls. 867-868).

2. Segundo a petição inicial, os autores receberam do réu, em meados de setembro/1998, um relatório de apresentação da situação econômico-financeira do Grupo Mappin/Mesbla, no qual se inseria a Casa Anglo Brasileira S/A. Nesse relatório havia a indicação de que as debêntures que seriam oferecidas ao mercado constituiriam um agressivo plano de investimentos, destacando que os recursos a serem captados seriam "utilizados para dar suporte ao plano de crescimento da empresa, com destaque para o processo de consolidação da Mesbla (recentemente adquirida) e de aquisição de uma nova empresa varejista" (fls. 133). No Prospecto de Oferta Pública de Debêntures Conversíveis em Ações depositado na Comissão de Valores Mobiliários consta a destinação dos recursos a serem obtidos: "a) expansão da área de vendas através da abertura de novas lojas ou aquisições – R$ 256.000.000,00; b) reforma das lojas – R$ 14.000.000,00; c) investimentos em Informática (sistemas e *hardware*) – R$ 10.000.000,00; d) reforço de capital de giro – R$140.000.000,00. Total – R$ 420.000.000,00" (fls. 197).

Com base nesses dados e na idoneidade dos coordenadores da colocação das debêntures, os autores adquiriram títulos. No entanto, houve omissão do fato de o Banco BRADESCO S/A, líder da distribuição, ser credor do Grupo emissor, pois, na falência da Barnet Indústria e Comércio S/A – atual denominação da United Indústria e Comércio S/A, integrante do Grupo Casa Anglo Brasileira S/A –, referido coordenador possui crédito habilitado de R$ 22.004.772,95, e junto à falência da Mappin Lojas de Departamento S/A crédito de R$ 580.473,37, muito embora tenha declarado à CVM que inexistia relevante relacionamento comercial com a empresa emissora.

Além disso, segundo apurado junto a ação indenizatória ajuizada por Barnet Indústria e Comércio S/A em face do Banco BRADESCO S/A (processo n. 99.085410-8, do 29º Ofício Cível do Foro Central da Comarca da Capital), o coordenador da emissão e a United Participações e Empreendimentos Ltda. e United Indústria e Comércio Ltda. firmaram Protocolo de Intenções, datado de 11.11.1998, segundo o qual uma parte dos recursos auferidos com a colocação desses títulos seria utilizada para pagamento dos créditos do coordenador (fls. 353-373).

Tal comportamento, segundo os autores, deu ensejo à criação de uma condição artificial de oferta, além de ter o réu se privilegiado com informações reservadas. Daí a responsabilidade pelos danos ocasionados.

Andou bem a Magistrada em julgar antecipadamente a lide, pois desnecessária a produção de qualquer outra prova além das existentes nos autos.

Muito embora o relatório da situação econômico-financeira do Grupo aponte que os balanços da Mesbla não foram auditados, de qualquer sorte deixa claro que (fls. 184):

Considerando as projeções de resultado realizadas, entendemos que a geração de caixa das empresas do Grupo Casa Anglo suporta (I) a operação de expansão da rede, (II) a reestruturação da Mesbla e (III) o pagamento das debêntures na data de seu vencimento na eventualidade de não haver nenhuma conversão de debêntures em capital. Dessa forma, o excedente após o pagamento das debêntures será de R$ 48.000.000,00. Conservadoramente, podemos considerar um investimento de R$ 30.000.000,00 para cobrir o caixa deficitário do seguimento automotivo da Mesbla S/A. Nesse caso, o excedente de caixa reduz-se para R$ 18.000.000,00. Caso haja a conversão de todas as debêntures, a empresa terá uma estrutura financeira com uma confortável posição de caixa.

Não importa, por outro lado, que o próprio Banco BRADESCO S/A tenha, também, adquirido debêntures conversíveis em volume alto. O que importa, no caso, é que o coordenador não mencionou a sua condição de credor do Grupo, fato que, em tese, poderia indicar um interesse na colocação das debêntures como forma de obter recursos para a satisfação de seus créditos. Em outras palavras, criou efetivamente uma condição artificial para a oferta dos títulos, levando os interessados à aquisição dos mesmos. Também surpreendente o Protocolo de Intenções, em que "qualquer subscrição adicional de debêntures que não as aqui mencionadas, todo o dinheiro integralizado na CAB será utilizado para pagamento de créditos que o BRADESCO indicar" (fls. 359), colocando o próprio coordenador da emissão em situação privilegiada.

A captação de recursos no mercado, através de debêntures conversíveis, deve ser feita de tal modo que o investidor tenha todas as informações importantes para se posicionar sobre a oferta. A omissão das condições mencionadas é suficiente para se reconhecer a culpa do coordenador, responsabilizando-o pelos danos ocasionados.

Tais danos não dependem de encerramento do processo falimentar. Eles já existem pelo simples fato de ter sido efetuado o investimento, sem o retorno prometido e no momento prometido. E partícipe da colocação dos títulos é o coordenador, também responsável pela composição dos mesmos.

O montante apontado na petição inicial – R$ 27.910.643,44 corresponde ao montante investido pelos autores atualizado até 20.3.2001. Devem ser incluídos os juros não pagos até o momento do ajuizamento da ação e, em seguida, os juros de mora contados da citação, adotando-se, para estes, a taxa de 0,5% ao mês até o início da vigência do atual Código Civil, e em seguida a taxa de 1% ao mês.

Mas não é devida a indenização pelos danos morais. Ainda que se admita a possibilidade de a pessoa jurídica sofrer tal espécie de dano, o desconforto sofrido pelos autores não chega a abalar a reputação das fundações, mas apenas e eventualmente de seus dirigentes. E como os autores se submeteram à fixação do Juízo, a sucumbência dos mesmos é mínima.

Fica, em conseqüência, prejudicada a alegação de cerceamento de defesa.

O recurso é provido em parte para se julgar parcialmente procedente a pretensão deduzida, para condenar o Banco BRADESCO S/A a pagar aos autores POSTALIS – Instituto de Seguridade Social dos Correios e Telégrafos, CERES – Fundação de Seguridade Social dos Sistemas EMBRAPA e EMBRATER, e FUNDIÁGUA – Fundação de Previdência da Cia. de Saneamento do Distrito Federal, na proporção das aquisições que cada um fez, a indenização total de R$ 27.910.643,44, corrigida a partir de 21.3.2001 mediante a aplicação dos índices da Tabela Prática baixada pelo TJSP e acrescida dos juros devidos pelos títulos até a data do ajuizamento, e, a partir da citação, dos juros de mora às taxas apontadas.

Responderá o réu, também, por todas as custas e despesas do processo, assim como pelos honorários advocatícios, estes fixados em 10% do valor da condenação. Prejudicado, em conseqüência, o recurso adesivo.

3. Dá-se parcial provimento ao recurso de apelação, prejudicado o recurso adesivo.

Comentários de

José Marcelo Martins Proença

1. O caso concreto. 2. O ponto de interesse do caso concreto: o mercado de capitais. 3. A função do dever de informar no mercado de capitais. 4. Conclusão.

O acórdão a ser comentado decorre de uma ação indenizatória promovida por diversos fundos de pensão, investidores no mercado de capitais, então apelantes, tendo por base o fato de o Banco apelado, na qualidade de coordenador da emissão de debêntures de determinada companhia, ter ocultado fatos de extrema relevância, pois, conforme aduziram os apelantes, a falta de informações (que correspondeu a informações inverídicas) influenciou na decisão para a aquisição desses valores mobiliários.

1. O caso concreto

Os fatos que deram ensejo à propositura da demanda, conforme demonstram os documentos acostados aos autos, assim se desenvolveram:

• Em setembro/1998 os apelantes receberam da apelada um relatório de apresentação da situação econômico-financeira da emitente das debêntures. Desse relatório constou a menção da emissão de debêntures para "um agressivo plano de investimentos", ficando os respectivos recursos destinados a "dar suporte ao plano de crescimento da empresa, com destaque para o processo de consolidação da Mesbla e de aquisição de uma nova empresa varejista".

• O Banco apelado não informou nem à CVM, nem no relatório referido, ser ele credor do Grupo emissor das debêntures. Ao contrário, informou à CVM inexistir relevante relacionamento comercial da empresa emissora com o líder da distribuição.

• Contudo, após a bancarrota do Grupo emissor, descobriu-se, pela análise dos autos da falência da empresa Barnet Indústria e Comércio S/A, que o Banco apelado tem um crédito habilitado de R$ 22.004.772,95, e dos autos da falência do Mappin Lojas de Departamento S/A que o apelado declarou crédito no valor de R$580.473,37.

• Não bastasse isso, pela análise dos autos de uma outra ação, onde a Barnet Indústria e Comércio S/A visa à condenação do Banco apelado, os apelantes tomaram conhecimento da existência de um documento denominado "Protocolo de Intenções" que firmam entre si United Participações e Empreendimentos Ltda., United Indústria e Comércio Ltda. e o Banco apelado, datado de 11.11.1998, onde os signatários avençaram que uma parte dos recursos auferidos com a distribuição daquelas debêntures citadas seria utilizada para pagar os créditos do próprio Banco apelado, ou seja, as informações ventiladas ao mercado pelo líder de distribuição acerca da destinação dos recursos obtidos com a emissão das debêntures não eram verdadeiras. Nota-se que esse Protocolo de Intenções não foi divulgado ao mercado; ao contrário, foi ocultado pelo Banco apelado, líder da coordenação da operação de emissão das debêntures.

Fundamentados nesse fatos, os apelantes, fundos de pensão investidores no mercado de capitais, promoveram a ação indenizatória visando ao ressarcimento do montante investido, com os acréscimos legais e contratuais, além da indenização por danos morais.

Aduziram que a omissão das informações relevantes, de responsabilidade do Banco apelado, líder de distribuição, configurou violação das regras de transparência e fidelidade norteadoras do mercado de valores mobiliários. Aduziram, ainda, que a violação dessas regras, pelo Banco, se deu astuciosa e ardilosamente.

2. O ponto de interesse do caso concreto: o mercado de capitais

O acórdão em comento, reformando decisão de primeira instância, julgou – ao nosso ver – corretamente a questão posta a desate. A decisão – uma das poucas, se não a única do Poder Judiciário nacional sobre o dever de informar no mercado de capitais – demonstra especial preocupação com a ética e a moralidade que devem permear o mercado de capitais. Sinaliza, assim, a decisão para a proteção do interesse público de desenvolvimento econômico e social, função do mercado de capitais desenvolvido.

Em termos muito gerais, pode-se afirmar que o mercado de capitais contribui para promover a formação de capital, para ligar poupança e investimento e para aumentar a eficácia da aplicação econômica do capital disponível. O mercado de capitais pode incentivar a formação da poupança e torná-la disponível. Em um segundo passo, essa poupança será alocada e transformada em investimentos, por meio de ofertas padronizadas e de um sistema dinâmico de contratações.

Considerando o crescimento econômico como uma das necessidades básicas de qualquer país, e reconhecendo que não existe crescimento econômico sem investimento, pode-se asseverar que a formação de capital constitui um dos anseios primordiais das nações. Assim, mercados de capitais bem organizados logram promover tanto a formação de poupanças quanto a rapidez do processo de financiamento. O mercado de capitais com boa transparência, sem trapaças, pode favorecer essa situação, estimulando a formação de capital e, por corolário, o desenvolvimento econômico – valor, esse, previsto em nível constitucional (art. 3º, II).

Somente para ressaltar a importância de se defender o desenvolvimento do mercado de capitais (por meio de sua transparência, credibilidade e efetiva aplicação de sanção aos fraudadores) e, portanto, a importância de o Poder Judiciário ter sinalizado que está atento à questão, bem enfrentando o presente caso, relembre-se que a grande vantagem do mercado de capitais reside na ligação poupança/investimento de forma eficiente, talvez a mais produtiva de todas as outras possíveis.

Assim, pode-se afirmar que o desenvolvimento do mercado de capitais é de interesse público, porque um dos responsáveis pelo desenvolvimento social e econômico nacional.

De outro lado, mercados de capitais manipuláveis, nos quais atuam, impunemente, os que se valem de informações privilegiadas para realizar negócios, não inspiram confiança ao investidor. Têm, esse mercados, dificuldades de se afirmar, de crescer, inviabilizando, paralelamente, o crescimento das empresas que poderiam por eles ser financiadas.

Repise-se que essa idéia tem respaldo constitucional, pois o art. 3º, II, da nossa Carta Magna, ao prescrever como objetivo fundamental da República Federativa do Brasil garantir o desenvolvimento nacional, impôs ao Legislativo a obrigação de (e ele cumpriu a sua tarefa) de criar estrutura normativa hábil para pôr freio às negociações anômalas no âmbito do mercado de capitais, conferindo-lhe a credibilidade sem a qual não se atraem os investimentos e, enfim, propiciando-lhe eficiência e perspectivas de crescimento.

Nesse sentido, observamos no nosso ***Insider Trading*** *– Regime Jurídico do Uso de Informações Privilegiadas no Mercado de Capitais* (São Paulo, Quartier Latin, 2005, p. 196), citando Francisco Antunes Maciel Müssnich:

"A Exposição de Motivos 196/1976 do Ministro da Fazenda, entre outras coisas, ressaltou que uma das mais importantes metas a serem atingidas pela lei era criar a estrutura jurídica necessária ao fortalecimento do mercado de capitais de risco no país, imprescindível à sobrevivência da empresa privada na fase atual da economia brasileira. A Exposição reconheceu ainda a importância de se regular o comportamento e a responsabilidade dos administradores e dos acionistas controladores para com o público investidor

"(...).

"Ainda no dizer da referida Exposição, não é mais possível que a parcela de poder, em alguns casos gigantesca, de que fruem as empresas – e através delas seus controladores e administradores – seja exercida em proveito apenas dos sócios majoritários ou dirigentes, e não da companhia, que tem outros sócios, e, em detrimento ou sem levar em consideração os interesses da comunidade".

Trata-se, assim, de manter, no mínimo, a confiabilidade no mercado, já que é absolutamente impossível o desenvolvimento de um mercado acionário no qual, sabidamente, podem ganhar apenas aqueles poucos que têm acesso às informações confidenciais das empresas. Os investidores, particularmente os individuais, devem ter a certeza de que o sistema não está estruturado de molde a favorecer apenas aqueles que detêm as informações privilegiadas.

Por fim, releva deixar claro que "a questão é social, tem interesse público, não devendo ser examinada somente pelo aspecto econômico, que muitas vezes perde, por completo, o respeito ao aspecto social, o interesse na valorização do trabalho humano e em outros valores estabelecidos na Constituição-cidadã, de 1988. Por isso, 'no faltarán razones en absoluto a quien así opine, después de contemplar cómo los economistas en su inmensa mayoría asisten impasibles al espectáculo de ver cómo su disciplina, catalogada como ciencia social, ha perdido prácticamente este fin, y se ha convertido en una herramienta para ganar dinero de los que ya lo tienen, obviando por completo la realidad de una gran mayoría de las personas'" (ob. cit., p. 197).

Dessa forma, julgamos relevante dar publicidade ao caso em comento, dado o seu aspecto de elevada relevância social *– a transparência do mercado de capitais* e o repúdio às práticas de manipulação de mercado e do *insider trading*, mercado, esse, que, de novo, figura como um dos responsáveis em propiciar o desenvolvimento social e econômico da Nação.

3. A função do dever de informar no mercado de capitais

O acórdão objeto destes breves comentários, reformando o entendimento do Juiz de primeira instância, que havia entendido ser a conduta do Banco apelado passível, em tese, de gerar uma sanção administrativa, e não uma obrigação de indenizar pelos prejuízos causados aos apelantes, julgou bem e corretamente a questão, dado que "o melhor esquema repressivo, porém, destinado a compelir remissos e infratores ao cumprimento dos preceitos disciplinadores das atividades de mercado, reside no campo da sanção civil. Com efeito, a disciplina da responsabilidade civil, prevista na legislação, oferece amplo arsenal para a repressão de toda e qualquer conduta contraveniente aos mandamentos de polícia de que resultem prejuízos a interesses privados" (Luiz Gastão Paes de Barros Leães, *Mercado de Capitais e **Insider Trading***, p. 106).

Além disso, o julgado encontra-se consoante dispositivos da Lei 6.385/1976, onde é encontrado o objetivo de, utilizando-se dos ensinamentos do professor Fábio Konder Comparato ("A regra do sigilo nas ofertas públicas de aquisição de ações", *RDM* 49/56), "assegurar o acesso do público a informações sobre os valores mobiliários negociados e às companhias que os tenham emitido (art. 4º, VI)". Coerente, ainda, com dispositivos da Lei 6.404/1976, outro grande instrumento de reformulação do mercado de capitais, onde a "completa informação" passou a ser um dos pilares em que se assenta o sistema normativo das companhias (cf. arts. 118, 157, § 4º, e 289, § 1º).

Nesse sentido conclui, no artigo já citado, o professor Fábio Konder Comparato:

"Como se percebe, o dever de informação completa das companhias abertas ao público investidor não é, em nosso país, uma regra menor do sistema de regulação do mercado de capitais, mas princípio fundamental. Nessa qualidade, ele enforma o conjunto normativo constituído pelas Leis 6.385 e 6.404/1976, a ele devendo se subordinar todas as regras operacionais das companhias abertas. É à luz desse princípio que devem ser analisadas e compreendidas duas das práticas mais viciosas do mercado de capitais, ou seja, o *insider trading* e a manipulação de mercado".

Esse princípio (*disclosure*) implica o respeito a duas regras básicas: a transparência das informações publicadas e a igualdade de acesso de todos os investidores a essas informações.

Transparentes são as informações oriundas de um agente do mercado de capitais (onde se inclui o apelado, por ser o líder de emissão das debêntures) sobre valores mobiliários que tenciona lançar, distribuir ou adquirir toda vez que tais informes se revestem de suficiente clareza e não omitem qualquer fato relevante.

Relevantes são as informações suscetíveis de influir sobre a cotação dos papéis no mercado ou mesmo na tomada de decisões da (in)viabilidade de investimento naqueles papéis.

Ao lado dessa obrigação de informar, fez-se necessário regular a proibição de, enquanto não divulgadas as informações e para conceder eqüidade no mercado de capitais, terceiras pessoas delas se utilizarem nesse mercado. Assim, a repressão ao *insider trading* configura corolário natural da adoção do princípio da *disclosure* na regulação do mercado de valores.

As Instruções Normativas CVM-8/1979 e 31/1984 (vigentes à época dos fatos analisados no acórdão e hoje já revogadas e substituídas pela de n. 351) regulam esses dispositivos e princípios das leis mencionadas, vedando "aos administradores e acionistas de companhias abertas, aos intermediários e aos demais participantes do mercado de valores mobiliários" a utilização do que denominou "condições artificiais de demanda", "manipulação de preços", "operação fraudulenta" e "prática não-eqüitativa", tudo relacionado com o mercado de valores mobiliários.

Diz ainda referida legislação que "operação fraudulenta no mercado de valores mobiliários é aquela em que se utilize ardil ou artifício destinado a induzir ou manter terceiros em erro, com a finalidade de se obter vantagem ilícita de natureza patrimonial para as partes na operação, para o intermediário ou para terceiros", e que "prática não-eqüitativa no mercado de valores mobiliários é aquela de que resulte, direta ou indiretamente, efetiva ou potencialmente, um tratamento para qualquer das partes, em negociações com valores mobiliários, que a coloque em uma indevida posição de desequilíbrio ou desigualdade em face dos demais participantes da operação".

A justificativa da legislação acaba por desencadear a discussão já enfrentada, no sentido de que a idéia sempre presente na legislação do mercado de capitais é a de que a informação constitui o pressuposto básico a permitir que os investidores, de posse da mesma, possam aquilatar os verdadeiros valores dos títulos distribuídos e negociados e realizar, em um regime de paridade, suas aplicações. Não sendo eles portadores da informação real, podem ser induzidos a erro, quer por omissão das mesmas, quer por prática não-eqüitativa.

Essas regras, conforme explicitado pelo acórdão, foram desrespeitadas pelo Banco apelado. Ele, inquestionavelmente, enquanto coordenador da emissão e líder de distribuição das debêntures emitidas, infringiu o dever legal de fornecer uma completa divulgação de fatos por ocasião do registro da emissão. Ao sonegar no prospecto e nos demais documentos que instruem o pedido de registro a informação de que era credor do Grupo emissor e ao confirmar a declaração da emissora de que não há relacionamento comercial relevante com os coordenadores, o Banco apelado faltou com a verdade. Da mesma forma, ilícita a conduta do referido Banco quando afirma e afiança que os recursos decorrentes da colocação dessas debêntures seriam utilizados para dar suporte ao plano de crescimento da emissora, ocultando a verdadeira destinação de parcela significativa – qual seja, saldar os créditos que ele, Banco apelado, detinha contra a emitente dos títulos.

Para a obtenção de uma transparência no mercado de capitais, para sua evolução como o grande financiador da atividade produtiva, a lei impõe – repita-se – uma obrigação de divulgar informações relevantes, justamente para informar os potenciais investidores na realização dos seus negócios, para permitir que os investidores tomem, ao menos conscientemente, as suas decisões de investimento.

Dessa forma, para a procedência do pedido dos fundos de pensão, que amargураram prejuízo na decisão de investimento de aquisição das referidas debêntures, não é necessário avaliar a existência de eventual benefício do Banco apelado (já que esse foi um dos argumentos de defesa), mas apenas a existência da prática de um ato ilícito (omissão de informações), que coloca em risco toda a estrutura normativa criada para permitir o desenvolvimento do mercado de capitais – repise-se, de interesse público e tutelado em nível constitucional. Dessa forma, não há, na ação em discussão, que se provar desvio do produto da venda das debêntures, mas a omissão de informações verdadeiras.

Não poderia o Banco apelado omitir informações relevantes e que deveriam ter sido disponibilizadas aos investidores para uma transparência do mercado de valores mobiliários. Não poderia ele omitir a existência de relacionamento comercial relevante entre ele e a emissora. Da mesma forma, não poderia omitir ou, pior ainda, informar que a destinação das receitas das debêntures se daria à modernização das empresas, ao invés de informar, veridicamente, que parcela substancial dessa receita seria destinada ao pagamento dos seus créditos.

Além disso, a demonstrar a correção do acórdão em comento e o equívoco da sentença de primeira instância, é importante ressaltar que, de fato, o líder de distribuição não é um garantidor das debêntures, mas sim um garantidor de que as informações prestadas ao mercado são verdadeiras e completas ou, pelo menos, que as informações que detêm o líder de distribuição não foram omitidas, tudo com vistas a permitir uma tomada de decisão consciente dos investidores no mercado de capitais.

Não poderiam os apelantes investidores pleitear a indenização sob o argumento de que o apelado é garantidor do retorno dos investimentos em debêntures. Não é esse o entendimento do acórdão, nem é essa a causa de pedir. O Banco apelado, como líder de distribuição das debêntures, assumiu uma série de obrigações previstas na legislação citada visando a assegurar transparência nesse mercado. Não tendo ele bem cumprido essas obrigações, causando prejuízos a terceiros (compradores das debêntures, portadores de informações inverídicas), que foram levados a investimentos em razão da falta de transparência, fica evidente a obrigação do apelado de indenizar – repita-se – não como garantidor do retorno do investimento nas debêntures, mas sim como infringente da legislação de mercado de capitais.

Nos autos apura-se, ainda, parecer do professor Luiz Gastão Paes de Barros Leães, de onde se extrai: "É dentro desse contexto de disseminação de informações fidedignas ao público investidor que se insere o processo de registro da emissão primária de valores mobiliários na CVM. Nos termos da legislação em vigor, nenhuma emissão pública de valores mobiliários pode ser distribuída no mercado sem prévio registro na CVM (Lei 6.385/1976, art. 19, *caput*; Lei 6.404/1976, art. 4º, parágrafo único) e por instituições previamente autorizadas para o exercício dessa atividade (Lei 6.385, art. 16, I), devendo o pedido de registro ser acompanhado dos prospectos e outros documentos, providos das informações que a Comissão 'julgar necessárias para proteger os interesses do público investidor' (Lei 6.385/1976, art. 19, §§ 6º e 7º). Como foi destacado na Exposição de Motivos da Lei 6.385 (item 19, *in fine*), as normas que impõem a necessidade do registro de emissão pública na CVM são de nítido caráter instrumental, já que têm por escopo obrigar, através do registro, a ampla divulgação de informações ao público, a fim de que todos possam tomar decisões criteriosas a respeito dos seus investimentos e assumir, conscientemente, os riscos que deles decorrem. Presume-se, portanto, que, adequadamente informados a respeito dos fatos relevantes que instruem a emissão dos títulos, os investidores estarão convenientemente protegidos".

No caso em discussão, o Banco apelado deixou de cumprir com a obrigação legal de informar, omitindo informações relevantes, e, justamente em razão da omissão, ficaram os investidores desprovidos das informações relevantes para, conscientemente, avaliar os riscos dos investimentos que lhes estavam sendo ofertados.

Daí, conclui o parecer:

- "O Banco (...), enquanto coordenador da emissão e líder de distribuição das debêntures, infringiu o dever legal de fornecer uma completa divulgação dos fatos (*full disclosure*) (...) o Banco (...) faltou com a verdade";

- "Da mesma forma, ao afiançar que os recursos decorrentes da colocação dessas debêntures seriam utilizados para dar suporte ao plano de crescimento da empresa, (...), ocultando a verdadeira destinação de parcela significativa, apartada para saldar os volumosos créditos que detinha contra a controladora, igualmente falseou as informações que deveriam constar do protocolo e dos demais documentos de divulgação ao mercado";

- "Mesmo o ocultamento do Protocolo de Intenções, firmado durante o prazo de distribuição, foi um flagrante descumprimento dos deveres legais de veiculação de informações relevantes por parte da distribuidora líder numa emissão pública de papéis";

- "Na realidade, ao ocultar a sua posição de credor de vultosas importâncias da companhia emissora, em todos os documentos referidos, o Banco (...) descumpriu as normas a que, por força de sua atividade profissional especializada, deveria obedecer, cometendo desenganadamente ato ilícito doloso, ao procurar obter vantagem patrimonial indevida dessa omissão";

• "Ao omitir a sua posição de credor do Grupo emissor, e pactuar às escondidas um acordo-de-gaveta com a emissora devedora, passando a subscrever as debêntures cotadas artificialmente por força da ignorância em que foi mantido o público investidor a respeito desses fatos, o Banco (...) indisfarçadamente realizou uma operação fraudulenta no mercado";

• Também se observa no comportamento do Banco (...) a prática de outro ilícito de mercado, (...) qual seja, a criação de condições artificiais de oferta e preço de valores mobiliários, em decorrência de negociações por ele promovidas, ou realizadas, na condição de intermediário responsável pela colocação das debêntures";

• "O não cumprimento desse dever legal pelas pessoas identificadas pode acarretar não só a aplicação de penalidades administrativas, como também a sanção civil, visto que a infração da norma em apreço lesa o direito subjetivo dos investidores à divulgação de informações adequadas, impondo-se a reparação (CC art. 159)".

Um dos fatos relevantes que deve ser divulgado com veracidade – e isso parece bastante lógico – é a destinação dos recursos auferidos com a emissão dos valores mobiliários (Instrução Normativa 31, Anexo I, item 11), uma vez que esta possibilitará melhor análise, por parte dos investidores, do risco dos investimentos que lhes estão sendo oferecidos.

Soubessem os apelantes que o apelado era um dos credores da emissora das debêntures e – o que é pior – que parte substancial das receitas delas derivadas seria destinada ao adimplemento daquele crédito (e não à modernização da companhia), a decisão de investimento seria outra.

Ressalte-se, por fim, o escorreito entendimento constante no acórdão no sentido de que é irrelevante o êxito, ou não, da empreitada do Banco apelado, ou seja, se ele conseguiu amortizar seus créditos com as receitas das debêntures.

Relevante é a omissão de informações, fazendo com que investidores comprassem valores mobiliários que não comprariam, tivessem sido adequadamente informados dos fatos relacionados ao objeto da compra.

A conduta do apelado, tamanha sua nocividade, com efeitos deletérios em instrumentos que implicam o desenvolvimento econômico e social do país, fez com que o legislador de 2001, por meio das alterações da Lei 6.385/1976, optasse, ao lado das sanções civis e administrativas, por tipificá-la como crime. Sobre essa opção manifestamo-nos na obra já citada, nos seguintes termos:

"Neste passo, em virtude de toda a argumentação expendida, bem como pelo fato de que a mera aplicação de sanções administrativas, decorridos 25 anos da data de publicação das Leis 6.385/1976 e 6.404/1976, demonstrou-se incapaz de inibir as condutas infratoras das regras de funcionamento do mercado de capitais, não parece temerário afirmar, lembrando o Min. Nelson Hungria, que ao mal maior de tais delitos urge opor o mal menor das penalidades instituídas pela Lei 10.303/2001.

"(...).

"A par disso, cabe ponderar que a maioria dos indivíduos comporta-se de acordo com os padrões sociais pelo receio da má reputação, e quanto aos delitos, em sua maioria, não são cometidos pelo temor da sanção. Destarte, acarretando para o potencial criminoso do 'colarinho branco' a reprovação social, porque estigmatizante, a sanção penal, esta, sim, por ele temida, forçosamente o desestimula a concretizar os seus intentos gananciosos.

"(...).

"De qualquer sorte, a criminalização do uso indevido de informação privilegiada consiste, inegavelmente, num passo importante dado pela nossa legislação, que, uma vez aperfeiçoada, até pela ação jurisprudencial, encontrará a fórmula acertada para garantir a eficiência e o desenvolvimento do nosso mercado de capitais.

"A criminalização do uso de informações privilegiadas no mercado de capitais, ao lado de outros tipos penais ora previstos na LVM, de fato, vem a coroar a evolução do arcabouço legal brasileiro no sentido de reprimir a prática do *insider trading*."

A análise dos autos permite ainda aferir que a mesma conduta já foi objeto de análise em processo administrativo na CVM, que, da mesma forma, entendeu configurar ilícito administrativo a conduta do Banco apelado. Dessa decisão extrai-se:

"38. A meu ver, a divulgação do Protocolo de Intenções era imprescindível, independentemente de ele ter sido executado em sua plenitude, ou não. A percepção de risco dos investidores ficou distorcida no caso concreto porque quem foi contratado como intermediário havia negociado um Protocolo de Intenções que lhe garantiria o direito de se pagar (pagar-se dos créditos que tinha contra o emissor) com os recursos captados. A percepção dos potenciais investidores, fosse ela qual fosse, era necessariamente desigual à do intermediário. Para este, a mensuração do rico não estava atrelada apenas às informações que constavam do prospecto, mas também à promessa de repasse de parte da captação.

"39. Embora contratado pela companhia, os deveres de fidúcia da instituição intermediária têm como destinatários os potenciais investidores, que foram iludidos com a ocultação do Protocolo de Intenções porque o intermediário, neste caso, colocou seu interesse comercial à frente dos interesses dos investidores, que, como *underwriter*, deveria ter protegido.

"(...).

"48. Como conseqüência do que foi dito acima, entendo configuradas as apontadas infrações ao art. 14 da Instrução 13/1980, pois as informações fornecidas durante a distribuição omitiam, realmente, informações relevantes para os investidores. As informações relativas ao Protocolo de Intenções deveriam ter sido divulgadas, mesmo para esclarecer o quanto nele se dispôs como suposta vigência efêmera, como diz a defesa.

"49. Pelas mesmas razões, também não é admissível que se tivesse ocultado a existência de relações comerciais entre o Banco (...) (e as sociedades a ele ligadas) e as empresas (controladoras e controladas) do Grupo (...). Neste ponto, note-se que constou do prospecto, sob o título 'Relacionamento da Empresa com os Líderes da Distribuição', que 'não há relacionamento comercial relevante com (...)'.

"(...).

"53. A omissão dessa informação seria uma falta em qualquer emissão pública, mas, no caso concreto, ela é uma falta muito grave, porque a emissora atravessava dificuldades financeiras e estava fazendo a captação como parte de um projeto de reestruturação. Além disso, como disse antes, nada impedia que o Banco (...) compensasse os recursos captados com seus créditos preexistentes, desde que essa informação estivesse divulgada no prospecto. Entendo, dessa forma, configurada a violação ao art. 35, I, da Instrução n. 13/1980."

4. Conclusão

Temos para nós que agiu corretamente a 2ª Câmara de Direito Privado do TJSP ao entender procedente o pedido de indenização dos investidores nas debêntures em discussão.

A omissão do Banco apelado em prestar informações relevantes configurou uma flagrante manipulação do mercado mobiliário, pois, sob as vestes de coordenador da colocação das debêntures, ele buscava angariar recursos que seriam, ao final, se não desviados em benefício próprio, utilizados como forma de pressionar a emissora a realizar diversos tipos de acertos que o beneficiariam.

Os fatos revistos, norteadores da decisão, evidenciam a ilegal manipulação do mercado de valores mobiliários pelo Banco apelado, já que ocultou informações relevantes, ferindo o princípio jurídico da *full disclosure* e criando condições artificiais de oferta e de preço e de operação fraudulenta, havendo, ainda, a prática ilícita de aproveitamento privilegiado de informações. Tratou-se de uma armadilha cruel para os investidores no mercado de capitais, e seu direito à indenização pelos prejuízos sofridos parece-nos irretocável.

Pareceres

CONFLITO DE INTERESSES ENTRE O ADMINISTRADOR E A COMPANHIA – INEXISTÊNCIA DE IMPEDIMENTO DE VOTAR EM DELIBERAÇÃO DO CONSELHO DE ADMINISTRAÇÃO DA CONTROLADA, DO QUAL É MEMBRO, QUE APROVA CONCESSÃO DE MÚTUO À CONTROLADORA, DA QUAL É CHEFE DO DEPARTAMENTO JURÍDICO

CARLOS AUGUSTO DA SILVEIRA LOBO

RAFAEL DE MOURA RANGEL NEY

1. Conceito de "conflito de interesses". 2. O art. 156 da Lei das S/A. 3. O art. 156 e o advogado interno da empresa. 4. Conflitos de interesses entre companhias integrantes de um grupo de sociedades. 5. Conclusões.

CONSULTA

Um ilustre Advogado consulta-nos sobre o abaixo exposto:

> 1. O Consulente, advogado inscrito na OAB, no exercício do cargo de Consultor-Geral Jurídico da Cia. "A", provê diretamente aconselhamento jurídico aos órgãos da administração da companhia e chefia os demais advogados lotados no seu Departamento Jurídico e nos demais setores jurídicos das sociedades por ela controladas. O cargo de Consultor-Geral Jurídico não é cargo da administração da Cia. "A", no sentido do Capítulo XII da Lei 6.404/1976.
>
> 2. A Cia. "A" é a sociedade dominante de um grupo de fato de sociedades, dentre as quais figurava a Cia. "B", uma companhia aberta, na época em que se realizaram a deliberação e a operação objeto desta consulta. A Cia. "B", por sua vez, controlava outras sociedades, formando um subgrupo de fato. Posteriormente, a Cia. "B" veio a ser incorporada à Cia. "A", estando, portanto, hoje, extinta.
>
> 3. O Consulente, sem prejuízo de exercer o cargo de Consultor-Geral Jurídico da Cia. "A", foi eleito pela sociedade controladora, a Cia. "A", para integrar, como membro efetivo, o Conselho de Administração da Cia. "B", tendo tomado posse e exercido regularmente essa função.
>
> 4. Nessa qualidade participou da reunião do Conselho de Administração da Cia. "B" realizada em 18.8.2005 e votou na deliberação, aprovada por unanimidade, que autorizou a celebração de contratos de mútuo pelo prazo de 150 dias, nos quais a Cia "C" (uma subsidiária direta da Cia. "B") figurou como mutuante e a Cia "D" (uma subsidiária direta da Cia. "A") figurou como mutuária. O Consulente informa que os aludi-

dos mútuos foram contratados mediante condições compatíveis com as vigentes no mercado financeiro para operações similares, que a quantia mutuada correspondia a excesso de caixa da mutuante, cuja aplicação se impunha, e que os juros foram fixados no ponto médio entre as taxas para depósitos e para financiamentos em moeda estrangeira com prazo de 150 dias, pelos bancos de primeira linha, razões pelas quais, no caso, ganharam ambas as partes em relação ao que obteriam no mercado.

5. A Comissão de Valores Mobiliários/CVM, através de ofício, solicitou do Consulente que se manifestasse sobre as razões pelas quais participou da deliberação dos empréstimos, enquanto Conselheiro de Administração da Cia. "B", na Reunião do Conselho de Administração de 18.8.2005, a despeito de à época exercer o cargo de Consultor-Geral Jurídico na Cia. "A". A solicitação indica como fundamento o art. 156 da Lei 6.404/1976.

6. O Consulente atendeu ao ofício da CVM, manifestando-se formalmente no prazo de 10 dias úteis, que lhe foi concedido, afastando, assim, a incidência da multa prevista na Instrução CVM-273/1998, aludida no ofício.

7. Todavia, a Administração da Cia. "A" considera a matéria de fundamental importância para a boa gestão do grupo de sociedades sob seu controle, entre outros motivos porque, como sociedade controladora, a Cia. "A" tem o dever, perante seus acionistas, de estabelecer as políticas gerais do grupo e monitorar sua execução, sendo certo que o bom desempenho dessas funções exige a presença e a efetiva participação de administradores e altos funcionários de sua organização, especialmente o Consultor-Geral Jurídico, nos órgãos administrativos das subsidiárias. Por esse motivo, além da manifestação pessoal do Consulente, já apresentada, entende necessário conhecer também a opinião de outros juristas sobre o assunto.

Passamos, então, a responder à consulta.

PARECER

1. Conceito de "conflito de interesses"

"Interesses", no sentido a ser examinado neste parecer, são os desejos, que todo ser humano tem, de obter bens da vida, entendendo-se "bem da vida" na sua mais lata significação, isto é, não somente os bens tangíveis e intangíveis definidos pelo ordenamento jurídico, como também *status* e posições diante de situações atuais ou prováveis. Os seres humanos organizam-se em coletividades para alcançarem interesses comuns, caso em que se diz que os interesses são da coletividade. Se o ente coletivo é organizado sob a forma jurídica de sociedade anônima, diz-se que os interesses são da companhia.

Os interesses povoam as relações sociais e se cruzam em uma grande variedade de relações entre variados sujeitos e objetos. Freqüentemente entram em conflito uns com outros, e normas destinadas a prevenir ou resolver os efeitos da confrontação de interesses conflitantes constituem disposições importantes de praticamente todos os ramos do Direito.

Define-se o "conflito de interesses" como a relação entre dois interesses (ou dois pólos de interesses) na qual a satisfação de um importa necessariamente sacrifício do outro. De se ressaltar – como observa Galgano – que o sacrifício total ou parcial de um dos interesses, para que o outro seja satisfeito, é elemento essencial do conceito. Ausente esse elemento, não há conflito: os interesses são alcançados harmonicamente. No mesmo sentido, Jaeger salienta que entre dois interesses conflitantes há uma relação de incompatibilidade absoluta, pelo quê se pode dizer que a realização de um desses interesses exige o sacrifício do outro.[1]

1. Pier Giusto Jaeger, *L'Interesse Sociale*, Milão, Giuffrè Editore, 1972, p. 3.

Eis a sempre citada definição de Galgano, que se refere ao conflito de interesses entre a sociedade e o sócio, mas que se aplica, *mutatis mutandis*, ao caso em foco: "Ocorre conflito de interesses entre o sócio e a sociedade quando o sócio se encontra na condição de ser titular, diante de uma determinada deliberação, de um duplo interesse: do seu interesse de sócio e, por outro lado, de um interesse externo à sociedade; e esta duplicidade de interesses é tal que ele, o sócio, não pode realizar um sem sacrificar o outro interesse. *Todavia, a simples duplicidade de interesses em um mesmo sujeito, por si só, não implica situação de conflito no sentido técnico. As duas posições de interesse podem ser de solidariedade entre eles: o sócio pode realizar o próprio interesse sem prejudicar o interesse da sociedade*" (tradução e grifos dos signatários).[2]

Antes de atingir o objeto deste parecer – que é o estudo do conflito de interesses entre a companhia e seu administrador – nos deteremos no estudo dos conflitos de interesses entre partes de uma relação fiduciária em geral, pois a relação entre a companhia e seus acionistas, de um lado, e o administrador, de outro, é de natureza fiduciária.

As normas dispõem sobre conflitos de interesses entre fiduciante e fiduciário ou determinam medida preventiva (vedação de o fiduciário agir ou votar) ou repressiva (o fiduciário não é impedido de agir ou votar, mas responde se a ação ou voto em benefício próprio causar prejuízo ao fiduciante).

As disposições legais que usam a vedação como medida preventiva fazem-no mediante uma das duas seguintes técnicas legislativas: ou (i) enunciam especificamente os negócios sobre os quais incide a vedação, valendo-se de uma presunção *iuris et de jure* para determinar o conflito de interesses[3] (conflito de interesses formal), ou (ii) definem os negócios vedados através de uma cláusula geral, deixando ao operador do Direito a tarefa de examinar caso a caso, para verificar a existência do conflito (conflito de interesses substancial).

A primeira técnica só pode ser adotada em um número limitado de hipóteses, pois é impossível especificar todos os atos da vida real em que podem estar presentes interesses conflitantes. Tem, todavia, a virtude de afastar o fiduciante de operações em que se apresenta *prima facie* como suspeito, mediante um preceito simples e direto. O art. 497, I, do CC constitui exemplo sugestivo da adoção dessa técnica, ao fulminar com nulidade absoluta a compra, ainda que em hasta pública, pelos tutores, curadores, testamenteiros e administradores, dos bens confiados à sua guarda e administração. Outro exemplo é a disposição constante da primeira parte do § 1º do art. 115 da Lei das S/A (Lei 6.404/1976): "O acionista não poderá votar nas deliberações da assembléia-geral relativas ao laudo de avaliação de bens com que concorrer para a formação do capital social e à aprovação de suas contas como administrador (...)". Nota-se que essa técnica só é adotada em hipóteses evidentes e gritantes de conflito de interesses, em que seja admissível basear a vedação em uma presunção absoluta.

A segunda técnica, por se utilizar de uma cláusula geral, tem a virtude da abrangência extensiva, compreendendo todo o vasto território do conceito; mas apresenta a desvantagem de requerer o exame de cada caso concreto para concluir se um conflito de interesses está configurado. Exemplo de disposição que adota essa segunda técnica é o *caput* do art. 156 da Lei das S/A, que constitui o alvo deste estudo: "É vedado ao

2. Francesco Galgano, *Trattato di Diritto Commerciale e di Diritto Pubblico dell'Economia*, vol. 7, Pádua, CEDAM 1988, p. 251. V. também Francesco Carnelutti, *Instituições do Processo Civil*, vol. I, São Paulo, Servanda, 1999, p. 75.

3. Luiz Gastão Paes de Barros Leães, *Pareceres*, vol. 1, São Paulo, Singular, p. 180.

administrador intervir em qualquer operação social em que tiver interesse conflitante com o da companhia (...)".

Essa segunda técnica é também empregada pela parte final do § 1º do art. 115 da Lei das S/A, que veda o voto do acionista: "(...) em quaisquer outras *[deliberações]* que puderem beneficiá-lo de modo particular, ou em que tiver interesse conflitante com o da companhia".

Cumpre reiterar que a vedação da lei incide enquanto o efeito do conflito de interesses se encontra em potência. A disposição legal é preventiva, e a vedação se deflagra enquanto o dano se encontra em estado potencial.[4] Vedação *a posteriori*, referida em alguns respeitáveis pronunciamentos, nos parece ser uma contradição em termos, pois é impossível vedar o que já foi feito. *Após* a produção do efeito, com a consumação do sacrifício do interesse prejudicado, a lei atua mediante uma terceira técnica: a responsabilidade civil do titular do interesse favorecido, que agiu ou votou abusivamente.

Por fim, seria de se indagar se efetivamente houve, ou não, conflito de interesses no caso. A resposta a esta indagação exigiria o exame dos fatos para confirmar o que se expõe no item 4 da Consulta. Com efeito, a se confirmar o que se afirma no item 4, o negócio resultou em vantagem, e não sacrifício, do interesse da Cia. "B". Então, a vedação só teria lugar se fosse adotada no caso a técnica do conflito de interesses formal, do que resultaria o impedimento do voto do Consulente e dos administradores da Cia. "A" com assento no Conselho de Administração da Cia. "B" sempre que se tratasse de negócio em que figurassem como parte a Cia. "B", de um lado, e, de outro lado, a Cia. "A" ou qualquer de suas subsidiárias. Essa despropositada conclusão tornaria inviável o instituto do grupo de sociedades, como será demonstrado adiante.

O exame dos fatos não se inclui no escopo deste parecer, pelo quê prosseguiremos sem concluir se houve, ou não, vantagem ou sacrifício para o interesse da Cia. "B" em decorrência da deliberação em exame.

2. O art. 156 da Lei das S/A

O art. 156 veda o voto quando o interesse pessoal do administrador é conflitante com o da companhia. Não é possível estender a vedação quando o interesse conflitante não é do administrador, mas do acionista que o elegeu. Nessa hipótese a solução jurídica da questão é outra, e não passa pelo art. 156, como adiante será demonstrado.[5]

Essa conclusão se impõe pela interpretação literal[6] e se confirma pela interpretação sistemática do preceito. Se não, vejamos.

O art. 156 localiza-se na Seção III do Capítulo XII da Lei das S/A, intitulada "Deveres e Responsabilidades dos Administradores". O Capítulo XII é o estatuto legal da administração da companhia. Somente pessoas físicas podem ser eleitas para exercer cargos no Conselho da Administração ou na Diretoria. Portanto, quando o art. 156 menciona "interesse conflitante" do administrador, está se referindo a interesse da pessoa física do administrador, sujeito às disposições do Capítulo XII, e

4. Giovanni Locascio (coord.), *La Riforma del Diritto Societario*, vol. 4, Milão, Giuffrè Editore, 2003, p. 349. Nem por isso se está a admitir a existência de "conflito formal", entendido como a proibição de votar com base na condição única de o administrador ter um interesse externo à sociedade.

5. O administrador que vota em deliberações relativas a matérias nas quais o acionista que o elegeu tem interesse conflitante com o da companhia responde pelos prejuízos causados à companhia se o voto violou a lei ou o estatuto social.

6. Observe-se que a expressão "interesse conflitante com o da companhia" é usada *ipsis litteris* no art. 115 e no art. 156. Isso dificulta muito – se não impede totalmente – o entendimento de que o art. 115 trata de conflito substancial, enquanto o art. 156 dispõe sobre conflito formal.

não a interesse do acionista que elegeu o administrador.

A situação do administrador que vota em matéria de interesse do acionista que o elegeu é orientada por outra disposição da Lei das S/A, constante da mesma Seção III do Capítulo XII, ou seja, o § 1º do art. 154, que abriga o seguinte princípio: "O administrador eleito por grupo ou classe de acionistas tem, para com a companhia, os mesmos deveres que os demais, não podendo, ainda que para defesa dos interesses do que o elegeram, faltar a esses deveres".

Por seu turno, o disposto no citado § 1º do art. 154 conjuga-se com os arts. 158 e 159, também localizados na mesma Seção III do Capítulo XII, para obter força coercitiva, o que se atinge mediante a responsabilidade civil dos administradores, e não com vedação do voto.

Conjuga-se também, já no campo do estatuto dos grupos de fato (o caso se refere a um grupo de fato), com o art. 245 da Lei das S/A, que adiante será objeto de exame.

Vê-se, por tudo isso, que a Lei das S/A – possivelmente a mais bem sistematizada de nossas leis – estabelece:

• Quando se têm presentes interesses conflitantes da companhia e do administrador, incide a vedação do art. 156.[7]

• Quando se têm presentes interesses conflitantes da companhia e do acionista que elegeu o administrador, não é vedado o voto do administrador, mas o preceito do § 1º do art. 154 tem de ser observado, sob pena de o administrador responder pelos prejuízos que causar à companhia, consoante o art. 158.

• Quando se têm presentes interesses conflitantes da companhia e da sociedade dominante do grupo de fato a que pertence a companhia, não é vedado o voto do administrador, mas o preceito do art. 245 deve ser observado, sob pena de o administrador responder pelos prejuízos incorridos pela companhia.

Há ainda a examinar o chamado "conflito de interesses indireto", quando se interpõe terceira pessoa entre o administrador e a companhia. Sublinhe-se que, nessa hipótese o interesse é do administrador, que, em ato simulado, interpõe o terceiro como titular aparente do interesse. Trata-se de negócio indireto com o objetivo de burlar a vedação legal, qualificando-se como ato simulado, conforme a clássica lição de Ferrara, segundo a qual "a simulação não é um meio de iludir a lei, mas sim de ocultar a sua violação".[8]

Dentre as inúmeras formas de simulação visando ao contorno da vedação do art. 156 encontra-se a interposição de uma sociedade administrada pelo administrador, que a controla de fato ou de direito. Todavia, é de flagrante improcedência a generalização para concluir que a vedação deve incidir sempre que se tratar de interesse conflitante de uma sociedade administrada ou controlada pelo administrador. Certamente, quando alude a conflitos de interesses indiretos com a interposição de uma sociedade controlada pelo administrador, a doutrina está a se referir a sociedades familiares de pequeno porte, que são verdadeiras longas-mãos de seus controladores ou administradores; não a sociedades abertas, macroempresas organizadas hierarquicamente, com variada distribuição de competências, como é o caso da Cia. "A".

A simples cogitação de que a incidência da vedação poderia ter fundamento em

7. No Processo Administrativo Sancionador CVM-12/2001 o Colegiado da CVM entendeu que o conflito de interesses de administradores é formal, não obstante ser substancial o conflito de acionistas. Posto que, respeitosamente, os signatários divirjam desse entendimento, cumpre esclarecer que no referido processo se tratava de interesse direto do próprio administrador, pessoa física, diferentemente do caso em tela, no qual se examina interesse supostamente conflitante da sociedade controladora, da qual o administrador é Consultor-Geral Jurídico.

8. Francesco Ferrara, *A Simulação dos Negócios Jurídicos*, São Paulo, Saraiva, 1939, p. 96.

suposto interesse do administrador de preservar seu posto na hierarquia da sociedade dominante retiraria o exame da matéria do campo jurídico para ingressar nas plagas nada nobres da difamação; se fosse feita, sequer mereceria atenção.[9] Tanto mais no caso do Consulente, que, ao exercer a profissão de advogado, funcionando como Consultor-Geral Jurídico da Cia. "A", tem as prerrogativas de independência e inviolabilidade garantidas por lei e pela Constituição Federal. Voltaremos a esse tema no item seguinte.

Finalmente, é de se repudiar o entendimento de que o voto do administrador é vedado automaticamente sempre que houver interesse conflitante da sociedade que o elegeu e da qual é também administrador. O art. 156 da Lei das S/A, por ser norma restritiva do exercício de direito, não comporta interpretação extensiva.[10]

3. O art. 156 e o advogado interno da empresa

Ao invocar o art. 156 da Lei das S/A, o ofício da CVM a que se aludiu no preâmbulo deste estudo pressupôs uma perfeita identidade entre os interesses do Consulente e da Cia. "A", empresa que o elegeu para o cargo de administrador da Cia. "B" e que o emprega, na condição de Consultor-Geral Jurídico.

Ocorre, porém, que o advogado, ainda que submetido à relação de emprego, não se confunde com seu constituinte, sendo certo que o inciso II do art. 1º do Estatuto da OAB (Lei 8.906/1994) qualifica como "privativas de Advocacia" "as atividades de consultoria, a assessoria e direção jurídicas", que somente serão exercidas plenamente se ao advogado forem asseguradas a independência e a inviolabilidade por suas opiniões.

Com efeito, a independência e a inviolabilidade do advogado, consagradas no art. 133 da CF e no art. 2º do Estatuto da OAB como prerrogativas indispensáveis ao exercício da Advocacia, sob qualquer de suas modalidades, estendem-se ao advogado empregado, por expressa disposição legal (art. 18 do Estatuto da OAB), conforme reconheceram à unanimidade os Ministros do STF, em sessão plenária, quando do julgamento, em 6.11.2002, do MS 24.073-3-DF, relator o Min. Carlos Velloso (*DJU* 31.10.2003).

Naquela ocasião o STF decidiu que "a relação de emprego não retira do advogado a isenção técnica, nem reduz a sua independência funcional", reconhecendo, ademais, forte na mais abalizada doutrina,[11] que o ato de emissão de parecer por advogado "não expressa uma vontade", mas, em verdade, uma opinião.

No seu voto condutor, analisando a questão sob a ótica do direito administrativo – já que a discussão versava sobre a responsabilização de advogado interno de sociedade de economia mista por ato praticado no exercício da profissão –, o Min. Carlos Velloso chegou a conclusões de todo aplicáveis ao caso vertente: "O parecer emitido por procurador ou advogado de órgão da Administração Pública não é ato administrativo. Nada mais é que a *opinião emitida pelo operador do Direito, opinião técnico-jurídica, que orientará o*

9. A esse propósito vale citar o comentário de Jaeger: "Crediamo, poi, che *all'espressione 'conflitto d'interessi' si debba attribuire un preciso significato técnico*, e che tale espressione indichi una relazione di incompatibilità assoluta, non comprendendosi in essa, invece, altri tipi di interferenze fra interessi le quali diano luogo soltanto a rapporti di incompatibilità relativa o potenziale" (*L'Interesse Sociale*, p. 209 – grifos nossos).

10. Carlos Maximiliano, *Hermenêutica e Aplicação do Direito*, 14ª ed., Rio de Janeiro, Forense, 1994, p. 237.

11. Maria Sylvia Zanella Di Pietro, *Direito Administrativo*, São Paulo, Atlas, 2005, pp. 184 e 187; Celso Antônio Bandeira de Mello, *Curso de Direito Administrativo*, 13ª ed., São Paulo, Malheiros Editores, 2001, p. 377; e Hely Lopes Meirelles, *Direito Administrativo Brasileiro*, 26ª ed., São Paulo, Malheiros Editores, 2001, p. 185.

administrador na tomada da decisão" (grifos aditados).

É digna de menção, igualmente, a promoção da Procuradoria-Geral da República naqueles autos no sentido de que, se atos administrativos fossem, os pareceres jurídicos "se caracterizam como ato administrativo de opinião, destituído de qualquer elemento volitivo, sendo inapto nessa linha a produzir efeitos jurídicos".

O advogado interno, quando opina sobre determinada questão jurídica que lhe é posta, não participa de ato decisório algum da sociedade que o emprega, até mesmo em virtude da óbvia constatação de que atos decisórios somente poderão ser validamente emitidos pelo órgão competente da empregadora, à luz do respectivo estatuto social. Não manifesta nem participa do ato de manifestação da vontade da companhia. Simplesmente opina sobre aspectos jurídicos, cabendo aos administradores decidir e se responsabilizar a respeito da adoção, ou não, do parecer do Conselho Jurídico.

Se, conforme a dicção do art. 18 do Estatuto da OAB, "a relação de emprego, na qualidade de advogado, não retira a isenção técnica, nem reduz a independência profissional inerentes à Advocacia", força é concluir que o advogado empregado, no desempenho do seu mister, quando emite uma opinião pautada exclusivamente por sua consciência profissional e seu juízo ético, não manifesta vontade.[12]

Positivamente, ao prestar consultoria ao empregador, o advogado não pratica ato volitivo próprio, identificável como manifestação de sua vontade, como exteriorização do desejo de obter um bem da vida para si, capaz de se contrapor a interesse alheio, seja este de quem for, inclusive de companhia da qual seja administrador.

É materialmente impossível, portanto, a existência de conflito de interesses na espécie, vez que, juridicamente, inexistiria interesse do Consulente, enquanto advogado interno da Cia. "A", a relacionar-se com os interesses da Cia. "B".

Anote-se, por fim, em reforço ao exposto acima, que recentemente, no âmbito do mercado de capitais, a necessidade da independência no exercício da Advocacia ganhou contornos ainda mais nítidos com a edição, pelo Congresso Norte-Americano, da *Lei Sarbanes-Oxley*, cuja *Section* 307 atribuiu ao advogado (notadamente o pertencente ao corpo jurídico das companhias) a condição de *gatekeeper*, sobre quem pesa o dever de reportar ao *audit committee of the board of directors* da companhia qualquer prática adotada pela empresa que possa vir a contrariar a legislação societária, causando prejuízo a investidores, sob pena de responsabilização pessoal do profissional, tanto patrimonial quanto administrativa.

Segundo a sistemática imposta pela *Lei Sarbanes-Oxley*, cabe aos advogados que atuam em companhias sujeitas à fiscalização da *Securities and Exchange Commission/SEC* uma função de *custos legis*, a qual pressupõe absoluta independência relativamente à administração de sua empregadora. Note-se que a Cia. "A" é registrada na SEC, porquanto ADRs representando suas ações circulam no mercado norte-americano.

4. Conflitos de interesses entre companhias integrantes de um grupo de sociedades

Até aqui examinamos a questão à luz do art. 156 da Lei das S/A, porque esse dispositivo foi citado no ofício da CVM como único fundamento da questão sobre a qual se solicitavam esclarecimentos ao Consulente. Por isso, nos itens precedentes pro-

12. Saliente-se, a propósito, que o art. 23 do Código de Ética e Disciplina da OAB estabelece ser "defeso ao advogado funcionar, no mesmo processo, simultaneamente, como patrono e preposto do empregador ou cliente". Logo, presumir que o advogado sob relação de emprego e o empregador têm os mesmos interesses importa, a rigor, a consagração de uma infração ética.

curamos demonstrar que, na hipótese em exame, não há como aplicar o art. 156 da Lei das S/A.

Passamos, agora, a demonstrar que, a rigor, o art. 156 nem deveria ser objeto de cogitação, pois estamos tratando de suposto conflito no âmbito de um grupo de sociedades,[13] em que, de um lado, se situa um interesse da sociedade controladora, presumidamente partilhado pelo seu Consultor-Geral Jurídico, que também é administrador da sociedade controlada, e, de outro lado, um interesse desta controlada.

O sistema de normas que a Lei das S/A abrigou nos seus 19 primeiros capítulos foi formulado pelas leis corporativas dos meados do século XIX, contemplando apenas companhias isoladas, com pessoas físicas como acionistas. A partir do século XX, em resultado da admissão pelos tribunais de que as companhias tivessem outras companhias como acionistas, surgiram e se desenvolveram os *grupos societários*, que encontraram um regime legal já estabilizado, com base no modelo das companhias isoladas.

Entretanto, algumas normas do regime legal das companhias isoladas são incompatíveis com a natureza dos grupos societários, e outras devem ser interpretadas em função da realidade dos grupos societários. A incompatibilidade aparece com maior força nas normas referentes a conflitos de interesses, porque na companhia isolada predomina o interesse social de uma comunidade autárquica, formada por pessoas físicas, acionistas; enquanto na companhia membro de um grupo societário entra em cena o interesse social do grupo, que prevalece sobre o das sociedades-membros, isoladamente consideradas. A prevalência do interesse social do grupo importa a necessidade de uma direção unificada, hierarquicamente superior às administrações das companhias-membros.[14]

Não por outra razão, ao discorrer sobre o interesse social nos grupos de sociedades, Galgano observa: "Nos grupos de sociedades, operando sob o controle de uma *holding*, os problemas do interesse social – e, em particular, os relativos ao conflito de interesses – são repensados com caracteres particulares".[15]

Com efeito, nos grupos de sociedades a sociedade dominante (i) define a política geral do grupo e distribui entre as sociedades-membros a responsabilidade pela execução das estratégias e (ii) monitora a gestão das sociedades-membros, para verificar o respeito à política geral do grupo e a boa execução das estratégias traçadas. Ora, definir políticas e fiscalizar sua execução constituem atividades de gestão típicas dos escalões mais elevados de qualquer organização (cf. Lei das S/A, art. 142, I e III). Daí a procedência de se mencionar "direção unificada do grupo".

O grupo de sociedades distingue-se de um conjunto de duas ou mais sociedades isoladas por essa direção unificada, que harmoniza as atividades das sociedades-membros e constitui condição necessária para que os objetivos comuns do grupo sejam atingidos. A direção unificada, resultante do controle de todas as sociedades-membros pela sociedade dominante, "transforma a estrutura de cada

13. Neste parecer, quando se menciona "grupo de sociedades" ou "grupo societário", ou simplesmente "grupo", se está fazendo referência a "grupo de subordinação", ou, mais especificamente, aos "grupos de fato" (sociedades coligadas, controladoras e controladas, a que se refere o Capítulo XX da Lei das S/A).

14. "L'intérêt social est le principal critère d'interprétation en droit des sociétés anonymes, notamment en matière de nullité des décisions de l'assemblée-générale, de responsabilité des organes sociaux et d'atteinte aux intérêts minoritaires. *Dans les groupes, il n'est plus à même de jouer son rôle*" (Anne Petitpierre-Sauvin, *Droit des Sociétés et Groupes de Sociétés*, Genève, ed. Geor, 1972, p. 23).

15. Francesco Galgano, *Trattato di Diritto Commerciale e di Diritto Pubblico dell'Economia*, vol. 7, p. 257. No original: "Nei gruppi di società, operanti sotto il contollo di uma *holding*, i problemi dell'interesse sociale – e, in particolare, quelli relativi al conflitto d'interessi – si ripropongono con caratteri particolari".

sociedade em segmento da estrutura do grupo" – nas palavras de Bulhões Pedreira, em parecer inédito. Com efeito, como agudamente nota Petitpierre-Sauvin, os Conselhos de Administração, nas companhias isoladas, freqüentemente delegam de fato suas funções dentro do âmbito interno da companhia (isto é, em favor do acionista controlador ou da Diretoria, ou dos Comitês); nos grupos de sociedades as perdas de competência administrativa dos Conselhos das sociedades controladas revertem em favor de órgão de outra companhia – a sociedade dominante.[16] Nos grupos societários as sociedades controladas conservam a personalidade jurídica, mas têm limitadas a autonomia de gestão e a independência financeira. Champaud faz comparação ilustrativa ao afirmar que o processo de concentração das empresas as conduziu a um regime próximo do feudalismo.[17]

Erasmo Valladão França observa: "É a sociedade controladora que toma, soberanamente, as decisões mais importantes. Essa perda de autonomia de gestão empresarial traduz-se, freqüentemente, se não sempre, pelo sacrifício dos interesses de cada sociedade ao interesse do grupo. A lei sanciona essa realidade e estabelece regras para a convivência entre ambas, já que, formalmente, elas se encontram sempre em posição de potencial conflito de interesses. Daí a tendência a adotar um sistema de controle *ex post* do exercício de voto, fulminando-o quando, do conflito de interesse, resulte ele objetivamente idôneo a acarretar dano à sociedade ou a outros acionistas, ou perseguir vantagens indevidas, para si ou para outrem".[18]

16. Anne Petitpierre-Sauvin, *Droit des Sociétés et Groupes de Sociétés*, p. 20.

17. Claude Champaud, "Recherches des critères d'appartenance à un groupe", palestra proferida em seminário promovido pela Universidade de Rennes, in *Droit des Groupes de Societés*, Paris, Librairies Téchniques, 1972, p. 36.

18. Erasmo Valladão França, *Conflito de Interesses nas Assembléias de S/A*, São Paulo, Malheiros Editores, 1993, p. 95.

A transmissão às sociedades controladas das políticas do grupo traçadas pela direção unificada a cargo da sociedade dominante, a fiscalização de sua execução, bem como o exercício do poder-dever previsto na alínea "b" do art. 116 da Lei das S/A, recomendam a presença, nos órgãos da administração das sociedades controladas, de pessoas da confiança da controladora; e ninguém mais bem habilitado para transmitir e acompanhar a execução das políticas gerais do grupo que seus formuladores – os administradores e altos funcionários da controladora. Por isso, é comum os administradores e membros da "tecnoestrutura" das companhias dominantes cumularem suas funções na organização da controladora com cargos na administração das controladas.

É lógico que essa interação intensa das atividades das sociedades integrantes de um grupo dá causa a freqüentes aproximações de interesses, que às vezes se chocam, outras vezes se completam. São inevitáveis os negócios entre as sociedades-membros, e destas com a controladora (*operações* ***inter companies***, no jargão empresarial). Já na companhia isolada a ocorrência de conflitos de interesses é relativamente rara, pois, de um modo geral, os acionistas pessoas físicas não se empenham em atividades vizinhas à da companhia. Esse é um dos motivos pelos quais, caso se cogite de conflito formal no âmbito da companhia isolada, de nenhum modo se poderá cogitar de transpor a regra para o âmbito do grupo.

Com efeito, no cenário das companhias-membros de um grupo, a incidência da vedação, sempre que o administrador fosse ligado à controladora e a controladora tivesse com a controlada um suposto interesse conflitante, tornaria impraticáveis a direção unificada e a prevalência do interesse social do grupo. Ou, pior: impedidos de votar os administradores eleitos pela controladora, as deliberações dos Conselhos de Administração das controladas seriam determinadas pelos votos minoritários, de administradores eleitos pelos acionistas externos ao grupo.

Mengoni, em artigo de grande repercussão no qual propunha a revisão da doutrina do conflito de interesses na sociedade anônima, propugnava: "De outro lado, o sistema de proibição do voto já está completamente superado com relação às necessidades do mundo econômico moderno, que se caracteriza pela concentração industrial. Nas sociedades controladas, as relações com a sociedade controladora constituem uma razão de vida que não pode ser suprimida: se a disciplina do conflito de interesses fosse tecnicamente assentada sobre as regra da proibição de voto, as sociedades controladas se veriam colocadas em situação absurda, porque em substância a minoria ficaria árbitra exclusiva da sociedade (Salandra). O fenômeno da participação acionária de controle exige certamente cautelas jurídicas mais intensas que as atualmente previstas nos arts. 2.359 e ss. do CC. Mas, a não ser que se deseje considerá-lo ilícito, o que é impensável, não se pode impedir a sociedade controladora de exercer o direito de voto nas deliberações concernentes às relações entre ela e a sociedade controlada somente porque em tais relações a controladora se encontra formalmente em uma posição de conflito de interesses potencial com a controlada".[19]

A advertência de Mengoni, de que "o sistema de proibição do voto já está completamente superado com relação às necessidades do mundo econômico moderno, que se caracteriza pela concentração industrial", mereceu copiosa adesão da doutrina. Na reforma do direito societário empreendida pela Itália, em 2003, os arts. 2.373 e 2.391 do CC italiano, que tratam, respectivamente, dos conflitos de interesses dos acionistas e dos administradores, foram alterados para retirar do texto legal a vedação do voto, que constava da redação anterior, mantendo o dever de informar e a responsabilidade do administrador.

A Lei das S/A não ignorou a revolução que os grupos de sociedades provocaram no regime jurídico das companhias. Nos Capítulos I a XIX manteve, como parte geral do regime legal das companhias, as normas relativas ao modelo da companhia isolada, cuja estrutura já encontrou praticamente pronta. Nos Capítulos XX e XXII aduziu normas especiais apropriadas à natureza dos grupos societários. A esse propósito, registre-se o que explica a Exposição Justificativa do Projeto que se converteu na Lei 6.404/1976: "O Projeto, depois de regular, até o Capítulo XIX, as companhias como unidades empresariais distintas, disciplina, nos Capítulos XX a XXII, a nova realidade que são as sociedades coligadas e o grupo de sociedades. No seu processo de expansão, a grande empresa levou à criação de constelações de sociedades coligadas, controladoras e controladas, ou grupadas – o que reclama normas específicas que redefinam, no interior desses grupamentos, os direitos das minorias, as responsabilidades dos administradores e as garantias dos credores".

Dentre as normas especiais relativas aos grupos de sociedades está o art. 245, constante do Capítulo XX da Lei das S/A, que, coerente com lição de Galgano, propõe diferente solução para a conduta dos administradores das sociedades controladas em face dos interesses da sociedade dominante e outras sociedades-membros do grupo: "Os administradores não podem, em prejuízo da companhia, favorecer sociedade coligada, controladora ou controlada, cumprindo-lhes zelar para que as operações entre as sociedades, se houver, observem condições estritamente comutativas, ou com pagamento compensatório adequado; e respondam perante a companhia pelas perdas e danos resultantes de atos praticados com infração ao disposto neste artigo".

19. Luigi Mengoni, "Appunti per una revisione della teoria sul conflito di interesse nelle deliberazioni di Assemblea della società per azioni", *Rivista delle Società* 1956, p. 434.

O art. 245 é, portanto, norma especial da disciplina dos grupos de sociedades, que, em vez de vedar ao administrador o voto ou a intervenção, na suposição de interesse conflitante, veda o favorecimento de outra sociedade do grupo em prejuízo da companhia. Permite as operações *inter companies*, mas responsabiliza o administrador se, em tais operações, não forem observadas condições estritamente comutativas, ou, não havendo comutatividade, a sociedade não receber pagamento compensatório adequado.

5. Conclusões

Do exposto, conclui-se que o Consulente podia votar na deliberação do Conselho de Administração da Cia. "B" em foco, sem que estivesse sujeito à disciplina prevista no art. 156 da Lei das S/A, pelas seguintes razões:

5.1 Analisando a questão sob a égide do art. 156 da Lei das S/A, referido no ofício da CVM, não há como vedar o voto do consulente, pois:

5.1.1 O art. 156 aplica-se aos conflitos de interesses entre a companhia e seu administrador, e o interesse supostamente conflitante com o da companhia é da acionista controladora – a Cia. "A" –, e não do Consulente.

5.1.2 O art. 156 determina uma vedação ao exercício de um direito, e, portanto, não pode ser objeto de interpretação extensiva, para que a vedação abranja os casos de interesse conflitante da acionista à qual o administrador está ligado.

5.1.3 Nem sequer se pode cogitar de conflito de interesses indireto, pois o art. 156 só se aplica quando a pessoa física ou jurídica que se apresenta como titular do interesse empresta seu nome ao administrador e age sob seu controle e por sua conta, caracterizando-se simulação por interposta pessoa (é impensável que o Consulente possa ser a verdadeira parte mutuária nas operações de mútuo em tela e que a Cia. "A" delas tenha participado para dissimular o interesse do Consulente).

5.1.4 O Consulente não exerce cargo de administração na Cia. "A", nem funções que possam ser equiparadas às de um administrador de companhia; na qualidade de Consultor-Geral Jurídico, pratica a profissão de advogado, e, como advogado, profere opiniões jurídicas, e não pratica atos próprios das funções de um administrador de companhia, a que se refere o Capítulo XII da Lei das S/A. Além do mais, no exercício da profissão de advogado na Cia. "A", desfruta das prerrogativas de independência e inviolabilidade garantidas pela Constituição e pela lei.

5.2 Tratando-se de deliberação tomada no âmbito de um grupo de sociedades, é o art. 245 da Lei das S/A que se aplica à hipótese, afastando a incidência do art. 156, pois:

5.2.1 O art. 156 da Lei das S/A sequer deveria ser objeto de cogitação, porquanto a hipótese sob consulta se refere a suposto conflito de interesses no âmbito de um grupo de sociedades.

5.2.2 O art. 156 é uma das normas gerais da Lei das S/A, que contempla a companhia isolada; não se aplica ao caso, porque é incompatível com a natureza dos grupos de sociedades e porque a Lei das S/A dispôs sobre a matéria em norma especial, constante do Capítulo XX, relativo às sociedades coligadas, controladoras e controladas.

5.2.3 Nos grupos de sociedades existe uma direção unificada, exercida pela sociedade dominante, que formula a política geral do grupo a ser observada por todas as companhias controladas bem como orienta e fiscaliza a execução dessa política geral; há uma relação de subordinação das companhias-membros para com a sociedade dominante e a predominância do interesse social do grupo sobre o interesse social de cada companhia-membro; a transmissão às sociedades controladas das políticas formuladas pela sociedade dominante e a fiscalização da execução dessas políticas recomendam a participação de administradores e altos funcionários da sociedade dominante nos órgãos de administração das sociedades-membros.

5.2.4 A integração das operações das companhias componentes de um grupo societário causa freqüentes aproximações de interesses, que às vezes se chocam, outras vezes se completam. São comuns os negócios entre companhias de um mesmo grupo. A adoção de proibições de os administradores votarem inviabilizaria a direção unificada, que é da essência dos grupos de subordinação. Não se pode admitir que a mesma lei, que legitima e regula os grupos de subordinação de fato no Capítulo XX, os inviabilize pela vedação do art. 156.

5.2.5 No Capítulo XX, relativo às regras especiais que regem os grupos de fato, a Lei das S/A regula a matéria focalizada na consulta mediante o art. 245; este dispositivo, tratando das hipóteses em que incidem interesses da controladora ou das outras sociedades-membros do grupo, veda o favorecimento em prejuízo da companhia e exige condições estritamente comutativas ou pagamento compensatório adequado nas operações *inter companies*, sob pena de o administrador culpado responder por perdas e danos; não veda o voto do administrador, mas o pune civilmente se votar violando o preceito.

Rio de Janeiro, 17 de julho de 2007

GRÁFICA PAYM
Tel. (011) 4392-3344
paym@terra.com.br